社會科學研究方法與資料分析

Thomas Herzog／著

朱柔若／譯

RESEARCH METHODS AND DATA ANALYSIS IN THE SOCIAL SCIENCES

—— THOMAS HERZOG

Grand Valley State University

ISBN   957-9272-85-9

printed in Taiwan, Republic of China

Chinese Edition Copyright © 1996
by Yang-Chih Book Co. Ltd.
for sales in worldwide

序言

　　本書的主旨是在介紹廣為社會科學用以從事科學研究的基本方法與原則。科學方法的本質在於嘗試從實證資料中建立通則的方式來了解自然現象。對科學家來說，最感興趣的通則是涉及變項（即現象的最粗略的同義詞）之間的關係，因為如果想要對一個變項有充分的了解，科學家只有靠著探討這個變項與其他變項間的關係，方能獲得。聽起來似乎有點費解，但這對我選出來加以強調的主題以及我用來組織資料的方式，卻含義頗深。其中有兩點，應該特別對同學以及老師提出來。

　　第一點是關於變項間的關係以及透過統計推論來得到通則等的基本概念，本書會很早就介紹出來，並且在全書之中從頭到尾都會對這些概念不斷反覆地加以強調。雖然重點擺在三個基本的研究方法：觀察法、調查法、與實驗法，不過會更進一步地說明如何從每個方法的「典型」資料所蘊含的關係中得出通則。這種作法有兩項明顯的結果：一是我對哪種資料是每個研究方法的典型資料，作了相當簡化的假設。對於這些假設，我在討論測量的第一個篇章（即第五章）中便給予清楚的說明了。它們構成本書的骨架。當然，提醒學生每個研究法有可能得到許多不同類型的資料，也是很重要的事，而我也做到了。除此之外，我相信簡化假設不僅合理，也符合教學目的之所需。這些簡化的假設使我能夠針對每一個研究法提出一套完整的資料分析，我認為這對增強學生了解關於關係與統計推論的中心概念非常重要。這種作法的第二個結果是，本書將相應於每個研究方法的統計推論程序涵括在正文之中，而不將之貶低到擺在附錄之內。這也是基於我相信推論所得到的通則是個核心概念，應該在課本的正文之中加以

徹底探討才對。

　　選擇核心概念爲全書焦點的第二項含義是，在涵蓋主題的範圍上，本書犧牲廣度以換取深度。由此，它不是一本關於個別研究法或研究主題的百科全書。或許一門研究方法導論的課對學生所能做到的最好的一件事是提供他們對與研究有關的核心概念，有一分徹徹底底的了解。關於這個部分要交給一門課去教，也夠多了。因此，本書沒有包括任何關於圖書館研究或是方案評估研究的獨立篇章。這些主題有許多是值得詳細探討的，可是我卻選擇將焦點擺在研究的核心概念之上。另一方面，基於讓學生對各種與研究不同的相關活動以及主題多少都能夠有些了解的精神，我也在適當的篇章之內，簡略地提及上述兩個以及其他許多算不上中心的主題。

　　所有好的規則都有例外，所以本書也蒐羅了不算是核心主題的篇章，它們是論述倫理與批判思考的那兩章。關於研究倫理這個主題確實是太重要了，所以不該簡略處理。即使學生實際上絕不會去做任何研究，但是他們可能有一天會接觸到涉及研究道德的決定。那時他們需要與研究者以及社會大衆一起開始思考這些問題。至於批判思考，統計推論對改進以非正式推理方式獲得通則的含義更是非常重要，所以本書分別在好幾個篇章中特別加以仔細地討論，並在本書結束前安排獨立的一章將之摘要出來。由於研究方法對批判思考的相關性極大，所以**可將這門研究方法的導論課程視爲高等教育通識教育課程中的一門關鍵課程**，是相當妥當的。

　　本書也有數項討好讀者的特殊安排。爲了激發學生的興趣，在很多章節的開頭，都以描述一個真正的研究計劃作爲一章的開始。然後整章都用這個研究計劃來說明關鍵的概念與主題。爲了讓學生能夠專心閱讀，並幫助他們自己檢查是否完全了解，本書在大部分篇章的正文內都安排有問題要求學生回答。每章結束之前都提供有詳盡的摘要。至於寫作的風格，我嘗試在使用術語過度與對學生「說教」之間走出一條中道之路，我也試著避免使用性別歧視的字眼，大部分的情況下用複數代名詞(譯註：這一點在中譯時不見得做得到，譯者盡力而爲)——我把這個技術推薦給所有撰寫研究報告的新手。如果要用

單數代名詞而性別差異不具關鍵重要性時，我儘量使兩性出現的機會相等。

給學生

　　如果你的老師採取「全面教授」（見下節），那你將會有機會探索每一個基本研究方法所採用的統計分析。你需要什麼樣的背景呢？本書假定你一丁點統計的背景都沒有。但是，如果你完全沒有上過一點統計的課便嘗試來讀這本書，或許你會發現它不太好讀，因為統計概念頗為艱澀。所以，我建議你修點統計的入門課，但並非絕對必要。最好把本書當作複習統計概念的一本書，更重要的是，是一本整合研究法與統計的書。

　　本書包括了許多簡單的數學運算的例子與習題（習題以穿插在正文中間的問題形式出現）。基本的目的不是在教你如何用筆進行資料分析，而是藉算術之助來增強你對於統計原則與程序的概念理解。你的老師或許會要你用課堂作業所摘錄的資料做簡單的計算。假使如此，你將發現這些數字運算的例子頗為有用。無論如何，這些例子的主要用處是在說明分析上與方法論上的概念與原則。

給教師

　　這裡提供你一些使用本書的彈性方式。整本書的構作方式在於方法與分析的結合，依序涵蓋的主題如下：基本概念（第1章與第2章），觀察法（第3章與第4章），測量（第5章與第6章）、調查法（第7章與第8章）、與實驗法（第9章到第12章）。你的自由主要來自於你要教多少，以及你如何安插哪些非強制性的主題。就後面這個問題，談研究倫理的那章（第14章）是相當完整獨立自主的一章，你可以在學期開始時或即將結束時指定給學生閱讀。關於批判與省思的那章（第

15章），雖然這章對進行關係推理時所犯錯誤的討論比第2章來得詳盡，但是並沒有增添任何新的資料。因此，如果你不想對研究法與批判思考間的關係多做探索，你可將這章略去不教。不過，這章確實對整門課做了個很好的複習，你也可能為了這個目的而將之列入教學。

至於要教哪幾章，圖P.1可能對你有些幫助。它說明了四種深淺不同的涵蓋方式。全部教授的選擇提供給想涵蓋每個主題的老師。第二種選擇是種折衷的作法，提供給想要涵蓋資料分析的基礎教學，但是想避開高等統計課題的老師。有星號標示的篇章是指章節中有某些部分可以刪去不教。即第4、11、12章的深度探究一節與第8章中論高等相關法一節，皆可略去不教。對折衷法有些經驗之後，老師可能會發現其他篇章中還有些他們不需要的部分。第三個選擇是提供給想要儘可能略過統計，但仍可以教授一門像樣（有頭有臉）的研究法課程的老師。第四項選擇則是提供給想要淘汰掉所有複雜的，或者不算重要主題的老師。

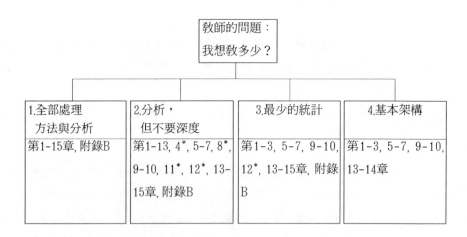

圖P.1　關於如何使用本書的一些選擇

給所有的讀者

　　我歡迎並且鼓勵本書所有的讀者將他們的心得回饋給我。請將你們的評論寄給出版社，或者直接郵寄給我：Department of Psychology, Grand Valley State University Allendale, MI 49401, USA。我相信你會發現本書非常有用，我也歡迎你對本書有待改進之處，提供建議。

Thomas Herzog

譯者的話

　　首先，個人要坦誠的說，譯書良非易易。當你在關鍵處多方斟酌，慎重譯出之後，心中如釋重負，認為可以交代了。可是到了校對的時候，又找到了更為妥善的句子，自然又得重新來過。如此反覆再三，雖勞卻不覺其苦，反而獲得咀嚼文字的樂趣。其次，謹以此書呈獻給有台灣勞工導師之稱的已故台大社會學系教授——張曉春老師，以感謝並紀念他引導我進入社會學研究方法之門。最後，尚望先進讀者，多所指教為幸；來函請逕寄中國文化大學勞工關係學系。

朱柔若於陽明山華岡
一九九六年夏

目錄

第1章

科學方法

　　數年前有一小群研究者想要了解，為何人們覺得有些風景圖片看起來會比其他的圖片更為賞心悅目。當時審美學理論多從**複雜性**(Complexity)的角色來加以解釋。所謂複雜大略是指刺激內「包含了多少東西」，或者是「包括了多少訊息」。據此，研究者同時得到了對風景圖片喜愛程度(liking)與複雜程度的看法。他們發現這兩個層面之間只存在有微弱的關係。在百思不得其解之後，這群研究者便做了任何一個專業的科學家會做的事——他們『死盯著』那些最令人喜愛和最不令人喜愛的圖片一直看，看看是否能發現任何可以區別這兩種圖片的特徵。用這種方法，很明顯的，那些最令人喜歡的圖片都具有若干特徵，如在圖片中可以看到一條隱隱約約的小徑、或是植物叢中有一處若隱若現的光亮區域。而在那些令人不喜歡的圖片中則不具有這些特色。一般說來，最令人喜歡的圖片都內含了一些能夠提示我們看不見的前方到底有些甚麼東西的部分訊息。研究者把這類特徵稱為**神秘感**(mystery)。後來的研究證實了神秘感是引起人們對自然環境產生喜愛感受的最強烈指標（R. Kaplan & S. Kaplan, 1989; S. Kaplan & R. Kaplan, 1982）。

　　神秘感這個小故事勾勒出社會科學研究所帶來的挑戰性與興奮感。於是也帶給研究者一個極富挑戰性的難題：現有的理論無法解釋人們對自然環境的喜愛感受存在有強烈的差異。研究者埋首於研究結果之中，小心翼翼地搜尋有用線索的情形，和努力去偵破一個懸案的偵探並無不同。漸漸地，他們從紛雜的結果中摸索出一個模式，正如辦案的偵探綜合了所有的線索，找出一條新方向。研究者正接近一個前所未有的新發現、新突破、新領悟。新的理論清楚地向他們暗示進一步該調查的方向。了解代替了困惑以及驗證新得到的了解所帶來的興奮與滿足，是所有研究者追求的。對他們來說，這是最終目標。

　　學習科學的研究方法可以分享上文所描述的興奮與滿足。設計第一個研究計劃，將之付諸實行，最後看結果浮現的模式，就能體會這種調查研究是何等的引人入勝。除了興奮之外，學習用科學方法來得到知識，還有其他重要的理由。其中之一就是，科學方法是提供了解自然界（有別於超自然界）的有力工具。以發現自然現象背後的一般

原則為目標的科學研究，稱為**基礎研究**（basic research）。要能夠體會基本研究所建立的原則，就有必要了解得到這些原則的方法。

　　學習科學方法的另一個理由是，科學方法使你有能力去評估許許多多似乎是建立在科學研究之上的實用主張。以實用為主要目標的研究，稱為**應用研究**（applied research）。研究神秘感的研究兼具基礎與應用兩種特性。神秘感通常有助於我們對環境喜愛度的了解，但是也可用它來設計我們喜歡的環境。從一個更為實用的層面來說，廣告就是一成不變地陳述使用某種產品與使用者滿足感或福祉之間的關係。這些說法常號稱有「科學研究」的發現的支持。了解科學方法將使你具有評估這些主張的能力。事實上，本書其中的一個基本主題就是要告訴你，精通科學思考能夠提供你一個珍貴的評估資訊與推理的架構。

　　學習科學方法的最後一個理由是，科學方法在人類歷史上已經非常有影響力了。如果你從未學習過這種思考方式，辨識它的長短處，以及比較過它與其他知識取得方法的差異，你不算真正受過教育。

求取知識的方法

　　本書是一本關於社會科學如何使用科學方法的書。為了讓你感受一下什麼是科學方法，就讓我們先從對照比較求取知識的非科學方法與科學方法的異同開始。

非科學方法

　　兩個眾所周知的取得知識的非科學方法是**權威法**（authority）與**演繹推理法**（deductive reasoning）。就權威法而言，知識是由權威人物交待下來的。如果這個權威人物被認為是值得信賴的，就不會懷疑他說的話不是真理，也不會懷疑他傳授的知識的效度。換句話說，知識的接受全憑信仰。與此相對，科學方法不完全依賴權威人物。所有的說法主張都要接受獨立的驗證。就演繹推論法而言，知識的獲得是根

據演繹的邏輯法則，從前提逐步推導出結論。這個方法保證得到有效的結論，但是結論的眞實性完全仰賴前提是否爲眞。相反地，科學方法主要關心的是決定那些只處理自然而非超自然現象的事物的前提是否眞的問題。同樣的，這個方法提供有一套獨立檢驗前提眞假的管道。獨立檢驗命題的眞假是科學方法的一項關鍵特性。

　　信仰與演繹在科學研究中都佔有一席之地。科學家相信其他科學家提報的研究結果，相信其他科學家是誠實無欺，對科學方法亦是信任有加。若不如此，科學是無法日新月異獲取新知。儘管如此，你應該記住，科學家提報的任何一項結果都得經過科學方法的獨立檢驗。同樣的，科學家使用演繹法來創造理論，衍生預測，擬定計劃、執行研究方案，以及詮釋研究結果。不過，演繹法不是區別科學方法與其他方法的辨識特徵。

科學方法

　　取得知識的科學方法最重要的一項辨識特徵是**實證檢定**（empirical verification）。實證這個名詞大略是指「立基於經驗或直接觀察」。是故，一個命題如果與觀察到的現象吻合，便視之爲眞。觀察可以經由感官而得，無須外界的任何輔助，或者是使用複雜的儀器設備，如腦波讀取器來完成。不論是哪一種情形，科學家找尋的是感官的證據，並用其來肯定或否定討論的命題。換句話說，眞假的檢定基本上是可以由觀察得到的。

　　用一個簡單的例子可以將科學方法與上述兩個非科學方法的差異，給對照出來。思考一下「豬有翅膀」這個命題。想像有三個對豬長得是什麼樣子一點概念都沒有的人想要去決定這個命題的眞假。第一個人依賴權威，問道「這話是誰說的？」如果說這話的人是他認定的權威人士，他便接受這個命題。否則他會去問他相信是對豬有所了解的權威人士（如農夫傑克與農夫麥當勞）。第二個人使用演繹法。在圖書館做了一些研究之後，她告訴自己說，「我已經知道豬是**蘇伊登**（Suidae）家族的一員。蘇伊登家族的成員都沒有翅膀，所以豬沒有翅膀。」第三個人直接跑到最近的一家豬舍，檢視一隻代表豬的樣

本，看看這隻豬有沒有像翅膀一樣的肢體。第三個人是科學家。

　　科學方法還有許多其他的特徵，本書將在後面的章節中加以深入探討。舉例來說，科學家力求用字用詞都有清楚明白的定義，嘗試在控制的情況下進行研究，從事客觀、沒有偏誤的觀察，關心精確、有效的測量。然而，科學方法所有的這些特徵只爲了達到一個最重要的目標：透過有效的實證觀察，以從事檢定進而求得眞理。

研究的目標

　　就更精細的分析層次來看，可以視科學研究爲一種工具，用以達到一系列重要程度不同的目標。最基本的研究目標在於**探索**（exploration）。探索性研究試圖找出某些事物是否存在著或者發生過。例如，人睡覺的時候，眼珠是否會轉動？比這再高一級的目標是在**描述**（description）。如果一個現象存在，描述性研究便嘗試以更完整的方式來界定該現象的屬性。在什麼情況下，睡著的人的眼珠會轉動，轉動的性質爲何？更高一個層次的目標是**預測**（prediction）。睡著的人的眼珠轉動現象是否與任何其他事物有關，可以藉此來預測眼珠何時會產生轉動。舉例來說，或許眼珠的轉動現象會與某種大腦的波動形式共同出現。在某種意義上，這個目標是前一等級的目標的邏輯延伸。說一個現象已經完完全全地被描述出來，是指已經發現了與它相關的事物。最高層次的目標是**控制**（control）。是否可以找出造成睡著的人的眼珠轉動現象的原因呢？假設你可以證明當你在睡著的人面前彈奏輕音樂，他的眼珠就會跟著轉動。如果眞是如此，那你就可以隨心所欲去造成眼珠的轉動。那麼當眼珠發生轉動時，你就可以執行控制了。

科學的目標

前面對研究目標之分析並沒有錯，但是要真正地了解科學到底是什麼，我們還必須更深入地來討論。雖然從探索到控制已經說明了實際研究者最直接的目標，但是仍然有必要對科學家的實用目標和科學本身更為高尚的目標之間做一區隔。

通則化的目標

不論科學家研究什麼，他們會從各種不同的對象中取樣：人、刺激、場景、時間週期、程序等等。**抽樣**（sampling）是指科學家從事研究時，只使用某一種類中所有可能研究對象中的一部分。幾乎毫無例外，科學家都想要將研究結果應用到比其研究樣本更大的對象中，這個較大的對象稱為**母群**（populations）。這種將研究結果從樣本推廣到母群的程序稱為**通則化**（generalization），或是**演繹推論**（inductive inference）。不必擔心這些專有名詞的意義，我們將會在本書後面做更為清楚的討論。現在我們要知道的是，科學家的基本動機不但是把研究結果給通則化，而且是充滿信心地進行通則化的工作。

通則化在科學方法中的重要性告訴了我們為什麼要研究生去研究某些特定主題，而其中之一就是抽樣程序。經驗告訴我們，只要樣本能夠正確地代表母群性質，通則化的結果便是有效的。抽樣程序是指獲得已知特性的樣本的方法，亦即當科學家使用某種抽樣程序時，就表示他們已經對將由抽樣法得到的樣本所代表的母群做過相當明確的判斷。與此有關的課題是推論統計（inferential statistics），所謂推論統計是科學家所執行的特殊數學程序，用以得到有關研究結論的機率陳述。這種統計的目的是要使科學家知道當他們導出通則化結論時所可能冒的風險。抽樣程序和推論統計都是科學家追求研究的一項基本目的——做出有效的通則化結論一時所使用的工具。

現在我們要特別說明為何我們要研究有效通則化的原則，這是因

為人們在生活中常常會做出非正式的通則化結論，而不幸的是，這些結論通常都不見得是有效的。研究結果顯示這些非正式通則化結論常受到各種偏見的扭曲。舉例來說，人們傾向用少數的樣本來得到結論。碰見一位店員粗魯，人們就會跟其朋友說那家店的店員都很粗魯。遵守科學程序的研究可以使人在做非正式通則化結論時，避免犯下各種錯誤。

研究動機　科學家想要得到的通則化結論可以分為兩種類型。一種是關於某一現象的通則化，例如「這群人的攻擊性都相當高。」第二類是關於一些「一起發生」或是具有關聯之現象的通則化，如一個例子是「挫折與攻擊有關。」這兩種類型的通則化都是科學研究的基本動機。

第一類通則化出自於**好奇心**(curiosity)的動機。科學家都具有好奇心，當對某個現象，如攻擊性，發生興趣時，就會設法測量它，並找出其在研究相對應的母群中，分數的分佈狀況。當然，科學家通常只測量一組樣本，而非整個母群。因此，任何關於母群的推論都是通則化結論。總之，這類通則化關心的是在孤立的情況下，探討某個單一現象。這是做科學研究的一種動機，那種渴望去發現關於某個單一現象的每個細節的衝動。

科學研究中更為普遍和重要的動機是去發現哪些現象或變項會「一併出現」，亦即去建立變項間的**關係**(relationships)。這牽涉到對兩個現象的研究，例如挫折和攻擊，而不是孤立地研究某個單一現象。通常，科學家會去測量樣本中的兩個現象，然後設法證明它們的分數之間以一種系統性的模式一起發生變化。舉例來說，科學家會設法顯示出高挫折分數與高攻擊分數一起出現，而且低挫折分數和低攻擊分數一塊出現。若能得到這類證據，那就表示樣本中的變項間有關係。據此推論變項間在母群中亦有關聯便是通則化。建立這種類型的通則化是大部分科學研究的動機。關係這個概念將在下章中做更深入的探討，但是現在有一點要特別加以強調，那就是變項關係這個概念是本書最重要的概念，因為預測和驗證關係存在與否是絕大部分從事科學研究的最基本原因。

　　爲什麼了解變項關係對科學家是那麼重要呢？有三個理由。首先，你只有在知道某個現象與其他現象間的關係時，才能說你已經對這個現象有了深入的了解。你無法完全理解攻擊概念，除非你能夠知道它以哪種方式與挫折、憤怒、童年經驗、情緒、以及其他現象間發生關係。第二，關係使得預測成爲可能。如前所述，預測是科學研究的一項實用目標，知道哪些因素與攻擊有關，可以提供你攻擊在什麼時候會出現的事前警告。你可以想像這種知識會非常有用。第三，有種特殊類型的關係稱爲**因果關係**（causal relationships），顧名思義，因果關係不只可以讓你們知道兩種現象有關，而且可以知道哪個現象會造成另外一個現象的發生。在後面的章節中會看到，科學研究中的實驗法，便是以建立這種關係爲其主要目標。因果關係就是理解的極至。例如想要完全了解攻擊行動，你需要知道哪個現象會引發攻擊以及哪一個現象是攻擊造成的。更進一步地說，因果關係可以使科學家確實建立起前面提到過的，執行控制這個實用目標。這是說經由操弄已知原因，就可以得到所要的結果。如果挫折是攻擊的原因，那麼攻擊產生的可能性就可以用除去挫折來源的方法來加以降低。

了解的目標

　　由上可見，科學程序的終極目標是在了解各種自然現象，即那些按照自然法則，而不是超自然或反常態法則發生的現象。了解是科學的第二項基本目標，因此它要比通則化目標更爲根本。了解一種現象意謂著獲得了關於這個現象的所有特性及其與其他現象間所有關係——包括因果關係——的完整說明。換句話說，瞭解等於是獲得了這個現象的解釋或是一個有效（即正確）理論。因此，科學的最終目標成了獲致有效的理論。

　　這個說法聽起來有點古怪，似乎意謂著理論將隨著研究一塊出現，或理論就是研究的產出。因爲許多學生習慣於把理論想成是領導研究、產生預測、然後再由研究來檢驗的東西。但是這兩種看法都不合實際。理論和研究的發生時間不是那麼單純，有時候理論先於研究，有時候理論後於研究，還有些時候理論產生於研究過程當中。唯

一確定的是一個好理論會推動進一步的研究，進一步的研究發現會精鍊理論，精鍊後的理論接著又會推動另一波更進一步的研究，如此循環不已。

平心而論，理論是從事新研究的主要概念來源。除理論外，其他的來源尚包括常識、細心的觀察、現存之研究文獻，以及對抽象和實務問題的創造性思考。剛開始做研究的學生最不熟悉的研究來源是研究文獻。因此有必要對此多加強調。你可能會注意到，老經驗的研究者總是先看過所有文獻，從其中獲得新的研究方向以避免重複。近代有了電腦資料庫的幫助，使得文獻查尋變得快速容易，而且大多數的圖書館都已經發展出簡單的程序以供電腦資料庫的線上作業，認真的研究生應該養成使用這種設備的習慣。

因為理論與科學方法的關係十分密切，所以對你來說，了解理論是什麼、如何評價理論，以及如何建立理論是非常重要的事。因此接下來將對理論主題做更為詳細的討論。掌握住這個內容之後，你不但會安於理論思考，而且也因此具備了提出好理論所需要有的工具。

理論在科學上的角色

誠如你所知，理論是對某個現象的一種解釋。理想上來說，這種解釋將會指出這個現象的所有重要特性及其與其他現象的所有關係，包括因果關係。此種對理論的看法是由科林格（Kerlinger, 1986）提出來的。關於這個理論定義，有兩個重點值得留意。首先，他並沒有提到理論是否有研究發現的支持。不難想像出一些能夠完全合乎所謂的包羅萬象，但是卻不被研究發現支持的理論。「精神決定我們的行為」就是一個例子。其次，要特別注意的是，大部分的解釋在實際上是局部的，而非完整的。這種局部的解釋常就被稱為理論，而本書中也採用這個觀點。因此要記得的是，雖然這種「理論」是不完整的解釋，還可以進一步地加以擴展和修正，但科學終極的目標仍然是一個對研究現象的完整與正確的理論。順著這個方向，我們必須先以這些會因

應深入思考的研究而修正與擴展的局部性理論為起點。

理論的種類

一種鑑識可能存在的各式各樣的理論的方法，就是將其分類。下文將檢視兩種分類系統，第一種是由阿諾特（Arnoult, 1976，pp. 30-35）提出的四種理論類型。阿諾特四大理論類型中的一種是差勁的理論，此乃科學家所極力要避免的，是為**隱喻式**的（metaphorical）理論。隱喻式的理論是指將要解釋的現象以理論概念來加以說明，但是後者卻不比現象本身容易瞭解。用惡魔附身來解釋反常行為就是一個例子，因為惡魔是相當無法預測的，因此不比反常行為容易了解。所以，這就不是一種非常有用的理論。一般說來，嚴肅的科學家都不喜歡這類隱喻式的理論。在此會介紹這類理論是為了提醒你，當你提出新理論時，你的新理論會不會是個隱喻式的理論，而變成無用的解釋。

阿諾特稱其他三種類型的理論為有用的理論。第一種是**類比**（analogical）理論。這類理論用另外一個已經被眾人完全了解的現象，類比解釋某個有待解釋的現象。舉例來說，以電腦運作來解釋大腦功能就是這類理論。由這個例子也可以知道這類理論的主要限制，所有的類比都會在某一點上垮掉。因此對理論學家而言，很重要的一點是要指明類比模型（例如上述的電腦）的哪些特徵才是必要的，哪些特徵是可以忽略的。第二種有用的理論是**化約論**（reductionistic），也就是把要解釋的現象用比這個現象更為簡單的另一個現象來加以說明。任何一種用神經活動來解釋行為的做法便屬於這類。阿諾特的第三個有用理論是**抽象**的（abstract）理論，這種理論將要解釋的現象以理論概念來加以說明，而後者完全以數學關係來定義理論概念彼此間以及理論概念與研究現象間的關係。心理學上有一個例子，即是受到鼓勵的行為出現趨力降低的理論。趨力是一個理論概念，它的定義完全是以其與剝奪時間和其產生行為的潛力的數學關係公式來表示。許多科學家認為抽象理論是理論化的最高層次，但是值得注意的是，對某個既定的理論來說，帶有上述一個以上理論類屬的特徵是常見的事。

另一種理論分類系統是由安德森（Anderson, 1971）所提出來的，

他將理論分爲兩大類。一類是經由普遍法則而得到的理論(Theory by General Principle)，此時理論學家努力證明研究發現是先前發展的普遍法則的一個例子。舉例來說，我們考慮處在黑暗中的時間長度和視覺靈敏度增加間有正相關。如果把這個現象解釋爲感覺適應的普遍法則下的一個例子，便是採用了這一類由普遍法則而得到的理論。第二類是更爲常見的方法，經由中介機制而得的理論(Theory by Intermediate Mechanism)。此時理論學家會提出某種機制做爲連接受到觀察的關係中的各種現象或各個變項間的中介物。這個機制包含一個或一些理論概念，而這些理論概念與接受觀察的關係中的兩個變項間有一種擬眞的關係。因此，這個中介概念就可以將這兩個觀察變項連接在一起而解釋它們的關係。例如，如果你藉由顯示處在黑暗中的時間長度與視覺靈敏度的增加，都與眼睛的柱細胞和錐細胞中光色素變白和恢復有關來解釋這兩個變項的關係，那麼你就採用了這一類由中介機制而得到的理論。

這兩種理論分類系統並沒有說明出所有的理論。假設你對大學生中的一組樣本進行挫折和攻擊的測量，並發現到這兩個變項間有正相關。那麼即使是如此簡單的陳述：「挫折導致攻擊」都是一個理論陳述。因爲它說明了這個關係發生的原因，因而具有可檢驗的意涵。但是這個陳述並沒有牽涉到普遍法則或是中介機制，同時它也不屬於阿諾特（1976）的理論分類系統中的任何一種。然而它仍然是一個理論陳述，因爲它賦與這個關係中某個變項爲因和另一項爲果的角色。此外，這個陳述還帶有可以進一步研究的意涵。它暗示你應該設法找出挫折爲攻擊原因的證據，或許可以透過實驗操弄挫折變項的方式獲得。一般說來，任何一項提到原因的陳述，若這個原因並未爲衆所周知，都算是一種理論陳述。

雖然辨識陳述理論的句子很是重要，但是辨識同時避免把非理論的句子當成陳述理論的句子也同樣重要。許多學生認爲只要將研究結果重新叙述一遍就等於提出了一個理論，所以當要求他們提出一個關於挫折和攻擊間關係的理論時，他們會說：「我的理論是說挫折和攻擊有關。」通常這個「理論」會被包裝得好一點，但是說的還是同一

件事：用肯定變項有關的方式來做為一項關係的解釋。當這類陳述被指出來的時候，你會覺得很好笑，可是它卻經常出現在學生的報告中，而且多得遠超過我們的想像。設法避免做出這類假的理論陳述。一個真正的理論必須要超越結果的表象，並且提供這項結果何以發生的解釋。

理論的評估

如何決定某個理論，不論是自己還是別人提出來的，是個好理論呢？哪些條件可以做為評斷理論好壞的標準呢？你的第一個反應可能會說，一個好理論必須滿足正確性的條件。以某種觀點來看，這確實沒錯，因為一個不被研究結果支持的理論有什麼價值呢？但是也不要被正確性的概念所局限。如前面所提到的局部理論就不可能完整地解釋某個現象，難道這就表示那是個差勁的理論嗎？當然不是。再進一步地說，即使一個相當複雜的局部理論也不可能在每一個細節上都是正確的。只因為這類理論做了某些不正確的預測就表示它們是差勁的理論嗎？同樣地，當然也不是。因此，對於局部理論較重要的應該是它們是否普遍為真，以及是否具有變得更加正確的潛力。後面這個特性，即具有變得更加正確的潛力，意謂著有可能發現到這個理論是錯的，因而理論是可以改變的。那麼，顯然正確性不是評價理論唯一的重要考量。

表1.1 一個好理論的條件

關於正確性的議題

> 功力——正確地解釋各種不同的現象
>
> 可檢驗性——可能會是錯誤的明確預測

其他議題

> 簡單性——較少之理論概念和關係
>
> 豐富性——能提出全新概念以供探索

為上述提到的兩個評判標準——普遍的正確性與變得更加正確的潛力——起個特定的名字會頗有助益。阿諾特（1976）提出四大評判

理論的標準。表1.1將之摘列出來。阿諾特提出的評判條件中有兩個是處理與正確性有關的議題，和前段所討論的條件並無二致。**功力**（power）這個標準是指可以被理論正確地加以解釋的不同種類的現象的數目，如果其他條件保持一樣，理論含蓋的範圍越廣，越是好的理論。因此，功力意謂著普遍的正確性。一個理論能夠解釋越多除了當時理論建立時所要求解釋的「事實」以外的「事實」，功力就愈大，也愈正確。**可檢驗性**（testability）這個標準是指理論產生的預測可以是錯誤的，雖然理論家不希望經常發生這種事，但是至少必須是可能發生的情況。如果某一理論對於任何研究結果都是正確的，這個理論很可能是很含混的，因此它無法滿足可檢驗性的標準。明確的理論會產生確定的預測，這表示至少應該會有一個研究結果與這個理論牴觸。因為有找出這個理論是錯的可能性，所以它就具有越來越正確的潛力。另一方面，含混的理論因為絕對做不出可能被認為是錯的明確預測，所以也就絕對不會被發現是錯的。這個議題稱為釐清（clarity），好的理論應該夠清楚明確，以便能夠做出確定的、可以被研究發現推翻的預測。

　　阿諾特對於理論評判所提出的另外兩個標準，顯示出評判理論時不能以正確性為唯一標準。**簡單性**（simplicity），或是精確性、簡潔性是指理論本身的精簡程度。一般說來，解釋現象時需要的理論概念和關係越少，這個理論就越好。如果配合上功力來說，簡單性就意謂著最好的理論是使用最少的理論內容（簡單性）來解釋最多的事物（功力）。最後一個條件是**豐富性**（fertility），是指理論能夠做出全新的不同於解釋已知事實（功力）的預測能力。分辨解釋已知事實（功力）與產生全新預測（豐富性）間的差別在實務上可能無法做到，因為功力和豐富性都是指涉理論的普遍性——理論含蓋範圍的廣度。然而這種區分原則上是頗為有用的，因為豐富性強調的是理論應該具有引導研究進入尚未開發領域的潛力。當然，這是一個理論所必須要有的有用屬性。

　　關於上述條件的相對重要性，見仁見智，各有不同的看法。許多科學家認為可檢驗性是最重要的，他們覺得不能被否證的理論是毫無

價值的，因此除非理論首先能夠通過可檢驗性的考驗，否則談其他條件都是沒有意義的。此一觀點對於剛出道之研究者而言並無不好，因為了解和鑑賞可檢驗性這個標準是他們最缺乏的能力。另外一些科學家則爭論說能夠對新事物做出成功預測，即是正確性和豐富性的結合，才是一個理論最有價值的部分。但另一方面，布魯胥（Brush, 1989）強力地評論說在科學史上最有影響力的理論一直是那些可以解釋已經知道，但卻是當時存在之理論無力解釋的事實（功力）的理論。或許應該從另外一個角度來看這些評判標準的相對重要性。科學家希望他們的理論是可檢驗的、有功力的和豐富的，在可能的狀況下同時也要求簡單性。如果接受此一觀點，簡單性就要比其他 三個條件較不重要。當然，在理想的科學世界中，我們都希望可以得到能夠同時滿足這四個標準的理論。

　　將上述關於理論的討論應用到具體的例子之前，讓我們先來釐清一些經常出現在理論討論中的一些名詞所具有的意義。考慮「理論」和「假設」這兩個名詞。誠如你所知，**理論**(theory)是關於某個現象完整的或是局部的解釋，而**假設**(hypothesis)則是關於某個現象的特定預測。舉例來說，光色素變白和恢復作用的理論引導出處在黑暗中的時間將伴隨著視覺靈敏度提高的假設。基於實用的目的，可從兩方面來區別理論與假設的差異。第一，理論通常比假設要大，這是說前者包含較多的想法和概念。相對論內容有數冊之多，但是從其導出之假設（如光線接近重力場時會產生折射），可以用一個單獨陳述句子來表達。第二，假設可以從理論以外的來源而導出，所有本章前面所討論到的引發研究的概念來源（理論、常識、觀察、現存文獻和創造性思考）都可以推導出特定的、可檢驗的預測和假設。

　　另一對令人困擾的名詞是「事實」和「法則（law）」。事實這個名詞會令人困擾，是因為它並沒有明確的定義，即使在科學家之間也是如此。字典上說因為它經過經驗或觀察驗證，所以是某種真實的事物，因此就有一些科學家使用這個字來指稱那些被研究發現強力支持的假設或理論，某些人甚至覺得一個被強烈支持的理論將會成為事實。另外一些人比較習慣把受到強烈支持的解釋同時視為理論和事

實。還有一些人則是避免使用事實這個字。據此得到的教訓是,事實這個字是一個十分難纏的字,使用時一定要小心謹慎。另一方面,科學法則是指一個已經被發現會在許多的狀況下出現的研究發現。「後果法則」——是指行為重複發生的可能性會受到在該行為之後出現的結果的影響——已經在無數的狀況下被證實了。法則通常來自於理論,亦即由理論產生關係法則的假說,然後由研究來發現它會在哪些方面發揮作用。關於研究發現的通則化,本書將會在第十三章做更詳細的討論。

理論的建構

一些研究結果 現在讓我們來看一個與現實社會非常有關的理論化例子。下面所討論的是關於我研究方法課堂上某一班同學所進行的研究的真實敘述。這班同學製作了一個問卷,其中的項目是要測量三個變項:恐懼AIDS、了解AIDS、性濫交。問項的細節內容並不重要,受測者都是大學生且以不具名的方式來填答。這個研究背後的理論是說,恐懼AIDS的程度會受到了解AIDS的程度和性濫交的影響,在我班上的同學對於這些效果的實質意義,意見紛歧,各說各話。大多數認為了解可以促進危險行為的降低,因此了解程度會與恐懼程度成負相關。但是另一方面,因為性濫交是普遍被認為會增加得到AIDS機會的行為,所以它與恐懼程度成正相關。注意,最後這兩個句子中的被預測關係即是假說,而提出此種預測的原因即是理論的一部分。

在好奇心的驅策下,研究資料被劃分為男性與女性兩組,加以獨立分析。但是在此之前這些同學並沒有對性別可能造成的差異作過討論。此外,參與研究的同學對於這個問題也沒有任何確定的看法。最後的結果令人吃驚,變項間的關係模式在男性和女性之間有很大的差異。兩個預測變項,了解程度與性濫交,在不同性別中都是成負相關,這意謂著不論性別,大學生對AIDS瞭解愈多,涉入性濫交的情況愈少。這並不會太令人驚訝。令人驚訝的是他們對AIDS恐懼程度所顯示的結果。對男性而言,只有性濫交會造成對AIDS的恐懼,亦即兩者為正相關(涉入性濫交愈多會越恐懼)。對女性而言,只有了解程度

能夠預測對AIDS的恐懼程度，而兩者間為負相關（了解越多越不會恐懼）。這種存在於性別之間有趣的差異需要理論的解釋。在反覆的討論之後，大部分學生接受了下面這個理論。

　　理論　假定對性議題所展現出的評論性或情緒性反應會受到個人擁有的相關知識的影響，不論這些知識是來自事實資訊價值，或是對個人行為的知識，似乎是頗為合理的假定。因此，上述研究結果似乎暗示造成這些反應的知識類型在男女兩性之間是大不相同的。男性依賴和他們自己的行為或經驗有關的私人知識，而女性依賴所謂的事實知識。造成這種差異的原因可能是我們的文化在思考性議題時灌輸給男性與女性不同的標準所致。據此該班同學指出，男性被教養成性別競技場中的經驗創造者，而女性則被教導要遵守男性主導文化所交付給她們的「規則」。因此，男性在面對關於恐懼AIDS的議題時，是根據他們的自我經驗，正確地得出愈是性濫交，對AIDS就愈感恐懼。而女性則是從文化中所謂的專家身上獲得普遍的原理、知識，因此認為她們知道的越多，就越不恐懼。如果上述說法正確，就可以得出一些可檢驗的預測。舉例來說，針對性行為道德原則的知識來源所做的調查，應該就會顯示出女性比男性更有可能報告說，他們的行為是受到文化機構如教堂的影響。

　　故事的教訓　這是哪一種理論，你同不同意，都不重要。重要的是，你看到了這班同學是如何地超越研究發現來做解釋。總而言之，這班同學提議，文化這個理論中介變項對男女兩性施以不同的訓練，因此造成受測變項的關係在男性和女性間會有所差異。超越研究發現並假定某種理由，或許是以中介理論的形式，來解釋研究獲得的關係。這整個過程就是理論化的精髓。這也是你從事理論化時應該做的工作。同時也要注意，提出的理論必須有可檢驗的預測，而且必須是明確的預測。你在進行理論化時也當該如此，從你的理論中導得可檢驗之預測，並且將之明確地陳述出來。

理論與證據

　　當研究結果所得的證據支持一個理論的預測時，研究者通常會感到非常滿足。但是當證據不支持理論時又該如何呢？如果研究者對於理論十分確信，那麼他或她可能會質疑證據。如果有很好的理由，這種懷疑是相當合理。然而，如果證據確鑿，而且合乎正統科學接受的標準，那麼誠實的科學家就應該承認這個理論是錯的，至少部分是錯誤的。這個結果並非壞事。當然，研究者總是希望理論大多數的時候能夠做出正確的預測，否則他們大有好的理由將之完全棄置不用。但是一個偶爾會出錯的理論也不是不好——反而是件好事。普遍正確的理論，若做出錯誤的預測反倒可以被修正而變得更加正確，這是個非常基本的觀點。科學家只有在理論預測與證據相反的時候，才有機會淘汰掉錯誤的概念，而更接近眞理。一個不會與證據牴觸的理論就無法滿足可檢驗性的這項標準，因而在科學上是沒有價值的。

摘要

　　獲得知識的科學程序依賴實證檢定，也就是，依賴經驗或直接觀察的檢證。科學程序的兩個基本目標是有效地通則化研究發現以及了解自然界。科學家想要得到兩種類型的通則化，而這可被視爲從事科學研究的基本動機——關於單一現象或變項的通則化（出於好奇心），以及關於一併發生的或是有關聯的變項的通則化。其中，探索變項間的關係是從事科學研究最常見和最重要的動機。達到了解這個目標是在你得到了關於某個現象的有效理論之時，亦即一個關於這個現象的特性及其與其他現象間關係——包括因果關係——的完整與正確的解釋。科學家有的理論通常是局部的理論，是可以依據研究證據而做進一步修正的理論。好的理論可以是建立在類比、普遍原則、或是中介機制之上。不過也應該滿足功力、可檢驗性（可錯性）、簡單性、以及豐富性的要求。好的理論通常會做出正確的預測，但是更重要的是這類理論能夠從研究中汲取經驗，因而有變成爲更好的理論的機會。

進一步閱讀書目

　　關於兩個理論類型的進一步的討論可以參見阿諾特（1976）和安德森（1971）兩人的大作。阿諾特也討論過成為好理論的四大條件。布魯胥（1989）著有如何增加理論的影響力的文章也值得你參閱。有關理論演進最後終於取代傳統參考資料的歷史經過，可參見孔恩（Kuhn, 1970）的大作。

參考文獻

Anderson, B. F. (1971). *The psychology experiment: An introduction to the scientific method* (2nd ed.). Monterey, CA: Brooks/Cole.

Arnoult, M. D. (1976). *Fundamentals of scientific method in psychology* (2nd ed.). Dubuque, IA: William C. Brown.

Brush, S. G. (1989). Prediction and theory evaluation: The case of light bending. *Science, 246,* 1124–1129.

Kaplan, R., & Kaplan, S. (1989). *The experience of nature: A psychological perspective.* New York: Cambridge University Press.

Kaplan, S., & Kaplan, R. (1982). *Cognition and environment: Functioning in an uncertain world.* New York: Praeger. (Ann Arbor, MI: Ulrichs)

Kerlinger, F. N. (1986). *Foundations of behavioral research* (3rd ed.). New York: Holt, Rinehart and Winston.

Kuhn, T. S. (1970). *The structure of scientific revolutions* (2nd ed.). Chicago: University of Chicago Press.

第2章

研究的基本概念

在1890年，第51屆眾議會通過了雪曼（Sherman）反托拉斯法，該法的主要目的是在阻止商業壟斷和鼓勵競爭。此一法案傳統上被視為是有利於消費者的法案，許多人相信促進消費者的福利就是第51屆眾議會會通過這個法案的動機。然而，經濟學家湯姆斯漢茲立特（Thomas Hazlett）卻不這樣認為。他想到了另一種可能性，即第51屆眾議會議員其實本質上是反消費者的（Hazlett, 1992）。這是說這個法案會被通過是因為議員認為該法案的通過將會為他們留下漂亮的記錄，但是實際上不會真的動用這個法案來打擊壟斷行為。這是一種譏諷的解釋，或許這才真實地解釋了當時那批政客的行為。

漢茲立特採用比較眾議會議員們在麥金里（McKinley）關稅法，一個很明顯的反消費者的法律——和反托拉斯法上的投票行為，來檢驗上面兩個不同的解釋。以親消費者觀點來預測，應該是反托拉斯法會通過，而關稅法則不會通過。這也就是說，親消費者觀點預測了議員在這兩個法案的投票行為存在有一種**關係**。更確切地說，這兩種投票行為之間應該有一種相反的關係。親消費者的大多數議員應該傾向於支持反托拉斯法而反對關稅法，但反消費者的少數議員則會表現出相反的投票模式。上面所提出的反消費者觀點則預測兩個法案應該都會通過，亦即這個觀點對議員在這兩個法案上投票行為的關係做了另一種預測。明確地說，即是議員在兩種法案上的投票行為傾向於相同。隨波逐流的大多數議員會對兩個法案都投贊成票，而較為謹慎的少數議員則皆會投反對票。

在政治史上，關於這個事件的親消費者和反消費者解釋有個共同點，那就是這兩派解釋都對第51屆眾議會議員在這兩個法案上的投票行為做了有某種**關係**存在的預測。第一章曾經強調本書將會不斷地闡明變項間的關係，因為關係這個概念是本書中最重要的一部份。此外，對於研究方法的了解有助於你決定什麼時候關係存在，在什麼時候關係不存在。本章將藉由介紹科學研究方法的基本概念，來幫助你建立起這種了解，而本書其餘的章節都是針對下面即將要介紹的基本概念提供進一步闡述。

順便一提，假如你還在懷疑上述哪種觀點比較可信，那麼你可能

有興趣知道反托拉斯法和關稅法兩者都被巧妙地通過了。

變項和變項的值

關係的第一個基本概念和其成分有關。我們將關係的成分稱為變項(variable)，「變項」這個字含有變化的意思。假如我們說某事多變，其實就是說它改變了。就一個科學概念來說，**變項**是指一個變化的類別或類型，這種變化可以發生在物體、事件、或狀況之內或之間。平常我們可能會把變項視為能分辨不同物體性質的名稱。這點用實例來說明最為容易了解。如果我們研究的對象是人，那麼變項就是一些諸如性別、身高、眼睛顏色、人格特質（例如友善、攻擊性、幽默感）、政治或宗教關係等性質。在本章一開始政治史的例子中，其中一個變項是眾議員們在反托拉斯法中的投票行為，另一個變項是他們在關稅法中的投票行為。測驗你自己一下。

描述你在大學中全部學業成就的是哪個變項？（問題一）

（在各章中提出的問題會以問題一、問題二、……來加以標明。問題的答案則可在各章末尾的部分查到。）

如果變項是某個可以分辨各種物體間不同性質的通用名稱（例如顏色），那麼這個性質的特定例子就是指那些物體以特定的方式表現出它們在這個變項上的不同（例如，物體為紅色、藍色、綠色等）。物體在某種性質上所具有的特定內容稱為變項的**值**(value)。雖然變項的值有時也被稱為程度或數量，但是前者是最為常用的名稱。由上可知，如果變項是顏色，那麼變項的值就是紅色、橘色、黃色等等。如果變項是性別，則變項的值就是男性和女性。如果變項是身高，則變項的值是5呎1吋、5呎2吋等等。在政治史的例子中，變項是眾議員的投票行為，變項的值是支持和反對。

問題：就你用來描述你全部學業成就的變項而言，它的值有哪些？（問題二）

　　從上述的討論中，如果你能夠將變項看成是一個表現物體間不同性質的名詞，而將變項的值看成是這些物體在這個性質上所具有的彼此不同的特定內容，這就表示你對這個主題已經十分了解了。一般學生常犯的錯誤是將變項和變項的值混淆不清，因此我建議你可以做個練習，將研究的變項和每一個變項所可能有的值分別加以明確地描述出來。

測量

　　前面討論變項和變項的值之時，其實包含了三個內容，其中的兩個當然是變項和變項的值，還有一個是我們不斷提到的，具有這個變項某一個值的物體。我們不能談到變項和變項的值時卻不提及那些具有這些變項的值的物體，否則將是毫無意義的討論。換句話說，我們可以抽象地討論眼睛的顏色，但這種討論與研究無關。研究者要知道的是蘇珊的眼睛顏色、瑪莉安的眼睛顏色、以及丹特的眼睛顏色。即使研究的目的是要得到關於眼睛顏色和其他某種變項——例如吸引力——間關係的普遍性陳述，也是如此。這是因為除非能夠先行決定物體在研究變項上所具有的是些什麼值，否則是無法對這類普遍性陳述的效度進行評價的。

　　因此，在科學研究程序中有一個關鍵的步驟，那就是決定出哪些研究物體只有研究變項上的值。這個步驟稱為**測量**(measurement)。例如要測量眼睛顏色，研究者必須遵守一些標準程序來決定蘇珊的眼睛顏色、瑪莉安的眼睛顏色、和丹特的眼睛顏色。經由這種程序所得到的結果，稱為**分數**(score)或**量值**(measure)。即使如此，這些名詞的意義都與我們在測量程序內容中使用的變項值的意義相同。蘇珊眼睛的分數或變項值是藍色，你眼睛顏色的分數是什麼呢？你又是如何決定的呢？

　　科學家都希望他們的測量結果是正確的。如果我問你是如何決定你的眼睛顏色，你可能會說因為你早就知道了，而且是憑記憶告訴我

的。但是如果要你當場測量眼睛顏色以檢驗你的記憶，你就可能會去找最近的一面鏡子，然後報告你的觀察結果。鏡子就是一個測量的工具，你所做的觀察報告就好像是讀取刻度盤或計量器上的數據，因此這個過程便是測量程序。什麼是好的測量程序呢？如果測量結果是正確的和一致的，那就是好的測量程序。有一些如「效度」和「信度」的術語是用來描述一個好測量程序的性質，我們將會在專門討論測量的章節中做更詳細的說明。現在我們要記住兩件事，第一是任何得到研究物體在研究變項上所具有的值的程序，這就是測量。第二是測量程序有好有壞。

操作型定義

一個研究者對於研究變項有兩件事可以做：測量和操弄。如我們所知，測量是指研究者得到研究物體在研究變項上已經具有的值。但是另一方面，操作是指研究者給予研究物體某種他所希望此物體具有的變項值。如果研究者不滿意蘇珊的眼睛測量為藍色，他可能進行操作而令蘇珊配戴綠色的隱形眼鏡來改變她的眼睛顏色。在此程序中，變項的值是被決定的，而且決定的程序是特定的。如果這個程序被描述得十分清楚，那麼另外一位研究者也可以依樣畫葫蘆，並且得到同樣的結果。這種描述稱為**操作型定義**（operational definition），以正式的術語來說，操作型定義是對測量或操弄變項的程序所做的清楚叙述。

科學研究不能在沒有操作型定義下進行。科學的基本事業就是測量和操弄變項，在沒有明確的方向與指示的情況下，測量是無法進行的，而這些方向就是操作型定義。因此，在科學研究上操作型定義不是奢侈品，而是必需品。

操作型定義的目的是釐清（clarity）。字典上的定義通常是用其他的字來說明某一個字的意義，因此字典的定義有時會很模糊。然而，操作型定義是能夠精確地告訴我們如何去決定某一個字應用在某個物體上的方法和程序。如果攻擊的定義是任何傷害別人的行為，一如字

典的定義，我們可能會不知該如何決定某個情境中是否會出現攻擊行為，也不知該如何決定出現的攻擊強度為何。但是如果把攻擊定義為在五分鐘內出現打或踢的行為的數量，即一個操作型定義，那麼你就可以很容易地決定攻擊發生的程度了。這兩種定義的差別很大，在前面那個定義下，要判斷是否發生傷害人的事情是件困難的事。然而在後面那個定義下，你要做的只是去觀察兩種簡單而且明確的目標物：打和踢的行為。

學生經常感覺到要製作個好操作型定義是件困難的事。他們做出的操作型定義往往和字典上的定義類似。要想了解並解決這種困難，你可以試著為一個富有挑戰性的心理概念下個操作型定義看看。舉例來說，你會如何為「羅曼蒂克的愛情」下一個操作型定義。如果你發現你下的定義相同於或類似於下面這個陳述「被他人吸引的感覺」，那就表示你們還沒有掌握住要點。

　　你需要重新描述上面的問題如下：我如何測量羅曼蒂克的愛情？我如何得到它的分數？（問題三）

你必須描述出一種特定的程序來決定任何一個人在羅曼蒂克的愛情上的變項值。

許多學生發覺把操作型定義和烹飪方法做對比能夠幫助了解。操作型定義就像是食譜。一本能夠幫助做出蛋糕的有用食譜必須指出一些細節步驟：需要使用哪些配料、這些配料的精確數量是多少、如何將這些配料混合、以及烘烤這些混合後的配料所需要的精確溫度和時間。操作型定義就像是製作某個待測物體分數的食譜，若想要成功地得到結果，同樣需要類似的細緻步驟，以便操作者有所遵循。

你認為漢茲立特對眾議員投票行為這個變項所做的操作型定義是什麼呢？他的食譜很簡單：觀察眾議會的**會議記錄**。而**記錄**中所記載的，關於某位議員的投票行為，就是議員在投票行為這個變項上的值。這個操作型定義，非常簡單、明確，並且保證一定是對的。

如同本書中大部分的概念一樣，操作型定義的概念在平常的推論過程中，扮演非常有用的角色。許多爭論的發生都是因為人們以不同

方式使用相同的關鍵字，但是又不去了解這些關鍵字的意義而引發的。考慮下面這個陳述：「有益窮人的計劃應該推廣。」隨便兩個人對於這個陳述可能會有非常強烈的互不同意的看法。而這種差距很可能只是因為他們對於「計劃」、「窮人」、甚至是「推廣」等名詞的意義做了不同的假定。操作型定義所要求的釐清這個目的就可以從這個非正式的例子中看出來，它可以使這兩個人清楚地指明上述每一個關鍵字的意義。「計劃」對其中一人可能是指私人企業的幫助，但是另一個人可能認為是政府的幫助。將定義釐清可能無法完全解決看法不同的問題，但是至少它可以消除誤解，同時也有助於正確地指出見解不同之處。

你可能已經察覺出將攻擊定義為五分鐘之內打或踢的行為次數所具有的問題了。你覺得詐欺算不算？為什麼要排除在外呢？究竟為什麼呢？指出這個問題就是在說明我們將會冒一些風險，即將某些重要的事物排除、將研究概念的豐富性減少、或是將會完全失去某些特徵的風險。在測量時，科學家都希望他們的操作型定義有效或是屬於好的定義。批評某個操作型定義失去研究概念之某些重要部分，經常是對的批判，這是沒有辦法解決的問題，但是採用多種操作型定義則會有所幫助。如果以不同的方式對一種概念下操作型定義，而且所下的定義都得到相同的結果，那麼你對這個概念所得到的結論就可深信不疑。但是如果這些定義得到南轅北轍的結果，那麼你處理的可能不是一個單一的概念，這點你該明白。

攻擊的例子彰顯了不同類型變項之間的基本差異。變項可以以理論成分（「挫折產生攻擊」）的形式出現，也可以是根據操作型定義而測量或操弄出來的產物（「攻擊性分數的範圍從 6 分到36分」）。要分辨變項的這兩種角色，讓我們採用一些特別的名詞。做為某個理論的概念的變項稱為**建構**(construct)。得自於操作型定義的變項稱為**指標**（indicator）。顯然，操作型定義的目的正是要導出建構的指標。這是必須的，因為建構本身不能直接加以測量或操弄，它們是理論變項，因此不能被科學家直接控制。相反地，指標是可以根據某種特定食譜（操作型定義）得到具體的值的經驗變項。因為科學家必須使用指標

來表現建構，所以關於指標可以表達甚或代表建構物到什麼程度，就
是一個很重要的問題。而這也正是堅持詐欺應該是攻擊的一個操作型
定義時，所要注意的事。在這方面，一個令人滿意的指標就是有效的
指標。在測量的章節中，還會更加詳細說明導出代表建構概念的有效
指標的方法。

關係

如前章所述，最常見的研究動機是建立關係，而關係的概念正是
本書的核心組織原則。研究方法的課可以看成是一門在某些標準的研
究情境中建立關係的課程。前章也強調了關係涉及到兩個一起發生之
變項，因此在建立關係時，科學家就必須得到這兩個變項的分數，並
且證明這些分數會一起出現。用正式的術語來說，當某兩個變項的值
會有系統地一起發生變化，便證明了這兩個變項間有**關係**存在。

這是什麼意思呢？因為變項的定義就是具有會改變的值（否則它
們就是常數，而非變項了），所以上述定義的重要性必然是在於「有
系統地一起」。要證明兩個變項會有系統地一起產生變化，就必須證
明某一變項的某種分數有和另一個變項的某種分數一起發生的傾向。
若果真如此，在某個變項上具有某個特定分數的物體，會具有在第二
變項上有限的一組特定分數。就本章開始的那個例子來說，需要的證
據就是顯示兩個變項——「在反托拉斯法的投票行為」和「在關稅法
的投票行為」——的值是否會有系統地一併改變。也就是說，必須要
能夠證明眾議會議員若不是在兩法案上一致出現相反的投票行為，就
是在兩法案上一致出現相同的投票行為。相反的，如果這兩次投票行
為之間沒有關係，結果就會出現議員的投票方式不具有一致性的現
象。這等於說那些投票支持反托拉斯法的議員可能支持也可能反對關
稅法，而且兩者的機率一樣。相同的結果也會出現在投票反對反托拉
斯法的議員身上。

了解了建構（理論變項）和指標（經驗變項）間的差異之後，你

應該很清楚只有在指標之間才有可能直接建立起關係。一旦這種關係
建立起來,則關於哪些建構間有關係的問題就必須視這些指標有效代
表的是哪些建構。以第51屆眾議會的情形來說,眾議會議員在兩法案
上一致出現相反投票行為的關係,指出這兩個指標代表的正是親消費
者觀點的建構。相反地,議員在兩法案上一致出現相同投票行為的關
係則指出這兩個指標正代表著政治犬儒主義心態的建構。換句話說,
哪些建構間有關係端視哪種理論有經驗資料的支持。

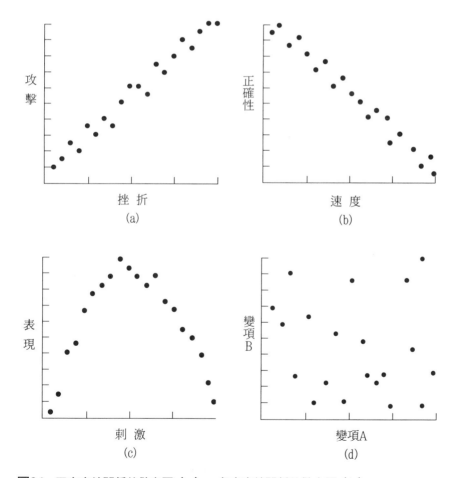

圖2.1 正向直線關係的散布圖(a) 負向直線關係的散布圖(b)
倒U型曲線關係的散布圖(c) 以及沒有關係的散布圖(d)

關係種類

決定是否某個變項的某種分數會傾向於和另一變項的某種分數一起發生，看起來似乎很是簡單，然而實際上經常是相當困難的事。這是因為每個變項都會有許多可能的值，因此一種關係所指出的系統性成對出現的變項值最多只可能是近似的。那就是說，每個變項的值將會伴隨另一個變項一定範圍內的值一併出現。單單察看每一對分數並不容易分辨出兩變項的值之間是否有系統性成對出現的趨勢存在。

在這種情況下，將所得資料描繪在所謂的**散布圖**（scatterplot）上會很有幫助。各種散布圖的例子顯示在圖2.1中。在散布圖中，橫軸代表某一變項的可能值，而縱軸代表另一變項的可能值。將每一物體在兩個變項上的分數對應於圖上兩軸而描繪出一交點。假想兩變項是挫折和攻擊，每個變項的分數是從0分到20分，研究的物體是人，測量每個人在這兩個變項上的分數。有三個人在挫折（F）和攻擊（A）上的分數分別是：蘇珊（F＝4, A＝5）、瑪利安（F＝17, A＝16）、丹特（F＝11, A＝10）。據此，蘇珊分數在散布圖上的點將是位於原點（0,0）右方 4 單位和上方 5 單位的交點上，瑪利安分數在散布圖上的點將是位於原點右方17單位和上方16單位的交點上，以此類推。如果將100個人的結果都描繪在散布圖上，則所有的點將形成一狹窄如香腸形狀的區域，並且向右向上傾斜，如圖2.1a所示。雖然關係並不完全，但是我們可以看出一種趨勢，即是低挫折分數與低攻擊分數一起發生（蘇珊），中度挫折與中度攻擊分數一起發生（丹特），以及高度挫折與高度攻擊分數一起發生（瑪利安）。由這些點所形成的區域可以用一條向右向上傾斜（數學家稱為正斜率）的直線函數將之描述出來。這種情形通常稱為直接的或是**正向直線關係**（positive linear relationship）。

正向直線關係是社會科學中最常見的一種，另外還有兩種關係類型有時也會見到。一種可以從很多次考試時，作答速度和正確性兩個變項間的關係來表示：當做得越快時，就會出現犯的錯誤越多的情形。因此，當速度增加時，正確性就降低了。或者說，某個變項上的

高分數將傾向於和另外一個變項的低分數一起發生。此時散布圖上會出現一條向右向下傾斜——稱為負斜率——的直線函數。這種情形通稱為逆向或**負向直線關係**(negative linear relationship)，見圖2.1b。較不常見的散布圖是各點群集於一個U形區域上，U形的開口可能向上或向下。後一類型的例子，便是所謂的倒 U 型關係，好比說出現在面對各種考試的時候，刺激和表現兩個變項間的關係，如圖2.1c所示。最好的表現分數會發生在中度的刺激程度之時，而較差的表現同時發生在高度或低度的刺激分數之時。

> 你能不能根據前章所述的條件，提出一個好理論來解釋何以會產生上述的結果呢？（問題四）

需要用到比直線函數更複雜的函數來描述的關係，一般稱為非線性或**曲線關係**(curvilinear relationship)。

如果變項間沒有關係，則某個變項的某個值就不會與另外一個變項的某個值成對出現。這也就是說，某個變項的任何一個值將與另外一個變項所有的值隨機成對出現。此時在散布圖上的點將分布於整個平面，如圖2.2d所示。

必要證據

決定關係是否存在，至少需要哪些證據呢？首先，必須有關於兩個變項的一些資料。**資料**(data)這個名詞是一個複數名詞，指所有從研究而來的資訊和產出。它的單數形式，指稱一筆單一的產出，將稱為一筆資料。第二，資料必須以分數或變項值的形式出現，而且每個變項至少要有兩個值。如果樣本中每個變項只有一個值，那麼變項就不含有改變的意義了。這自然也就沒有與另外一個變項一起發生變化的可能性了。

以具體的例子來說，想像咕爾粥———種熱食用早餐麥片粥——的製造商要建立一個消費者口味測驗。此時，一個變項是被品嚐的麥片粥牌子，它的值是咕爾和另一個居領導品牌的競爭者，麥歐蜜。另外一個變項是口味的判斷，而它的值是好吃和不好吃。假想有100位

表2.1 麥片品牌與口味好壞兩變項的次數分配表

		麥片品牌		
		咕爾	麥歐蜜	總計
口味好壞	好吃	56	24	80
	不好吃	14	6	20
	總計	70	30	100

熱麥片粥的食用者參與品嚐，最後得到的結果資料總結於表2.1。因為這種表格可以顯示出某一變項的每一個值與另一變項的每一個值共同出現的次數，所以就被稱為**次數表**（frequency table）一個更花俏的名字是列聯表。現在你面臨的是一個高難度的挑戰：在你面前有一些具體結果，但是你該如何分辨它們是否滿足關係的定義呢？你該如何得知這兩個變項的值是否有系統地一起發生變化呢？這並不容易決定，對吧？

　　現在讓我們仔細檢視此表。首先，我們從表的右側之列總和中可以很明顯地看出，樣本中大多數人評斷麥片粥的味道為好吃（80／100）。而從表的下方欄總和中也可以看出來，似乎咕爾是樣本中大部分人所品嚐的麥片粥品牌（70／100）。次數表中的欄總和與列總和都稱為**邊格總和**（marginal totals），而表內的數字則稱為**方格次數**（cell frequencies）。關於變項間是否有關係的問題，有人可能會受到咕爾－好吃方格內之大數值56的影響，但是另外有些人可能會反對這種看法並且認為咕爾－好吃方格內的大數值不必然意謂著兩個變項間會有關係。你看得出來是為什麼嗎？咕爾－好吃方格的大數值可能只是因為咕爾與好吃之邊格總和都很大（80和70）所造成的。當然，如果要得到關於變項關係的正確決定，就需要將邊格總和不相等的因素考慮進來。

　　解決上述問題的一般經驗法則是，要得到變項關係的有效結論，必須使用表中所有的資訊。從任何少於全表四個方格次數的資料而進行的推論，都可能得到錯誤的結論。使用所有方格次數的最簡單方法就是選擇每個變項的某個值（例如好吃），然後計算它在另外一個變

項所有的值上的比率。使用這個方法，可以計算出味道好吃在麥片粥品牌分別是咕爾和麥歐蜜兩個值時各自的比率。

現在讓我們來看看這項作業實際上是如何進行的。在品嚐咕爾麥片粥的消費者（70人）中，有56人斷定咕爾好吃。因此，要計算的比例是56／70＝.80。或者將它寫成：在那些品嚐咕爾麥片粥的人中對麥片味道評斷為好吃的比例，或p（好吃／咕爾）是.80。（在「p（A／B）」中的斜線是表示「在之下」的意思。因此，p（好吃／咕爾）意指在品嚐咕爾麥片粥的消費者中評定為好吃的消費者的比例）。在品嚐麥歐蜜的消費者（30）中，有24人評定為好吃，亦即 p（好吃／麥歐蜜）＝24／30＝.80。味道的「平均值」，由好吃的比例來代表，對兩種品牌的麥片粥而言是相同的（都是.80）。因此，並沒有顯示出味道這個變項的不同值會隨著麥片粥品牌這個變項的不同值而有所變化的傾向。這也就是說，這裡沒有證據顯示這兩個變項間有關係。

就這個例子而言，有三點值得注意之處。第一，這個例子假定分數並未包含誤差在內。在這個樂觀的假定之下，如果計算出來的比例相等，則變項間就沒有關係。如果計算出來的比例不相等，則變項間就有關係。比較實際的假定是分數中多少會有一些誤差存在，這時比較好的處理方式是把判決的規則放鬆一點。新的規則是，如果計算出來的比例相等或近乎相等，則變項間就沒有關係，否則它們之間就有關係。前面所做沒有誤差的假定只是為了簡化討論過程，至於分數中的誤差以及如何處理這些誤差的問題，將在後面各章中再作討論。

第二，上面的計算似乎並沒有遵守經驗法則，即使用表中所有的方格次數。因為只有表中上列的方格次數——56和24——似乎才明顯地出現在計算式中。但是可以確定的是另外兩個方格次數——14和 6——也隱含在那兩個比例的分母——70和30——之中。因為14必須要與56相加才能得到第一個比例的分母70，而 6 必須要與24相加才能得到第二個比例的分母30。因此，所有這四個方格的次數其實都有被用到。

第三，在計算比例時，選擇哪個變項的哪個值作為比例的分子對最後的結果並沒有差別，只要是針對另一個變項所有的值計算比例即

可。舉例來說，你可以計算麥片粥品牌爲咕爾在好吃與不好吃這個變項的兩個值上的比例，你的計算結果會是：p（咕爾／好吃）＝56／80＝.70和 p（咕爾／品味不好吃）＝14／20＝.70。相同的比例和前面算得的比例（.80和.70）不同，但是這兩個比例彼此相等，這才是重點。如果你選擇某個變項的某個值作爲比例的分子，結果得到相等的比例，那麼如果你選擇任何一個變項的任何一個值作爲比例的分子，則所得到的比例也將會相等，只要你沒有計算錯誤。對於不相等的比例，這點也同樣成立。

至今我們已經知道了如何在最少的證據之下，即一個 2×2（即 2 列和 2 欄）次數表下，決定兩個變項間是否有關係的方法。現在你可以做個自我測驗。維持表2.1邊格總和不變的情況下，將該表左上方格中的次數改爲60，再依序調整其他方格的次數。然後計算在好吃這列之下麥片粥的兩個品牌各自的比率。

這些變項有關聯嗎？你的決定是什麼呢？（問題五）

現在已經是時候了，讓我們來看看漢茲立特所研究的，第51屆眾議會議員投票行爲的實際資料。相關資料列在表2.2中。表中的資料只包括兩次投票都沒有棄權的議員，如果將棄權者納入並以投反對票處理，將有點削弱原來的結果，但是整個模式還是一樣。用表2.2的資料再重複做一次比例分析吧！

這些變項有關聯嗎？本章開頭提到的哪一種理論，好像

表2.2 反托拉斯法與關稅法投票結果兩變項的次數分配表

		反托拉斯法		
		贊成	反對	總計
關稅法	贊成	104	3	107
	反對	14	38	52
	總計	118	41	159

受到支持了呢？（問題六）

推論錯誤

如前節所述，用任何少於次數表的全部資訊而進行的推論，都有可能得到關於變項間是否有關聯的錯誤結論。可以用表2.1來說明這個事實。前一節的分析也已經顯示出該表中的變項間是沒有關係的，然而可以想像得到，對於某些不知道如何分析次數分配表的人可能會對咕爾─好吃方格中出現的大數值留下深刻印象。這類人可能會說，「樣本中有56%的人品嚐過咕爾麥片粥，而且評定為好吃。因此，顯示咕爾麥片粥和好吃有關係。」另外一個人或許會說，「樣本中有56%的人判斷咕爾麥片粥好吃，但是只有24%判定麥歐蜜麥片粥好吃，因此咕爾麥片粥的味道比麥歐蜜麥片粥要好吃兩倍以上。」還可能有第三個人會說，「樣本中有62%的人判定咕爾麥片粥好吃，判定麥歐蜜麥片粥不好吃，你吃的是哪一種牌子的麥片粥，關係可大了。」在上述的例子中，他們所做的陳述都錯誤地指說變項間有關係，可是每一個陳述聽起來似乎又是很合理的。這可能是因為每一個陳述的第一個句子都是技術上正確的句子，但是卻與變項間是否有關係這件事無關。每一個技術上為正確的句子都沒有使用到表中的所有四個方格的資訊，因此未能適當地處理在這兩個變項上有差異懸殊的邊格總和的這項資訊。

這些例子的教訓十分明確：提出引人注意的錯誤陳述，真是輕而易舉，即使是出於純良的動機。但是對於那些出於自我利益帶動的人又該怎麼說呢？我們每天置身於由廣告商、政客、各種意見領袖所提出來各種數不清的關係陳述之中，因此最重要的是要能夠清楚地思考這些陳述，並適當地評估那些被提出來支持這些陳述的證據。關於關係的推理錯誤這項課題有很重要的實用性，因此本書最後一章將針對這個主題提出詳細的討論。安德森（1971）曾經針對這類錯誤提出詳細說明。現在要記得的是，前節所描述的分析法是可以得到關於變項間是否有關最為安全的結論的唯一方法。根據不完全的資訊進行推

論，很容易便使你誤入歧途。

因果關係

關於前章研究動機一節所討論的各種原因當中，建立關係是最重要的一項研究動機。然而，關係仍然無法做到的是指明原因。如果你知道挫折與攻擊間有正相關，可是這個事實還是無法告訴你什麼原因可以解釋此種關係。當然，關係也是一種解釋，只是關係本身不能使你確定原因變項為何。挫折可能導致攻擊，或是直接發生作用，或是透過憤怒的中介機制。在後者中，挫折可能先引起憤怒，進而導致攻擊。亦即，挫折藉由憤怒的中介影響而間接地導致攻擊。將挫折視為原因，本質上正是心理學的挫折─攻擊性理論所提的陳述。然而，攻擊本身也可能是原因。行為非常富有攻擊性的人可能引起他人的敵意，因而阻礙他對目標的追求。還有可能是第三個變項——太陽黑子——才是真正的原因。從太陽表面烈焰發出的宇宙射線可能同時會造成挫折和攻擊。這番叙述的意義是在說明關係本身並不能證明什麼是原因。

原因是一個非常難以捉摸的概念，具有很多意義。哲學家為了它苦思了好幾個世紀。某些社會科學家（例如科林格, 1986）相信在研究法的議題中使用這個詞造成的害處比好處還多。在此不必陷入這種爭論，相反地，可以採納一個被一般人接受的觀點：一個被指稱為原因的變項是指，在一個所有其他的潛在原因都被排除在外的情境下，當它發生改變時，必然伴隨有另外一個變項發生相對應的變化。關於這個定義有兩個重點要特別提出來說明。第一這個定義符合哲學家所謂「充分」原因的概念。那就是說，假定的原因足夠造成假定的結果，但並不必然會造成這個結果。其他變項也可能造成相同的結果。第二點是這個定義是統計性的或機率性的，「可以相信」假定的原因的出現會伴隨假定結果的發生。這也就是說，假定的原因經常會或者很可能會伴隨有假定的結果發生，但是假定的原因卻不見得自始至終會伴隨假定的結果發生。這個定義似乎蠻適用於這個不確定的世界，而且也相當接近大部分科學家們在使用「原因」這個字時心中的想法。你

可以把它看成機率充分原因。

原因變項和結果變項有另一種特別的名稱，假定為原因的變項稱為**自變項**（independent variable），假定為結果的變項稱為**依變項**（dependent variable）。這種名稱強調了在因果關係中假定為結果的變項會受到假定為原因的變項的影響，反之則不然。這些名稱本質上是理論用語，指稱的是在某個關係中各個變項所具有的理論角色。

如果你希望提出關乎原因的實證證據，就必須滿足原因定義中所隱含的條件。那裡有三點條件。第一，你必須證明假定之原因和假定之結果間有關係。第二，你必須證明若假定之結果發生變化，則必然會伴隨著假定之原因也發生變化。這個條件通常是意謂著假定為結果變項上的變化必須在時間上是跟隨在（或同時於）假定為原因發生變化之後——因為我們一般認為結果不可能發生在原因之前。第三，你必須能夠排除研究情境中所有其他潛在可能原因所造成的作用。這些條件代表一種相當理想化的狀況，即使是最投入的研究者也只能做到接近的程度。然而，有一種由一些特殊步驟組成的研究方法可以滿足這些條件，那個方法就是實驗法。

實驗法

實驗法的目的是建立因果關係。這就是說，這種方法要尋找的不只是變項間的關係，更是要正確地決定在此一關係中是哪一個變項會造成另外一個變項的變化。其他的研究法有時可能也有類似的希望，但是實驗法的獨特之處就在於它有一些特別的技術可以助其達到這個目標。

自變項

實驗中的變項可以分成許多不同類別，如圖2.2所示。而實驗法的辨認特徵就是至少具有一個受操弄的變項。回憶本章前面所提到的**操**

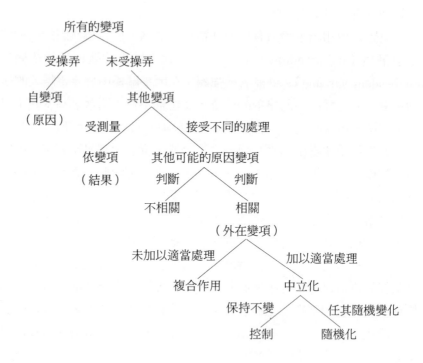

圖2.2　一個實驗中的變項

弄(manipulation)，這個概念具有兩種意義：(1)實驗者決定變項將發生哪一個值，和(2)實驗者決定哪一個物體（在社會科學研究中通常是人）將具有這個變項的哪一個值。以專門術語來說，就是實驗者**製造**操弄變項的值，並將這些值**指派**(assign)給實驗單位。最簡單的好實驗有一個具有兩個值的操弄變項，因為兩個值是建立變項關係所需要的最少數目。

實驗法中的操弄變項有一項最重要的特徵，就是它在理論中所扮演的角色。操弄假定原因，然後測量假定的結果，以便檢視它是否受到操弄程序的影響。這個目的是要滿足前面所提原因定義的三個條件中前面兩個條件。因為在實驗中我們操弄假定的原因，所以受操弄的變項也就是自變項。因此，實驗法的辨識特徵便是具有受到操弄之自變項。

　　操弄需要操作型定義來說明變項的值是如何產生的，以及這些值是如何被指派給實驗單位的。舉例來說，我們可以給予受試者一份紙筆的解謎測驗，並且提供其適當的說明，以使任何具有中等智能的人都可以在 2 分鐘左右的時間內解題來操弄挫折。要製造高挫折情境，我們就給予受試者一份無解的謎題，並要求他們在5分鐘之內解答出。要製造低挫折情境，我們就給受試者一份相當簡單並容易解答的謎題。哪些人接受哪種測驗則以丟硬幣的方式隨機決定。（為什麼要隨機呢？你先想想看，答案將會在下一節「其他變項」中加以說明）。要注意的是上述做法與單純找出人們已經具有的挫折值（測量）的不同處。做實驗是以研究者想要受試者具有的變項值來取代受試者原先就有的變項值（操弄）。這兩種狀況都需要操作型定義。在實驗中，自變項得自於操弄的值稱為**處理**(treatment) 或**狀況**(condition)。上例中，有高挫折與低挫折兩種狀況。

其他變項

　　在實驗中的非操弄變項可以分為兩類。第一類是依變項或在因果關係中被假定為結果的變項。就當下的例子而言，是指攻擊。依變項要受到測量以檢視它的分數是否會與自變項的分數發生系統性的變化。也就是說，研究者希望知道依變項的分數是否會在不同的實驗條件下而有所不同。在挫折實驗中，你會期望攻擊分數在高挫折狀況下應該要比在低挫折狀況下為高。如果真是如此，自變項（挫折）和依變項（攻擊）間就有關係。測量依變項也需要操作型定義，在受試者解答謎題的時間到了之後，你可以把每一位受試者帶到隔壁房間，房中擺一個巴布娃娃，一個很大而且底部很重的充氣塑膠玩偶，如此可以使它在被受試者打倒後還能夠彈回來。然後我們可以透過單向玻璃看到這個玩偶被受試者在5分鐘內踢、打、搥了多少次。通常對依變項的測量應該都是有效的，關於這點是什麼意思，將會在論測量的章節中做更清楚的討論。

　　實驗的第二類非操弄變項包括實驗情境中除了自變項和依變項以外的所有變項。為了滿足我們前面所討論的原因定義的第三個條件，

所有這類變項都必須被排除在外，以免成為這次實驗的潛在原因。這類變項還可以再細分三個層次，第一層是關於有關和無關的類型，有關是指該變項被認為有可能與依變項有關。在挫折實驗中，智力可能就是這類有關變項的例子。被認為無關的變項是指由經驗判斷後被排除在潛在原因之列的變項，所以就不必再加以考慮。在挫折實驗中，金星的位置似乎就可以被視為是這類變項。當然，經驗判斷可能會受到批評與質疑，因此我們必須做好準備來護衛它，而這也是任何經驗判斷所不可避免必須要面對的事。

有關的變項最好以適當的程序來處理，因為它們非常重要，所以它們有另一種特殊名稱：**外在**（extraneous）變項。外在變項可以分為兩類：被適當地處理的和沒有被適當地處理的。沒有普遍被接受的名稱來指稱這種被適當地處理的外在變項，但是我們可以將它們視為「被中立化（neutralized）」的變項。然而，大家都同意未被妥善處理的外在變項會得一個像**複合**變項（confounding variable）這樣惡劣的稱謂。複合變項是指一個不是因變項，但是卻可能會隨著自變項做系統性變化的變項。這類變項可能與實驗中的自變項一樣，也是一個原因，因此它會混淆對於結果的解釋。我們想要說自變項是實驗結果的原因，但是有了複合變項就不能這樣說了。由上可知，中立化變項是好的，混淆變項是不好的。

最後，我們還可以依據程序處理的方式而將中立化變項分為兩類，是被**控制的**（controlled, 以某方面來說即是保持不變），或是被**隨機化的**（randomized, 令其以隨機的方式變化或以不可預期的方式變化）。因為控制變項保持不變，所以它就不會隨著其他變項做系統性的變化。因為隨機變項的值隨機地（亦即以一種完全不能預期的方式）變化，所以他也同樣不會與其他變項做系統性（亦即以一種可以預期的方式）的變化。因此，在這兩種狀況中，變項都不會涉及到關係，因而就被排除在實驗的潛在原因之外了。

智力可能會被隨機化，你猜得到是為什麼嗎？（問題七）

該受到控制的是環境變項，比如說是像研究情境的溫度這類的變項。

因果關係

我們在後面各章中還會更仔細地討論實驗變項的類型和次類型，因為本章的目的只是要提供一個較為廣泛的整體觀念，以便使你可以體會並且欣賞實驗的特殊性。這裡我們就做個簡短的總結。實驗的目的是要建立一種因果關係，也就是說在這個關係中，我們可以確信在有關係的兩個變項間，哪個變項是原因。這個過程必須伴隨著操弄假定的原因（自變項）、測量假定的結果（依變項）、和使用特定的程序（控制和隨機化）以中立化所有其他被認為有可能成為原因的變項。如果在這些條件下，可以建立起自變項和依變項間的關係，你就可以信心滿滿地認定自變項是原因了。

研究法的分類

現在我們可以藉著對研究法的粗略分類來介紹本書其餘的章節。分類結果詳列在圖2.3中。所有研究者實際上都同意實驗法和非實驗法間有差異，只要含有操弄變項的研究，不論其測量依變項的方法為何都是實驗法。否則，就不是實驗法。我們可以根據自變項被操弄的方式（特別是如何將它的值指派給實驗單位的方式）來將實驗法分為許多不同的實驗設計。各種不同的實驗設計將會在本書後面的各個章節中逐一加以討論。

圖2.3 基本研究方法的分類

　　非實驗法可以分為兩種類型：觀察研究和調查研究。這兩者間的差異在於研究變項的測量方式。在觀察研究中，研究者是經由觀察參與者所表現的行為和對此所做的判斷來獲得參與者的分數（所謂的觀察或行為測量）。而在調查研究中，參與者自己做判斷，然後告訴研究者他們對於研究之變項的感覺（所謂的自我報告測量）。非實驗研究的這兩種類型還可以再細分下去，而且也可以用不同方法組合起來。本書後面會對這些複雜的結果提出詳細的討論。

　　總之，我們總共有三種基本的研究法：實驗法、觀察研究法、和調查研究法。由於傳統的資料或分類的種類，我們將先對觀察研究法做深入的討論，然後討論調查研究法，最後再討論實驗法。

研究法的選擇

　　在本章最後，讓我們來談談關於在基本研究法中做選擇時，應有的一些考量。因為實驗法具有可以指明原因的特性，所以你可能對實驗法的印象最深刻，而且也認為它應該是比較好的方法。雖然對於這點仍然有相當多的爭議，但是許多科學家也確是如此認為。較理性的方式應該是認為所有研究法都有其長處與短處，因此，研究者必須對研究變項的類型和各研究方法的長短處之間的配合性先做資料的和個人的判斷。我們應該避免抱持著一種態度，那就是如果某人沒有用實驗法做研究，那就等於沒有做研究。由於道德上和實務上的原因，許多社會科學的重要變項是無法或不應該被操弄的，虐待兒童和人類智力就是兩個例子（關於道德議題的進一步討論，參閱研究倫理的那一章）。諸如此類的變項可以使你清楚地知道獨尊實驗法是科學所不能承受的奢侈。

　　此外，即使變項可以操弄，但是不操弄它可能比較好。在實驗中的受操弄變項通常只具有少量的值（例如高挫折和低挫折），因此想將這些實驗結果通則化到所有的值上必然是相當冒險的事。除此之外，由於典型實驗室都是人為的情境，因此我們有足夠的理由懷疑實

驗結果是否可以廣泛地應用到實驗室以外的實際世界。捍衛實驗法的人可能會說他們尋找的是建立主要的因果關係，而這種關係能不能通則化到實際世界中，則是另一個值得繼續研究的課題。那些研究可能是一種田野實驗，這是指在自然環境下進行實驗。這些辯論的詳細內容將會在通則化研究結果的那一章中做進一步討論。

上面的意思是說最好的研究方法必須視研究者的目的而定。各種方法間有截長補短的功效。因此沒有理由認為某一種方法必然會優於其他方法。如果研究的目的是要描述自然狀況下的行為，觀察研究法就是適當的方法。如果我們想要知道人們想些什麼，就去問他們（即調查研究法）。如果我們想要指明原因，同時操弄是可能的，那就做實驗。如果操弄是不可實現的，我們可能就以非實驗研究來測量潛在的替代原因，並用統計方式將之中立化。這種方法將會在探討調查研究法的第二章中加以討論。經驗法則告訴我們研究者應該先思考他們的研究目的，然後再裁製適當的研究法來求得這些目的。本書的目的之一就是在裝備你，使你具有裁製適當方法的信心。

摘要

變項是指一種如攻擊之類的普遍性質，並能指出各物體在這個性質上的不同之處。變項的值是一些具體的屬性（攻擊的具體數量），物體因具有不同的屬性而在變項上有不同的表現。測量是決定研究物體在研究變項上具有的值的程序，而操弄則是指研究者把研究對象原本具有的值用研究者想要該物體具有的值替代的程序。對測量和操弄的精確程序做出詳細的敘述就是操作型定義。

如果某個變項的特定值有傾向於隨著另外一個變項的特定值而出現，則我們就說有關係存在於這兩個變項之間。正向直線關係是社會科學中最常見的關係類型，負向直線關係和非直線或曲線關係有時也會見到。建立關係所需要的最低限度的證據要求研究兩個變項中的每一個變項至少兩個值。而這些資料可以用一個2×2次數表現出來。

為了避免做出錯誤的推論，必須使用次數分配表中所有四個方格的資料。其中最常見的方法是選擇某一個變項的某個值，然後分別計算它在另一個變項所有的值上出現的比率。使用少於所需的資料可能會導致關於變項間是否有關係的錯誤結論。

建立關係本身並不能告訴你哪個變項是原因。在關係中的每一個變項或是另外的第三個變項都有可能是真正的原因。實驗法是一種研究法，其特徵是可以指明原因為何。在理想的實驗中，假定的原因或自變項將會受到操弄，假定的結果或依變項將被測量，同時所有其他的潛在原因都要用諸如控制與隨機化的技術，將之排除。如果在這種情況下還可以得到自變項和依變項間有關係存在的結果，那麼自變項必定是造成依變項的原因。如果有關的替代原因未能被適當地排除，實驗就會出現複合作用。基本的研究法可以分為實驗法和兩種非實驗法：觀察研究法和調查研究法，後兩者的差異在於參與者的分數是得自於研究者對參與者表現之行為所做的觀察，還是得自於參與者的自我報告。

問題解答

問題一：變項是平均成績分數，即GPA。

問題二：變項的值是你們實際的GPA，那是多少呢？

問題三：一種可能方法是自我評定，分為十個等級，從1分＝低到10分＝高。另外一種可能方法是測量互相注視的時間，即在標準觀察時間內兩人同時注視對方的時間所占的比例。

問題四：太少的刺激無法激發足夠的警覺心，太多的刺激造成對思想或肢體行動控制能力的喪失，因為太「激動」或太「亢奮」了。

問題五：p（好吃／咕爾）＝60／70＝.86，p（好吃／麥歐蜜）＝20／30＝.67。因此，這裡似乎有一種關係，品嚐過咕

爾麥片粥的消費者比品嚐過歐麥蜜麥片粥的消費者，有
比較多的人給予好吃的評價。

問題六：p（支持關稅法／支持反托拉斯法）＝104／118＝.88，
p（支持關稅法／反對反托拉斯法）＝3／41＝.07。因
此，這筆實際資料顯示出一個很強烈的關係：投票支持
反托拉斯法的議員要比投票反對反托拉斯法的議員較會
在關稅法上投下支持的票。這個結果支持反消費者理
論，該理論預測議員們在這兩個法案上會有相同的投票
行為。

問題七：將智力保持一定的唯一方法可能是選擇一群具有相同智
力程度的人做為樣本。然而，批評者將會說研究結果可
能不能應用在其他智力程度的人上面。若要避免這個批
評，最好的辦法就是以隨機的方式對智力高低不同的人
展開取樣。

進一步閱讀書目

　　安德森（1971）對評估2×2次數表中關於變項間關係的證據做了相當透徹的討論。

參考文獻

Anderson, B. F. (1971). *The psychology experiment: An introduction to the scientific method* (2nd ed.). Monterey, CA: Brooks/Cole.

Hazlett, T. W. (1992). The legislative history of the Sherman Act re-examined. *Economic Inquiry, 30*, 263–276.

Kerlinger, F. N. (1986). *Foundations of behavioral research* (3rd ed.). New York: Holt, Rinehart and Winston.

第3章

觀察研究：程序

　　多年以前，我曾經要求上我研究方法課的學生試想出一個可以做觀察研究的點子。我告訴他們必須在一個「真實的」情境下進行觀察，觀察的目的是在決定他們選出來做為觀察的兩個變項之間有沒有關係。而且在這兩個變項中，至少有一個變項要涉及到對正在發生對象中的外顯行為做分類。這班同學在了解這些要求之後，開始認真思考到底他們可以以及可能觀察到什麼事物。

　　不久，就一位同學指出她常常觀察一個相當奇特的、關於節儉行為的指標——在掛上公用電話後，人們常會檢查退回了多少硬幣的行為。這個點子馬上獲得全班熱烈的迴響。當然，這個同學強調那個行為並不是每次都會出現。所以接下來要找的是另一個變項，這個變項要能夠預測什麼時候會出現檢查退幣的行為。有些同學認為地方上有節儉傾向的人，可能是受到荷蘭文化遺業的影響。就這個「節儉」理論來推，地方上公用電話的使用者如果覺得他們剛剛結束的談話並不值得他們所花的錢，比較可能會檢查退回多少銅板。既然如此，接著就要看通話到底進行了多久。從成本—利潤的觀點來看，一通短的電話（通話時間短）可能會帶給打電話者未完成的感受，一通長的電話（通話時間長），較不可能產生這種效果。這樣變項就選出來了，它們是：通話時間的長度與檢查退幣的行為。

　　下一步是操作型定義。經過多次爭論之後，該班同學決定通話時間長度採兩個值：長與短。任何通話時間少於一分鐘者為短，超過兩分鐘者為長。通話時間介於一分鐘到兩分鐘者不包括在本次研究的範圍之內。將某些觀察現象從研究中刪除完全是合法的，只要研究者有充分的理由，並且事先將作法交代清楚就可以了。就這個例子而言，充分的理由是同學想要得到通話時間長與短的鮮明對照。因為檢查退幣涉及將一個正在進行中的行為加以分類，要為它下一個操作型定義困難得多。經過多次苦思考慮之後，同學決定採用最簡單的規則，在掛斷電話後的30秒內，所出現的任何一種近似查看退幣的行動，都算是檢查退幣的行為，這個變項將有兩個值：有與沒有。

　　這班同學到購物中心去觀察打公用電話的通話行為。他們兩人成對前往，以便能對觀察者觀察同一事件的一致率加以評估，作為操作

型定義有多清楚或多有效度的指標。為避免影響到觀察的行為，學生兩人一組混在購物者中，坐在打電話的地方或是策略性駐紮在植物盆栽的後面，在每一對學生觀察完畢所分配到的長短通話的數量後，將資料帶回班上匯集起來。結果：(1)每對觀察同學間在通話長度上的一致率完全吻合，檢查退幣行動超過百分之80，顯示出測量達到非常高的信度。(2)將每對觀察同學收集的資料分別輸入類似前章所述的2×2次數表，結果兩個表皆顯示通話短與檢查退幣之間以及通話長與沒有檢查退幣之間有強烈的趨勢存在。

　　你馬上就會看到，這個研究是一個系統觀察的例子。同時彰顯了觀察研究的潛力與問題。沒有其他的研究方法會比觀察法更適合研究實驗室之外真實世界下所發生的事件。另一方面，因為觀察法所處理的事件是發生在未加以控制的情境之下，對有興趣做好測量工作的研究者來說，觀察研究便構成了一大挑戰。本章將依序檢討這些問題。先將觀察研究分類，然後再討論不同觀察類型的優缺點。在討論過觀察研究的主要類型之後，將對觀察研究的長處做一簡單的摘要。最後，將簡要介紹可以說是與觀察法這個基本方法大同小異的相關方法。本章集中探討觀察研究所用的程序；下章將處理如何分析由觀察研究法收集到的典型資料的問題。

　　在繼續討論之前，讓我們先思考一下上面那個打公用電話的研究。被該研究預測的那個關係其背後所蘊含的理論是，住在該地區的居民為荷蘭人，而荷蘭人大多很勤儉。研究結果強烈肯定通話長度與檢查退幣間的關係一如預測。

　　　這個結果表示理論是正確的，甚至是可以信賴的嗎？你能夠想出另一個更具可信度的理論來預測相同的結果嗎？（問題一）

觀察研究的種類

分類觀察研究的方法有很多種。下面的討論將他們分成三類：隨意、田野、與系統觀察。這個分類架構與索默（Sommer & Sommer, 1991）所提出的不同。隨意觀察是指非正式的觀察，目的在爲日後要做的、更爲嚴謹的研究，事先收集些想法。田野觀察是指對一個社會體系進行深度觀察，目的在了解該體系運作的方式。系統觀察則是對特別仔細界定的變項進行觀察，目的在於決定變項之間是否眞正有所關聯。

隨意觀察

非正式的觀看某個地方發生了什麼事，以便對處境有所了解時，便在做隨意觀察。社會科學家也常做些類似的事，以便爲日後做更爲嚴謹的研究，收集些點子。這兩種情況的差別只在於科學家要找的是比對感覺一下處境更多的東西。科學家嘗試去找出什麼是最重要的變項，怎樣才能定出最好的操作型定義，也就是，什麼才是觀察的特定特徵或行爲。要有效地達到這項目標，可能需要做好某種準備工作，如，儘可能閱讀些相關的文獻，或是和那些對這個狀況有所了解的人請教。也可能需要做一連串不只一次的隨意觀察。但是，不論採取哪一種方式，都需要敏銳的觀察力。

隨意觀察沒有固定的規則，非常像盡力而爲的模式。或許有兩個一般性原則值得一提。第一，隨意觀察幾乎完全不可能是科學家所採用的最後一招，而是爲許許多多更爲嚴謹方法所做的準備工作。就一個行政人員來說，情況就完全不同了。在「現實」生活中，隨意觀察常常可能是唯一可用的方法。第二，在做出觀察後，儘快以某種可以永遠儲存下來的形式記錄下來。記憶多不可信賴，而且非常容易扭曲。將印象儘快轉換成永遠的記錄，可以大大地避免這類的扭曲。在觀察的同時馬上記錄下來，是有可能的事。但是，這種作法的風險也

高，可能因此干擾到觀察的過程、或是干擾到被觀察者的行為。如果有可能發生這兩種結果，就該避免觀察時同步記錄的進行。

索默（1991, p. 51）提供我們一個在一家加拿大啤酒屋所做的隨意觀察的例子。觀察者花了一個晚上的時間在啤酒屋裡，記錄下座位安排、單身顧客與團體顧客身上出現的典型行為、所穿著的服飾、談話的主題。觀察者注意到觀察喝酒行為的有用指標，記錄下團體顧客大部分談論的話題圍繞在家庭與子女，喝酒時用小酒杯，而且較早離開啤酒屋。很明顯的，這粗略的筆記已經記錄下許多可做更有系統的追蹤研究的有用線索。

田野觀察

田野觀察，也稱為「田野工作」或「自然（naturalistic）觀察法」。這種研究指研究者對一個特定的社會或自然狀況，使用各種不同的程序，做一段相當長期的觀察，以便對該體系運作的方式得到徹底了解。社會學家甘斯（Gans, 1962）到波士頓西區住上好幾個星期，就為了能夠對所謂的貧民窟鄰里地區的生活動態有所了解。甘斯到啤酒屋、公共集會場所、有時直接參與、有時純粹觀察。他交了些朋友、也訪談了各種不同類型的報告人。總之，他無時不留意周遭的情況。他的研究報告是一本書，該書大部分是在描述他對西區的了解。他的研究中最動人的一項發現是：西區居民並不把他們住的地方看做一個貧民窟，相反的，把那個地方看做是個熟悉、相互扶持，而且正面臨著都市復興而有被摧毀危險的社區。

田野觀察已經被用來研究各種各樣的社會團體與環境。這份名單包括了吸毒者（Becker, 1953）、販毒者（Adler, 1985）、撒旦的教徒（Alfred, 1976）、都市黑人區的居民（Liebow, 1967）、酒吧上班的女服務生（Spradley & Mann, 1975）、以及曾經得過精神病的病患（Estroff, 1978）。下面會討論到更多的例子。大部分從事田野觀察的研究者不是社會學家就是人類學家，但是實際使用的人也有來自領域南轅北轍的學科，如像犯罪學(Kirkham, 1976)與考古學(Rathje & McCarthy, 1977)。

　　和隨意觀察一樣，進行田野觀察並沒有什麼特殊的規則要遵守。一項重要的、值得注意的事，是保持精確的記錄。田野觀察者至少一天要有一次整理他所記錄下來的資料，或是用筆記下，或是口述錄下發生的每一件事情。田野觀察的記錄通常稱為**田野筆記**（field notes）。而觀察結論的效度完全仰仗田野筆記的正確性。

　　蒙內特、蘇利文、與德瓊（Monette, Sullivan, & DeJong, 1990）指出甘斯參與田野觀察研究有五個步驟。第一步是建立特定的目標，然後決定參與觀察是不是個恰當的研究策略。第二步，決定要研究的社會團體與環境。第三步，找到進入標的團體或環境的管道，這可能涉及到細節的協商，或是至少要為觀察者的出現找到足以令人信服的理由。可能也會涉及到隱藏研究目的的決定。第四，與被觀察者建立良好的關係。這個步驟的成敗視狀況而定，有可能會遭遇困難，而且耗費時日。第五步，也是最後一步，就是開始觀察並加以記錄。

　　辨識特徵　有三項特徵可以用來區別田野研究與其他研究方法的差異。這三個特徵中任何一項都無法單獨發揮這項功能，只有同時做為一組指標使用時，才具有區別田野研究與其他研究方法的能力。第一項辨識特徵是**融入觀察團體**（immersion）。研究者將自己完全融入於研究環境之中，如研究波士頓西區的甘斯，嘗試確實地觀察並描述觀察環境中的每一件事物。觀察的標的包括物理特徵，社會互動、常態行為、產品或產生的結果——每一件可能幫助研究者達成深入了解這項目標的相關事物。融入觀察團體意味著這個研究須要較長的時間來完成，這一點使田野研究與隨意觀察以及將會在下段中加以敘述的系統觀察有所區別。這也意味著研究者會和甘斯一樣使用各種不同的程序，如訪談、檢閱相關的文獻、或是在相同環境下所出現的其他的不同結果、或是使用其他有用的技術，來補助觀察法的不足。觀察本身是主要的程序，但是並不是唯一的程序。融入團體也意味著研究者掌握有使用不同程序的彈性。在研究的過程中，研究者可以變換使用不同的技術，只要研究者認為有此必要，或者有很明顯的證據顯示別的方法比較好時，都可以隨意變換「研究的技術」。這種作法對實驗室的實驗者來說，也許頗為駭人聽聞但是對田野工作者來說，卻是自

信滿滿。就田野觀察法而言，方法純淨的重要性遠不如融入團體而得到徹徹底底的了解來得重要。

第二項辨識特徵是關於**研究目標**。田野觀察的目標在於求得對研究環境的整體動態，即研究的環境如何像個體系一樣運作，有番深度了解。甘斯想要了解的是波士頓西區這個社區體系。下一章你將會看到，這個目標常常直接反映在田野觀察所得到的資料類型，以及分析這些資料所用的方法之上。資料（田野筆記）及其分析皆是定性的，也就是說，非數字的與非數學的。田野研究者所採用的全形體系研究方法與實驗者想要解析所有變項各自的影響力的欲望正好成一鮮明的對比。

第三項田野觀察法的辨識特徵則是與**事先預測或先驗假設的角色**有關。大多數的研究方法，包括大部分的系統觀察法，是設計來檢定事前做出的特定預測或假設。田野觀察並不是如此。了解觀察中的體系是總目標，但是通常沒有特定的先驗預測須要檢定。事實上，有些田野研究者主張田野觀察的結果是關於體系如何運作的一組試驗性的假設。在第一章中，我們已經強調過，在研究過程中，理論與資料是會不斷相互影響。這裡你會見到，除了增進了解這個基本目標之外，從田野觀察的資料中是有可能會浮現出來的一個特定的理論。

類別 可以根據兩個面向，如表3.1所摘列者，將田野觀察法加以分類。第一是參與，亦即，觀察者是否積極的參與其觀察的社會體系中所發生事物。第二個面向是隱藏身分，亦即，觀察者的目的是否透露給被觀察者知曉。雖然把參與與隱藏身分界定成兩個具體類別，但是實際上它們有程度上的差異。觀察者可能一點都沒有參與、可能在社會體系中扮演一個小角色、或者可能扮演一個或更多個重要的角色。同樣的，隱藏身分可能涉及到躲起來、混入人群、脫離人群，但是保持一個隱藏的觀察者的角色、表明觀察者的身分但是不洩露觀察的目的、或是完全將身分公開。說得再複雜一些，田野觀察者在研究的某個階段可能扮演非參與者的角色，而在後面的階段裡扮演參與者的角色，或者在研究的不同階段裡使用不同的隱藏身分的方法。這樣看來，參與—沒有參與，和隱藏身分—不隱藏身分的二分法會是一個

過度簡化的作法。

　　了解這點之後，讓我們就觀察者是否參與以及觀察者是否隱藏研究目的，勉強做個分類。這樣才有可能大略領會一下每個向度下所可能出現的各種不同組合與實例。相應於每個例子的田野研究列在表3.1中適當的方格內。

　　參與田野觀察是使用的相當普遍的研究方法。前面叙述的甘斯研究就是一個例子。由於甘斯並沒有透露研究目的，所以他是一個隱藏身分的參與觀察者。社會學家韓福瑞斯（Humphreys, 1970）為了觀察高速公路上休息站中同性戀者的活動，扮演起「守望皇后（watchqueen）」的角色。守望皇后站著盯住休息室的門口看，當有人接近時，便向休息室裡頭的人提出警告。因為他不可能在洩露了他的研究目的之後，還希望能夠觀察到他想要看到的行為，所以韓福瑞斯也是一個隱藏身分的參與觀察者。羅森漢（Rosenhan, 1973）與若干助理假裝罹患有偏執狂的癥狀，而得以住進精神病院。他們原先不想洩露研究目的，但是很快就發現沒有這個必要。因此他們成了沒有隱藏身分的參與觀察者。他們公然做筆記的行為又被醫護人員解釋成另一個偏執狂的癥狀，反倒是有很多真正的病患知道他們在假裝。

表3.1　田野研究的例子：按照參與和隱藏身分的程序分類

是否隱藏身分	參與程序	
	有參與	沒有參與
是	甘斯的研究（住在貧民窟）；韓福瑞斯的研究（休息站守望皇后）	韓利與哈波的研究（研究者躲在床底下）
否	羅森漢的研究（扮做精神病人）	布朗尼的研究（二手車廠觀察）

　　相對而言，非參與的田野觀察卻是非常少見。一個古典的、隱藏身分的非參與觀察的例子是韓利與哈波（Henle & Hubble, 1938），安排研究者藏身在大學宿舍房間內的床底下，好去發現大學生平常在談論

些什麼。社會學家布朗尼（Browne, 1973）為了解開「二手車的之謎」，對二手車的推銷員進行長達十六個月的觀察。她的研究稱得上是沒有隱藏身分的非參與觀察，因為布朗尼在其研究中並沒有扮演任何明確的角色，而推銷員也十分清楚她研究的目的。布朗尼視她自己的這項研究為參與觀察，但是就本書所下的定義來說，其實是非參與觀察。

系統觀察

　　系統觀察是指觀察某個特殊情況下才會出現的一些小數量的，經過研究者仔細界定的行為，目的在檢定變項間的關係是否一如預測。本章開頭所描述的打公用電話的研究就是個好例子。這類的研究與田野觀察成一強烈的對比。兩者之差異摘列於表3.2之中。進行系統觀察時，融入觀察團體不是絕對必要的，需要的時間也相對為短，被田野觀察者視為理所當然的程序彈性則完全不適用。研究的結果不是一組關於體系如何運作的試驗性假設，而是一組有限的、事先對觀察事物所做的預測。資料是定量的，不是田野筆記，通常是行為發生的次數，或是觀察情境中其他特徵的計數。同樣的，經常使用的是量化統計分析。

　　因為系統觀察涉及的是透過觀察而對變項進行量化測量，所以最受重視的第一要務是妥善的測量。確保妥善測量的關鍵在於研究的計

表3.2 區別田野觀察與系統觀察的差別特徵

田野觀察	系統觀察
高度涉入	低度涉入
長時間的研究架構	短時間的研究架構
彈性程序	不具彈性的程序
目標：了解社會的體系	目標：檢定有限的假設
定性的資料與分析	定量的資料與分析
試驗性的假設	特定性的假設
研究之後得出	設定於研究之前

劃。有兩個潛在的、令所有系統觀察者擔心害怕的測量問題，在計劃
研究時必須要先行處理。第一是關於操作型定義的曖昧不清、含糊籠
統，這將造成同一事件因觀察者不同而出現不同的分類結果。第二個
問題是關於被觀察者表現出「不自然」的行為，這可能會使研究者得
出無效的結論。第一個問題涉及的是測量的信度，第二個問題則涉及
測量的效度與效度如何運用在系統觀察研究之上的問題。

有信度的測量　當一個測量程序缺乏信度時，用該程序所測得的
分數與觀察事物的真正分數可能差距很大。測得的分數與真正分數間
之差距即是測量誤差。對一個缺乏信度的測量程序來說，平均測量誤
差很大，而且誤差方向也無法預測。在這種情形下，測量得到的分數
包含了很多隨機誤差或是雜音。如此一來，這個分數並不能對所測量
的變項提供非常準確、精細的資料。相反的，有信度的測量法包含相
當少量的隨機誤差、雜音，因此對所測之變項能夠提供相當準確的
說明。換言之，如果測量程序具有信度的話，用相同的測量程序測量
同一件事物兩次，可能得到差不多是完全相同的結果。但是，如果測
量程序不具有信度的話，所得到的結果可能相去十萬八千里。在後面
這個例子裡，所測得的分數包含了大量的雜音，所以不是能夠測得任
何東西的準確測量法。到此你可以看出信度是得到妥善測量的根本。

這種思考模式又如何應用到系統觀察上呢？這意味著研究者應該
對要觀察的變項做個相當清楚的操作型定義。有了清楚的定義，用相
同定義觀察相同事件的兩個觀察者才會有相同的分類模式，也就是
說，他們會得到相同的分數。另一方面，沒有清楚的操作型定義，兩
個觀察者可能無法確定該如何分類觀察的事件，非常可能得到完全不
同的分數。舉個例子來說，讓我們考慮一下攻擊這個概念。如果操作
型定義沒有說明如何分類像冷笑或皺眉這類介於兩個邊界的行為時，
觀察者將會根據自己的意思來解釋這類行為，常可能會產生彼此不同
的結果。而這類不一致的結果對科學目的來說，得到的可能是沒有價
值的資料。就此，基本的教訓是，對系統觀察而言，通往有信度測量
之路只有透過清清楚楚的操作型定義。

進行系統觀察時，有兩個方法能得到清楚的定義。一是設計一份

觀察項目表，也就是，一份特定指標（行為、身體特徵等等）的名單，使每個事件都有可歸屬於觀察變項的計分類別，對於攻擊這個變項而言，這或許是最好的處理方式。名單應該以簡短為宜，才不至使觀察者在觀察時有太多事物要觀察而負載過多。負載過重，會造成缺乏信度。理想上，研究者想要的是一份簡短的、針對研究的變項而設計的、最好或最有效指標的觀察名單。就攻擊而言，觀察名單上可以包括打、踢、朝對手丟東西等等。到此你應可體會出其中的挑戰。那就是名單上到底應該包括些甚麼，名單上的項目到底要為觀察者描述得多精確才可以？就羅曼帝克愛情而言，親吻就不行。必須是熱吻，這意味著要有操作化「熱」這個字眼的動作。而且研究者時常擔心在計劃觀察名單時，總會漏掉一、兩個不到研究上路時不會發現的真正的好項目。研究者在進行研究時是不能隨便改變變項的定義，也不可以將任兩個定義合併起來。在這種情況下，研究者要不就是根據有瑕疵的定義繼續觀察下去，要不然就得從頭來過。顯然，最好事先有想到過遺漏掉的項目會比較好。設計一份好的檢閱名單是需要經驗、正確的判斷力，也可以做些隨意觀察來體會一下有些什麼最好的指標可用。

得到一個清楚明白，適合於系統觀察的操作型定義的第二個方法是，建立起一套該如何對一個事件做分類決定的規則。這個規則必須簡單、清楚。當兩個根據研究者的最佳判斷來使用這個規則的觀察者比較可能用相同的方法來分類同一事件時，便符合了這個定義。對某些變項來說，簡單的規則會比檢閱名單好用。本章開頭所敘述的打公用電話的研究就是一例。在辛辛苦苦設計了一系列很好的觀察檢查退幣的行動指標的名單之後，那班同學最後還是放棄使用該份名單，選擇採用視所有接近檢查歸還錢幣口的動作皆為檢查退錢的簡單規則。該班同學覺得這個規則比較清楚，在對資料進行信度分析之後，也證明他們的看法正確無誤。在觀察非行為變項時，規則法甚至比名單法更為適當。就分類性別這個變項來說，嘗試去設計一個適當的觀察名單會把你弄得瘋掉。最好把這個問題直接交給觀察者自己去判斷。自行判斷成了操作型定義，效果不錯，此乃意味最後的分類結果兼具信

度與效度。在此,同樣的,研究者是需要經驗與正確的判斷,才能知道用名單法還是規則法會得到比較好的結果。如果有任何懷疑,做個預試比較一下哪個方法比較好,會是個不錯的主意。

不論是用名單法還是規則法,研究者都必須決定如何選取相關的事件。經常使用的抽樣方法有二。一是**時間抽樣**(time sampling),是指研究者選取觀察的時間,並在這段時間內進行觀察,在此情況下所得到的常態行為便構成了樣本。時間間隔的選取可以是根據某個特殊目的而以隨機抽樣的方式選取(如抽籤);或者是配合兩種抽樣方式再行決定。時間抽樣只有在想要觀察的行為出現頻率很高的情況下,才有用。當想要觀察的事件不常發生,採取事件抽樣比較有用。所謂**事件抽樣**(event sampling)是指,以隨機或是刻意的方式,抽取算得上是觀察事件的事件為樣本。檢查退幣的研究所彰顯的就是使用最後那種研究方法的例子。該班同學決定配成一對的觀察者選定在購物中心最先觀察到的兩通長與短的通話為樣本。這個作法可能會導致抽到的事件不具有代表性,或是不是常態行為的情況。在一般情況下,研究偏愛使用可以避免任何一種明顯偏誤來源的抽樣方法。一個偏差的事件樣本會嚴重地侷限研究發現的可應用性或通則可能性。

你或許已經猜到,該如何評估系統觀察的信度。成對的觀察者各自獨立地使用為這個研究而設計的操作型定義對同一事件進行分類。成對的觀察者必須獨自下判斷,也就是說,對他們所下的判斷不做相互的溝通討論。觀察完畢之後,統計在每一個變項上,被分配成一塊的兩位觀察者得到對所有觀察事件一致結果的比例。這個數字稱做**觀察者交互一致性**(inter-observer agreement)比率,這是系統觀察研究信度測量法之一。大體上,觀察者交互一致率應該在0.80左右或是更高,才有資格做出測量是信度的結論。回想一下那個打公用電話的研究,觀察者交互一致信度在通話長度上達到百分之百(1.00),在檢查退幣上也超過了百分之八十。測量的信度非常重要,所以凡是嚴謹的系統觀察都應該將觀察者交互一致的程度包括在評估之列。

有些研究者不同意觀察者交互一致性比率可以做為系統觀察檢定信度的一項測量工具。他們認為這個方法並沒有將交互觀察時所出現

的一致性可能是基於隨機狀況的這項因素考慮進去。科恩（Cohen）設計了一個測量信度的工具，**卡巴值**（Kappa），該值是將隨機發生的一致性納入考慮的信度校正值。由於科恩的卡巴值建立在卡方分析的邏輯之上，所以在下章中才會詳加敘述。雖然卡巴值經常被研究者使用，但是仍有其缺點（Burton, 1981）。

有效度的測量　信度處理的是研究者是否準確地測得所要測的變項。效度處理的是更爲困難的問題，要測的是什麼理論或建構變項，特別是，測量到的是否就是研究者想要測的建構變項。建構測量的效度並不容易。大體上來說，如果測量工具能夠長期的測量出理論預測的結果，便被視爲有效的測量工具。有效的羅曼蒂克愛情測量工具在理論上預測有比較強烈羅曼蒂克愛情存在的情況下，應該能夠測量出比較高的羅曼蒂克愛情分數，例如，一對訂過婚的情侶與一對偶爾約會的男女朋友。當研究結果與預測一致，就是證明研究使用的與理論所檢定的測量工具具有效度的證據。當結果不如預測，錯誤究竟是在測量工具不具效度，還是理論不具效度，便不是十分清楚。要避免這個問題，研究者要試著在計劃進行研究時，便要建立起測量工具的效度。

進行系統觀察時，仔細思考如何建立有信度的操作型定義，應該會增加定義的效度。檢閱名單上究竟應該包括什麼項目，通常強調的不外是名單上的項目要清楚明白，研究的變項是「最好最有效度的指標」。同樣的，討論應該遵守的規則時，強調的不外是規則必須清楚明白，而且必須是個有效的分類。同樣的，爲達到有效測量所做的準備工作應該包括仔細的思考，和對這個變項有所了解的人討論，對現有的測量工具做番徹底的整理，甚至做個試測，來檢定一下測量工具的效果。小心的準備可以幫助研究者避免事後的失望。

系統觀察者面臨一項不論你多小心都很難克服的、會威脅到你觀察的效度的問題。那就是你怕被你正在觀察的對象揭穿身分，一旦他們揭穿你的身分，他們的行動就不再自然。發現別人在觀察自己之後，人常會改變自己的行爲，測量出來的結果便會是**反彈式的**（reactive），很清楚地這對測量效度來說是一大威脅。當知道有人在觀

察時，人們常會表現出奇怪的行為，如伸手指、吐舌頭、亂蹦亂跳。有時他們會特意做些平常不會做的善事，如助人之類的。你也可能擁有世界上最好的操作型定義，但是若碰上人們不照正常的行為模式行動，你所測量得到的是你認為是他們的常態行為的分數，也會因而缺乏效度。

對正在進行中的行為做系統觀察，要避免這一類問題的方法是**無干擾測量**（unobtrusive measurement）。那就是說，你應該以一種不會打擾被研究者行為的方法進行觀察。最安全的方法是隱身（不出面）：藏身在最引人注目的焦點之後。如果做不到這個地步，混入人群或是找最靠近的一面牆（或者兩個都做），使你不會一看上去就讓人知道你是個觀察者。在某些情況下（如一個在兒童遊戲區進行觀察的成年人），上述的兩條路都走不通。那你別無選擇，只能到處晃晃直到和那群你要觀察的小孩都混熟為止，當有孩子對你在旁邊的稀奇感消失之後，他們就會回到正常的行為模式。如果你沒有時間等候，又被認出來了，那你大可放棄，改天想一個更好的隱藏身分的方法再來。因為你想從這個狀況下得到有效度觀察的機會等於零。

回想一下田野觀察與系統觀察法，你認為這兩種觀察法最重要的相似點與相異點為何？（問題二）

優缺點

就和所有的研究方法一樣，觀察研究有它的長處，也有它的缺點。其中一項長處是，觀察法不須要交談。研究者常常透過與被觀察者交談，特別是在參與觀察時，交談資料常可做為觀察之補充，但是交談並非絕對必要。因此觀察可以比其他的方法更不會產生干擾。也就是說，被觀察的人可能不知道他已被觀察了，因此，他的表現可能比知道有人在觀察他時，更為自然。

觀察法的第二項長處是，就在金錢與設備上所做花費來說，觀察

法比較經濟。常常觀察法所須要的唯一器材就是紙與筆，或者一個寫字板，或許一個計時器。對預算有限的研究者來說，觀察法是頗爲理想的方法。

觀察法的第三個長處是，通常是在自然狀況下進行，因此所得到的結果，就所謂的現實世界來說，可能比其他方法來得更具效度。對於這項特性，有個有趣的描述名詞：**生態效度**（ecological validity）。觀察法比其他在實驗室裡操作的方法更具有生態效度。

觀察法也有些缺點。抵消在金錢與設備上的經濟，是耗費時間。觀察通常須要等上好幾個小時靜待要觀察的事物的發生，特別是田野觀察。時間上的投資經常伴隨著執行上的不舒適。就像郵差，觀察者可能必須要忍受風雨、降霜下雪，有時甚至要摸黑，更別提躲在一個不舒適的地方蹲坐著好幾個小時。同樣的，儘管困難重重，就像信件遞送一樣，觀察還是必須執行到底。

剛才所描述的不舒適或許可視爲觀察者的壓力來源。除了不舒適之外，還有其他的壓力，特別是參與觀察者。觀察非法活動者勢必得面對如果眞的發生什麼狀況的話，該如何處置這些非法活動的道德壓力。如果觀察者的身分被揭穿，那麼觀察者的處境可能和臥底的警察一樣危險。與被觀察者發生感情所帶來的壓力，特別是如果被觀察者處於劣勢，更是眞的會發生的事。有時觀察者會面對他們自身人格發生變化所帶來的威脅，這是當觀察者與精神病人相處過久之後，或是加入警方一整年親眼目睹綿綿不絕的暴力犯罪之後，的確有可能發生的事（例如，Kirkham, 1976）。

最後，伴隨田野觀察完全融入參與團體這個特性可能引發的問題是觀察者面臨喪失科學客觀性。當觀察者情感上認同被觀察者時，很容易因此而放棄了科學家的角色，而承擔起發言人的角色。誠如甘斯（1962）所言，尤其當觀察對象是弱勢團體時，這方面的誘惑特別強烈。觀察者對於可能要處理這種發展傾向，或是觀察的效度可能會因此而打折扣，必須要有心理準備。

相關的研究方法

本章結束之前將簡短地討論一些相關的研究方法。這些研究法可視爲與基本的觀察方法大同小異的一些研究方法。本節主要用意不在詳細描述這些方法，而是對觀察法的可能變異做番檢討。若要對所描述的任何一個方法有更詳盡的了解，可參閱本章後面所提供的參考文獻。

行爲製圖（behavioral mapping）是使用觀察法來連結人們的行爲與特定物理環境的關係。目的在製作一份圖表或地圖將發生在特定物理區域內的行爲摘錄下來。這類資訊可能對致力於改善使用者與環境設計如辦公室、公園等環境之間配合程度的計劃師有用。這種行爲製圖有兩種進行方式。一是以地點爲中心的地圖，以某個地點爲中心將所有會進入該地區的人的行爲描繪出來。一是以人爲中心的地圖，以某個特定團體的人爲中心，追踪他們從一地到另一地的行踪，將他們在每個地點的行爲給描繪出來。目的在了解某個特定團體的人常態行爲的模式，或許將之與其他的團體做個比較。有以圖書館、醫院病房、與遊樂園（以地點爲中心），也有以復健中心的病患、學童、國民住宅承租戶（以人爲中心）所構成的行爲地圖。某個商業觀察家甚至建構海洋博物館內企鵝行爲的行爲地圖。

行爲並不是有利於觀察的唯一事物。討論系統觀察時，便強調觀察本身可能會影響到行爲的表現，會使人產生不自然的行爲，而使觀察結果的效度打折扣。免除干擾學者常建議的解決方法，也就是說，以一種不會影響到被觀察行爲的方式進行觀察。隱身、躲到人群之中、耐心等到被觀察者習慣有你在旁邊等等，都是達到免除干擾的一些建議。解決同樣問題的另一種方法是，不去觀察行爲本身，而去觀察行爲的後果。這類事後效果稱做事跡，測量事後效果的方法稱爲**事跡測量法**（trace measures）。後果通常有兩種類型：不是增值（accretion）就是耗損（erosion）。所謂**增值**是指某種事物的增加。分類

廁所牆壁上的鬼畫符與垃圾可以算是測量增值指標的例子。**耗損**是指某種事物的消失減少。觀察由行人走出來的，而不是政府開闢出來的道路，或是觀察地板瓷磚的磨損可以算是測量耗損的例子。進行事跡測量所使用的指標數量與種類的多寡全看觀察者的想像力而定。

　　內容分析（content analysis）是另一種觀察正在進行中行為的方法。所謂內容分析是指，研究者將某類媒體的內容、或者格式（或者兩者都有）加以分門別類。這包括了期刊、大眾雜誌、錄影錄音帶、電視節目（或者廣告）、電影等。在這個情況下研究者所面臨的挑戰與系統觀察者所面臨的完全相同——他必須要面對為研究要用的類別下個具有信度與效度的操作型定義的難題。內容類別可能會包括廣告中模特兒的性別、廣告中描述的職業類型。格式類別則可能包括廣告的大小、廣告位置所在的頁數、廣告中模特兒頭部與胸部的空間比例等等。同樣的，可能採用的分類數量全憑研究者個人的想像力而定。雖然會有例外的情況，但是內容與格式的分類在處理私人文件如日記、自傳，與檔案資料—即政府記錄與文件，也證明頗有用處。

摘要

　　觀察研究有三類：隨意、田野、與系統觀察。隨意觀察就是非正式的觀察，不過是要感覺一下周圍環境發生了些什麼狀況、辨別一下最重要的變項是什麼。隨意觀察通常是更為嚴謹研究的基礎。田野研究則是研究者投入一段相當長的時間，並且使用各種不同的程序來研究一個特定的社會或自然狀況。目標是在深度了解該體系如何運作，資料與分析的性質多為定性的，也就是非數字的。通常沒有設定任何特定的先驗預測。相反的，研究完成之後，會得出些試驗性的理論或模型。田野觀察可以根據研究者參與的程度，以及研究目的透露給被觀察者知道的程度而加以分類。所謂系統觀察，是指在特殊的狀況之下，針對一小撮仔細界定的變項做觀察，目的在檢定變項之間是否存在有某種特定的關係，一如預測。這時處理的資料是量化的資料，通

常使用的是統計分析。不但仰賴清楚的操作型定義來得到有信度的測量，同時也用同一事件的獨立觀察者間觀察結果的一致比率來檢定測量的信度。效度測量的獲得也是透過建構清楚的操作型定義，而且藉助無干擾的觀察來達成。與其他研究方法比較，觀察法有不須要交談、節省金錢與設備、以及較接近自然狀況或者說較具有生態效度等長處。不過觀察法也有缺點，諸如耗費時間、觀察者必須承受各式各樣的壓力、甚或威脅到觀察者的客觀性。以觀察法為主的各種其他類型的研究法，包括有行為製圖、事跡測量、與內容分析。

問題解答

問題一：結果只是顯示通話長度與檢查退幣有相關，並不是顯示這個關係只適用於荷蘭人。這個關係或許適用於所有團體，不過那是有待進一步研究的另一個理論。

問題二：或許最重要的共同點是兩者皆強調準確地記錄觀察所得。這兩個方法的不同處在使用時間的長短上、是否進行事先預測的角色上、使用方法的彈性上、測量的精細程度上、整個研究目標的差異上，一如正文內所描述者。至於這眾多差異中哪一項是最重要的差異，則是個見仁見智的問題。

進一步閱讀書目

關於觀察法有許多相當不錯的、值得進一步閱讀的參考讀物，包括哈特曼（Hartmann, 1982）、裘井森（Jorgensen, 1989）、羅夫藍（Lofland & Lofland, 1984）、與懷特（Whyte & Whyte, 1984）等人的大作。索默（1991）對於行為製圖、事跡測量法、內容分析、與檔案資料都有進一步的討論。伊特森、利夫林、與普洛山斯基（Ittelson, Rivlin, & Proshansky, 1976）對於環境心理學家如何使用行為製圖做過詳實的描述。關於事跡測量法最完整的著作，參見韋布、康貝爾、齊瓦茲、賽撒斯特、與葛洛夫（Webb, Campbell, Schwartz, Sechrest, Grove, 1981）之作。

參考文獻

Adler, P. A. (1985). *Wheeling and dealing: An ethnography of an upper-level drug dealing and smuggling community*. New York: Columbia University Press.

Alfred, R. (1976). The Church of Satan. In C. Glock & R. Bellah (Eds.), *The new religious consciousness* (pp. 180–202). Berkeley, CA: University of California Press.

Becker, H. S. (1953). Becoming a marijuana user. *American Journal of Sociology, 59*, 235–242.

Browne, J. (1973). *The used car game*. Lexington, MA: D. C. Heath.

Burton, N. W. (1981). Estimating scorer agreement for nominal categorization systems. *Educational and Psychological Measurement, 41*, 953–962.

Cohen, J. (1960). A coefficient of agreement for nominal scales. *Educational and Psychological Measurement, 20*, 37–46.

Estroff, S. E. (1978). Making it crazy: Some paradoxes of psychiatric patienthood in an American community and a research/dissertation process to encounter them. Paper presented at the annual meeting of the American Anthropological Association, Los Angeles, CA.

Gans, H. (1962). *Urban villagers*. New York: Free Press.

Hartmann, D. P. (Ed.). (1982). *Using observers to study behavior*. San Francisco: Jossey-Bass.

Henle, M., & Hubbell, M. B. (1938). "Egocentricity" in adult conversation. *Journal of Social Psychology, 9*, 227–234.

Humphreys, L. (1970). *Tearoom trade: Impersonal sex in public places*. Chicago: Aldine.

Ittelson, W. H., Rivlin, L. G., & Proshansky, H. M. (1976). The use of behavioral maps in environmental psychology. In H. M. Proshansky, W. H. Ittelson, & L. G. Rivlin (Eds.), *Environmental psychology* (2nd ed., pp. 340–350). New York: Holt, Rinehart and Winston.

Jorgensen, D. L. (1989). *Participant observation*. Beverly Hills, CA: Sage.

Kirkham, G. L. (1976). *Signal zero*. Philadelphia: Lippincott.

Liebow, E. (1967). *Talley's corner*. Boston: Little, Brown.

Lofland, J., & Lofland, L. (1984). *Analyzing social settings: A guide to qualitative observation and analysis* (3rd ed.). Belmont, CA: Wadsworth.

Monette, D. R., Sullivan, T. J., & DeJong, C. R. (1990). *Applied social research: Tool for the human services* (2nd ed.). Fort Worth, TX: Holt, Rinehart and Winston.

Rathje, W. L., & McCarthy, M. (1977). Regularity and variability in contemporary garbage. In S. South (Ed.), *Research strategies in historical archeology*. New York: Academic Press.

Rosenhan, D. (1973). On being sane in insane places. *Science, 179*, 250–258.

Sommer, B., & Sommer, R. (1991). *A practical guide to behavioral research: Tools and techniques* (3rd ed.). New York: Oxford University Press.

Spradley, J. P., & Mann, B. J. (1975). *The cocktail waitress: Woman's work in a man's world*. New York: Wiley.

Webb, E. J., Campbell, D. T., Schwartz, R. D., Sechrest, L., & Grove, J. B. (1981). *Nonreactive measures in the social sciences* (2nd ed.). Boston: Houghton Mifflin.

Whyte, W. F., & Whyte, K. K. (1984). *Learning from the field: A guide from experience*. Beverly Hills, CA: Sage.

第4章

觀察研究：分析

- 田野觀察
- 系統觀察
  描述統計
  推論統計
- 深度討論：卡方分析
  卡方
  期望次數
  自由度
- 摘要
- 問題解答
- 進一步閱讀書目
- 參考文獻

大約在一世代之前，大家都認為在典型的美國中產階級家庭中，一家之主是父親，而母親則是一家的重心所在，社會學家以「工作領袖」和「社會情感領袖」來指稱他們。雖然時代已經改變，上述說法或許依然適用於大多數父親仍然健在的美國中產階級家庭。但是，它卻不再普遍符合美國今日的文化和次文化特性。社會學家弗烈德史滄貝克（Fred Strodtbeck）於1951年觀察美國西南部三個次文化團體中夫妻間的互動(Strodtbeck, 1951)。他發現夫妻化解歧見以達到共同決定時，在夫妻間存在有明顯的權力差距。摩門教徒之間是一個以男性為主導的社會，大部分的爭吵都是丈夫獲勝。但在納法優（Navajo），一個母系社會，則多半是妻子贏得爭吵。在德克薩斯的家庭中，雖然丈夫仍較佔優勢，夫妻地位大抵平等，這或許多少象徵未來事物的狀態。

身為一位優秀的社會學家，史滄貝克還想要知道夫妻間爭論的結果是否有普遍可預測的因素存在，換句話說，是否有任何不會受次文化特性影響之普遍變項存在，而且可以用來預測爭論的結果呢？沒有多久他就發現了一個這種變項。當史滄貝克收集所有這三個次文化團體中夫妻的資料，並且依據在爭論中話講得最多和贏的次數最多的人來加以分類，最後得到的結果如表4.1所示。我們可以很清楚地從表中看出，話講得最多的人也正是贏得爭論的人，由此我們可以學到一個經驗：如果你想要在夫妻吵架時獲勝的話，首先就得在聲勢上壓過對方。

史滄貝克的研究過程是前一章節定義的系統觀察的另一個例子。在此法中，我們對兩個明確定義的變項進行觀察，並給予量值，以達到量化它們關係的目的。雖然這個例子的結果非常清楚，最好還是要有一些處理當資料並不明顯時該如何找出其間關係的有效方法。本章將分別應用這些方法到田野觀察和系統觀察之上。下面的討論將陸續檢視每一種觀察法之典型資料、描述樣本資料中變項關係的一些方法、以及如何將樣本結果通則化到母群的各種方法。

表4.1 夫妻吵架時，多數情況下吵贏的與吵架時講話講得比較多的一方的次數表

講話講得比較多的一方	大多數情況是吵贏的一方		
	先生	太太	總計
先生	14	5	19
太太	5	10	15
總計	19	15	34

田野觀察

　　田野觀察所得到的資料和分析這些資料的方式主要是以**定性**（qualitative）描述爲主，而不在於**定量**（quantitative）計算。這意味著這些資料和分析過程都是非數值的和非數學方法的。在田野觀察的報告中可能會出現一些帶有數字的和統計分析的內容，但是它們通常只具有次要的功能。此處所謂的資料主要是以田野筆記的形式出現，即是研究者對觀察事物的總結記錄。它們通常被簡略地或提綱挈領地記錄下來，有時是在觀察的同時記錄下來，有時則是在離開現場後馬上被記錄下來。這類田野筆記式的報告令人最爲印象深刻之處，可能就是它驚人的數量。很可能觀察進行一周之後，所得到的資料就堆積如山，多得令人困擾。而對田野研究者來說，最大的挑戰正是能否從這龐大的資料中抽出結論。

　　田野觀察的資料分析過程就是靠研究者不斷地閱讀記錄下來的田野筆記，以便從中找出有效的社會系統運作的通則性質。社會學家甘斯曾經在波士頓西區住上好幾個月從事觀察，結果發現超過2000個通則性質。接下來研究者要做的事是努力地將這些性質分類，並且找出不同種類間的關係。理想上，這個過程將可以得到某種社會系統的關聯結構圖，將主要變項和歷程總結出來，並且指出這些變項和歷程間

的交互關係。喬伊布朗尼（Joy Browne）對二手車推銷員觀察了十六個月之後，得到了一些結構圖，可以描述她所謂的「二手車遊戲」。不論是否用到結構圖，田野研究分析的目的就是希望對社會系統的運作，獲得有意義的解釋。

和所有研究者一樣，田野研究者所關心的仍然是他們的觀察和通則結論是否具有效度。對田野研究者而言，這種有效性必須始於小心和客觀的觀察，然後精確地記錄在田野筆記中。在這一步驟中的任何錯誤都將會破壞田野觀察研究。如果經過了小心謹慎的觀察和記錄，再下一步就要確定從田野筆記中獲得的通則結論是否有效。此時可藉助於兩種指導原則，一種是要避免在某個現象被確定為「眞」之前，就表現出過度熱切，執意堅持在某個特定情形下該現象必會重複出現多次。另一種是利用進一步的觀察或其他的方法，例如與別的資料相互對照、或是檢視檔案文獻等方法來交叉檢查所得到的通則結論。廣泛地從各種資料中尋求確證，可以增加研究者對其結論具有效度的信心。

即使可以運用上述所提到的各種保證原則，有些社會科學家仍然不認為田野觀察是一種科學方法。這些科學家根本就反對不具有數量化的資料和分析方法，尤其反對資料解釋的事後性。他們批評這種作法會造成只看到所想看的，也會造成無法探究其他可能為眞的解釋等等的各種危險。當然要駁斥這些批評並不困難，可是這一類的批評已經使許多田野研究者將他們提出的結論，只視為暫時性的假說而不是堅如磐石的眞相。甘斯（1962）研究所出版的個人期刊正是代表這種謙卑態度的最好例子。從科學的角度來說，這種態度有太多值得商榷之處。

系統觀察

從系統觀察研究所得到的典型資料大多是定量（亦即是可以用數字表達的），只有少部分是定性的。對量化資料進行分析有兩個目

的，一個是要總結或描述**樣本**，即獲得實際研究對象（通常是人）的分數，這類統計過程稱爲**描述統計**（descriptive statistics）。第二個目的是要把從樣本研究所得到的結論通則化到由樣本所代表的更大的集合，即**母群**。這種通則化的統計過程稱爲**推論統計**（inferential statistics），因爲這要運用演繹推論式的通則化來描述母群的特性。在第一章中已經花了很多篇幅來說明通則化的目的，因爲對樣本所做的任何描述，都只是爲最後想要達到的──能夠通則化到母群──這個目的所做的鋪路工作。研究者最想要描述和通則化的是各個變項間的關係。在第一章中已經強調過，變項間關係的通則化是社會科學家最想達到的通則化中最重要和最普遍的一種。因此，對於統計程序所應持有的態度，是看它們能不能達到這個目的，而不是把運用它們當成最終目的。

　　某個特定情境所適用的統計程序，當視研究者所擁有的資料類型而定，本章所介紹的統計程序均假定所有的資料都非常簡單，事實上在系統觀察研究中這確實如此。此外，也假定田野研究者在系統觀察時，只針對兩個變項做測量，而且這兩個變項的可能數值之範圍都很小。具體地說，以上一章提到的關於打公用電話的研究爲例，此時一個變項是通話長度，只採用「短」和「長」兩個值。另一個變項是檢查退幣，採用的值是「有」和「沒有」。如我們所知，根據這個研究所得到的資料可以整理出一個次數表，該表可以顯示出某個變項的每一個值與另一個變項上的每一個值一併發生時的次數多寡。

　　因爲在打公用電話的研究中，所有的觀察組都在觀察同一件事，所以有必要在總結最後結果之前先將各個組別做個區分。假設每個觀察組中的某個成員被隨機（由丟硬幣決定）指定爲一號觀察者，則另一個成員便成爲二號觀察者。現在把一號觀察者的觀察結果製成一個由通話長度和檢查退幣等兩個變項的2×2次數分配表。另外同樣也把二號觀察者的觀察結果製成另一個次數分配表。這個時候如果有很高的信度（就我們所知，這是當然），那麼這兩個次數表就應該十分類似。事實上，如果信度是百分之百，這兩份表將會完全一樣。換句話說，高信度是指觀察組中的每一個人與對方的觀察結果都出現一致的

表4.2 通話長度與檢查退幣兩個變項之次數表

檢查退幣	通話長度		
	短	長	總計
有	61	19	80
沒有	9	11	20
總計	70	30	100

情形。從現在起,只考慮其中一份次數表,比方說是由一號觀察者所做的觀察結果。表4.2即顯示一號觀察者可能得到的結果。但是如果這兩個表並不完全一致,那麼就得對另一個表進行現在即將要做的全部分析過程。這包括,第一,適當的描述統計分析,然後再進一步討論推論統計的程序。

描述統計

首先必須注意,次數表本身就是描述統計的一種結果,上節的次數表總結了100組的觀察結果,並且以一種可以使我們看出在這個樣本中各變項間是否有關係的方式展現出來。下一步的處理是要對這個2×2次數表的內容,運用第二章介紹的分析法來決定兩個變項之間是否有關係,也就是說,隨意選擇某個變項,並計算其在另一個變項每一個值下出現的比率。就這個表來說,似乎很自然地你會去計算檢查退幣這個變項在短通話長度和長通話長度時,個別出現的比率。對短通話長度而言,p(有/短)=61/70=.87。對長通話長度而言,p(有/長)=19/30=.63。由此可知,檢查退幣在短談話長度的情形下出現的比率較高,一如我們的預測。在這個例子中,談話長度和檢查退幣之間顯然是有關係的。

比較出現比率是一種顯示樣本變項間是否有關係的好方法,但是它卻有一項很嚴重的缺點。當邊格總和不相等時,比率間的差異大小端視該比率中做為分子的是哪個變項。如果計算短通話長度分別在「有」和「沒有」檢查退幣下出現的比率,將會發現 p(短/有)=61

／80＝.76 和 p（短／沒有）＝9／20＝.45。但是此時 .76 和 .45 的差並不等於 .87 和 .63 間的差。因此你不可能放心地用各個比率差的大小來解釋變項關係強弱。這個問題在大型的列聯表時——即可比較的比率至少有兩個以上的次數表——會變得更爲嚴重。

第二章的討論指出上述問題在變項間沒有關係時並不會發生，那時各比率值都相等，而且不論我們選擇哪個變項作爲計算比率的分子，各比率間的差異均爲 0。然而，沒有關係存在的情形是一種特例，並不會經常發生。只要變項間有關係存在、只要邊格總和不相等，各比率值就不會相等。同時各比率間的差異也會隨做爲分子的變項不同而不同。因此，比較比率間的差異雖然可以告訴你變項間是否有關係存在，但卻不是描述關係強度的最好方法。

用一個數字來總結任何邊格總和、任何大小規格的次數表中兩個變項間的關係強度，是可以辦得到的事。其中一種便捷的統計方法是所謂的 V 值或克萊美統計值（Cramer's statistic）。V 值的公式涉及到卡方（chi-square, x^2）的計算，而卡方將會在下一節探討推論統計時加以介紹。因此關於 V 值的公式將於本章較後面的部分再詳加檢討。現在要記得的是，V 值的範圍永遠是介於 0 和 1 之間，而它所解釋的是樣本資料中兩變項間關係的強度。另外還有一些其他的統計值也具有相同的功能，也許你的老師要你們學會計算的是那些統計值。即使如此，你的老師也會告訴你它們的計算方法。從事系統觀察研究時，應該計算出某些顯示變項關係強度的統計值，並將之列入報告之中。

推論統計

如果我們只想將研究結論限制在由100個單元組成的樣本，現在就可以結束討論了。然而，身爲一個社會科學家，我們比較希望見到的是將所得到的結論給通則化。特別是希望知道各個變項間的關係是否也存在於這個樣本所代表的母群當中。但是因爲我們沒有整個母群的資料，所以對於這個問題，我們絕對不可能有百分之百確定的答案。這個時候我們的目的就是要從樣本資料提供的證據中，盡一切可能的努力來對母群性質作最好的猜測。有助於達成這種目的的統計程

序稱爲**推論統計**。

在事前就對我們所努力去做的決定有清楚的了解是很重要的一件事，關於變項間是否有關係的問題，只有兩種可能的答案。除非母群中變項間沒有關係，否則變項之間是有關係的。以統計的術語來說，關於母群之眞實性質的陳述稱爲**假設**（hypothesis），而**虛無假設**（null hypothesis）意指在母群中的變項沒有關係，因爲它是說關係完全等於 0 或虛無。虛無假設的重要性在於它提出了一個確定值，當變項間沒有關係時，唯一適當表達的值就是 0。因此，對我們來說，有意義的虛無假設就是指母群中變項間的關係爲 0（完全沒有關係）。說明母群中變項間有關係的陳述稱爲**對立假設**（alternative hypothesis）或**研究假設**（research hypothesis），它其實是一個保護性的陳述，或者說是一個不完全的假設，因爲它包含有無數個可能的關係程度。只有確定性的假設才可以直接地加以檢定，因此，只有虛無假設才是可以被拒絕的，而檢定結果就是接受它或拒絕它的決定。如果我們拒絕了虛無假設，便意謂著我們隱含地接受了對立假設，亦即是說在母群中變項間是有關係的。

第一章對「假設」的定義是把它視爲對於一種現象的特定預測。那時的討論強調理論是這類預測的基本來源。而此時我們可以更清楚地知道社會科學家最感興趣的「現象」就是母群中的變項是否相關。一個理論通常是可以預測（假設）兩個變項間有關係（對立假設或研究假設），但是這種假設是無法檢定的，因爲它不是確定的。因此諷刺的是，被檢定的假設是那個研究者希望拒絕的那個主張變項間肯定沒有關係的那個假設。換句話說，對理論的驗證是透過對虛無假設的否定而間接獲得的。

了解了這些專門用語之後，我們再來看看推論統計可以如何幫助你對次數表——系統觀察研究最常獲得的資料形式——的虛無假設，做出適當的決定。首先我們將要討論統計推論的邏輯意義，這個內容非常重要，此處所介紹的各種觀念和概念將會在本書後面的章節中，以不同的形式不斷的回顧和運用。接下來我們會示範推論統計的邏輯如何應用在專爲次數表的資料而設計的統計方法上。有了這番討論之

後，將再為你介紹標示次數表中兩變項關係強度以及關於這兩個變項
測量信度的指標。最後將會檢視在統計推論時，可能犯下錯誤的以及
可能影響犯下這些錯誤的若干因素。

　　統計推論的邏輯　對絕大部分統計推論的檢定都是基於同樣的邏
輯，那就是將從研究所獲得的實際資料，去和如果虛無假設為真，也
就是如果資料間毫無相關性時應該得到的資料，互相比較。後面這類
的資料稱為**期望資料**（expected data），因為這是在虛無假設下所期望
得到的資料。實際資料和期望資料間的差異性大小可以用一個數字—
—**統計檢定值**（testing statistic）——來表示。然後，你再查表以得到
統計檢定值出現的機率，亦即是實際資料和在虛無假設下之期望資料
間之差異的出現機率。如果這個機率很小，則代表實際資料是遠不同
於在虛無假設下之期望資料，也就是說，在虛無假設下要得到實際資
料的機率是很低的。因此，你自然就會傾向於去拒絕變項間沒有關係
的虛無假設。但是如果統計檢定值的出現機率很大，即意謂著實際資
料並不會與在虛無假設下所期望之資料相差很多，因此你自然就會傾
向於不去拒絕虛無假設了。

　　　你可能已經覺察到上一段論述中存在一個問題。如果你已經查到
統計檢定值的機率，那要如何決定這個機率是比較小（將可以拒絕虛
無假設）還是比較大（將得到不可拒絕虛無假設的決定）呢？因此，
需要有一些可以判斷這些統計檢定值的機率是大是小的標準———一個
可以截然劃分哪些統計檢定值的出現機率是小是大的分界線。這可以
藉由事前就規定一個特定數值來做為分界線的方法來解決。用統計的
術語來說，這個機率值通常稱為**阿爾發**（alpha），它是一個希臘字，
符號是 α。接著決策程序中的最後一步是，把這個從表中查到的統計
檢定值的機率和 α 值做個比較。如果機率值小於或等於 α，就認為機
率是小的，而最後的決定就是拒絕虛無假設。在這個情況下，我們稱
結果達到「統計上的顯著」，或只簡單稱為「顯著」。如果檢定統計值
出現的機率大於 α 值，我們就認為它是大的值，故最後的決定是不能
拒絕虛無假設。由上述的想法可知，明確的判斷應是可以達到的。

　　　但是，適當的 α 值是多少呢？關於這點，你可以理性地分析做統

計決定時，可能發生的錯誤種類和目前你最希望避免的錯誤種類，這兩者間的差異來加以抉擇。這個方法稍後將會再做簡短的討論。另外你也可以依照傳統給予 α 一個適合於某一學科領域之特定值。對於社會科學而言，常用的 α 值為 .05。這也就是說，如果你要決定拒絕虛無假設，則實際資料和在虛無假設下的期望資料間出現差異的機率，就必須小於或等於 .05。這個數字是相當保守的，可以保證不會做出當兩變項沒有關係時，卻做出有關係的決定來。

你可能會懷疑為什麼會發生當虛無假設為真時，實際資料與期望資料間還會有差異存在呢？這個答案可以用一個名詞來表示：機會。實際資料和期望資料間可能會多多少少有一些差異，這是來自於無法預測和無法控制的一些機會因素造成的。統計學家用**隨機誤差**（random error）來指稱這類機會因素的影響力。在前一章中曾經討論過一種發生在系統觀察研究中的隨機誤差來源——缺乏信度的測量。許多其他的誤差來源（抽樣、環境因素、草率的過程等等）則將在後面章節中討論。

上述的討論暗示陳述母群中變項間沒有關係的虛無假設，無異於把樣本所展現的關係視為隨機誤差（機會因素）所造成的結果。好的研究者會盡一切可能的努力，例如進行良好控制的研究，以使隨機誤差的作用減至最少，但是隨機誤差總是無法完全消除，因此評估隨機誤差的作用便變得相當重要，而這正是推論檢定的任務。統計檢定值的出現機率可以被看作一種將實際資料和期望資料間的差異完全歸於隨機誤差的機率。如果這個機率小於或等於 α 值，研究者就可以拒絕虛無假設，並認為有比全然機會為多的因素（即是實際的關係）存在於實際資料中。這種把統計推論解釋成一種評估隨機誤差（機會因素）角色的看法在往後的章節中還會出現。

注意，統計顯著只意謂樣本中出現的關係不可能只是機會造成的結果，並不具有所得到的是重要的結果的含意。重要性這個問題絕不可能由統計分析來決定。重要性是由結果是否具有理論（非統計）的重要性來決定，而且這個判斷通常是由科學界來決定的。

注意，最後一個審視決策過程的方式，同時也提供了快速查驗決

定的機會，是統計檢定值的出現機率，通常以 p 表示，可以解釋爲如果虛無假設爲眞時，獲得實際資料的機率。這就是說，實際資料和在虛無假設下的期望資料間有所差異的機率，與當虛無假設爲眞時獲得實際資料的機率，是同一件事。如果 D 代表實際資料，H 代表爲虛無假設爲眞的情況，那麼這會是一種條件機率，p（D／H），也就是說，「當 H 時，出現 D 的機率」。如果 p（D／H）小於或等於 α 值，那麼有理由懷疑 H 並拒絕它。如果 p（D／H）大於 α 值，即 D 與在 H 之下所期望發生的情形之間的差異並不夠大，因此這個時候就不能拒絕 H 了。

總之，統計推論的檢定程序通常是把研究得到的實際資料和根據沒有關係的虛無假設所期望的資料間的差異，先用一個數字——統計檢定值——表示出來。這個數字出現的機率可以查表得到，是指當虛無假設爲眞時，獲得實際資料的機率。如果這個值很小（小於或等於 α 值），最後的決定是拒絕虛無假設，同時這個結果稱爲統計顯著。如果這個值很大（大於 α 值），最後的結果是不能拒絕虛無假設。現在你試試看回答下面的問題，來檢定一下你是否確實已經了解上面的這番討論：

　　　　如果 p 小於 α，統計檢定值本身是比較大或比較小？
（問題一）

　　卡方的邏輯　在次數表中，推定虛無假設所用之統計檢定值稱爲卡方（chi-square, x^2）。在這類表中的數字，即是從研究工作中獲得的資料，稱爲**觀察次數**（observed frequencies），我們用字母 O 來表示。表4.1和4.2中出現的數字就是觀察次數。另外，在當虛無假設爲眞，亦即變項間沒有關係時，期望會出現在表中的數字，稱爲**期望次數**（expected frequencies），以字母 E 來表示。卡方便是表示在整個次數表中，所有觀察次數和期望次數間之差異的總和。當我們計算出卡方值後，就可以查表找出它出現的機率，這個機率是指在期望次數爲眞，也就是虛無假設爲眞的情形下，我們能夠獲得觀察次數的機率。用符號來表示，就是 p（O／E）的大小。 p（O／E）的意義正如我們在討

表4.3 卡方分析的七大步驟

1. 將實際資料填入觀察次數，即 O 值之次數表中。

2. 將次數表中之各欄與各列內的數值加總以得出邊格總和。再將所有邊格總和加總起來以得到全表總和，N。

3. 利用4.1式計算每一個方格內的期望次數，即 E 值。

4. 利用4.2式計算卡方值。

5. 利用4.3式計算自由度，即 df。

6. 從附錄 A 中的表A.1中查出卡方值所對應的出現機率。首先找出表中對應之 df 的列，然後在此列中將計算之卡方值與表中的值相互比較，以定出適當位置，再從此位置投影到表頭，以決定此時之 p 值和表中值的大小關係。

7. 得出決定。如果由前所得之 p 值小於或等於 α 值（通常設定為 .05），則拒絕母群中變項間沒有關係之虛無假設。如果 p 值大於 α 值，則不能拒絕虛無假設。

論統計推論時所提到的 p（D／H）的意義相同。如果 p（O／E）小於或等於 α 值，我們就可以拒絕變項間沒有關係的虛無假設。如果p（O／E）大於 α 值，則不可以拒絕虛無假設。你現在應該可以明白卡方分析之邏輯意義完全與統計推論的邏輯意義並無二致。

如何計算卡方 卡方分析的所有步驟列述於表4.3中，我們將會以表4.2為例來做示範，而且表4.2中已經包含了表4.3中前面兩個步驟。表4.2中的資料都是 O 值，即是觀察研究獲得的資料（步驟1），而表中所顯示的邊格總和與全表總和便是步驟 2 所要求的結果。在計算卡方值之前，我們必須先決定期望次數，即 E 值為多少（步驟3）。次數表中各方格內的 E 值之計算方法如下：

$$E＝〔（欄總和）（列總和）〕／N \qquad （4.1）$$

上式之欄總和與列總和是對應於不同方格所在的邊格總和中的位置而做出的計算，而 N 是指全表總和。舉例來說，對表4.2而言，對短的通話長度和沒有檢查退幣之方格中的 E 值將是〔（20）（70）〕／100 ＝14。其他方格內的 E 值也可以用相同的方法計算出來，只要小心地選擇正確的邊格總和即可。比方說，通話長度為長與有檢查退幣之方

表4.4 通話長度與檢查退幣兩變項之期望次數分配表

檢查退幣	通話長短		
	短	長	總計
有	56	24	80
沒有	14	6	20
總計	70	30	100

格中的 E 值即為〔(80)(30)〕／100＝24。相對表4.2的 E 值列於表4.4中。

注意，此時這兩個表之邊格總和完全一樣，事實上，E 值之邊格總和必須要和 O 值之邊格總和相等，因此對任何一個2×2的次數表而言，另外一種獲得 E 值的方法就是先利用4.1式去計算表中任何一格的 E 值，然後再用邊格總和減去該值以得到其他方格的 E 值。例如，因為短通話長度和沒有檢查退幣方格之 E 值為14，我們就可以知道對短通話長度和有檢查退幣方格的 E 值，必然會是70－14＝56，而通話長度為長和有檢查退幣方格的 E 值，必然會是80－56＝24，以及談話長度為長和沒有檢查退幣方格的 E 值必然會是30－24或20－14＝6。現在輪到你來驗證你的了解程度：

　　　對一2×2之觀察次數表而言，若其上欄之觀察次數為50和20，下欄之觀察次數為10 和20，則其所對應之期望次數為何？（問題二）

現在我們可以將整個表中之 O 值和 E 值的差異加總，而得出一個數字──卡方了（步驟4）。計算卡方（X^2）的公式如下：

$$x^2 = \Sigma \left[(O-E)^2 / E \right] \quad (4.2)$$

上式之符號 Σ 代表加總，而我們要加總的內容就是次數表中之各方格內的數字。上式告訴我們要分別對表中的每一個方格內的數字算出中括號內要求的值，然後再將得到的結果加總起來，最後的總和就

是卡方。而在中括號內，要求我們計算的是各方格之 O 值即觀察次數與 E 值即期望次數間的差異，然後將此差異平方，最後再將所得到的值除以 E 值。

就表4.2的資料而言，卡方的計算過程如下所示：

$$x^2 = [(61-56)^2/56] + [(19-24)^2/24] + [(9-14)^2/14] + [(11-6)^2/6]$$
$$= [(5^2/56] + [(-5)^2/24] + [(-5)^2/14] + [5^2/6]$$
$$= [25/56] + [25/24] + [25/14] + [25/6]$$
$$= .4464 + 1.0417 + 1.7857 + 4.1667 = 7.4405$$

注意，上式中所有（O－E）^{2}，的值完全相同。這是一個2×2次數表所具有的特殊性質，當次數表變大時，通常就不會具有這個特性了。然而，對2×2次數表來說，這個特性倒可以做為驗算之用。

在我們能夠查表得出虛無假設成立下的卡方值的出現機率之前，必須先知道次數表之自由度(degree of freedom)，或 df，為多少（步驟5）。自由度與次數表的大小有關，其關係式如下：

$$df = (\text{\#欄數}-1)(\text{\#列數}-1) \qquad (4.3)$$

「#欄數」與「#列數」分別是指表中欄方格與列方格的數目。因此，對於表4.2而言，df=（2－1）（2－1）=1×1=1。

現在可以查表得出我們計算出來的卡方值的出現機率了（步驟6）。這個機率值可以從附錄 A 的表A.1中查出。表A.1顯示的是，當虛無假設為真時，各種卡方值出現的機率。該表中的每一列相對應於不同大小的次數表，以自由度（df）來表示。據此，現在令我們感興趣的是這個表的第一列，因為這列資料即為 df=1，亦即為所有2×2次數表的各個卡方值。

在表A.1的第一列中，我們可以看到位在三個不同欄中之卡方值，此處之每一欄是指對應的機率，即 p 值。從左到右，各欄的 p 值分別是 .10、.05和.01，現在我們要做的是將計算出來的卡方值定位在表A.1第一列的三個卡方值中的一個適當位置。我們通常並不會運氣好到得到表中三個卡方值的其中一個，但是我們依然可以決定計算出來的卡

方值應該位在該列中的哪一個位置。例如，上例的卡方值7.44顯然就應該位在第一列中所有三個值的右方。然後我們可以將此假想位置向上對照以找出其對應的 p 值位置，並得到此 p 值與表中三個 p 值的大小關係。因為 p 值是從左欄往右欄減少，故我們可知對應於卡方值7.44之 p 值必然會比表中三個 p 值都小，據此我們可以說，對於 $x^2 =$ 7.44 和 df＝1而言，p 小於 .01，即 $p < .01$。換句話說，代表整個次數表之 O 值和 E 值之差異的卡方值，在虛無假設之下出現的機率小於 .01。

　　卡方分析的最後一個步驟是得出決定（步驟 7）。因為預設 α 為 .05，而 p 值顯然遠小於 α 值，所以我們可以做出拒絕虛無假設的決定，並總結說在母群中，通話長度和檢查退幣間很可能有關係。也就是說，這個結果達到統計上的顯著水準。

　　上述步驟可以對任何大小之次數表進行作業，只要我們利用4.1式去計算每個方格中的 E 值，利用4.2式去計算卡方值，並利用4.3式去計算 df 值，然後在表A.1適當的列中（即對應於次數表之 df 值）查取計算出來的卡方值所對應的 p 值，再將 p 值與 α 值相比，最後即可得到關於虛無假設是否應該被接受的決定了。總而言之，按照表4.3所列述的步驟依序進行，便沒有問題了。

　　　測驗你對如何進行卡方分析的了解程度，你可以利用本章前面問題二所提出之次數表，來做個練習。這個2×2次數表上的觀察次數為50和20，下欄的觀察次數為10和20（問題三）。如果你還想要做進一步的練習，可以利用表4.1史滄貝克的資料（問題四），和表2.2所提供的第51屆國會選舉的漢茲立特資料（問題五）。

　　最後，記住這個非常重要的一點：次數表是系統觀察研究中非常典型的資料，但是絕對不是必然的資料。如果系統觀察研究得到的資料，是比計算各個小量的類別變項的出現次數更為複雜的資料，卡方分析法就不是適當的分析方法了。那時我們可能要用到下章將會介紹的一些較為先進的分析方法。同時，下一章將會讓你更清楚地明白，

決定該用哪種分析方法的，是根據資料種類，而不是研究類型。本章特意強調卡方分析法，只因為它是極佳的一種介紹統計推論的方式，同時也因為在系統觀察研究中會比在其他類型的研究中，更常用到次數表。

再論描述統計 本章較前面的部份曾經提到過克萊美 V 統計值可以被視為總結次數表中兩個變項間關係程度強弱的便捷方法。但是那時並沒有將其計算公式一併介紹出來，主要是因為該公式涉及到卡方值的計算。現在我們就可以列出 V 值的計算公式：

$$V = \sqrt{\{x2 / [(N)(L-1)]\}} \quad (4.4)$$

換句話說，我們要計算的是在上式大括號內數值的平方根。上式中的x^2為卡方值，N 為次數表內各次數值的總和，L 為表中欄數和列數兩者間較小的那一個值。因此以表4.2為例，x^2為7.44（參見前節），N 為100，L 為 2。該式要求先將 7.44 除以100和（2－1）的乘積，即100×1＝100，然後再取這個結果的平方根。就表 4.2 的例子而言，完整的計算過程是取（x^2）／100之平方根，所得到的 V 值為 .0744 之平方根，即是 .27。

你可以利用問題三的資料、表4.1史滄貝克的資料、以及第二章表2.2之漢茲立特資料，來練習 V 值的計算。（問題六）

再論信度 第三章中你學到了，對系統觀察研究而言，有信度的測量意味著兩個配成對的觀察者彼此同意對方的觀察結果。評斷任何變項的信度通常有賴於觀察者間對觀察結果同意的比率，也就是說變項的信度是由被配成一對的兩位觀察者對所有觀察事件的同意比率來評定的。此外我們要注意的是，有些研究者比較喜歡採用一種稱為科恩的**卡巴值**（Cohen's Kappa）來做為信度的量數，因為卡巴值把由機會造成的觀察者間的同意度也考慮進去。前面已經針對卡方分析的邏輯含意以及相關細節做過詳細的討論，描述科恩卡巴值的工作便是輕而易舉的了。

表4.5顯示公用電話研究中，兩位配成一對的觀察者在檢查退幣上

表4.5　兩組觀察者在檢查退幣變項上的記錄

觀察者#1	觀察者#2		
	有	沒有	總計
有	78	2	80
沒有	4	16	20
總計	82	18	100

所得到的觀察結果。值得特別注意的是，該表並沒有加總通話長度和檢查退幣兩變項間任何關係的次數，相反地，它加總的是兩個不同觀察者對某個變項的觀察結果，如檢查退幣。針對這個研究之另一個變項，通話長度，也可以比照這個方法製作一個相類似的表。該表其中一條對角線顯示兩位觀察者對檢查退幣的同意次數，而另一條對角線則顯示兩位觀察者對檢查退幣的不同意次數。如果我們令 A＝同意次數的總和，則對檢查退幣來說，A＝78＋16＝94，而 A／N＝94／100＝.94 即為兩位觀察者間的同意比率。

如果視表4.5為適合進行卡方分析的次數表，便可輕易地決定在主張沒有關係的虛無假設底下，兩位配對觀察者觀察結果的期望次數。先用公式4.1來計算該表所對應之 E 值，結果列在表4.6中。兩者一致（即有—有與沒有—沒有）方格中的數值，表示兩位配對觀察者出現一致的觀察結果純然是出於機會的期望次數。令 C＝一致性是由機會造成之期望總和，則 C＝65.6＋3.6＝69.2。科恩卡巴值所傳達的訊息是 A 與 C 的差占兩人觀察完全一致與 C 的差的比率，其數學公式如下：

$$卡巴值＝（A－C）／（N－C）　（4.5）$$

因此，對於檢查退幣而言，卡巴值＝（94－69.2）／（100-69.2）＝24.8／30.8＝.8052。在將機會因素造成的同意次數調整以後，觀察者之間對於檢查退幣的同意比率將從原先之 .94降低為 .81。

貝克曼和葛特曼（Bakeman & Gottman, 1989）建議將卡巴值可以

表4.6　表4.5的期望次數表

觀察者#1	觀察者#2		
	有	沒有	總計
有	65.6	14.4	80
沒有	16.4	3.6	20
總計	82	18	100

接受的下限定在 .70。據此，上例檢查退幣的卡巴值為 .81表示其具有可以接受的信度。只要觀察者間的同意比率為 1，卡巴值就等於 1。這就是我們在第三章中曾經提過的關於通話長度的情形。至於應該使用哪一種信度量值，則以你們老師的意見為主。

　　推論誤差　打公用電話的研究得到的結論是，通話長度有可能與檢查退幣有關。然而你卻不能肯定這個結論是否正確，即使對的機率很大，因為你所使用的決策程序完全按照規定。對卡方分析而言是如此，對其他統計每一種統計檢定分析也是如此。結論必然是機率性的，可能會錯。一旦你涉足統計推論，你就已然離開確定的海岸，一腳踏進不確定的大海之中了。

　　因為決定只有兩種（拒絕或不拒絕虛無假設），所以會有兩種正確的情況和兩種錯誤的情況。這些結果皆列在表4.7中。想像一個世界，在那裡每當你根據推論檢定的結果做出決定時，就會有一個天梯從雲中降下，門打開之後，從裡面會發出一種如幽靈般的聲音告訴你說：「真相是虛無假設是正確的（或錯誤的，隨便哪一種皆可）」。在這個統計的天堂裡，你能夠知道在實際生活中絕對不可能知道的事實真相，不論你的統計推論正確與否。顯然，如果你決定拒絕虛無假設，而且那個如幽靈般的聲音又告訴你虛無假設是不正確的，那麼你就做了個正確的決定。同樣地，如果你決定不拒絕虛無假設，而且傳來的聲音也告訴你虛無假設是正確的，那麼你也是做了個正確的決定。由此可知，有兩種做出正確決定的情況，那就是當你的決定與傳來的聲音相同之時。用統計的術語來說，這類有利於你的結果，稱為正確的決定。

表4.7　統計推論決策的可能結果

決策	眞相	
	虛無假設	對立假設
拒絕虛無假設	型Ⅰ錯誤 （假警報）	正確決定
沒有拒絕虛無假設	正確決定	型Ⅱ錯誤 （錯失）

　　當然，另外有兩種狀況是錯誤的，那就是當你的決定與告訴你的聲音不一致的時候。這個時候由推論檢定所得到的結果使你做出錯誤的決定。而這種不利的結果就稱爲**推論錯誤**（errors of inferences）。這兩種錯誤的狀況各有其專有名詞與一般的名稱。當虛無假設是正確的而卻遭到拒絕，亦即當實際上變項間沒有關係卻做出有關係的結論時，所犯下的這類錯誤，稱爲**型Ⅰ錯誤**（Type Ⅰ error），一般則稱其爲**假警報**（false alarm），這是因爲它就好像是錯按了警報器一樣，也就是說，宣稱某處有火災但實際上根本沒有。另一種是在當虛無假設事實上是錯誤的，但卻沒有將之拒絕時所犯下的錯誤，其專有名詞稱爲**型Ⅱ錯誤**（Type Ⅱ error），一般則稱爲**錯失**（miss），因爲這個錯誤是指你的決定使你錯失了一個逮到眞正存在關係的機會。雖然在眞實世界中絕對不可能會有上述所謂的幽靈聲音來告訴你事實的眞相，但這並不意謂著你就不會觸犯這兩種錯誤。因爲虛無假設要不就是正確的，否則就是錯誤的，而你的決定要不就和眞實情形一致，否則就是不一致。所以每一次當你進行統計推論時，觸犯這些錯誤的可能性就一定存在。

　　當然你會希望盡一切可能來避免發生推論錯誤，因此你就必須知道觸犯這些錯誤的機率有多高，以及哪些因素會影響它們。型Ⅰ推論錯誤的控制比較容易，因爲型Ⅰ推論錯誤發生的機率正是 α。還記得推論檢定是在視虛無假設爲正確的前提下進行的，亦即是在虛無假設爲眞的情況下獲得眞實資料的機率 $p(D/H)$。因此，如果虛無假設

確實為眞，並以 α 值來作為決定的分界限，那麼做出錯誤決定（錯誤地拒絕虛無假設）的次數之比率必然等於 α 值。

型 I 推論錯誤比率正好等於 α 值的這個性質具有實用性，因為據此可以藉著設定合乎研究者需要的 α 值來對型 I 推論錯誤發生的機率進行直接控制。如果你行事較為保守，希望儘量減少型 I 推論錯誤發生的機率，可以將 α 值定的很小，比方說 .01。如果你非常介意做個放羊的孩子，希望儘量避免製造不存在的事實，那麼就可採取這種作法。此外，如果了解到宣稱某種關係存在會對某些人或團體產生不利的結果時，也會預設較低之 α 值。另一方面，在探索性研究中，如果希望能夠確確實實不漏失任何一個眞實存在的關係，可能並不會太在乎發生型 I 推論錯誤，那麼你可以將 α 值設定的相當大，如 .10 或 .15。總之，α 值究竟應該設定為多少，是根據你對犯不犯型 I 推論錯誤的重要性所做的理性分析來決定。

至於型 II 推論錯誤，你就沒有那麼幸運了。你無法確知型 II 推論錯誤發生的機率，理由是型 II 推論錯誤是在虛無假設為假的情況下發生的。因此，對立假設是正確的。然而對立假設不是一個確定的假設，它就好像是一把保護傘，陳述出無數個有關於目前正被研究的兩個變項關係強度的確定假設。除非我們能從包含在對立假設之下的那些無數個確定假設當中，逐次挑出一個出來加以檢定，方才能夠決定犯下型 II 推論錯誤的明確機率。但是即使如此，正因為每一個假設都是任意挑選出的，所以你仍然還是無法明確地知道犯下型 II 推論錯誤的機率是多少。

不過，關於型 I 推論錯誤和型 II 推論錯誤間的關係，仍有些頗具深意的通則值得重視。比方說，如果你想降低 α 值以避免犯下型 I 推論錯誤，那麼你將使得拒絕虛無假設變得較為困難，因此你如果遇上虛無假設是假的時候，那將會提高你做出錯誤決定的機率。也就是說，這種作法會提高犯型 II 推論錯誤，即錯失的機率。同樣地，如果你採取加大 α 值、提高犯型 I 推論錯誤的機率，如同上面提到過的探索性研究的例子，你將會使拒絕虛無假設變得比較容易，因而避免錯失，即避免犯下型 II 推論錯誤。因此，一般說來，降低 α 值將同時減

低犯型 I 推論錯誤卻提高犯型 II 推論錯誤的機率。提高 α 值則將有相反的效應，即增加犯型 I 推論錯誤卻減低犯型 II 推論錯誤的機率。換句話說，一旦選定了 α 值後，你就不可能同時降低這兩種錯誤類型。所以你必須先經過理性的思考分析以決定好哪一類錯誤比較重要、應該加以避免，然後再定出 α 值。

這款必須經由理性考慮以決定 α 值的工作，可能是你極不想做的事。一般來說，你確實可以不必做。社會科學中有許多研究領域通常早就有了傳統的 α 值，也就是被認爲適用於最多情況下的 α 值。這個值通常設在 .05，反映某種希望避免犯下型 I 推論錯誤的心態。然而，要記得的是，如果你有其他更好的理由，你可以也應該拋棄上述所說的傳統 α 值。如同前面所提到過的探索性研究，本身就足以構成設定較大的 α 值的理由，以期不至錯失任何可能存在的關係。同樣地，如果你有充分的理由應該保守謹愼，或者如果你希望在下決定之前，對某種關係先有十足的把握，你也該毫不猶豫去設定比傳統的 .05 還要較小的 α 值。

現在來檢驗一下你了解了多少。放羊的孩子是犯了哪一類型的錯誤呢？（問題七）

最後讓我們考慮一個普遍受到統計學家和社會科學家支持的看法，那就是：在眞實世界中，虛無假設必然是錯的。世界上任何兩個變項都有關係，至少就某種程度而言。因此，當 p 值大於 α 值時，你不應該說接受虛無假設，而應該說無法拒絕虛無假設。這兩種結論是不同的。當你的結論是說無法拒絕虛無假設（而不是說要接受它），這意謂著這兩個變項之間仍然有某種關係存在，只是因爲這種關係可能太微弱了，以致於無法用這個樣本資料以及推論檢定的方法偵測出來。有一門稱爲檢定力分析（power analysis）的統計學分支學科可以幫助研究者定出拒絕虛無假設所需要之樣本數，只要研究者有意提供一個明確的對立假設和明確的型 I 和型 II 推論錯誤發生的機率。不過，當兩變項的關係爲中等強度時，用檢定力分析計算出來的樣本數經常是不可思議的大，遠遠超過一般社會科學家所採用的樣本數。就

實際的目的而言，或許可以把檢定力分析的精神說成是，如果你對採用的樣本數感到滿意，但是無法據此拒絕虛無假設，那麼適當的結論應該是任何存在於這兩個變項間的關係實在是太小了，小到沒有值得注意的必要。

深度討論：卡方分析

本節的目的是要幫助你了解關於卡方分析中各種數學公式的眞正意義。這分了解並不是進行卡方分析時所必須具備的，但是卻可提昇你對分析程序和統計推論的認識。

卡方

下面是一些簡單的對於卡方公式的觀察結果。首先，你可能會懷疑爲什麼要將 O 和 E 的差加以平方。如果單單只計算每一方格中的 (O−E)，那將會有半數方格的差爲正值，半數爲負值，因此這兩組數值將完全相互抵消，結果得到的總和就是 0。數學計算可以證明這點。所以，只計算所有 (O−E) 的和，將無法表現出 O 和 E 間的差異，因爲它永遠會是 0。爲了避免這個問題，將所有 O 和 E 間的差加以平方，以便使每一個值都爲正數。平方差會具有一些特性：第一，如果 O 和 E 間的差距越大，則該平方差的總和亦將越大。第二，公式中的分母 E 具有降低卡方值的功用，使其能與表A.1中的理論值相比較。第三，有些當代統計學會在2×2次數表的卡方值公式中加入一校正因素，使計算變得較爲複雜。該校正因素會降低計算出來的卡方值，並且得出比以往更爲保守的檢定結果。但是，卡密利和霍普金斯 (Camilli & Hopkins, 1978) 證明這個校正因素的缺點遠多於優點，正因爲如此，本書對這點並不予以討論。

期望次數

對次數分配表進行卡方分析，有一項非常重要的限制。這項限制是指被分析的次數表是被拿來和其他同樣大小（指有相同的欄數和列

數）並且有相同邊格總和的次數表一併比較。與這些次數表一併比較，你想要知道的是你分析的那個次數分配表與標示變項間沒有關係的次數分配表之間差距有多遠。只關心與觀察次數表大小相同、具有相同邊格總和的表的這項限制，對於導出卡方分析的兩個公式有重大的含意。

受這項限制影響的第一個公式是期望次數，或 E 值的計算公式。期望次數是指如果變項間沒有關係時所應該出現的次數。要了解何以如此，必須先要了解期望次數表的一項重要特性。表4.4是打公用電話研究的期望次數，可以用它來說明這項特性。在表4.4中，檢查退幣的比例相對於短的通話長度和長的通話長度而言，都是相同的（分別是 56／70＝ .80 和 24／30＝ .80），在變項間沒有關係時，這是理所當然的結果。

現在來看個大問題。在表4.4中，除了上述兩格以外，還有哪些方格中檢查退幣的比率也是 .80？如果你不能馬上就回答出來，那就暫時停下來好好想一想。這個答案是在表中最右側那欄的邊格中檢查退幣的比例也是 .80（80／100＝.80）。換句話說，當你忽略通話長度時，檢查退幣的比例都是 .80。顯然，如果你保持邊格總和的不變，那麼唯一可以把短通話長度檢查退幣的比例提高到大於 .80的方法就是同時把長通話長度檢查退幣比例降低到小於 .80。此外，對同樣的邊格總和而言，唯一能夠使短通話長度和長通話長度有相同的檢查退幣比例的方法，就是使該比例與檢查退幣在邊格總和中所佔的比率相等。任何一個期望次數表都具有這項特性，亦即兩個變項中任一個變項的某個值在另一個變項上的比例，即使獨立計算，必然與從邊格總和計算所得的比例相等。

期望次數表的這項特性有一項十分重要的結果。當不知道期望次數時，這項特性可以用來幫助你反推出期望次數。畢竟邊格總和可以直接從觀察次數表中得到(就本例而言可從表4.2得到)。一旦你從邊格總和知道檢查退幣的比例是 .80，你就可以為短通話長度和有檢查退幣方格選定一個次數值，而該次數在短通話長度欄中會產生相同的比率。比方說，只須取短通話長度之欄總和70的80／100做為短通話長

度和有檢查退幣方格中的值。取長通話長度之欄總和30的80／100為做長通話長度和有檢查退幣方格中的值。如此你就得到了這兩個方格中的期望次數，而且它們在這兩欄中也會產生相同的檢查退幣的比例。因此一般都可以用邊格總和與全表總和來求得所有方格中的期望次數。因為乘除運算的次序對結果並沒有影響，所以前面所描述的步驟與公式4.1所敘述的 E 值計算的數學運算是相同的。

自由度

第二個受到要維持與原始觀察次數表相同邊格總和這項限制的公式是自由度，即 df 的公式。要了解 df 的意義，想像你笨手笨腳地用嘗試錯誤的方式，想從表4.2努力尋出其期望次數。因為對於短通話長度檢查退幣的比例比長通話長度檢查退幣的比例要大（.87和.63，參閱描述統計那一節），你可能會想把短通話長度和有檢查退幣方格的次數從61減少 3 得58。由於受到必須維持相同之邊格總和的限制，因此在你自由調整短通話長度和有檢查退幣方格的次數時，其餘三個方格的次數也就完全被決定了。19和 9 都必須增加 3，而11則必須減少3。在次數表中你可以自由地選擇（只要調整後的次數不會超過這個方格所處之邊格總和中較小的那個值即可）做調整的方格是為自由的方格，同樣地，任何方格內的次數值若完全被已經做過調整的次數值所決定，則為固定的方格。很清楚地，你可以選擇表4.2中任何一個方格來調整其次數，那麼這個方格就是自由的方格。同樣地，這個時候其他三個方格就都成了固定的方格了。因此，對於具有一定邊格總和的2×2之觀察次數分配表而言，df=1。

對於較大的次數表而言，有一種選擇自由方格的特殊方式頗為有用，那就是，總是從次數分配表的左邊往右邊調整，從第一列往下做到最後一列。你可以拿出一張紙來，並在上面畫出一個2×3表（兩列三欄），然後在六個方格內任意填入你們喜歡的數字，再算出每列和每欄的邊格總和。現在根據前面所提到的方式來做調整。在調整時幅度不要太大，以便使你能夠擁有在儘量多的方格中都可做調整的自由。要記得的是，你們必須始終維持與原次數分配表中相同的邊格總

和。此時你將會發現到，你在第一列的左側和中間的方格中做調整時都很自由，可是到了這一列的右側方格和最後一列的全部方格，所有的次數都被固定了。如果你們在自由的方格上寫上「FR」，在固定的方格中寫上「FX」，結果就會和表4.8相同。很明顯地，自由方格構成了一個1×2表，要比原次數分配表少了一欄和一列。

表4.8　按照正文中所描述的策略決定2×3次數表開放與固定方格

變項A	變項B		
	第一個值	第二個值	第三個值
第一個值	開放(FR)	開放(FR)	固定(FX)
第二個值	固定(FX)	固定(FX)	固定(FX)

這個做法對於所有次數表來說都會產生相同的結果，如果你用一個3×3表再做一遍，你將會發現自由的方格構成了一個2×2表。同樣地，是比原次數表少了一欄和一列。你已經知道一個2×2表是按照相同的模式產生開放與固定之方格，那就是，這個表中有一個自由方格，而該方格本身就是一個1×1表。這個方式適用於任何大小的、具有一定邊格總和的次數表，因此就得到了公式4.3，可用來計算任何大小的次數表的自由度。

摘要

在田野觀察中，研究者所獲得的資料是定性的，通常是以田野筆記的形式出現。資料分析的工作包括仔細檢視田野筆記，以期發現關於社會系統運作的有效通則。理想上，這些通則會由一個理論模型將之總結出來。另一方面，在系統觀察中，資料多為定量的，而且通常以統計分析方法來加以處理。

定量資料的分析工作有兩個主要目標：描述樣本所表現的特性（描述統計）並且將結論通則化到該樣本所代表的母群（推論統計）。

該採用哪種適當的統計分析程序則端視研究者所擁有的資料類型而定。在系統觀察研究中,每一個變項通常只有一些可能值,而其結果可以由次數表來加以綜合表達,次數表中顯示的是某個變項的每個可能值與另一變項的每個可能值的對應次數關係。樣本資料中兩變項間的關係可以用克萊美 V 統計值或其他統計值來表示。

推論統計能夠幫助研究者對關於樣本所代表的母群特性的兩個假設,做出適當的決定。虛無假設是指兩個變項間沒有關係,而對立假設則是說這兩個變項間有關係。大部分的推論檢驗都依據相同的邏輯,亦即,都是以一個數字——統計檢定值,來總結實際得到的資料與在虛無假設下的期望資料間的差異程度,然後查表得取該統計檢定值出現的機率,以作為當虛無假設為真之下獲得實際資料的可能性,即是 p(D/H)。如果此可能值小於或等於預設之分界值, α ,我們就可以拒絕虛無假設,並且稱此結果為達到統計上的顯著水準。否則,虛無假設就不能被拒絕。 α 值可以由合理分析或依據習慣來設定,社會科學的慣例通常是將其設定 .05。對次數表而言,適當的推論統計檢定值是卡方值,它總結了整個表的觀察次數與主張變項間沒有關係的虛無假設下應該得到的期望次數間的差異。

當我們進行統計推論時可能會犯上兩種錯誤。型 I 推論錯誤(或稱為假警報)是指拒絕了實際為真之虛無假設。型 II 推論錯誤(或稱為錯失)是指未能拒絕實際為假之虛無假設。型 I 推論錯誤的機率正等於 α 值,因此可以藉由適當地設定 α 值來加以控制。但不幸的是,改變 α 值會對這兩類錯誤造成相反的結果,亦即降低某一類錯誤的機率,就會增高犯下另一類錯誤的機率。研究者必須好自拿捏,是該決定哪一類錯誤較為重要而儘量予以降低,還是依照傳統的方法設定 α 值。許多統計學者和社會科學家都相信虛無假設實際上絕對不會為真,因此未能拒絕它可能只意謂著變項間的關係太小,以致於未能被研究所採用之樣本數目與所執行的推論檢定所探測得到。

問題解答

問題一：如果 p 小於 α，即統計檢定值較大，則表示在實際資料和在
　　　　虛無假設下之期望資料間有很大的差異。

問題二：由公式4.1可得，左上方格50的期望次數，即 E 值，爲〔（70）
　　　　（60）〕／100＝42。右上方格的 E 值爲〔（70）（40）〕／100
　　　　＝28，左下方格的 E 值爲〔（30）（60）〕／100＝18，右下方
　　　　格之 E 值爲〔（30）（40）〕／100＝12。後面這三個值也可以
　　　　用邊格總和減去第一個 E 值來得到，一如我們在正文中所說
　　　　明者。

問題三：由公式4.2可得，x^2＝〔$(50-42)^2$／42〕＋〔$(20-28)^2$／28〕
　　　　＋〔$(10-18)^2$／18〕＋〔$(20-12)^2$／12〕＝〔8^2／42〕＋
　　　　〔$(-8)^2$／28〕＋〔$(-8)^2$／18〕＋〔8^2／12〕＝〔64／42〕
　　　　＋〔64／28〕＋〔64／18〕＋〔64／12〕＝1.5238＋2.2857＋
　　　　3.5556＋5.3333＝12.6984。再由表A.1第一列資料(因爲 df＝1)
　　　　得知 p＜.01。假設 α ＝ .05，我們便可拒絕虛無假設。在文
　　　　章的標題上，我們就可以把這項發現寫爲「這兩個變項的關
　　　　係達顯著水準，因爲x^2（1, N＝100）＝12.70，p＜.01。」

問題四：由4.1式可得左上方格的 E＝〔（19）（19）〕／34＝10.6176。
　　　　以邊格總和減去此值可得右上方格的 E＝8.3824、左下方格
　　　　的 E＝8.3824、右下方格的 E＝6.6176。由公式4.2可得 x^2＝
　　　　〔$(14-10.6176)^2$／10.6176〕＋〔$(5-8.3824)^2$／8.3824〕＋
　　　　〔$(5-8.3824)^2$／8.3824〕＋〔$(10-6.6176)^2$／6.6176〕＝
　　　　〔$(3.3824)^2$／10.6176〕＋〔$(-3.3824)^2$／8.3824〕＋〔$(-$
　　　　$3.3824)^2$／8.3824〕＋〔$(3.3824)^2$／6.6176〕＝〔11.4406／
　　　　10.6176〕＋〔11.4406／8.3824〕＋〔11.4406／8.3824〕＋
　　　　〔11.4406／6.6176〕＝1.0755＋1.3648＋1.3648＋1.7288＝
　　　　5.5359，因此，x^2（df＝1, N＝34）＝5.54, p＜.05。

問題五：對於左上方格、右上方格、左下方格和右下方格而言，E值
分別是79.4088, 27.5912, 38.5912和13.4088。另外，x^2（df=1,
N=159）=90.3022, p<.01。

問題六：從問題四可知，就史滄貝克的資料來說，x^2（df=1, N=34）
=5.5359，因此，V=$\sqrt{}$｛5.5359／〔（34）（2−1）〕｝=$\sqrt{}$
（5.5359／34）=$\sqrt{}$（.1628）=.4035。另外，從問題五可
知，就漢茲立特的資料而言，x^2（df=1, N=159）=
90.3022，因此，V=$\sqrt{}$｛90.3022／〔（159）（2−1）〕｝=$\sqrt{}$
（90.3022／159）=$\sqrt{}$（.5679）= .7536。而從問題三可得，
x^2（1, N=100）=12.6984，因此，V=$\sqrt{}$｛12.6984／〔（100）
（2−1）〕｝=$\sqrt{}$（12.6984／100）=$\sqrt{}$（.1270）=.3564。

問題七：放羊的孩子是犯了型 I 推論錯誤，因為他宣稱有狼但實際並
沒有狼。這個寓言有一種含義，那就是型 I 推論錯誤很可能
使我們因為宣稱看到某種事物（如有關係）而獲得聲望，但
實際上那卻是不存在的。這也就是為什麼科學家極力希望能
夠避免犯下這種錯誤，因而常將 α 值設定的很小。

進一步閱讀書目

關於推論錯誤的深入而且充滿趣味的討論以及其他關於現代統計學的內容可以參見科恩（1990）的力著。

參考文獻

Bakeman, R., & Gottman, J. M. (1989). *Observing interaction: An introduction to sequential analysis*. Cambridge: Cambridge University Press.

Browne, J. (1973). *The used car game*. Lexington, MA: D.C. Heath.

Camilli, G., & Hopkins, K. D. (1978). Applicability of chi square to 2×2 contingency tables with small expected frequencies. *Psychological Bulletin, 85*, 163–167.

Cohen, J. (1990). Things I have learned (so far). *American Psychologist, 45*, 1304–1312.

Gans, H. (1962). *Urban villagers*. New York: Free Press.

Strodtbeck, F. L. (1951). Husband-wife interaction over revealed differences. *American Sociological Review, 16*, 468–473.

第5章

測量：類型與等級

　　如果你對前面幾章所提到的幾個研究案例，相當專注，你可能已經對某些測量程序感到頗不滿意了。而且你可能已經感覺到其實可以用更好的測量法的研究案例卻使用較爲粗略的測量法。例如前兩章中討論到的，打公用電話時通話時間長短與檢查退幣關係的那項研究。你或許會想，打公用電話的那個研究中的每個變項其實還可以用更爲細緻的類別來測量，卻爲什麼只取兩個值呢？除了取「長」與「短」作爲觀察通話時間長短的值之外，爲何不乾脆用通話時間持續的秒數？同樣的，對於用「有」與「沒有」作爲檢查退幣這個變項的兩個值，爲何不直接用觀察時間內被觀察者所有算得上是檢查退幣動作的數目來代替？總而言之，有更爲精確的測量法可以使用時，爲什麼不去用？

　　如果你發出過類似的感歎，那麼恭喜你了，你的抗議是百分之百合法的。上述公用電話的研究破例捨棄高級測量法不用，而選用較爲粗略的測量法的唯一理由，其實是本書想從簡單的資料類型開始，來討論因果關係。你不得不承認從一個簡單的次數分配表就可以讀出許許多多不同的關係。事實上，或許已經有研究者用更爲複雜的測量法來從事上述的研究。當然，誠如你所料，天下沒有白吃的午餐，複雜的測量法自有一籮筐的新問題需要考慮。本章的目是做爲從簡單到複雜的測量的踏板。作法是先退一步，仔細檢討測量這個主題本身。這將包括資料類型、典型的研究情境、資料的分析方法。這個分類方式同時也將提供本書其餘章節的基本架構。

　　本章首先檢視社會科學家目前所有的各種測量法。然後探討測量尺度的概念及其對解釋測量法與選擇適當的統計分析工具的涵義。如果你能掌握本章的內容，你將能夠馬上了解本書其他章節的方向。

測量法的種類

　　第二章將測量界定爲根據變項來決定研究對象的值的所有程序。特定測量程序的數目其實是成千上萬個。但是在第二章行將結束之

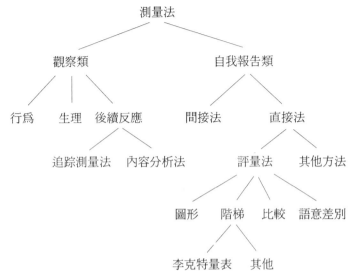

圖5.1　測量法的種類

處，我們根據測量研究變項的方法而將非實驗研究法分為兩類。這兩類是使用觀察類測量法（observational measures）的觀察研究（observation studies），與使用自我報告類測量法（self-report measures）的調查研究（survey research）。藉助圖5.1的開發，讓你感覺一下開放給社會科學家使用的測量法。

觀察類測量法

　　顧名思義，觀察類測量法，得自於對正在進行的行為或是其後來發生的結果的觀察。分數來自觀察者對測量類屬（measurement category）是否與被觀察對象完全吻合所做的判斷。這個研究法的成敗關鍵在於將代表每一個測量類別的標準明確地界定清楚，前兩章已經用相當長的篇幅對觀察研究及其測量法做過詳細的探討，沒有必要在此重複舉證。值得注意的是，任何一個變項是有可能有兩個以上的測量類屬或測量值（measurement values），因此要達到更為精確的測量不是沒有可能的。

　　觀察類測量法可以再細分為三個次類，如圖5.1所示，第一類是對

正在發生中的、可以用肉眼觀察得到的行為進行觀察。這類測量法可以稱為**行為**測量法（behavioral measures）。舉例來說，可以根據攻擊內容來對正在進行中的行為分類。第二類是對正在發生中的、但是肉眼看不到的行為進行觀察，這類測量包括內在行為，如腦波，與那些肉眼無法一下看穿的外在行為，如肌肉因緊張而出現的些微變化。在這些情況下，觀察必須佐以精密的、能夠將觀察的反應記錄下來的儀器設備，才有可能。這類測量法通常稱為**生理**測量法（physiological measures）。最後一類涉及到先前行為的後續效果的觀察，包括追蹤測量法與第 3 章所介紹的內容分析法。這類研究法沒有統一的名稱，本書稱之為**後續反應**測量法（aftereffect measures）。

自我報告類測量法

顧名思義，自我報告測量法是建立在受測的參與者對研究者提出的報告之上。通常參與者自己判斷，然後告知研究者他們在受測變項上的答案。就某方面來說，這算是二手資訊，因為相關的行為並非由研究者直接觀察得到。如此一來，至少會有曲解或偏誤的危險，而導致測量缺乏效度。更糟的是，有些自我報告的形式甚至是如假包換的第三手資料。第三者告訴研究者受測者的狀況。舉例來說，老板或同事提供關於某人的工作評估。在這種情況下，碰上扭曲的風險更大。曾經遭遇過不公平評價的受害人對這種情況的了解再清楚不過了。另一方面，必須注意的是，即使觀察類研究法是完全依賴研究者的判斷，也是會出現扭曲的情況。在測量過程中，免不了是要下判斷的。

自我報告類測量法可以根據他們的目的或是操作形式，而加以分類。按照目的來分，可分為態度量表、績效量表、消費者評鑑量表、感覺或身心量表、以及人格測驗法。舉個例子來說，消費者評鑑量表不是企圖測量消費者的偏好，就是測量消費者對產品與服務的評價。索默（1991）對這類測量法做過詳細的描述。

如圖5.1所示，根據操作形式來分類自我報告測量法，則大略可得兩大類：直接與間接自我報告測量法。**直接**或稱客觀測量法，是指有個典型的刺激或問題以及針對這個刺激的有限選項中做出回應。舉個

例子來說，一個用「非常反對」到「非常贊同」五個答項來詢問對用校車接送學童計劃的贊同程度的問題。典型的**間接**或稱主觀測量法是由若干個含糊、不完全的問項所組成。這種測量方法給予受測者提供不受限制的、開放性答案的機會。這類例子有所謂的人格投射測量法，如墨漬測驗（ink-blot test）。可以想見，在計分上，使用間接測量法比直接測量法難度要高得多。基本上，如果希望進一步進行量化分析的話，研究者必須發展登錄不同答項的方法，並進行內容分析（參見第三章「相關研究法」一節）。不過，本書對間接測量法的說明將就此打住，不再做進一步的探討。

　　或許使用得最為廣泛的直接自我報告測量法是評量表（rating scale）。評量表的類型很多，各種形式都有，圖5.1中只列出其中一些。**圖表**(graphic)評量法，主要是要求受測者在一條兩端標示有「不喜歡」與「喜歡」（有些是標在中間）這類描述形容詞的連續直線上，畫出他的反應位置。**階梯**(step)量表要求回答者從一系列加權的答項中選出其中一個答項，答項可以是字母、數字、形容詞、片語、陳述句，甚至是簡單的臉部表情的圖案－從皺眉到微笑都可以，最後這種方法或許對尚不了解口語和數字的小朋友頗為有用處。前述關於用五個答項來測量受測者對強制用校車載送學童計劃的看法，就是階梯量表的一個例子。**比較**（comparative）評量表則是對評定之事物提供一個參考的架構與比較的標準。比如說，你申請念研究所，申請的學校可能要一位你的教授當你的推薦人，由他來填寫一份表格，要他把你與其他他教過的大學生做個比較，從「出眾」到「差勁」等幾個選項中找一個適合你的描述。最後一類直接評量表的例子是**語意差別**量表（semantic differential scale）。用以測量諸如「毒品」、或「浪漫」之類的概念所具有的主觀意義。回答者就針對一系列兩端帶有「好－壞」、「強－弱」、「主動－被動」形容詞的七點量表來評斷那個概念。研究者可以計算每對形容詞的平均反應，從這些形容詞當中得到對該概念的主觀意義的一般看法。

　　社會科學最常用評量表來測量態度。「態度」一詞，定義繁多，不過，大多脫離不了一個人對事物感受到的喜愛強度。就態度在社會

科學研究的重要性而言，若告訴你說已經發展出好幾種不同的程序來測量態度，應該不會令你太過吃驚才是。其中一種，李克特量表（Likert scale），或許因其結構簡單易懂，是目前使用的最爲普遍的態度測量表。

　　通常一分**李克特量表**（Likert, 1932）是由研究者選擇出來，能夠明確地表現出對某個議題或話題贊成或不贊成態度的陳述句子，所構成的。每個陳述語句皆附有同相的階梯量表做爲答項，最典型的答項是由五個從「非常同意」到「非常不同意」的答案類別所構成的同意量表。所有陳述句出現先後順序的排法是按照隨機分派的方式，要求回答者針對每個陳述句選出最接近他們感受的回答項。

　　李克特量表的計分方式有兩個步驟。就上述的例子而言，每個依據贊同方向製作的陳述句的答案，按照「非常不同意」到「非常同意」而給 1 分到 5 分。對於每個依據不贊同方向製作的陳述句則反向計分，回答「非常同意」的給 1 分，回答「非常不同意」的則給 5 分。用這種處理方式的理由是，因爲帶有贊同態度的人照理說對依據贊同方向製作的陳述句會表現出強烈的贊同反應，對按照不贊同方向製作的陳述句表現強烈的不贊同反應才對。這種計分方法將每個陳述句的答項加以量化，使得帶有贊同態度的人得到高分。這個步驟完成之後，接下來進行第二步，將每個回答者在所有陳述句上的得分加總起來，如此所得到的總分便是一位受測者對某個議題或話題的態度的精細測量值。高分表示贊同的態度，低分代表不贊同的態度。

　　李克特方法有項重要的假定，當把所有的陳述句的分數加起來時，每個陳述的權數相同，這是因爲研究者假定所有的陳述，都很鮮明地表示贊成或反對某個受測議題或話題。因此，對研究者來說避免選出不能很清楚地反映出贊同或不贊同態度的陳述，是項非常重要的工作。爲了達到這個目標，或許有必要施行前測。有了對的問項類型，簡單易懂好操作，說明了李克特方法廣受歡迎的原因。

測量的等級

「測量等級（levels of measurement）」這個名詞是指根據分數所提供的資料種類，而對測量程序所做的分類。某些學者使用測量尺度（scales of measurement）來指涉同一個分類架構。最先提出這個用法的是史蒂文斯（Stevens, 1946）。只要不將測量尺度與量表的概念搞混，就沒有什麼關係了。「量表」這個名詞是指所有連結個別陳述句與其答項，用來得到被測變項的分數的程序。上節中所描述的李克特量表便是其中一例。測量尺度這個名詞是指史蒂文斯所提出的特殊分類法。為了避免把你弄得糊里糊塗，我們將使用測量等級這個名詞來指稱史蒂文斯的分類法。

如上所述，史蒂文斯的分類法是基於分數所傳遞的資訊類型而定。要了解這是什麼意思，要記得最常用來作分數的符號是數字。當數字被當作分數使用時，是否所有數字系統的屬性都可用到被測量的變項身上，便有待商榷了。強烈的論點是說，當數字用在某個特定測量情況之下時，並不是所有數字系統的屬性都完全適用。是故，在所有的測量情況，都有兩組資訊：一是數字系統，二是你正在測量的變項。你正要用數字系統來表現你正在測量的變項，而且你想知道數字系統與這個變項之間配合的有多好！不同的配合程度就產生不同的測量等級。

有時候同學們常常懷疑為什麼他們需要討論這麼無聊的題目。其實有兩個相當正當的理由可以說明探討這個題目的用處。第一個理由和解釋這些分數究竟代表什麼意義有關。如果你假定某些數字屬性適用，實際上卻不適用的情況下，你在推論分數的意義時，將會犯下可觀的錯誤。舉例來說，安迪與馬莉亞的攻擊分數各是20分與10分，你可能會據此而得出安迪的攻擊性是馬莉亞的兩倍，這個結果是建立在零分代表沒有攻擊性的假設，而這個假設卻是個錯誤的假設。第二個要討論研究測量等級的理由，則是極端重要的實用理由。測量等級將

表5.1 測量的等級

等級	特徵	例子
名目	（相同－相異）的訊息	宗教信仰
順序	＋等級順序	產品的評分
等距	＋相同的間隔與距離	智力（如文中所述）
比	＋眞正的零點	反應時間

註：「＋」號表示該等級不僅有屬於本身等級的特徵，還有比其低一等級的特
　徵。

決定適合資料可用的統計分析類型。是故，你必須知道你可以得到的
測量等級，以便選擇「正確」的分析資料的統計方法。

特性的界定

　　數字系統的四大基本數學屬性與此處的討論有關。每個屬性結果
都成爲史帝文斯提出的四大測量等級的辨識特徵。以下關於這些屬性
的討論大體上轉引自葛雷茲阿諾與饒林（Graziano & Raulin, 1989）。這
四大屬性是本體（identity）、順序（order）、等距（equal intervals）、與
一個眞正的零點。**本體**是指每個數字都是獨特的個體。所以，每個數
字只與其自身相等，兩個不同的數字沒有相等的可能性。是故，每個
數字同時提供相同與相異的訊息。**順序**是指數字在量上有相對大小的
差異，因此可以從小到大排列出順序。是故，數字可以提供名次大小
的訊息。**等距**意指相鄰的兩個數字之間的距離與任何一對相鄰的數字
之間的距離相等。**眞正的零點**則指整個數字系統中，零眞的意指什麼
都沒有的狀況。所以，數字零可以用來表示完全沒有測量到該變項的
意思。

　　注意，就上面所描述的每一項屬性而言，是指這個數字系統「可
能」被用來表示這個狀況或那個狀況。不過，對研究者而言，眞正的
重點則是這種表示方式是否用得正確，這將視所達到的測量等級而
定。也等於說，這將視分數得到的方式、以及測量程序所建立的數字
系統與受測變項間的連結是否正確而定。四大測量等級，及其各自的

辨識特徵、與實際的例子，皆詳列於表5.1中。

假定所有測量程序的任務是在將物體分門別類。這種情況，出現在你根據廠牌將車子分成不同的類別，或根據宗教或政黨而將人們分成不同的群體。你可以從第二章中得到另一個例子——根據品牌將熱食早餐麥片分類（咕爾與麥歐蜜）。你可以用數字做為不同類別的名字，但是你也可以用英文字母、文字、或其他的符號來完成相同的任務。顯然，如果你用數字，它們所提供的全都是有關受測變項相同與相異的訊息。如果你把兩個類別取名為「1」和「2」，結果你說「2」這個類別比「1」那個類別，帶有較多的值，或者是多一個單位，或者多兩倍，那麼你就大錯特錯。這裡數字純然代表的只是類別的名字，如此而已。史蒂文斯稱這類最原始的測量類型為**名目**測量（nominal measurement）。使用名目測量時，這些「分數」所傳遞的關於變項的有效訊息僅限於本體的訊息而已。

假定你找人將五種早餐麥片按照味道的好壞排出名次，然後用數字來表示名次的高低。或許你會很有信心地認為得到不同數字的麥片在味道上有差異，而且你也對數字的順序有效地反映麥片在味道上的名次深具信心。但是你很難再進一步地得到排名第三與第四的麥片在味道上的差異，與排名第一與第二的麥片在味道的差異上是相等的結論。當然，你更不會相信排名第二的麥片在味道上比排名第四的麥片好吃兩倍。由此可見，數字在此所傳遞的是本體，或稱相同與相異的訊息、以及順序的訊息而已。這一類的測量通稱為**順序**測量。注意，順序測量具有名目測量的辨識特質，即本體，再加上一個額外的屬性，即順序。每一個較高的測量等級都具有比它低的所有測量等級的特性，然後再加上一個額外的辨識屬性。

當找人把東西排出名次，很明顯可以看出來這個時候使用的是順序測量。不過，只要你叫人來**評價**某些事物，而且使用的評量表只有少數幾個值，或許你也用過順序測量。假定你用相同的量表：難吃、還可以、不壞、非常好吃，叫人評定十種早餐吃的每一種麥片的味道。為了便於計算分數，你用 1 到 4 的數字分別代表「難吃」、「還可以」、「不壞」、「非常好吃」四種答案。很明顯地，你會有信心

說，得到相同分數的兩種麥片對評鑑者而言，在味道上是相等的，而具有不同分數的麥片在味道上會有差別。你也相信分數高的麥片會比分數低的麥片好吃。但是你能說得分 3 與 4 的兩種麥片在味道上的差異是和得分為 2 與 3 的兩種麥片在味道上的差異是相同的嗎？或許不能。你也不覺得有十足的信心說得分為 4 的麥片比得分為 2 的麥片好吃兩倍。換句話說，你覺得有信心的是，名次的評定具有本體與順序的屬性，但是不具有等距與真正零點的屬性。就定義而言，這意謂著你已經得到了順序測量。由此可見，使用評分表不必然意味著你已經得到比順序測量還要高等級的測量。不過，你馬上就會看到，評分表可以成為得到所謂更精緻測量等級的一個非常好的起始點。

假設你選出一堆測驗題來測量智力，而你選出來的題目都已經有人仔細地做過前測、並且證明出每一題的難度都差不多。測量程序是以隨機排列的方式把這些題目製成試題，然後給剛好足夠的時間讓中等智力的人能夠完成一半左右的題目。時間的設定也是經過謹慎的前測而決定的。每個人在這個測驗上的分數全然是答對題目的個數。因為你有證據指出所有題目的難度都相同，所以你做了個非常有說服力的結論：每多答對一題代表在智力有等量的增長。據此，你有信心說，分數不僅傳遞了本體與順序的有效訊息，同時這些分數之間還具有等距屬性。這一類的分數代表**等距**測量。

用等距測量，使你有信心說分數上以數字表示的相等差距代表在該受測變項上相同的差距。換句話說，在上一段所描述的測驗中分別得到18與16分的安迪與瑪莉亞在智力上的差距，和分別得到13分與11分茱莉塔與泰德在智力上的差距是相等的。有了相等的間隔，差距比較才會有意義。不過，對於下述說法你還是覺得不甚妥當：安迪得到18分表示他的智力是得到 9 分的比爾的智力的兩倍。你不確定測到的零分會等於沒有智力，因此比值的使用不可能有效。儘管如此，能夠比較差距已經是項相當不錯的成就了。馬上你就會明白，為何等距測量，或是接近等距的測量程序，會是大多數社會科學家致力追求的目標。

最為精緻的測量等級是**比值**(ratio)測量。這種測量具有所有在它

之前測量等級的屬性，外加一個絕對零點。也就是，若測得的結果是零，等於說一點都沒有測量得到該變項。為行為科學廣泛使用的潛伏期測量值、或是反應時間，都是代表比值測量的好例子。零秒意謂著沒有時間留下。同時也滿足了等距屬性，因為一秒所代表的時間始終是一樣的。明顯的，潛伏期測量值也兼具順序與本體這兩個的屬性。

（你能說得出理由嗎？問題一）

如果用秒來測量的話，打公用電話那個研究中通話長度的那個變項，就可說是一個有關比值測量的例子。一般說來，關於某段持續時間的測量值都算得上是比值測量。

這番針對數字系統可不可以應用在某個測量情境所做的討論，其用意是在強調有必要研究測量等級的第一個理由。也就是說，這番討論應該讓你有所警覺，以便促使你審慎思考測量程序所產生的數字系統，可以或是不可以負載的意義。有了這類的批判思考可以使你免於做出非常不恰當的結論。一般說來，結論帶有的數字屬性愈多，你就愈該提高警覺。因此，處理由比值測量而得到的結論，應該以比處理由等距測量而得到的結論，更為謹慎的態度。當某人揚言艾力克斯比喬治外向兩倍，因為這兩人的外向分數各為20與10分時，提醒你保持警戒的紅旗應該馬上出現在你的腦海裡。你必須告訴你自己，數字的四大屬性（本體、順序、等距、與真正零點）全都是在傳遞由測量程序所測量出來的變項的有效訊息。否則，該項說法的效度便應該受到質疑。另一方面，如果是說艾力克斯比喬治更為內向，那麼你需要滿足的是在該情況下，本體與順序的屬性必須有效，這比較容易。慎思明辨什麼是分數能夠或不能夠告訴你關於受測變項的訊息，是高明的研究者的標誌。

辨別已得到的是那個測量等級並不總是那麼容易的事（不論你對測量等級的了解有多透徹。），特別是當你面對的是名目與順序測量之間的抉擇時，尤其如此。同樣的測量程序從某個觀點而言，看起來是名目測量，但是從另一個角度來看，又好像是順序測量。通常這似乎取決於該變項命名的方式。性別就是個極佳的例子，雖然你還可以

想到其他的例子。如果你用的是數字 1 與 2 分別做爲男性與女性這兩個值的分數，那麼你有的顯然是名目測量——因爲女性當然不會比男性有更多的性別。不過，如果你重新把該變項的名字定爲「女人味」，你有的突然變成了順序測量，因爲女性自然比男性擁有較多的女人味。這裡你所面對的難題是出在你談的是同一個變項與同一個測量程序。所以一個變項的名字裡到底蘊含了些什麼？顯然到決定得到的測量等級時，你會發現其中所含的東西還不少呢！提出這個讓你困惑的例子，是要使你的思考模式不要太過僵硬，以致於認爲測量決策始終都有一個固定明確的答案。

除了偶爾會發生一些混淆不清的狀況之外，是值得試試你判斷測量等級的能力。

所以，試説明下面每個例子中測量等級的名字，讓我們來看看你了解的程度：影評人用來評定電影等級的四顆星制度；測量溫度的華氏溫度量表，100米賽跑的跑速，以及出生地。（問題二）

資料的種類

研究測量等級的第二個理由：基於測量等級與使用某個測量程序會得到某種類型的資料的緣故，因而資料的類型又決定了適用的分析資料的統計方法。葛雷茲阿諾與饒林（1989）三種類型的資料：名目（nominal）、順序（ordered）、與分數（score）。前面兩種類型的資料相當於由名目測量與順序測量所產生的分數，而分數資料是指由等距或由比值測量所得到的分數。將等距與比值測量合併成一種資料類屬的理由是，適用於描述與推論這兩類測量資料的統計方法是完全相同的。同時名目與順序測量各自有適用的統計分析法。打破傳統上將四大測量等級合併成三大資料類型來配合統計分析的目的，是大部份研究法教材常採用的作法。

本書不準備採行這個傳統作法，將進一步打破這三種類型的資料分類，而採取另一種頗受爭議的作法。只留下兩個資料類屬，被刪除

的那個類別是順序測量的資料。這兩大類屬將分別稱做粗略與精細資料類屬，採取這種做法的理由你馬上就會明瞭。刪除順序資料類屬的原因很簡單，因為在現代社會科學研究中很少看到純粹的順序測量的資料。相反的，現代社會科學家通常產生的是非常合乎等距測量的精緻順序等級的資料。你可以把這些資料想成準等距資料（near-interval data）。而且社會科學家處理這些資料時，又把它們當成分數資料來處理，使用的都是適用於分數資料的統計方法。我們馬上就會對這種作法的合理性加以檢討。此刻，有兩點必須先提出來加以強調。第一，本書在這點上的立場與研究方法大師級的學者科林格（Kerlinger, 1986）的立場相近。第二，如果你發現你手邊有的資料，不多不少正好是順序測量的資料，那麼就請統計專家幫忙。是有專門為處理順序資料而設計的統計方法，應該適用於你所面對的狀況。不過，如果遵循現代社會科學的方法，你很少會落入那種狀況。

刪除順序資料是基於一個相當簡單的前提：如果你使用精細順序測量，也就是說，如果你進行順序測量時，使用數量夠多的順序類別或值，那麼你的資料就幾乎等於是等距資料了。你既然已經得到了上一段所謂的準等距資料，你大可以把它們當成等距資料來處理，而不必擔心會犯下什麼嚴重的錯誤。

為了讓你相信這個說法不是無的放矢，回頭思考一下圖5.2所傳遞給你的訊息。對某個變項而言，就拿攻擊來說吧，兩條直線都代表該變項全部的變異情況。左邊的直線在中點處有一個符號。這條線可以用來彰顯粗略的順序測量，也就是說，帶有數量非常少的順序類別的順序測量。就這個例子而言，只有兩個順序類別，分別由這條直線的兩半來代表。假定你能夠十分精確地把所有的人擺進其中一個順序類屬。但是，由於你不知道在一個類屬內每個人所落在的位置，所以你循慣例把他們擺在每個類屬的中央。當然，那不是他們真正應該落在的位置，所以你的處置多少有點錯誤。問題是：在這種順序測量的情況下，你可能犯下的錯誤的最大值會是什麼？這可能會發生在某人實際的位置是在該類屬的邊界之上時，而你卻把他安置在該類屬的正中央。即如圖所述，錯誤的大小必是該直線長度的四分之一，因為從中

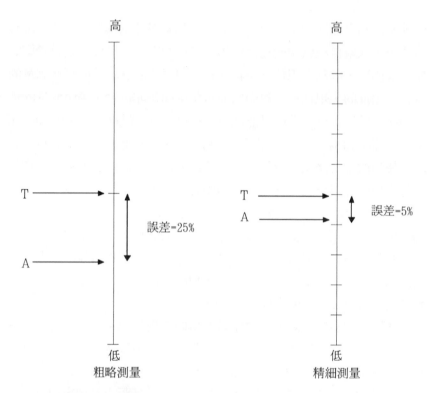

A＝受測者所在之假定位置

T＝受測者所在之真正位置

圖5.2 粗略與精細測量法所產生的測量誤差

點到該類屬兩邊的距離相等。而對於你使用兩個類別的順序測量，所可能發生的最大錯誤值是百分之二十五——一項非常嚴重的錯誤。

好，現在來看圖5.2右邊的直線。該直線上的符號把整條直線劃分為十個相等的部分。該直線彰顯了精細的順序測量，也就是說，帶有類別數量較多（十個）的順序測量。讓我們做一個和前面一樣的假設：你十分精確地把所有的人擺進其中一個順序類屬，但是你不知道在每個類屬內每個人所應該落在的位置，所以你把他們擺在中間。同樣的，在這個情況下，照這個程序去做，可能使你犯下的最大錯誤值會是多少？和前面一樣，最大的錯誤值會是中點到類別邊界的距離。

不過因為這次有十個類別，所以代表這個最大錯誤值的距離便小得多了。如圖所示，錯誤的大小必是直線的十分之一的一半，或是整條直線所代表的攻擊變異量的百分之五。據此，用等級為十的順序測量，你可能犯下的錯誤是百分之五，是個相當大的進展。

　　或許你已經看出一些端倪。使用有效的順序測量，若用得愈精細（例如，用較多的順序類別），你會犯下的錯誤也就愈小。在這個有限的範圍內，想像你有無數個順序類別，每個類別間一點寬度也沒有。因為在這個有限範圍內的每一個類別都沒有寬度，所以它們的寬度相等，這意謂著你實際有的是等距測量。使用有效的精細順序測量，你可以實際上達到這個理想境界。同時，使用有效的精細順序測量，你會因把資料當作等距資料而犯下較小的錯誤，而且是在可以接受的範圍之內。據此，現代社會科學家了解到他們一般不可能得到等距測量，所以盡力使用精細的順序測量。然後他們再使用專為等距資料設計的統計方法，而且深信即使犯下任何測量誤差，這些誤差都不會大到危及他們結論的地步。

　　社會科學家通常藉助合併測驗或是問項的方式，來達到精細的順序測量，或是準等距類型的資料，而其中涉及的每個測驗或問項則使用粗略的順序測量。也就是說，他們在製作量表。如果你的問卷中有一道測量攻擊的問項，而且回答者是根據一個四點評量表來提供答案，那麼很明顯的，你得到的攻擊分數代表的是粗略的順序測量，這時如果你把這些分數當成等距資料來處理是很危險的。但是，如果你

表5.2 資料的種類、慣用的研究法、與統計分析

資料的類型		慣用的研究法	慣用的統計分析
變項A	變項B		
粗略	粗略	觀察法	卡方
精細	精細	調查法	相關
粗略	精細	實驗法	變異數分析
（有意操作）			

有六個這種類型的問項，你把每位回答者在六個問項上的分數加起來，那麼在你得到的合成分數中會有十九個順序類屬。假定你對每個問項的信度相當有信心，你的合成分數，或攻擊量表，便代表了精細的順序測量。照這裡的說法，你有了準等距資料，而且你可以把這筆資料當成等距資料。而這就是現代社會科學家所處理的典型情況。

基於大部分實用的目的，可以把資料的類型只分為兩種：稱為粗略與精細資料。粗略純然是指有較少數量的可能分數值，不論它們之間是否有順序存在。精細則意謂著有較多數量的可能分數值，已經達到等距測量、或者更正確的說法是達到準等距資料的程度。如果你想要決定兩個變項是否有關連，那麼你會發現某種資料類型的組合常會用到某種類型的研究方法，因而經常依賴某種統計方法來分析收集到的資料。相關的資訊摘錄在表5.2中。論觀察法的章節會涵蓋該表第一行所涉及的問題。討論調查研究的章節將涵蓋該表中間一行所涉及的內容。而探討實驗法的章節將涵蓋該表最後一行所提到的主題。於是，這個表勾勒出本書的基本架構，同時告訴你現在所在的位置，以及你將前進的方向。

不過，關於這個表有兩點警告必須先行強調。第一，最強度的關連是存在於「資料類型」與「慣用的統計分析」這兩個欄位之間。是資料的類型，而不是研究方法，決定了適用的統計分析法。第二，「慣用的研究方法」純然是指表中所指出的資料類型的組合比較常與表中所指出的研究方法而不是其他的研究方法一起出現而言。其中是有些不確定性存在，而且學界對慣用方法尚有不同的意見。的確，就任何一種研究方法而言，是有可能用到不同於表中所顯示的資料類型組合，不過，誠如上述，決定適用的統計分析方法的關鍵因素還是在於資料的類型。是故，該表對現代社會科學研究的動態還是提出了相當合理的圖像，因此是個引導有心從事社會科學方法研究的人士，登堂入室的有用架構。

摘要

　　測量是指任何一種決定研究者感興趣的物體在某個令研究者感興趣的變項上的值的過程。測量法可以分爲涉及觀察正在進行中的行爲或其後果（限於可觀察到的）的那種方法、以及靠被測量物體提出報告（自我報告）的那種方法。觀察類測量法包括可以用肉眼（行爲上的）以及那些可以用特殊儀器設備來記錄看不見（生理上的）的事物的過程。自我報告類測量法則可根據使用的目的（測量態度、績效評估、消費者偏好等）、或是操作形式來加以分類。就操作形式而言，有直接（清楚明白的刺激與有限的答案選擇）、與間接的（不明確的刺激與開放答項）兩種形式。就直接自我報告類測量法的回答格式而言，通常包括一個評量表，其中答案類型包括：圖形、階梯、比較或是語意差異。常用在態度測量的李克特量表所包括的問項都帶有分數，因此高分反映回答者在所有的問項上是持贊成的態度，而總分是把所有問項上的分數加總或平均而得來的分數。

　　分數的解釋與選擇適用的統計分析方法，端視所得到的測量等級而定。而這又視數字系統的哪種屬性最能有效地反映受測變項的訊息。數字體系有四大屬性必須加以考量，它們分別是本體、順序、等距、與一個眞正的零點。這些屬性分別相應於名目、順序、等距、與比值等四大測量等級。適用於等距與比值測量等級的統計方法是相同的。現代社會科學研究很少用到嚴謹的順序測量。相反的，聯合順序測量問項上的分數可以得到近似等距測量（例如，精細順序測量），李克特量表就是一個例子。由此可區別出兩大資料類型：粗略（可能出現的分數值較少，不論值與值之間是否有順序存在）、與精細（近似等距測量甚或更高等級）。不同類型資料的組合、慣用的研究方法、慣用的統計分析方法摘列於表5.2，這些不同的組合構成了本書了本書的基本架構。

問題解答

問題一：潛伏期測量值具有順序屬性，因爲基於這類測量值所得到的
潛伏期分數的大小順序是有效的。這類測量值具有本體屬
性，因爲相同的分數有效地指出相同的潛伏期，不同的分數
指出不同的潛伏期。

問題二：評定電影等級的四顆星制度是順序測量，華氏溫度量表是等
距尺度（因爲測量到的零值並不等於眞正的零點），跑速是
比值測量，出生地是名目測量。

進一步閱讀書目

若想要了解更多有關各種測量方法的論述，包括本書未加敘述的類型，可參閱索默（1991）與科林格（1986）等人的大作。科林格的書作中尚對精細測量概念做過一番非常有用的探討。以更為深奧的手法處理所有與測量有關的議題，可以參閱寶桀森（Torgerson, 1958）與拿諾里（Nunnally, 1978）兩人的著作。

參考文獻

Graziano, A. M., & Raulin, M. L. (1989). *Research methods: A process of inquiry*. New York: Harper & Row.

Kerlinger, F. N. (1986). *Foundations of behavioral research* (3rd ed.). New York: Holt, Rinehart and Winston.

Likert, R. (1932). A technique for the measurement of attitudes. *Archives of Psychology, 140*, 1–55.

Nunnally, J. (1978). *Psychometric theory* (2nd ed.). New York: McGraw-Hill.

Sommer, B., & Sommer, R. (1991). *A practical guide to behavioral research: Tools and techniques* (3rd ed.). New York: Oxford University Press.

Stevens, S. S. (1946). On the theory of scales of measurement. *Science, 103*, 677–680.

Torgerson, W. (1958). *Theory and methods of scaling*. New York: John Wiley.

第*6*章

測量：信度與效度

　　若干年前，社會心理學家吉克魯賓（Zick Rubin）開始調查羅曼蒂克的愛情（Rubin, 1970）。當時幾乎沒有關於這個主題的實證研究，也沒有現成的羅曼蒂克愛情的測量法可用。所以魯賓做了所有面對前進無路的開拓者都會做的事。他烙下了他的足跡，也就是說，他發展了一套測量羅曼蒂克愛情的方法。

　　談論羅曼蒂克的愛情是一回事，真正去測量它又是另一回事。魯賓知道所有企圖測量與羅曼蒂克愛情一樣浪漫的事務的嘗試都會遭遇不相信可以這麼做的人一籮筐的懷疑。他也了解到他勢必得提出有說服力的證據來證明他的測量法確實不錯。用本章的專門術語來說，魯賓必須說服持懷疑論調的人，讓他們相信他的測量是有效度的。

　　了解到他所面對的是個什麼樣的情況之後，魯賓小心翼翼的、一步步地發展出測量羅曼蒂克愛情的步驟。首先，魯賓就他所閱讀的探討羅曼蒂克愛情的理論文獻中，產生了一大堆與這個概念相關並且適合問卷調查的題庫，也確定題庫內所有的問項皆是全面性地根據該概念所涉及的含義選樣而得，如身體特徵，理想伴侶的圖像，要求共同分享感情與經驗的欲望，以及排他性與獨占性的感受等等。更進一步，魯賓同樣也製作了一大堆的題庫來測量相似的，但理論上並不相同的另一個概念 — 友情。他的計劃是向世人顯示他測量羅曼蒂克愛情的方法會與測量友情的方法，得出完全不同的結果。

　　下一步是純化他的題庫。魯賓要求分別由學生與教師組成的評審團，根據他們平時對愛情與喜歡這兩個概念的理解，將題庫內的所有問題篩選成愛情與喜歡兩類。經過篩選之後，70個項目通過考驗，是為最能夠一致代表兩組評審對這兩個概念看法的例子。然後魯賓把這70個問題製作成問卷的形式，向一大群修習心理學導論的同學施測。受測者首先必須根據他們想要交的男女朋友來回答這些問題，然後再根據他們想要交的但不涉及羅曼蒂克愛情的異性朋友來回答這些問題。魯賓使用一項稱為因素分析（factor analysis）的統計方法，選出13個最好的問項來代表每一概念，然後將這些問題歸結出來，形成最後的愛情與喜歡量表，以作為日後研究之用。

　　現在就到了魯賓用實證方法來顯示他的測量法真正能夠測量到羅

曼蒂克愛情的時候了。他找來158對正在約會但尚未訂婚的情侶，先要求他們針對他們約會的對象，然後根據他們親密的同性朋友，來回答他製作的26個問項的問卷。測量愛情與喜歡的26個題目以隨機的方法混合排列，回答項的製作是依據從「完全不同意」到「完全同意」的九點階梯量表，最後計算出相關問項上答案分數的總和。

結果顯示愛情與喜歡量表只有中度相關，所以很明顯的這兩個測量法實際上得到的不是同樣的東西。但是它們測得的到底是什麼呢？將平均分數加以分析之說，男女兩性喜歡他們約會的對象只稍微高於他們的同性朋友。更進一步來說，愛情分數與回答者獨立報告他們是否在熱戀中，以及他們是否打算與現在約會的對象結婚，呈高度相關。最後，與約會對象的愛情分數只與和朋友的愛情分數，以及在社會可欲性(social-desirability)量表上的得分有輕度相關。是故，整個研究結果顯示，愛情量表所要挖掘的是，對與自己有羅曼蒂克愛情的某個特定的他人的態度。

魯賓並不因其對研究法所做的嘗試初步獲得順利而滿足，他決定試試看他測量羅曼蒂克愛情的方法是否好到可以預測理論上相關的**行為**。他從先前研究中選出數對情侶，並根據他們在愛情量表上的得分是皆高於中數（熱戀組）還是皆低於中數（疏戀組）分成兩組。得分一高一低的情侶則排除於此次研究之列。魯賓要求每一組的成員來參與這個實驗，每組中有一半的成員與其正在約會的對象配對（原配組），另一半成員與不是他們約會中的對象配對（換偶組）。以隨機的方式分派給熱戀組與疏戀組，每對在接待室中與其對象面對面而坐，實驗者透過單面鏡觀察他們相互對視的情況。此時，實驗者有興趣測量的變項，可以稱為相互對望，即在全程注視（至少有一方看著另一方）的時間中，相互對望（雙方同時注視著對方）所佔的比例。

相互對望分數是屬於哪一種測量等級？（問題一）

結果有重大的發現：熱戀中的情侶平均相互對望的分數遠比疏戀中的情侶來得高。但是這項發現只限於那些與他們正在約會對象配對的組（原配組）。這是顯示羅曼蒂克愛情量表具有效度最為令人印象

深刻的證明。

　　魯賓的研究方案代表的是促進測量發展與理論研究的一位嚴謹的社會科學家自發性製作的卓越例子。這個研究取向有兩點特別應該加以強調。第一，他嘗試去創造前章所界定的一個細緻的測量工具。就前面的討論，你應該不至於太過驚訝魯賓最後會選擇李克特量表的測量程序。這個決定使他能夠應用專門為研究等距尺度而設計的有力的統計分析方法。就此而言，魯賓必須提出有說服力的證據，來證明他新創的測量法是個好的測量法，換句話說，他必須顯示他的測量法具有任何測量法都有的兩個基本屬性：信度與效度。

　　在第三章討論觀察法時，已經簡單介紹過信度與效度的概念，那時我們對實證研究取向的信度與效度的討論集中在系統觀察研究的粗略測量。本章的目的在探討精細測量的信度與效度的概念。總之，進入正式討論之前，有必要先熟悉相關(correlation)這個概念，對於精細測量的變項來說，相關不僅是常用來評估信度的工具，同時也常被用來評估效度。

相關的概念

　　相關這個詞通常被用在兩個情況。一般情況下，相關與關係是同義詞，這兩個詞常交互使用，在比較特定的情況下，相關是一種描述兩個精細測量變項之間關係的特殊方法。欲了解狹義的相關定義，回顧一下散布圖是有所幫助的。

關係的類型

　　第二章論及關係種類的章節中只討論了前四章中唯一的一個使用精細測量的例子。在繼續往下讀之前，你可以先複習一下前面所講的內容。那回討論的變項是挫折與攻擊。每個變項都以一個 0 到20等級的量表加以測度 —— 所以算是精細測量。這番討論的目的是在顯示畫散布圖在幫助研究者決定兩精細測量變項間關係所具有的好處。散布

圖將一個變項所有可能出現在橫軸上的值，與另一個變項所有可能出現在縱軸上的值全部給標示出來。在圖上標示出來的每一個點代表每位受測者在兩個變項上分數的交會點。經由觀察一大群受測者的點的分布，研究者能夠了解兩個變項之間是否同時發生系統性的變化。我們也可藉此看出哪一種數學函數最能有效地描述這個關係。事實上，第二章是用散布圖來顯示社會科學最常見的那種關係類型。

　　散布圖純然是次數表邏輯延伸。這兩種展示關係的方式傳遞的都是同一個訊息。一個變項所有的值都被顯示在橫軸之上，而另一個變項的值都被顯示在縱軸之上。這兩種方式的主要差別是在，若用次數表來表示的話，每個變項只能有相當有限的值（粗略測量）；若用散布圖來表示的話，每個變項都可以擁有相當大數量的值（精細測量）。因此，可以把散布圖視為展示精細測量變項間關係的巨幅次數表。

　　散布圖上的點的出現趨勢使我們能夠決定兩個精細測量變項間的關係類型。圖6.1，轉錄自第二章，顯示出可能的類型。所有的點可能落在斜率為正的直線之上（如圖6.1a所示），或斜率為負的直線之上（如圖6.1b所示），甚或是落在一條非直線（曲線）的函數之上（如圖6.1c）。社會科學最常見的曲線函數是開口向上或朝下的U字型函數。當然，如果兩個變項間沒有相關，則所有的點會隨機地散布在整個圖形的各處（如圖6.1d所示）。就挫折與攻擊的例子而言，我們會期望所有的點落在一條斜率為正的直線之上，因為挫折－攻擊理論預測低挫折分數將與低攻擊分數，中挫折與中攻擊分數，而高挫折與高攻擊分數一併出現。

相關係數

　　假設你想更緊湊地描述兩個精細測量變項間的關係，那麼你如果能夠把散布圖上的關係摘要成一個數字，那就更好了。那將是簡潔的描述統計追求的最終目標。你知道我們可以用次數表的資料來得出這個數字（見第四章，克萊美統計值 V），所以若告訴你我們也可以用散布圖來做，想必你也不會太過驚奇。配合精細測量的適用統計是皮爾

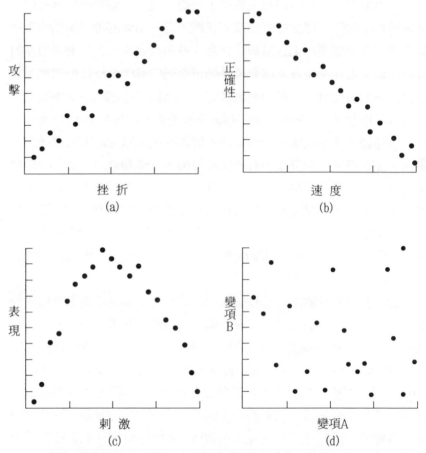

圖6.1 正向直線關係的散布圖（a），反向直線關係的散布圖（b），倒U曲線的散布圖（c），與沒有關係的散布圖（d）。

森積差相關係數（Pearson product-moment correlation coefficient），或，就簡稱為相關係數，其符號為英文小寫字母「r」。實際上，有很多種不同的相關係數，但是在一般的情況下，如果研究者沒有特別說明用的是哪一種相關係數的話，我們通常會假定用的是皮爾森相關係數。

你將會在第八章中學到如何計算相關係數。現在你只要記住 r 是用來描述兩個精細測量的變項之間的直線關係。由於相關係數計算公式的導出方法，r 的值與最適合散布圖上各點的直線函數的斜率成比

例。「最適合」意指該直線函數儘可能地接近與散布圖上所有的點。實際上，沒有直線可以完完全全地通過所有的點。因此，所有實際上的點與直線上的點之間的距離，被視為用該直線上的點預測實際的點時所出現的誤差。r 的公式把所有點的誤差平方和減至最小，因此根據統計學家所謂的「最小誤差平方和（least-squared error）」的標準，產生了這條最適合直線。這個專門術語所要傳遞的重點不過是，使用一個客觀標準，是有可能找出一條最適合的直線函數來描述散布圖上所有的點，而相關係數值，r，則直接與該條最適合直線的斜率成比例。

關於 r 的另一個重點是，相關的計算公式使 r 的值一定會落在−1與＋1之間，兩端包括在內。如果散布圖上的所有的點都落在一條斜率為正的直線上（絕無可能發生在現實生活中），那麼 r＝＋1。如果所有的點都完全落在一條斜率為負的直線上（也絕不可能發生在現實生活中），那麼 r ＝−1。如果所有的點隨機地分布在散布圖的各處，那麼 r ＝0。若所有的點落在相當接近一條斜率為正的直線的附近，那麼r就會是正的、而且它的值近於 1。如果所有的點落在相當接近一條斜率為負的直線附近，那麼 r 會是負的，其值接近−1。最後這三種可能性參見圖6.1的d、a、b。

總之，對於散布圖所示的直線關係，其實 r 傳遞了兩項重要的訊息。r 的符號（＋與−）告訴你這條最適合的直線函數的斜率是正值還是負值。r 的絕對值（也就是，不管 r 的正負符號）則會告訴你直線關係的強度，亦即，若把等於 1 為當成完全吻合，那麼全部的點到底有多接近該直線函數（同樣，暫時不管 r 的符號是正是負）。

　　測驗自己一下，哪一個相關表示直線關係較強，r ＝ .58還是 r ＝− .72？（問題二）

留神之處

　　討論相關時通常會附帶提到三項警告。這三項警告都與誤解相關所具有的含意有關。第一項提醒你的警告是，相關只是測量直線關係

的方法而已。因此，一個大的相關值所放出的訊息是相當清楚明白的：散布圖可以用一條線性或直線函數妥當地描述出來。不過，一個小的相關值的含意就不是那麼一清二白的，因為可能有兩種解釋：要不是變項間沒有關聯，就可能是它們之間的關係是非直線的。

如圖6.1c所示，刺激與表現的關係可能會是個倒 U 函數，最好的表現是出現在中度刺激之時。如果散布圖看起來像倒 U 字，那麼計算相關值無異於將明顯不適用於該筆資料的直線函數強加於該資料之上。在這個情形下，最適合直線函數，照最小誤差平方和的標準，會是一條斜率為零的水平線。因為相關值與最適合直線函數的斜率成比例，所以在那個情形下相關也會等於零。即使實際上存在有非常強烈的非線性關係，而這一切所能夠說的只是散布圖中不存在有直線關係。這裡的教訓是，小相關並不必然表示變項間沒有關係。在做定沒有相關的結論之前，必須先檢定非直線關係存在的可能性。最簡單的作法是查看散布圖。如果發現有任何非直線相關存在的話，則請統計專家協助。是有描述非直線關係的先進統計技術。不過，該記住的是，唯一適用於小的相關值的解釋，是變項間有的關係不是直線的。

第二項警告是，如果有兩個變項，不過對其中一個，研究者只就這個變項所有的值中相當有限的範圍內做選取，那麼這兩個變項間的相關會大大減低。這或許會導致那兩個變項間沒有相關的錯誤印象。就以顯示挫折與攻擊間存在有非常強烈直線關係的圖6.1a為例。把你的注意力集中在該散布圖中間的那一小部分。這種看法就好比只檢視接近兩軸中間部分的分數一樣。如果你把那一小部分放大成整個散布圖，那麼那部分的點看起來會好像散布到圖的四處，而不是落在一條直線的附近。這時的散布圖看起來會比較向圖6.1d，而不是圖6.1a。那條最適合值線的斜率會大大的減低，相關值也是一樣會大肆減低。這種現象會發生在所有只用相當有限的一部份分數值的情況下。我想這不會經常發生，但是仍值得留意。

第三項也是最後一項警告是「相關並不等於因果」，這是統計學課本中相當有名的一句話。意思是相關很強的這項事實並沒有告訴你解釋這項相關的原因。無庸置疑的，是有個原因躲藏在某處，但是你

沒有充分理由可以說有相關的那兩個變項中的任何一個就是另一個變項的原因。何況，始終有可能存在一個沒沒無名的第三個變項，即太陽黑子，才是真正的原因。這個說法應該聽起來相當熟悉才是。同樣的論述出現在第二章之中，在討論關係與因果時提到過。這裡的討論只是那個大原則下的一個特殊例子而已。總之，直線關係這項事實本身並不能幫助你確認原因。

特別把這項原則強調出來的原因，是因為在日常生活中，人們的思考經常違反這項原則。如果發現某段時間內上教堂與犯罪率之間有負相關，說教人士馬上就會主張上教堂會降低犯罪率。注意了！有可能是倒過來的情況：犯罪率上升致使人們放棄了上教堂。甚至有可能是某些太陽黑子的神秘影響力使然。在這種情況下，因果論斷的效度不能完全仰仗相關係數而已。必須要靠匯集與此情況有關的其他資訊與論述，方得下定論。而且對於這些額外的資料也必須詳加審視，以便確定其可信度。再強調一次，這裡的大原則是光憑相關係數是不能單獨決定因果關係的存在與否的。

　　問題：如果修習時間與平均學分點數的相關是.82，你可以得到什麼合理的結論？如果同樣對這個問題得到的相關是.02，你又會怎麼說？（問題三）

測量的信度

相關的主要用處是在評估兩個不同的變項間的直線關係。本書在這個節骨眼上介紹這個概念，主要是因為它與測量有某種程度的關聯。如前所述，任何一種好的測量法都必須具有信度與效度這兩大屬性。對於精細測量的變項，相關是最常用來評估信度與效度的方法。至於何以如此的理由，則是本章下半部的重點。

信度的概念

誠如第三章所指出的，一個有信度的測量工具不會帶有太多的隨

機誤差。測量工具所攜帶的隨機誤差，或稱雜音，意指測量受測物體所得到的觀察分數與該受測物體的眞實分數不同。雜音愈多，觀察分數與眞實分數間的差距可能就愈大。因爲雜音是隨機誤差，所以差異的方向是無法預測的。是故，有雜音的、或沒有信度的測量法，對於受測物體的眞實狀況是無法提供準確與精確的顯示。反之，有信度的測量法產生的雜音或隨機誤差較少，所以觀察分數也較接近眞實分數。據此，針對該受測物體的眞實分數來說，該觀察分數是個相當準確與精確的測量值。基本上，信度是指觀察分數中的雜音或隨機誤差，這意謂著信度同時也是指當觀察分數作爲某些變項的測量值時，其準確與精確的程度。

試著從圍繞著眞實分數的一扇不確定的窗來思考信度，對你會有所幫助的。假定約翰的眞實智商是110，而你有兩個測量智商的不同工具。整個狀況如圖6.2所示。測量工具 A，如果重複使用，測得約翰智商的分數介於108與112之間。對測量工具 A而言，這扇不確定之窗是狹窄的，數量只有 4，據此你可以相當放心，只要一用到測量工具 A，你所得到的觀察分數都會非常接近眞實分數。你可以信賴測量工具 A 該測量工具是有信度的。測量工具 B，如果重複使用，你會得到約翰的智商分數介於80與140之間。測量工具 B 的不確定之窗相當寬廣。你對每次使用測量工具 B 會不會產生接近眞實分數的觀察分數這事毫無信心。你無法信任測量工具 B；該測量工具是不具有信度的。若你完全不知道約翰眞正的智商，你可以檢視重複測量後所產生的觀察分數的全距，並且很快地得出測量工具 A 的全距比測量工具 B 來得窄得多。這項結果會使你比較傾向信賴測量工具 A。它所測得的值較不分散、雜音較少、不確定之窗較窄，比較有信度。

引用約翰智商這個例子對於了解實際上我們評估信度的作法有重大的含意。有信度的測量工具是個有較少雜音、因而有個較窄的不確定之窗，所以在重複使用之時，會產生穩定的與具有一致性的結果。對精細測量而言，所有用來評估信度的程序，不是針對量化觀察分數的穩定性，就是針對量化觀察分數的一致性所做的嘗試。現在就讓我們檢視一下這些程序中的若干作法。

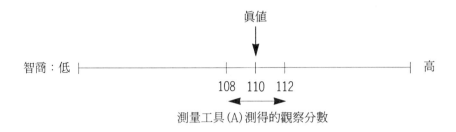

測量工具(A)測得的觀察分數

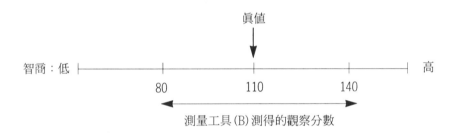

測量工具(B)測得的觀察分數

**圖6.2 觀察分數的全距：有信度的測量工具(A)與沒有信度
的測量工具(B)**

信度的評估

誠如第三章所述，在系統觀察研究中，信度的評估是用獨立的觀
察者來觀察相同的事件，然後針對他們所看到的事物計算出相互符合
的程度。這個作法等於是使用兩個測量員，讓他們運用相同的測量程
序在相同的時間內對相同的物體展開測量。就自我報告式的精細測量
工具，即調查研究使用的典型方法而言，採取的是另一種方式。對同
一物體用同樣的測量程序測量兩次，然後計算這兩組觀察分數的關
聯。為了檢視測量程序的穩定性或一致性，這個作法無異於求取一個
變項與其自身的相關。一般把這個相關係數解釋為信度係數，如果該
測量工具是有信度的，那麼相關值應該會很大而且是個正值。也就是
說，如果測量得到的是一致的結果，那麼第一次測量時得到高分的
話，第二次測量時也會得到高分；第一次測得的分數居中，則第二次

表6.1 信度程序

信度程序	時點1（T1）	時點2（T2）	信度測量法
穩定性 施測－再測信度	測量1（M1）	測量1	M1T1與M1T2間的相關 r
複本信度	測量1	測量2（M2）	M1T1與M2T2間的相關 r
內在一致性 折半信度	所有問項	—	兩個折半分數間的矯正相關 r
α 係數	所有問項	—	各問項間相關 r 之矯正值

的分數也會居中；第一次測得的分數偏低，則第二次的分數也會偏低。如此一來，便產生了一個既大且正的信度係數。

理想上要應用上述的策略，你會想在同一時點上，對同一物體使用相同的測量程序測量兩次。當然，這是不可能的事，所以你必須使用接近這個理想策略的其他方法。而各種不同的接近這個理想策略的方法就構成了不同的信度測量程序。表6.1便將這些不同的信度評估法摘要列出。

側重穩定性的評估法 近似這個理想策略的其中一個方法是在兩個不同時點下進行測量。這種方法只有對像智力這類經過一段長期間仍會維持穩定不變的變項才有用。事實上，由這套方法所測得的信度係數常被稱為信度的**穩定性**量值。不適用於測量像心情這類真實分數在兩次測量之間可能會發生變化的變項。

評估信度有兩種以穩定性為主的評估法。如果是在兩個不同時點上使用同一種測量法測量，這種方法稱為**施測-再測**信度（test-retest reliability）。有些研究者對使用同一測量法兩次深感憂慮，因為回答者在第二次作答時可能會受到他們所記得的第一次給答方式的影響，另一種方式則是在第二次測量時，使用不同卻相等的方法來測量同一變項。這個方法稱為**複本**（alternate-form）或者**等本**（equivalent-form）信度。在調查研究中，這等於使用不同但是等值的問項來測量同一個

變項。使用複本的問題是，實際上很難確定複本之間是不是眞的相
等。

　　側重內在一致性評估法　另一種評估信度的方法是在同一個時
間點上使用複本來測量。這或許聽來不太可能，但是只要調查所得到
的測量值是個使用同一個測量程序測量數次或測量多個問項而來的合
成分數，便可辦到。這是調查研究的典型作法，量表分數得自於同一
個回答卷上各個問項答案的總和或平均。上一章所描述的李克特量表
便是一個例子。

　　在這個情況下，信度的評估有賴於研究者將測量同一個變項的各
個問項分做數個次類。然後計算出每個次類中所有問項的分數做爲次
量表分數。而這些次量表分數間的相關便被當作信度係數來處理。好
比說，你有六個測量社交性的問項，你把這六個問項分成兩次類，每
個次類包括有三個問項。如果這六個問項全都是測量社交性的話，由
兩個次類問項所測得的次量表分數之間應該呈現高度而且正向的相
關。由於這個評估信度的方法反映出個別的問項或測驗都在測量同一
個變項，所以這個信度係數又被稱爲**內在一致性**（internal-consistency）
的信度量數。顯而易見的，這個方法適合於測量像心情這類不可能奢
望它們能夠維持長期穩定的變項。

　　到目前爲止，有兩種以內在一致性爲主的信度評估法。比較老式
的方法，如上所述，把所有的問項分成數目相等的次類。用這個方法
得到的信度通稱爲**折半**（split-half）信度。折半的作法是把所有的問
項分爲前半與後半、奇數半與偶數半、或是用隨機的方法分做兩半。
這兩組問項的次量表分數的相關係數有低估整份量表分數的眞實信
度，因此必須以史皮爾曼－布朗公式（Spearman-Brown formula）加以
矯正。次量表分數之所以會低估整份量表分數的眞正信度是因爲每個
次量表只使用整份量表一半的問項。等一下你馬上就會看到，合成分
數中包括等質等量的問項愈多，則該合成分數的信度愈高，因此建立
在只有全部量表一半問項上的信度係數必須加以向上矯正。

　　側重內在一致性的信度評估法中，目前業已取代折半信度的新進
方法是計算所有個別的可以配成對的問項間的相關值的平均數。這個

平均數也要用史皮爾曼－布朗公式加以矯正，因爲每個用來計算平均值的相關都是某個單一問項所構成的次量表。這個最後結果稱爲**係數** α（coefficient alpha）。就和折半係數一樣，係數 α 是個程度量數，表示這份由一組問項構成的量表免於雜音或誤差的程度。好在研究者很少親自計算信度係數，有電腦爲他們完成這項工作。

信度的改善

大家都會同意，信度係數應該愈高愈好。對於以應用爲目的的研究，最小的、可以接受的信度經常是 .80。對於基礎研究而言，標準較低，可以接受的最小信度係數可以低到 .50（Guilford, 1954；Nunnally, 1967）。有些機構認爲定出特殊大小的信度規則是個大錯，因爲可能會被懶惰的研究者不經思考地隨意亂用（Pedhazur & Schmelkin, 1991）。當然細心的研究者不會滿意一個只有 .05的信度。不過，對於信度的一般原則還是愈大愈好。在魯賓羅曼蒂克愛情的研究中，測量羅曼蒂克愛情與友情量表的信度係數（係數 α）都超過 .80。

和你說了這麼許多之後，你應該可以了解爲何研究者對得到高信度值會如此關注。這個主題對初學研究方法的人特別重要，因爲他們常需克服一些會削弱他們使用的測量方法的信度的壞習慣。改善信度等於減少測量過程中的雜音。有三個基本原則可以幫助研究者達到這個目標。你不必大驚小怪，其中有兩個原則都是集中在清晰度上。

首先，要確定研究程序是清清楚楚，沒有絲毫含糊曖昧之處。對調查研究來說，這意謂著用來測量變項的問項必須用字清楚明確。含糊曖昧的用語引起的各種解釋眞是千頭萬緒。如果眞有用字不清的情形出現，就有可能發生多種解釋的情形。結果便是在分數中產生不想要的雜音。你將會在下一章中見到，好的調查研究者爲了問項上的一字一句眞可謂嘔心泣血。而內在一致性這個概念賴以存在的推論基礎便是在確定意欲測量相同變項的所有問項確實是在測量同一件事情。初學者常犯的錯誤是努力從實際上是測量不同事物的問項中去建構出一個量表來。就此，你可以想見，這些量表在內在一致性係數自然會非常令人失望的低。捫心自問是否構成一個量表的所有問項都是在測

量同一件事。如果不是，絕不要手下留情，馬上動手把問項修正到合乎這個標準。是要現在感到失望，還是日後心懷感謝，其間的差距何止千里。

第二，確定測量程序的使用說明都做了清楚明白的交代。你可以有世界上最清楚的問項，如果所用的施測方式很爛，或是各個施測的狀況南轅北轍，雜音還是會溜進測量方法裡頭。你現在了解這對信度意謂著什麼了吧！就這一點上的經驗法則是，測量程序始終都應該在控制良好的、標準化的情況下進行。

第三，如果量表的信度不夠，加強同一類型或同一性質的問項。這種作法通常會增加該量表的信度，但不保證一定有用。這種作法有用的原因是，當問題一多時，各別問項所產生的隨機誤差會相互抵銷。另一種說法是，多個問項的平均值會比少數幾個問項的平均值更接近真值。因此，在添加的問項都是好問項這個前提下，比較多的問項有改進信度的功效。當然，添加問項加到了一個極限時，這個原則便不管用了。增加200個題目，回答者的注意力早在答完整份問卷之前，就不知道飛到那裡去了。研究者對於問項的安全數量必須要有相當的敏感度才行，也就是問項要加到多少才不至於引起回答者出現疲勞、喪失填答興趣、甚至注意力渙散的問題。除了要留意這個極限之外，增加合理數量的等值問項確實是會增加量表的信度。

另一方面，若增加很多品質低劣的問項，會使研究者在解釋內在一致性信度時面臨相當嚴重的問題。理由是史皮爾曼－布朗矯正值，如前所述，是根據整份量表合成分數的問項數目而來。問項愈多，未矯正的信度係數中向上矯正值愈大。所以，如果你有足夠的問項，即使問項彼此間只有微弱的正相關，並不是真正在測量同一個變項都沒關係，結果都會得到一個相當高的矯正信度係數。事實上，只要問項多，當問項是真的在測量不同的變項時，也有可能出現大的信度係數。據此，如果正在你處理一個用很多問項來測量的變項，這時若出現一個大的內在一致性係數值，該值含意便不十分清楚。只有一個小的內在一致性係數值提供一個決定性的證據。該值意謂著你已經遇到了一個嚴重的信度問題。對這個議題，佩德哈左與施梅金（Pedhazur

& Schmelkin, 1991）不但做過廣泛深入的探討，並且提出解決這個問題的先進技術。目前，你只要記住，對於一個多問項的測量工具，你所應該追求的是製作合理數量而且夠水準的問項。

　　或許舉個具體的例子來說明如何應用上述的原則來改善信度，會比較能夠幫助你了解。表6.2包括有一組測量墮胎態度的問項。這組問項是上我研究方法課的一班同學所製作的。這些問項彰顯了測量過程與調查設計中的許多原則，故而在下面的討論也將會一再提到這些問項。現在，你只要注意三件事。第一，這組問項構成一個李克特量表，並且具有前一章對這類量表所描述的所有屬性。特別是，每個問項都非常清楚表示出是贊成還是不贊成墮胎的態度，而且每一類問項的數目都相等。每個問項的答項都使用相同的六點階梯量表。第二，研究者對測量的程序與說明都做了非常清楚、簡單明瞭的交待。第三，每個問項似乎皆與墮胎的主題相關，問項的數目也相當合理。當然這組問項並非十全十美、或許某些問項的用字會令你不舒服，但那都是可以理解的。而且，由於所有的問項都是遵照改善信度的原則來製作的，所以當你知道它們只是課堂作業，而且係數 α 高達 .84，你應該不會太過驚訝。

表6.2　李克特量表測量對墮胎態度之問項

說明：請就下面的每個問題的六個答項中圈選一個答案。

選項	SA＝非常同意	MD＝略微不同意
	A＝同意	D＝不同意
	MA＝略微同意	SD＝非常不同意

SA　A　MA　MD　D　SD　1.我同意遭強暴者墮胎。

SA　A　MA　MD　D　SD　2.墮胎不該被用做控制生育的工具。

SA　A　MA　MD　D　SD　3.所有接受福利津貼者都該享有國家墮胎補助。

SA　A　MA　MD　D　SD　4.墮胎應該是項合法的權利。

SA　A　MA　MD　D　SD　5.墮胎是項殺人行為。

SA　A　MA　MD　D　SD　6.未成年人墮胎須有父母的同意。

測量的效度

如第三章所述，信度處理的是有關所有被測量的變項是否都被精確地測量了的問題。另一方面，效度處理的是更為重要的問題，那是關於被測量的到底是個什麼理論或是建構變項，以及測量得到的變項是否具有研究者想要的建構內容。建構一個測量工具的效度不是件容易的工作。其中一個理由是，效度本身已經是個被從各種不同角度界定的概念了。因此也就造就了各種不同的評估效度的方式。

效度程序大抵可分為兩大類。簡單地將之摘列於表6.3。其中一種方式是根據資料判斷（informed judgement），另一種則是根據實證證據的收集（gathering of empirical evidence）。這兩大類將分別以**判斷法**與**實證法**稱之。正如你所料，科學家會較為重視實證法的採用。判斷法，若單獨使用，不會有什麼份量。不過，作為實證效度的基礎，判斷法會是相當有價值的。慣用的建構測量工具效度的作法是先判斷效度的內容，然後再用實證法評估效度。

表6.3 效度程序

效度程序	關心的基本問題
判斷類	
表面效度	測量工具看起來是否有關？
內容效度	問項是否取樣適當？
實證類	
效標效度	測量工具是否預測得到效標？
建構效度	測量工具是否測得理論預測的結果？
趨同效度	是否各種不同的證據都支持測量工具？
區別效度	是否測量工具所得的結果與測量其他物體的結果不同？

判斷法

用判斷法建構的效度包括**表面**（face）效度與**內容**（content）效度。如果一個測量工具看起來（就其表面觀之）是測量研究者想要的建構內容，那麼該測量工具便具有**表面**效度。顯然，這涉及的是判斷的問題。一道測驗有關本章表面效度定義的試題似乎看起來就具有表面效度。當魯賓根據他的最佳判斷製作有關於羅曼蒂克愛情與友情的問項時，便是以建立表面效度為目標。表6.2的問項會被採用，主要是因為上我研究方法課的那班學生一致認為這些問項具有測量墮胎態度的表面效度。

內容效度是指測量工具是否取樣到研究者嘗試去測量的建構內容。乍看之下，內容效度與表面效度並無不同，事實上，如果測量工具只包括單獨的一個問項，還真的不容易把這兩種方法區別開來。但是對多問項的測量工具，好比一個由數個調查問項所合成的量表，這兩者的區別便非常清楚明白。研究者可以單獨調查每個問項的表面效度，但是內容效度是指這整組問項是否適切地涵蓋了、或是取樣了要測量的變項所有的建構內容。當魯賓製作涉及各種不同層面的羅曼蒂克愛情（身體上的吸引力、把愛人理想化的程度、對共享親密性的要求等等）的問項時，他嘗試在做的是保證他設計的測量工具具有內容效度。而我研究方法課堂上的學生在製作有關墮胎態度不同面向的問項時（強暴案例、生育控制、善意墮胎等等），這些學生關心的也是內容效度的問題。任何一位曾經因為出出來的考題與他期望的大相逕庭的同學，應該最能夠體會內容效度背後的含意。

顯然，表面效度與內容效度的主要缺點是它們全都是建立在判斷之上。判斷總是容易錯的，而且表面上看起來是個好的測量工具，經過實證評估過後，可能證明出是缺乏效度的。所以，如果不做實證評估，那情況會更糟。在那個情況下，研究者可能會根據沒有效度的測量工具做出重大的決定或採取重要的行動。這是業餘者的註冊商標。一個好的研究者絕對不會完全依賴一個只有判斷效度支持的測量工具。

另一個問題是，判斷效度，特別是表面效度，不可能會讓研究者有感受到意外發現的快感。有些不具有表面效度的問項，偶而也會被研究者發現竟然帶有實證效度。有個頗為有趣的例子是，人格測驗中的一道問回答者喜歡吃煮過的還是沒有煮過的紅蘿蔔的問項。結果發現這個問項是預測大學同學學習成績的一個非常好的指標（作者已經記不得到底是喜歡吃煮過還是沒煮過紅蘿蔔的學生有比較好的成績，所以你最好兩種都多吃一點）。如果你只包括具有表面效度的問項，這種意外的發現是不可能出現的。

實證法

用實證方法來評估效度的作法有**校標**（criterion）效度與**建構**（construct）效度。**校標**效度涉及的是，顯示研究者要用來測量某個變項的新測量工具與原來已經有的測量工具，即校標，之間是存在有高度相關。而校標則是已經被大眾公認為是測量該變項的有效測量工具。你或許會想怎麼會有人要做這麼笨的事。最常見的理由是出於預測未來行為的實際需要。當學校入學資格審核委員會用高中總平均成績作為決定是否准許申請人入學的依據時，採取這種作法的主要原因是因為過去的研究證明這些測量工具是預測同學進入大學後在GPA表現的好指標。與校標（大學的GPA）的關係一旦建立起來之後，那麼在沒有辦法立即使用校標的情況之下，便可用「新」的測量工具（高中的GPA與SAT分數）進行預測。所以在應用研究的領域中當研究者的主要目的只是在從另一個測量工具來預測某個一時無法得到的測量工具，這時廣泛使用的是校標效度。

對基礎研究而言，最重要的效度類型是**建構**效度。誠如你所知，「建構」這個詞所指的只是科學理論中的一個概念。因此，建構效度是指研究的任何發現關連到是否測量工具所得到的結果會一如理論對該建構所做的預測。就以羅曼蒂克愛情那個研究來說，當理論預測有強烈羅曼蒂克愛情出現時，該羅曼蒂克愛情測量工具測得的分數就應該是高分；舉例來說，已經訂過婚的男女與偶爾約會的男女的情形就不會相同。相反的，在該測量工具上得到高分的男女，應該會比在該

測量工具上得到低分的男女表現出更多涉及羅曼蒂克愛情的行為。關於魯賓測量羅曼蒂克愛情的工具的建構效度的確實證據將討論如下。同樣的，所有關於墮胎態度的理論如果夠敏感的話，將會做出對宗教活動涉入愈高的人，贊成墮胎態度上的得分會愈低的預測。剛才所討論的課堂作業也包括了一組測量涉入宗教活動的問項。一如預測，宗教活動的涉入與贊成墮胎的態度這兩個變項之間呈高度負相關（r＝−.74, p＜.001）。由於這項發現肯定理論的預測，所以它成了支持墮胎態度與宗教活動涉入這兩個測量工具具有建構效度的適當證據。

誠如前述，當新測量工具產生的結果肯定了理論預測，該測量工具的建構效度與該理論的效度同時受到增強。在基礎研究中，建構效度的檢正與理論檢定通常是一併進行。因此，檢定測量工具的建構效度經常源自於以檢定產生該測量工具的理論為目標的研究方案。

為了避免造成概念上的誤導，你必須注意「建構概念」是比「建構效度」更為廣義的一個名詞。「建構概念」是指任何一個理論的概念，而「建構效度」的意義僅限於測量工具產生符合理論預測的結果的**實證**證據。換句話說，根據評估效度的判斷法稱不上建構效度。這純粹是術語的問題。不過，判斷法確實是為了得到有效度的，測量建構概念的工具而做的努力。然而，建構效度這個名詞最好還是應該保留給專門描述回答測量工具是否成功地挖掘到某個建構概念這個問題的**實證**方法。

建構效度可分為兩個次類。從各種不同的研究中收集證據，使用不同的情境、參與者、程序、以及預測，然後顯示建構概念的測量工具產生理論上適當的結論通常稱為趨同（convergence）或**趨同**效度（convergent validity）。這是到目前為止我們所討論的建構效度的那個面向。同樣重要的，是顯示測量某個建構概念的工具得到的結果是不同於其他測量相類似建構概念的工具所得到的結果。就羅曼蒂克愛情的例子而言，研究者想要顯示該測量工具所產生的結果會不同於測量友情的工具所產生的結果。你得到的證據應該會顯示這兩個建構概念及其測量工具是不相同的。建構效度的這個面向被稱為辨別力（discriminability）或**區別**效度（discriminant validity）。

　　一項頗具說服力而且能夠同時彰顯趨同與區別效度的方法是**多元特質－多元方法矩陣法**（multitrait-multimethod matrix method），或稱4M法。最早是由康貝爾與費斯克（Campbell & Fiske, 1959）提出，你可從科林格（1986）書中尋獲對這個方法的簡單描述。4M法的本質是同一份研究最好至少用兩個不同的方法來測量至少兩個不同的建構概念（或稱特質）。倘若兩個測量同一個建構概念的不同測量工具之間出現相當實質性的正相關，那麼就證明具有趨同效度。若用相同的方法測量不同的建構概念，結果得出接近於零的相關值，那自然就彰顯了測量工具具有區別效度。

　　4M法的理想目標是在顯示，用不同的測量工具測量相同的建構概念應該產生相似的結果，同時測量不同建構概念的工具會產生不同的結果。舉例來說，在挫折－攻擊實驗中，你可以採用兩種不同的測量攻擊的方法：推打巴布娃娃的程度以及測量參與者對研究者攻擊態度的問卷。同一份問卷可以包括測量一個不同建構概念－如害羞－的問項，並提出害羞與自變項將沒有關係的預測。研究者希望能夠顯示兩種測量攻擊的工具所得到的值，會受到實驗對挫折所做的操弄的影響，但是不會受到測量害羞工具所得到的值的影響。據此所得到的結果模式將會比僅用單獨的一個攻擊變項所得到的結果，對理論的效度以及測量與理論有關的建構概念的工具，提出更具有說服力的證據。

　　根據上述討論重新檢視魯賓的研究是頗有用處的。顯然魯賓主要的研究興趣是在顯示他測量羅曼蒂克愛情的測量工具的建構效度。他到底有多成功呢？事實上魯賓並未完全使用4M法，因為他測量友情的工具只有一個。然而，他能夠提出一系列關於他所製作的測量羅蒂克愛情的工具具有趨同與區別效度的證據，確實令人印象深刻。愛情與友情量表間只有中度相關的發現是支持愛情量表具有區別效度的證據。與約會對象和與同性朋友間的友情分數平均值相當類似，但是與約會對象的愛情分數卻高出甚多的這項發現，同時支持愛情量表兼具趨同效度與區別效度。愛情分數是與回答者自己報告是在戀愛當中，並準備與正在約會的對象結婚（測量羅曼蒂克愛情的另一種方式）成高度相關的這項發現，更是支持愛情量表具有趨同效度。與約會對象

的愛情分數只與和朋友間的愛情分數、以及社交分數呈現低度相關的發現，又是進一步支持愛情量表具有區別效度的證據。最後，令人最為印象深刻的關於愛情量表具有建構效度的證據是，愛情量表能夠成功地預測一個實驗中與理論相關的行為（相互對望）。總而言之，我們不得不承認魯賓做了個非常徹底的工作，透過實證的方法建立起他測量羅曼蒂克愛情工具的建構效度。

現在考驗一下你自己。在下面所描述的每個情境下，最可能用的效度評估法為何？（問題四）

1. 幫衛吉特公司的人事主任發展一份評定應徵者具有衛吉特技術的測驗。
2. 問卷的設計人試圖把涵蓋攻擊各個層面的問項都包括在問卷之內。
3. 刺激－飢餓理論的原創人想要證明紙筆測量法具有測量刺激飢餓的效度。
4. 兩位社會科學家爭論瞳孔的大小是適合刺激研究的一個良好的測量工具。

摘要

兩個精細測量的變項之間的直線關係可以用相關係數，r，加以描述，其值介於－1與＋1之間包括兩端在內。r 的符號是指直線關係（正向或負向）的類型，而它的絕對值是指關係的強度或幅度。注意，r 描述的只是直線關係而已，它的值可以藉著有限取樣兩個變項中的任何一個變項的值而被刻意減低，而且 r 也無法告訴你造成這個關係的原因。

相關常被用來評估任何一個好測量工具的兩大重要屬性：信度與效度。信度是指測量的精確程度，而效度是指測量的到底是哪個理論或哪些理論變項。典型的信度評估法是計算變項與其自身的相關。可

採取兩種作法：一是在時間上兩個不同的點下做測量（施測－再測或是使用複本），二是，使用多問項形式的測量工具，計算不同次類問項間分數的相關值（折半以及係數 α）。效度則可根據資料判斷（表面與內容效度）或是收集實證證據的方法（校標與建構效度），加以評估。建構效度是建立在以實證的方法顯示測量某個理論概念、或建構內容的工具，在各種不同的檢定情境下產生如理論預測的結果（趨同效度），而且同時也能夠將之與其他測量類似的建構內容的工具給區別開來。

問題解答

問題一：相互對望所涉及的比例測量，是建立在持續時間長度之上的測量工具。建立在持續時間長度之上的百分比保留了所有原始持續時間長度的測量屬性。

問題二：－.72的相關表示直線關係比較強烈。

問題三：就 r ＝.82而言，我們可以做出花在修習上的時間與平均學業成績之間存有正向直線關係的結論。但是我們不能說花在修習上的時間是造成平均學業成績的原因。有可能兩者的關係是顛倒過來的，或者其中可能涉及到第三個變項。就 r ＝.02而言，我們可以下的結論是，這兩個變項間沒有直線關係。它們的關係不是沒有關連，就是有非直線的關係。

問題四：衛吉特所涉及的是校標效度。該份攻擊問卷設計關心的是內容效度。刺激－飢餓理論家追求的是建構效度。就瞳孔大小的例子而言，如果爭論者依賴的是他們自己的判斷，那就是表面效度。如果，換個角度，他們引述某份特殊的研究發現，那麼可以說是建構效度。

進一步閱讀書目

　　關於測量信度與效度的精彩討論，可參見科林格（1986），與佩德哈左與施梅金（1991）等人的大作。

參考文獻

Campbell, D., & Fiske, D. (1959). Convergent and discriminant validation by the multitrait-multimethod matrix. *Psychological Bulletin, 54,* 81–105.

Guilford, J. P. (1954). *Psychometric methods.* New York: McGraw-Hill.

Kerlinger, F. N. (1986). *Foundations of behavioral research* (3rd ed.). New York: Holt, Rinehart and Winston.

Nunnally, J. (1967). *Psychometric theory.* New York: McGraw-Hill.

Pedhazur, E. J., & Schmelkin, L. P. (1991). *Measurement, design, and analysis: An integrated approach.* Hillsdale, NJ: Lawrence Erlbaum Associates.

Rubin, Z. (1970). Measurement of romantic love. *Journal of Personality and Social Psychology, 16,* 265–273.

第7章

調查研究：程序

農作是眾多承受較大壓力的職業中的一種。農夫常必須高額舉債以購買耕種所需的設備，至於獲得合理報酬的機會，則端視老天爺的臉色。對農家來說，職業與家庭生計密不可分，在農事上所感受到的壓力很自然地就會影響到家庭生活。經濟不景氣常為農戶帶來雙重的打擊，因此經濟緊縮的陰影一直是農家與時俱在的恐懼。同時經濟不景氣不但會使農戶們投資在土地上與農具上的價值減少，而他們在市場上的產品也遭受到相同的命運。是故，農民相當清楚經濟蕭條對他們經濟收益所具有的毀滅性。

鄉村社會學這門領域，業已投下相當多的注意力在研究與農作有關的壓力，以了解造成這些經驗的原因與結果。典型的理論分析嘗試去確認客觀的、經由某些中介機制而轉變成壓力的變項（見第一章）。這類所謂客觀的變項的例子是農戶的資產負債比例。比例愈高表示農戶經濟狀況愈差。因此可能是壓力的一項來源。方程式的另一個層面，如果感覺無力承受，結果就是壓力，其主要的情緒反應就是情緒低落。這項對農夫壓力的分析，強調心理過程，如感知與承受的中介角色，是一般社會科學文獻中有關於壓力的典型的理論解釋的例子(例如，Lazarus, 1966)。

麥可貝里葉與林達羅寶（Michael Belyea & Linda Lobao, 1990）就依照上面所描述的理論取向，進行農夫的壓力研究。他們對俄亥俄州的農夫展開調查，先用電話訪問，然後再用郵寄問卷。在訪談時，研究者收集到三種類型的、有可能是造成壓力的客觀變項：社會人口特質、農業的結構特性、以及經濟狀況的好壞。就他們推測，前兩類變項與經濟狀況有直接的關聯，而且這三類變項都是壓力的客觀來源。代表社會人口特質的變項有年齡、小孩子的數目。研究者預期年輕的農民以及家裡人口多的農民的經濟狀況較差。承租農地的比例是農業結構特質的一個例子。耕種租來的土地的農民比土地不是租來的農民的經濟狀況（或穩定性）差。用以測量經濟脆弱程度的客觀指標有先前提過的資產負債比。

問卷是用來評估中介的心理變項與心理結果。感受（perception）是使用問卷中處理感覺到經濟困境以及壓力的問項來加以測量。承受

（Coping）則是用問卷中處理承受策略的問項加以測量。情緒低落，一項壓力所引起的心理結果，則用一組由傳染病研究中心發展出來的20個問項加以測量。答案的分數則是由 3 到 5 點階梯量表來加以測量，而整個變項的分數則是把所有相關問項上的回答分數總加起來計算。這樣，心理變項是用第五章所描述的李克特量表加以測量。測量對經濟困境的感受的問項是：「過去12個月當中，發生過多少次你沒有足夠的錢來支付你覺得你的小孩應該要有的醫療照顧？」答案的選項有「不常」、「常常」、「很常」，這些答案個別的得分是 1 分、2 分、3分。並用電腦計算每個心理變項的內在一致性信度（已於前面一章討論過）與 α 係數。信度係數值大小不等，從承受變項的0.54（幾乎無法接受）到情緒低落變項的0.89（相當不錯）。

　　關於這項研究有兩點值得注意之處。第一，那是一份自我報告類的調查研究。這個研究例示本章後面要討論的兩種類型的調查研究：訪問法（口頭式自我報告法）以及問卷法（填寫式自我報告法）。第二，研究中所有變項的計分方式是屬於第五章中所描述的精細測量是現代調查研究常用的方法。對於客觀變項，一開始就加以精細測量（如以歲數來測量年齡、資產負債比），因此心理變項的精細測量是把所有問項上的得分總加起來，每個問項涉及的是粗略（3 到 5 點）的順序測量。

　　如上章所述，精細測量變項間的關係，通常可以用相關係數 r 來加以描述。一如預期，貝里葉與羅寶的研究對農民情緒低落的最佳預測指標是心理變項，特別是對經濟困境的感受（r=.49）以及對壓力的感受（r=.52）。雖然，客觀變項與情緒低落只有微弱的關聯，客觀變項的作用也一如預期。對於壓力感受的最佳客觀預測變項是由資產負債比所代表的經濟脆弱程度（r=.25）。對資產負債比最佳的預測變項是社會人口特質（與年齡的相關是 r=−.36，而與子女數的相關是.27），以及屬於農地結構類的一個變項（與租用農地比的相關是 r=.25）。貝里葉與羅寶也做了一些將在下一章中才會加以描述的高等統計分析。到目前為止所描述的結果可以看出，農民客觀的壓力來源，一如預測，是受到中介心理過程的影響。

　　本章探討的是調查研究。首先將檢視有關於定義與分類的一般性議題。然後將詳細討論兩個主要的調查研究的類型：訪談法與問卷法，重點擺在這兩個方法所面對的特殊問題。本章集中在有關程序的課題上，下章以探討資料分析為主。在本章最後一節當中將會討論調查研究者相當關切的一項問題：如何才能得到一個由回答者構成的，具有代表性的樣本？

調查的類型

　　調查是自我報告式的測量方法，由兩種元素構成：刺激（或稱問項）與反應（或稱答案）。調查也可因執行的方式或項目設計的形式而加以分類。圖7.1列出兩種分類調查研究的方法。你可以很清楚地看出，執行的方式有口頭式與書面式兩種。口頭調查稱為**訪談**（interview），書面調查是為**問卷**（questionnaire）。也有可能出現刺激的呈現是一種模式，收集反應時用另一種模式。不過在現實生活中很少有同時將兩種不同模式混在一起使用。

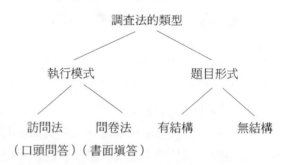

圖7.1　調查法的種類，根據操作模式與題目形式分類

　　問項設計的格式可以是沒有結構的，也可以是有結構的。經過結構化的刺激是指事先決定問項明確的遣詞用字，以及刺激呈現的先後順序。未經結構化的刺激有可能建立起不同結構化的程度，改變用字

遣詞，將之交錯排列是一種方式，用相同的語法叙述，但是先後出現的次序不一樣是另一種方式。調查研究中的刺激通常是由文字所構成的，但是也有些調查研究（如心理測驗）中的刺激不是文字（如墨漬、或圖片）。廣義來說，結構的定義包括這類的刺激在內。

（試試看你能不能提供這樣一個廣泛的定義？問題一）

　　結構化的答項，通常稱爲**封閉的**（closed），或是有多個可供選擇的答項。回答者必須從研究者提供的多個答項中，選擇出適當的答案。未結構化的答項，通常稱爲**開放的**（open）或是自由的答項，是指那些回答者可以盡情地說或寫任何答案的答項。同時使用結構化與未結構化答項是有可能的，最常見的例子是在一組封閉的答項之後提供一個「其他」的類別，給予回答者一個機會提出解釋。

　　若強調不同情況下的一致性，有個結構是有必要的。同樣的，若研究者想要合併數量相當大的回答者，如民意調查的資料時，或是比較不同團體的差別時，有個結構也比較好。當探索是主要的目的時，當研究者不知道會出現哪些答案時，或是只想要有個粗略的印象，以便在日後的研究中加以更徹底的檢定時，不設結構的方式也有其必要性。當研究的目的在追求對某個回答者的深入了解，採取不設結構的方式也很適當，而且也是臨床應用時最爲常見的目標。

　　答項的設計形式對調查結果常會造成巨大的影響，用文字表現刺激的方式也會，待會將對這個問題做更多的討論。對於這個主題，舒曼與史考特（Schuman & Scott, 1987）曾提出許多驚人的資料，如電話訪問時，回答者被問到什麼是國家當前面對的最爲重要問題？若用開放式訪談，只有2.4％的人提到能源短缺，公立學校素質，墮胎合法化，或是污染的問題。但是用包括「其他」與「不知道」選項在內的封閉式問答，有60％的人選擇上述四個答案。回答者也被問到，過去五十年來哪一件國家或世界大事顯得特別重要。以開放式問之，樣本中只有1.4％的人回答電腦發明。以封閉式的方式問之，則有29.9％的人選擇電腦發明這個答案。鑒於諸如此類的結果，作者建議研究者放棄透過調查法可以得到絕對的態度或意見的看法，或者打消調查法能

夠有效地將態度排列出順序位階的念頭。何況提示的方式不同，人們的意見也會有所不同。但是，毫無疑問地，調查時，答項設計的形式會大大地影響到測量的結果。

當調查研究依執行模式所建立起的分類架構，與建立刺激反應形式的分類架構一併使用時，某些組合模式比其他類型的組合模式較為常見，表7.1簡要列出不同組合模式出現的頻率。誠如你所見，無結構的刺激所製成的問卷是非常少見的。若刺激出現的先後順序會影響到答案，可以使用複本來減低這種現象出現的可能性。不過，如果研究者的興趣主要是在回答者的個別差異，這種可能性的存在就足夠使研究者避免使用複本問卷。帶有結構化刺激的問卷比較可能使用封閉式而非開放式的答項設計。理由是大多數的研究者想要做統計上的比較，而統計比較在結構化的刺激反應形式下較為有效。至於訪談，刺激與反應的形式採用相同程度的結構是最常使用的模式。沒有結構化的刺激常與開放式的答項設計搭配，結構化的刺激則常與封閉式答項設計配搭。結構化刺激搭配開放式答項設計較不常見，也很少見到未結構化刺激與封閉式答項設計的搭配。

上述對於不同組合所做的反思，為本章下面兩節所採用的方法，提示出一個基本的原理。討論訪談的那節完全集中在未結構化的訪談法。問卷法很少會採用沒有結構的刺激與開放式答項設計之組合，所以可以將之視為訪談法的獨門特性。接下來問卷法的那一節，則全部集中在結構性問卷的討論上。如前所述，結構化刺激與封閉式答項也是訪談法常用的設計。不過，除了一點例外之外，不管執行的模式如何，只要用的是這類組合，在程序上與資料分析上所面對的重大問題，會是完全相同的。這一個例外是，訪員的行為會影響到調查結果的效度。這一點在下一節中會特別強調，而且適用於所有訪談的情況。基於相同的理由，本章將不討論結構化刺激搭配封閉式答項設計的問卷。不過，在論訪談法那節中對分析開放式答項所做的討論也適用於問卷。

表7.1 不同類型調查法的使用頻率：根據問項刺激與答案的結構化程度分

刺激形式	答案形式	
	封閉	開放
有結構化	問卷法（常）	問卷法
	訪問法（常）	訪問法
未結構化	問卷法（罕）	問卷法（罕）
	訪問法（罕）	訪問法（常）

注意：常＝常見之組合；罕＝罕見之組合

訪談法

沒有結構化的訪談或許是門藝術而不是科學。然而說明如何做好訪談的專家意見，卻有一整箱。這裡提供你從那整箱的意見中摘錄下的幾條大綱大目。

好的測量

雖然在討論沒有結構化的訪談時，很少聽到「信度」與「效度」這兩個名詞，但是它們卻深藏在研究者想要挖掘到真理的欲望之內。效度本身隱含了信度。如果研究者掌握了關於某個特定變項真實的或有效的資料，他必然已經得到了對該變項的精確測量。如此一來，凡是遇到難以直接論及信度之處，研究者就可能把精力集中在提供有說服力的效度證據，相信這個做法可以同時兼顧信度。

這番相當抽象的討論與開放式無結構訪談有直接的關聯。由於刺激與回答的形式皆欠缺結構，因此很難得到在這兩方面皆被標準化後的一致性證據。如此，便將全部心力放在獲得有效度的資料上面。要達到這個目標，可以準備一個戰鬥計劃，其中列明所有要探討的主題，以及要收集的資料的類型。雖然用字遣詞的彈性很大，訪問者也要保證列出的主題都要訪問到，想要的詳細程度也都能達到。每當訪

問者感覺到需要更多的資料時，可以謹愼使用逐步追問法，或是旁敲側擊法，來得到想要的詳細資料。深度訪談，是未結構化訪談的一種形式，其目的在對某些主題或討論中的問題，得到比平常訪談更爲深入的了解。旁敲側擊是進行深度訪談時的一項主要特色，但是爲了達到好效果，任何未結構化的談訪都可能會用到旁敲側擊。一般說來，訪談者必須有控制訪談的能力，並且要按照計劃行動，最好事先將計劃寫下來，指明要收集哪些資料。

訪問的祕訣

訪談的獨特特色是訪談者與回答者間進行的口頭交換。正因爲缺乏結構，這項特色也成了未結構化訪談出現問題的可能來源。因爲不可能直接去控制回答者的行爲，所以大部分的專家建議完全集中在訪談者身上。這類建議或可分成三大類：與計劃或策略有關的一般性建議，關於特殊技術或戰略的專門性建議，以及針對特殊行爲或議題的非常專門性的建議。關於策略性建議的具體例子是前面才提過的，把要採取的行動寫下來做成計劃，奉勸所有的訪員，訪談時從一般性的問題開始談，然後慢慢帶到較爲特殊性的議題。至於戰術方面，包括使用旁敲側擊的方法，以及給回答者足夠的時間回答等的建議。新進的訪員常急著問問題，想趕快把事情做完，因此對需要長一點時間做答的回答者顯得沒有耐心。

針對特殊狀況的處理最多，而且大部分強調的是訪員必須堅守口齒清楚、態度中立的原則。清楚明確是爲了避免回答中被滲入不必要的雜音，這是信度的大敵。態度中立是爲了避免誤導偏差的回答，而毀了效度。這裡提供你史密斯(Smith, 1991)建議名單上得到的一些指示：訪員不應該講話講的太快，或者自言自語，或是顯得畏畏縮縮，或是被回答者主控整個問問題的過程，訪員不應該提供任何意見，批評訪談的主題，或是把回答者逼進某種類型的答案；訪員不該替回答者詮釋問題，爲要求訪談表示歉意，或替回答者做答，跳過某些問題不問，或是使用節制性的字眼如「就是」或是「只有」。訪員的儀容也會影響回答者的答案。一般說來，清爽而不華麗的衣著，並且表現

得神采奕奕是必要的。其實經過小心謹愼的訓練與多方面的練習之後，這些技術大部分已經變成爲一個好訪員標準行爲模式的一部分。

剛才所提到的有關於未結構化訪談的幾個重點，也適用於結構化的訪談。例如，訪員的儀容與一般行爲模式，在這兩種訪談情況都會造成顯著的差別。結構化的訪談還要特別注意的一點是，用字確實與問項排列的先後順序，都會對回答者造成重大的影響。關於這方面的問題將在下一節論問卷製作的程序中加以探討。

與田野觀察等同的方法

未結構化訪談與第三章描述的田野觀察的方法相似之處很多。這兩種方法與它們相對應的結構化方法相比（分別是有結構的調查與有系統的觀察），皆以擁有較大彈性與重視深入了解見長。如此一來，第三章所指出的——訪談常是田野觀察的一部分，而且在那種情形下的訪談，很可能是沒有結構化的，便是不足爲奇的事了。在下一章討論資料分析時，這兩種方法的相近之處便會自然而然地浮現出來。

問卷法

關於設計完全結構化的問卷，包括結構是唯一可接受的選擇，來自各界的建議是非常豐富的。接下來的討論，將摘錄出最常見到由專家學者提出來的對問卷建構的建議。

有信度的測量

不同於未結構化訪談，結構性問卷的信度可以直接掌握。關鍵法則在於力求問項用字用詞的清晰明確。如果句子當中有任何一字一詞，可從多方面加以解釋，那多多少少會使回答者做出不同的解釋。這會造成收集到的答案中摻有雜音，而雜音將會減低信度。通常使用特定的字或詞，避免使用一般性的字眼，有助於達到用字清晰的目的。例如，關於替代性能源來源的問項，可能會得到一大堆充滿雜音的答案，最好換成，或者使用單獨一個的或多個特定可替換的問項，

如核子能、太陽能、地熱等等。任何一個回答者不了解的字或詞，都會在答案添上雜音。在這些情況下，試著回答問題的回答者將會揣測研究者的用意，這些猜測變化無常，難以預料。所以最好避免使用技術性的字眼以及專門性的術語。事實上，複雜的字詞全都不要用。波頓斯與亞柏特（Bordens & Abbott, 1991, P. 189）說得好：「如果你正考慮要用的一個字超過六或七個字母，或許還有一個更簡單一點的字，正等著你」。

有效度的測量

這裡的主題不是雜音，而是偏誤。當一個問項的用字或內容有系統地影響到答案，那就產生了偏誤。換句話說，該問項可能招來了特殊的解釋。這類解釋可能會產生一種答案，但是這個答案不能有效地顯示出回答者在研究者想要測量的變項上的真實地位。這種可能性會令任何一位好的調查研究者膽顫心驚。這種情況與系統觀察者害怕被識破而引起被觀察者出現不自然的行為是相當類似的。如此一來，看到調查研究者花下很多功夫在問卷項目的用字遣詞與排列順序上，也是不足為奇的事。他們努力使問項具有表面效度，希望他們製作的測量工具有建構效度。許多調查研究者甚至花下額外的功夫，把缺乏清晰度、或有偏誤的問項，全部施以前測。他們採取的做法是找來一組回答者樣本，然後以開放做答的方式，詢問他們認為每個問項所具有的意義。

因用字或用詞而產生偏誤的例子不勝枚舉。賈若斯洛夫斯基（Jaroslovsky, 1988）在其所著的一篇相當洗鍊的論文中便提出兩種例證。研究者發現當回答者被問到：美國是否應該「禁止」公開反對民主政治的言論，比美國是否應該「允許」公開反對民主政治的言論時，得到對言論自由的支持率多出了21個百分點。這是個典型的用字遣詞所造成的偏誤。內容效應也是強而有力、不容忽視的。問同一個問題的兩項民意調查：「你認為一個結過婚、不想要孩子的孕婦可以合法墮胎嗎？」這兩次民意調查回答可以的，差了18個百分比（40對58）。這種差異的明顯原因只在於百分比較少的那次民意調查，在問

上述問項之前又加問了另一個問題：如果證實孕婦懷有三個月的畸形胎兒，應不應該讓她墮胎？

你能提出一個理論來解釋為何懷了三個月畸形胎兒的問題會使回答者對同一個問題的同意度減少了18個百分點？（問題二）

顯然回答者對某個問卷項目的答案，可能受到問卷中前面一些問項內容的影響而產生偏誤。

這裡提供你摘自調查研究文獻資料中的一些訣竅，來避免剛才所描述的那類偏誤。第一，避免製作雙重負載（同時問兩件事情）的問題。例如，「我反對工資與物價控制」。儘量可能將這個問題分成若干個問項，以便一次只問一件事。第二，避免用否定的字詞。因為這容易引起誤解。「總統應該提名自由派人士」會比「總統不應該提名保守派人士」來得好。如果你必須要用否定的字詞將之突顯出來，如「即使我在趕時間，我也不會插隊」。回答者通常不會注意到未突顯出來的否定字詞，反而會從與原意相反的方向來解釋問項。第三，避免製作有預設回答者意見或行為，或促使回答者選擇某種類型答案的問項。例如：「除了殺人之外，絕不應該判處死刑」。

這個問題哪裡出了錯？（問題三）

第四，除非必要，避免問敏感的問題。如果非問不可，將之置於問卷中較不敏感的問題之後。敏感的問題會像畸形胎兒的問項一樣，造成對其他問項的回答偏誤。另一個是關於能不能夠真正得到敏感問題的真實答案的問題。顯而易見的，若列入敏感問題，必須花下特別的功夫來確保機密性，還得得到回答者的信賴。第五，避免將社會極為鼓勵的行為列入問項。「公民應該去投票」並不會為你得到任何有效的關於投票行為的資訊。換一個「上次選舉時，我有去投票」的問項試試看。

問項的平衡度也會影響到回答偏誤的可能性。問項的平衡度是指用以測量同意和不同意某個態度或意見的問項的數目。一般來說，像

第五章李克特量表所建議的,同意與不同意的題目各出一半,是個不錯的主意。這種平衡處理多半能夠避免得到傾向於某種像是「非常同意」這類極端贊同答案組的現象。再者,如果真的出現諸如此類的極端答案組,對反面問項採取適當的計分方式,便可以中和掉極端的結果,使專挑兩極答案的回答者的分數,集中在所有可能出現的分數的中間部位。

　　把第五章介紹李克特量表的計分方式再重新讀一遍,看看你是否能夠解釋為何專挑極端答案的回答者的分數,會落在所有回答者分數的正中央?(問題四)。

其他更多處理這類用字造詞以及問項排列順序的技巧,可參閱本章最後參考書目部分。本書之所以會在這裡討論這些訣竅,主要是在強調,得到有效度的測量是用問卷法的研究者相當關切的一項課題。這份關切正好反映在他們小心翼翼地建構問項的內容與安排問項出現的先後順序之上。

一個研究案例

再回過頭去看一下前面一章的表6.2。表中的問項提供了具體的例子,幫助我們了解剛剛才討論過的許許多多的,建構優良問卷題目的技巧。為了避免曖昧不清,並且增加信度,注意表中的問項皆避免使用字母多的字,或技術性用字以及專門術語。問的問題也是特定的問題,而非一般性的問題。為了避免偏誤,增加效度,每個問題都只問一個議題。只要可能,出令人贊同的問項時,皆避免用否定的字眼(墮胎是殺人)。在免不了要用到否定字時,便將之特別突顯出來(不會)。沒有任何一道問項含有對回答者意見或行為的預設。墮胎這個話題本身就已經是個敏感話題,但是所製作的問項避免引起回答者有挖掘他個人生活隱私、細節的疑慮(沒有出現:類似我曾經墮過胎之類的題目)。關於社會贊許所引起的偏誤,對於像墮胎這樣意見分歧的話題,很難判斷是否一定會出現。可以這麼說,關於墮胎這個問題哪一種態度是社會鼓勵支持的,尚未達到共識。此外,正反面問項的

數目，也相當平衡。贊成面的問項數目（第1，3，4題）與不贊成面的問項數目相等。

抽樣

　　第三章討論過系統觀察者所關心的兩件大事：含糊不清的操作型定義以及被觀察者出現不自然的行為。同樣有兩件大事，令調查研究者掛心。一是有效度的測量，特別是有關用字遣詞與問項排列的先後順序所引發的問題。這些問項已經在上一節中討論過了。第二件令調查研究者掛心的事，是關於抽樣的問題，即從特定母群中得到適當的樣本的問題。現在就讓我們好好地討論這份掛慮。

　　第一章強調科學的主要目的是在通則化。舉凡使用樣本的證據來得到有關於母群的結論，便涉及到通則化。**母群**包括研究者想要得到結論的所有對象的整個全體。**樣本**則是這個所有對象中的一部分，要用來研究的那部分。統計推論是指幫助研究者達到有效推論或通則化的一組正式的程序。但是，所有通則化的效度，不論其是否立基於統計推論，皆建立在研究者從其有興趣研究的母群中得到一個適切的樣本這個假設之上。是故，所有的研究者都應該重視抽樣的問題。

　　諷刺的是，大多數社會科學的研究，都是在做定事實之後，才談抽樣的事務。也就是說，得到的樣本是基於方便的理由，因此收集到資料之後，研究者開始煩惱已經收集來的資料可以代表的是什麼母群。這種做法反映如下事實：許多研究狀況，成打的參與者隨手可得（例如說學習任何一門社會科學導論的學生），研究者沒啥選擇，就從這些學生中抽樣。這樣做法可用，但是風險不小。反正，結論的效度端視是否許多研究都得到相同的結果而定。這個抽樣做法雖然常用，但好的調查研究者是有不同的做法的。

　　好的調查研究者的做法是在研究之前先指明研究的標的母群，然後採取具體的程序以確保從這個母群中抽取適當的樣本。對調查研究來說，這個做法相當獨特，可以視為一項辨識特徵。這項特徵的發展

或許是因為調查研究者承受著要提供有關某些特定母群資訊的重大壓力。付錢給調查研究人員換取有關準選民母群確實情報的政治候選人,若發現他們得到的是不正確的消息,是會非常不高興的。同樣的,需要知道消費者偏好的製造商也是一樣。提供不正確情報的民意調查機構馬上就會傳遍千里。只有能夠提供正確情報的單位才能夠生存下來。這種壓力促使抽樣技術的發展,以確保得到適當的樣本。於是,調查研究者便普遍地使用這些技術,甚至連那些主要興趣在做基礎研究的學者,亦復如此。

抽樣誤差

前面的討論強調適當樣本的必要性。現在正是檢討「適當」這個詞含義的時候。當抽取到的樣本對象所表現出的相關特徵,和他們在母群中的特徵完全一模一樣,那就是完美的代表。相關特徵是指能夠影響回答問項答案的特性。例如,或許有很好的理由相信性別會和回答問項的方式有關。就以性別來講,如果樣本中男性與女性的比例和母群中的一模一樣,就是個能夠完全代表母群的樣本。如果抽取到的樣本對象所有的相關特徵都與母群相同,那個樣本就是母群的完全代表。換言之,這個樣本是非常的適當。

這種理想情況,事實上從未實現過。樣本是母群的部份,總是不完美的。樣本的確帶有某些相關的特性,不過並不完全與他們出現在母群時的情況相稱。而這些不完美的特性,通常被視為抽樣的偏誤,因為他們必然是抽樣程序造成的,抽樣的偏誤會損害到通則化的效度。因此徹底了解這類偏誤,以便將之消除,或將之減少到最低程度,是相當重要的課題。

抽樣誤差 抽樣時有兩種類型的誤差:即抽樣誤差(sampling error)與樣本偏差(sample bias)。**抽樣誤差**是種特殊的隨機誤差,是前面數章中已經討論過的一個概念。抽樣誤差是抽樣程序中所產生的隨機誤差,這類誤差的出現意謂著至少有一種母群相關特性,樣本未能將之原原本本地代表出來。但是因為這是出於隨機過程,所以缺失的方向與大小是無法預測的。舉例來說,如果兩性的分配在母群是非常

均勻的，但是研究者可能會抽到一組樣本，其中有百分之75皆爲女性，這種結果是很不可能會發生的，但是仍然有機會碰上。如果發生了，顯然在性別上這組樣本與預期的之間會有偏差。因爲這個偏差出現在隨機的過程，屬隨機誤差，是隨機誤差的特殊形式，稱爲抽樣誤差。正因爲誤差是隨機的，所以它的大小方向都無法事先預料。

抽樣誤差是一種雜音，它具有第六章討論的雜音所有壞屬性。特別是，如果出現的抽樣誤差夠多，那將無法得到任何有關母群的有效結論。一般認爲，進行統計推論的假設檢定時，需要把隨機誤差考慮進去。的確，假定母群兩變項間沒有關係的虛無假設，等於說樣本所見到的任何關係都是隨機發生的事件，即隨機誤差的副產品。於是，檢定時所用的機率陳述便可以解釋爲樣本關係是隨機事件的機率。但是，如果研究中出現太多的隨機誤差，檢定用的 p 值將會很高，要拒絕虛無假設變得很困難。隨機誤差夠大，將完全無法拒絕虛無假設。所以若有很多的隨機誤差，說檢定時已將隨機誤差列入考慮並無濟於事。這個教訓是必須使所有形式的隨機誤差，包括抽樣誤差，愈小愈好。這樣研究者才能對虛無假設做出最有力、最靈敏的檢定。因爲只有這樣做，拒絕虛無假設才會變得比較容易些。

如何才能減低隨機誤差呢？只要相關的變項被控制住，由該變項所產生的所有誤差就會被排除。正如你所見，用在抽樣之時，控制的意義等於是說研究者在決定受控變項在樣本中的分布狀況。這是爲了使該變項在樣本中的分配與在母群中的分配相稱，藉控制該變項而減少因該變項而產生的誤差。其影響會減少這個研究隨機誤差的總量。如果照這個方式抽樣，男性與女性在樣本中出現的比例會和他們在母群中的情況相同，那麼你就將抽樣程序中所有因性別而引起的誤差給消除掉了。因此也減少了這個研究的隨機誤差。是故，你每回抽樣時控制一些變項，以便使他們盡善盡美地將母群的特質代表出來，那你就賺到了減少樣本誤差的額外好處。

減少抽樣誤差的一項特殊方法就是增加樣本數目。樣本數目愈接近母群數目，抽樣誤差必然愈接近於 0。畢竟，樣本數目若完全和母群數目一樣，那你有的就不是個樣本了。你有的就是母群本身，完完

全全代表其自身的母群了。抽樣誤差與樣本數目成反比，意指當樣本很小時比樣本很大時，你會因增加樣本數目得到更多的好處。這也就是說，增加樣本數目到達某個程度之後，再增加多少也沒有什麼用處。如果現有的樣本已經夠大了，再想要藉助增加樣本數來減少抽樣誤差就不值得了。民意調查機構發現從全國母群中抽取1,500個到2,500個觀察單位，便可得到可以接受的精確樣本數目（沒有抽樣誤差）。對能夠忍受較多誤差的基礎研究來說，通常可以接受的樣本數目會來得更小些。如果你想要知道如何計算正確的樣本數以達到需要的準確水準，可參閱波頓斯與亞柏特(1991)，以及史密斯（1991）所著的數本大作。現在，只要記住小樣本的風險較高，所以在合理的範圍內，大樣本比較好，因為大樣本的抽樣誤差較小。

話雖如此，也要注意樣本太大也有問題。第四章討論推論誤差時說得好，天底下任何兩個變項都或多或少會稍微有點關聯。就一個非常大的樣本而言，統計推論檢定可能會因某些非常小、小到非常瑣碎的關係，而拒絕虛無假設。在這種情況下，推論檢定可以說是太有用了。第四章所提到的那個論點與這裡所討論的有關。應該將下列因素列入考慮，如：研究者所擁有的資源、想要檢定達到統計顯著的關係大小、母群大小、以及因拒絕回答或答案無法使用而喪失的資料大小，然後再來決定樣本的數目。如果無法在這樣一個合理的樣本數目之下拒絕虛無假設，你才可以做出接受檢定的兩個變項間的關係實在太小、不必費神研究的這類結論。大樣本的問題實在不必太過強調，從事基礎研究時，這很少會是個問題。

樣本偏差 抽樣的第二種偏誤是樣本偏差，屬固定誤差的一種特殊狀況，固定誤差是有系統地對一個變項的某一個值表現出高於其他值的偏愛。**樣本偏差**是抽樣程序所產生的固定誤差。就像抽樣誤差，出現樣本偏差是指樣本中至少有項特徵未能完整地代表母群。不過若遇上樣本偏差，通常失誤的方向與大小原則上是可以預測的，因為誤差的產生是出於抽樣過程中系統性的偏誤，具有潛在的可偵測性。

讓我們回到假設母群中兩性呈均等分配的那個性別例子來例證這些說法。不過，這個狀況的特色，在於研究者無法抗拒一再選擇女性

樣本的誘惑。研究者本來應該隨機抽樣的，但是經常有的沒的就放棄隨機的原則，而選擇女性的回答者。當這種抽樣錯誤發生時，總是找來女性回答者。因此產生了樣本偏差。結果最後得到的樣本中女性竟然高達百分之75，就和抽樣誤差的例子一樣。但是目前這個情況，錯誤是因有系統的選擇而造成的偏差。因此是種固定誤差，而非隨機誤差，因為錯誤產生於抽樣程序之中，視為一種殊特殊形式的固定誤差，稱為樣本偏差。

樣本偏差不屬於雜音。因此不能被納入虛無假設，用統計檢定來加以處理。樣本偏差意指樣本並未適當的代表母群，它的意義就是這樣。因此，從這個樣本對母群所作的任何通則化，都有可能無效。如果這項偏差涉及某個相關變項，通則化非常可能無效。一旦出現樣本偏差，是沒有辦法加以糾正，也沒有統計方法可以將之沖銷的。研究的瑕疵已成，無藥可救。抽樣誤差令人討厭，但是樣本偏差卻是置人於死。只有一個情況例外，因此絕不可以任其發生。下一節討論的控制技術，目的在消除樣本偏差，而且同時有降低抽樣誤差的功效。

剛才所提到的例外情況，是發生在調查研究者想要去比較變項的各個值，並且確信母群中這些值出現的次數是非常少的情況之下。代表這種狀況的一個例子是比較族群差異的研究。變項是族群團體，而且研究者有意將少數族群與多數族群做個比較。如果某個少數族群只占全部母群的一小部分，研究者可能有意要抽取一個高額代表該少數族群的樣本，目的只是在找一個夠大的，足以代表該少數族群的樣本來完成公平的比較。注意，在這種情況下，顯然出現了不代表母群特質的樣本偏差，因此沒有任何關於母群的結論可以就此推出來。研究的目的只是在比較母群中不同族群團體的差異。所以，在這種情況下，最好是看成數個不同的母群，每個母群只擁有其中一個族群團體。研究的用意在從每個獨立的母群中各自得到一個適當的樣本，以做為母群間的比較之用。若從這個角度來看，那麼就沒有什麼所謂的樣本偏差可言。

抽樣程序

　　表7.2列有最為常見的抽樣程序。表中交待地相當清楚，可以根據研究者對三個問題的答案答是或答否，而將抽樣程序分類。這些問題處理的是：關於抽樣時研究者是否有控制任何一個變項；是否控制變項的目的在使它能夠完完整整地代表母群；以及母群中的每個單位被選取的方法。在此有兩個名詞需要加以界定。就抽樣來說，**控制**意謂著研究者要說明清楚樣本中變項的所有值，並決定各個值將要抽取的比例。如果研究者指明樣本的百分之75將會是女性，那麼性別就被控制住了。對第二個問題的答案如果答是，則意指受到控制的變項的值在樣本中與在母群中出現的比例相同。如果研究者指明樣本中要有百分之50為女性，那就是這個狀況了。**隨機**的意思是指在潛在的受選人群當中，所有的單位都有相等的被選出來的機會，而且整個選取過程都依照這個模式。把所有潛在都會被選出來的人的名字全部都丟進一個帽子裡去，然後盲目地從中抽選是一種隨機的做法。要求隨機化最重要的一點是，隨機必須是選取程序的一部分，也就是說，抽選的過程必須滿足隨機化的界定條件。如果沒有清清楚楚地按照隨機化的選取程序，是不可以隨隨便便就假定抽樣一定符合隨機化的要求。

　　根據上述三個分類問題的答案是答是還是答否；可得出八種可能的排列組合，而其中有兩種是不可能發生的組合。那是發生在前兩個問題的答案都為否的情況下。剩下來的六種排列組合，代表六種最為常見的抽樣程序。在這個分類架構中有兩個形容詞扮演重要的角色。第一個形容詞由對前兩個分類問題答案的排列順序所決定：YY-＝分層；YN-＝加權；NY-＝不可能出現；NN-＝簡單。第二個形容詞則由第三個分類問題的答案來決定：-Y＝隨機，以及-N＝隨便；括弧用來表示表中與日常用語有別的術語。分層隨便抽樣便是一般熟知的配額抽樣。簡單隨便抽樣一般使用時不帶有「簡單」兩字。隨便常見的同義詞是方便、偶然、臨時起意。顯然各家用字不同，各有各的用法。表7.2使用了一套具有邏輯一致性的術語來為這些不同的程序命名。

表7.2　常見的抽樣程序的類型

用以分類抽樣程序的是非題

1.抽樣時有控制某些變項嗎？

2.受到控制的變項在樣本出現的形式與在母群中相同嗎？

3.選擇母群中各個單位的方式是根據隨機程序嗎？

根據上述問題的答案是是與否，對抽樣程序所做的分類

答案　　　抽樣程序

YYY ＝ 分層隨機抽樣

YYN ＝ 分層隨便抽樣（配額抽樣）

YNY ＝ 加權隨機抽樣

YNN ＝ 加權隨便抽樣

NYY ＝ 不可能出現的情況

NYN ＝ 不可能出現的情況

NNY ＝ 簡單隨機抽樣

NNN ＝ （簡單）隨便抽樣

有關各術語的解釋，請參見正文。

　　在此有兩點有澄清的必要。第一，對於某些抽樣程序的定義，並不是所有的學者都採相同的意見。有些作者界定配額抽樣的方式和表7.2中界定的「加權」程序相同。本書所採用的定義是按照文獻中使用得最為普遍的定義。第二，被抽樣的單位不一定是人，可以是具有某些共同特性的群體。這種抽樣方式稱為**部落**(cluster)抽樣。選出整條都市街道或整個班級，就是這一類型的例子。然後研究者必須決定，如何從選中的部落中選出要調查的對象。通常的做法是全選。任何一種抽取比全部還少的抽法，都要求研究者再做出如何從部落中取樣的第二項決定。據此可以再分為數個不同層級的部落，這種方法稱為**多階段**（multi-stage）抽樣。

　　許多學者區別機率抽樣（probability sampling）與非機率抽樣（nonprobability sampling）。所謂**機率抽樣**是指所有潛在會被選中的單

位都有一個已知的會被選中的機率，這個值通常介於 0 與 1 之間。**非機率抽樣**則是指每個單位可能被選中的機會為未知。進行機率抽樣可以有很多種不同的方法，但是實際上唯一常用的方法就是隨機抽樣。是故，表7.2中三種隨機抽樣的程序也都是機率抽樣。馬上你就會看到，「隨便」與「非機率」兩個詞指的是同一回事。就此，三個隨便抽樣程序稱得上是非機率抽樣。採取隨機選取方式的機率抽樣通常被視為優於非機率的抽樣程序，因為只要做法正確無誤，機率抽樣是不會產生樣本偏差的。

　　　　你能解釋為什麼嗎？（問題五）

　　讓我們從兩個沒有涉及任何控制變項的程序開始瀏覽一下這六個抽樣程序。簡單隨機抽樣中，選取的模式是標的母群內所有的單位（觀察值）都有相同的被選取的機會。如前所述，做法可以是把所有人的名字丟進一頂帽子裡。實際上，這項工作通常是由電腦來執行。讓你體會一下操作的程序。表7.3羅列了電腦產生的一張由兩位數字所組成的表。這種類型的表是為**亂數表**（random number table）。使用這種表時，你指派給研究母群的每一個單位一個數字，然後隨便從亂數表中的任何一點、任何一個方向開始讀出數字直到得到你想要的樣本數目為止。母群中帶有與你讀到的數字相同的觀察對象就構成了一個隨機選出的樣本。你可以試著使用這個技術從你班上的同學中選出一個簡單隨機樣本來。

　　至於簡單隨機抽樣，選到的人是依據方便原則，那些容易找到，就拿他們來充當樣本，研究者不見得會將標的母群事先交待清楚。採用這種做法時，預防樣本偏差的唯一方法是靠研究者本身為避開這項偏誤而做的努力。但是有許多誤差來源並非研究者所能控制。如果被捲入隨便抽樣，這是學生做作業時經常發生的狀況，而最好的方法就是在資料收集到了之後，想清楚，你的樣本可能（如果有的話）代表的母群是什麼。也就是說，誠實地想清楚抽樣程序中的哪些特性會限制住你進行通則化的能力。隨便抽樣或許適用於課堂上的習作，但是並不適用於嚴肅的調查研究。如果你要認真地做一個嚴肅的調查研

表7.3 兩位數的亂數表

04	22	08	63	04	83	38	98	73	74	64	27	85
94	93	88	19	97	91	87	07	61	50	68	47	68
62	29	06	44	64	27	12	46	70	18	41	36	18
00	68	22	73	98	20	71	45	32	95	07	70	61
40	51	00	78	93	32	60	46	04	75	94	11	90
50	26	39	02	12	55	78	17	65	14	83	48	34
68	41	48	27	74	51	90	81	39	80	72	89	35
05	68	67	31	56	07	08	28	50	46	31	85	33
69	77	71	28	30	74	81	97	81	42	43	86	07
28	83	43	41	37	73	51	59	04	00	71	14	84
10	12	39	16	22	85	49	65	75	60	81	60	41
71	60	29	29	37	74	21	96	40	49	65	58	44
21	81	53	92	50	75	23	76	20	47	15	50	12
85	79	47	42	96	08	78	98	81	56	64	69	11
07	95	41	98	14	59	17	52	06	95	05	53	35
99	59	91	05	07	13	49	90	63	19	53	07	57
24	80	52	40	37	20	63	61	04	02	00	82	29
38	31	13	11	65	88	67	67	43	97	04	43	62
36	69	73	61	70	65	81	33	98	85	11	19	92
68	66	57	48	18	73	05	38	52	47	18	62	38
35	80	83	42	82	60	93	52	03	44	35	27	38
22	10	94	05	58	60	97	09	34	33	50	07	39

究，應該避免使用隨便抽樣。

　　研究者若想要確定樣本能夠將母群的某個變項充分地代表出來，必須採用分層抽樣。用抽樣的術語來說，受控制的變項就是個被分層化的變項，得到的值稱為層級值(strata)。這些措施的首要特色是研究者想要確定樣本中分層變項的分布狀況是否和在母群中的分布狀況是一樣的。當然，必要的先決條件是研究者必須先知道被分層的變項在母群的分配狀況，然後再依照隨機抽樣或是隨便抽樣的方式選取各層中的人。但是在費了九牛二虎之力去控制像性別之類的變項之後，再依照隨便抽樣的方式從每個層內選取樣本，似乎是相當愚蠢的做法。不管怎麼說，如果研究者無法接近整個母群時，隨便抽樣也許不失為可行之道。課堂作業常使用配額抽樣，希望整個樣本至少能代表一個變項。注意，配額抽樣並不能避免控制變項以外的其他變項所造成的

樣本偏差。再者，進行嚴謹的調查研究時，採用隨機抽樣會比配額抽樣好。

加權抽樣適用於前述研究者想要比較一個變項的各個值之間的差異，特別是這些變項的某些值在整個母群中甚爲罕見的情況下。加權抽樣與分層抽樣唯一不同處，在於樣本中的某些值被過分代表，而另一些則代表不足。抽取樣本的方式，或可用隨機或是以隨便程序，不過隨機的方式比較好。

本章開頭所描述的那項研究中，貝里葉與羅寶使用的是加權隨機抽樣的方法，控制的變項是總農作銷售額，目的在確保得到一組能夠代表所有農家大小的樣本。因爲銷售額非常大的農家在數量上相當小，研究者在其樣本中超額取樣這類農家，並且認爲可以將研究結果通則化到俄亥俄州大農戶所構成的母群（Belyea & Lobao, 1990：65）。就先前對樣本偏差所做的討論來看，很明顯這個樣本偏向大農戶，所以如果農戶大小與所欲調查的關係有任何關聯，那麼該研究的結果或許會扭曲了若干由全體農戶構成的母群，所具有的眞正特性。

如何得到一個樣本

當你抽到的第一個樣本對象叫你滾開，你會怎麼做？如果第三個、第八個、第十二個也這樣對你，你會怎麼做？很明顯的，你碰上了問題。

沒有任何保證說，選到的人會同意參與調查。那些選到的、也願意提供有用資料的人的比例通常叫做回答率(response rate)。調查研究的回答率太低，意謂著拒答比例過高。如果拒絕者顯現出某種有系統的、有別於願意參與者的特質，那麼你就面臨樣本偏差的問題了。不管你抽樣的程度是如何完美無缺，仍舊非常可能得到低回答率。結果最後得到的樣本並不能適當地代表想要的標的母群，因此結論的有效性也就值得懷疑。因此，好的調查研究者會儘可能地想使回答率達到最大。本節將提供你一些達到這個目標的祕訣。

不論你多努力去試，你要的回答率絕不可能盡如人意。最起碼你應該將回答率包括在你的調查報告中，使讀者在評估你的結論時，將

之一併列入考慮。如果回答率過低，你可能也要說明回答者與拒答者之間並沒有在相關特質上有明顯的差異。如果能找到拒答者的資料，可以做個直接比較。否則可能需要提出回答者具有與標的母群相似特質的證據。

貝里葉與羅寶的農民研究，剛開始電話訪問的回答率是百分之67。對於拒答者，研究者根據相同的抽樣計劃取得替代者。是故，包括940位電話訪問者的最後這組樣本達到當初按照農戶大小的加權比例。可惜，只有503位接受電話訪問的農民填完整份郵寄問卷。因為研究者在電話訪談時有收集到關於回答者人口學上的資料，所以能夠顯示答完整份問卷的回答者與未答完整份問卷的回答者，在年齡、教育、小孩數目、以及總農作收益上並無不同。

影響回答率的主要因素是研究者與回答者接觸的方式。面對面的接觸產生最高的回答率。然後是電話聯絡。郵寄問卷最沒有效率。面對面的接觸又分為一對一與集體式的兩種，前者的回答率高於後者。一如你所料，適當的穿著打扮、容光煥發，在面對面的接觸時相當重要。研究者的禮貌與口氣聲調也是一樣，應該是友善的、彬彬有禮的、不咄咄逼人的，但卻是具有專業素養的。電話聯絡又可分為親自聯絡與電腦答錄兩種。如果回答率是主要顧慮的話，應該避免使用電腦答錄。電腦叩機沒有人味，又常會使接電話者有掛電話的衝動。郵寄問卷是非常受歡迎的，因為成本低，但是得到的回答率最低，估計在少於10％與上限不超過70％之間。增加郵寄問卷回答率的方法，有親自用手寫的信封，用限時專送的方式寄件，以及附上一筆小酬勞或小禮物。

考慮過接觸受訪者的方式之後，影響調查訪問法回答率的另外兩個最重要的因素，是事先照會以及隨時保持追蹤聯絡。如果事先告知一個潛在的回答者有人要來做研究調查，遭到拒絕的可能性較低。如果事先照會時又強調研究的重要性，並表示研究者真心感激的話，特別不會被拒絕。某些研究建議如果是由一位女性打電話聯絡，事先知會要前來訪問是最為有效的方法。打追蹤電話或是寄明信片也是增加回答率的方法。還有些作者建議「緊迫盯人」與「窮追不捨」地打電

話提醒，會增加50%郵寄問卷的回答率。當然，鍥而不捨必須要有禮貌，否則會適得其反。

其他還有不少雜七雜八的建議，包括問卷愈短愈好（儘可能簡短）。特別是訪談，要確實得到對方的允許，在私下的場合進行問卷調查，即使在像購物中心一樣的公共場所，也要秉此原則。未能得到許可的調查會使你調查研究的有效生命提早結束，並且可能使你身陷法網。更多關於克服拒絕回答的一些策略，可參考波頓斯與亞柏特（1991）、以及威廉森等（Williamson et al., 1982）多位學者合作的著作。

抽樣與思考

第二章對操作型定義如何在日常思考活動中扮演起舉足輕重的角色做過一番討論。同樣的，關於抽樣的討論中，有許多概念也是一樣，接下來讓我們看看有關抽樣的一些議題如何和有效思考產生關係。

現代人是經歷百萬年演化的成果。我們進化的祖先在非洲大草原上，不是身體最強壯的，也不是動作最快速的動物。要競爭以求生存，他們必須在其他方面有特別的專長才能和其他動物進行有效的競爭——他們的特長是會思考、靠機智而活，才能在競爭中獲勝。這種專長需要儲存大量的資訊，所以物競天擇之後，他們發展出大容量的頭腦。最有價值的資訊是他們能夠辨識相關的情況，預想下一步可能會發生的狀況，並設想出應對的方法，然後馬上採取行動。就這整個流程來看，發現現代人高度仰賴自身的經驗，很快就得到結論，然後馬上跟著做出應該做的反應，就不足為奇了。

這些趨向反映在人類日常生活中所做的通則化上面，和早先我們討論的抽樣偏誤有關。回想一下，抽樣誤差是指抽樣程序中的隨機誤差或是雜音，影響抽樣誤差的一項重要因素是樣本的大小。當樣本非常小時，抽樣誤差可能會大到做任何一個通則化都是十分冒險的行動。但是人類仍然根據非常小的樣本，甚至常常根據一個樣本便妄下結論。如第一章中所提到的，如果一個職員沒有禮貌，消費者氣沖沖

地離開那家商店之後，便告訴朋友說整間商店雇用的都是沒有禮貌的
職員。像這樣的通則化從人類有動作快的偏失的角度觀之，是相當可
以理解的。儘管這些通則化錯誤百出，而且並不公平，但是要求動作
快的壓力，在今日並不像過去進化階段那般無所不在，逼得人透不過
氣來。只要有機會，你最好試著去找大一點的樣本來降低做出缺乏效
度的結論的風險。

　　樣本偏差是指樣本出現有系統的扭曲，使它不具有母群的代表
性。建立在扭曲樣本上的通則化是相當冒險的。但是日常生活中這類
的偏誤處處可見。舉兩個有很多研究證據支持的例子來說（Nisbett &
Ross, 1980）。第一個是指做結論時，人們有接受個人經驗遠甚於事實
的趨勢。所謂事實是指有科學的證據。這個趨勢顯然是得自於進化過
程中傾向信賴個人經驗所招致的偏差。教育家了解到這種偏差，努力
提供可「傳承」的經驗。另一方面，當個人經驗是獨特的，或是特別
偏向某一個方向時，也可能導致錯誤百出的結論。如果你個人與某個
族群團體接觸的經驗相當奇特，或許是出於雙方面對彼此的不信任而
發出「奇特」的信號，那麼不論有多少研究顯示，而你可能都不再會
相信，該族群團體的成員是和你一樣的正常人。問題出在於和你互動
的樣本有所偏差，而要你忘掉親身經驗是件很難辦到的事。

　　第二種在平日思考活動時碰到的樣本偏差的例子，心理學家已經
為這個行為起了一個正式的名稱：**要求肯定的偏差**（confirmation
bias）。要求肯定偏差是指專挑與自己目前地位相符的證據，同時忽略
與目前地位不相符的證據。因為自己目前的地位或許得自於私人經
驗，所以要求肯定的偏差可以被視為先前經驗的一種特殊形式。這種
偏差有增強立基於私人經驗的意見，因此使與經驗相左的證據很難有
機會被注意到。新的點子，甚至與個人當前經驗相背的證據都有可能
被打折扣，或者被誤解，以支持原來相信的事物。但這正顯示了人類
是如何固執地守住由個人生活中發展出來的看法。對小孩被人殺害的
父母引述死刑無效的統計數字，便是非常戲劇性的例子。想想看在這
樣一個情況下，統計數字會被怎麼解釋？

　　雖然這種樣本偏差的結果頗為嚴重，但也不必過度強調。當個人

經驗相當特殊時，的確樣本偏差會損害到由私人經驗通則化到事實證據的可信度。但是人有多常會在產生重大影響的情況下，做出這種類型的通則化呢？像朋友表達某種意見，或是將蒸汽吹開，並不是會產生重大結果的情況，所以關於什麼才是眞相的意見是否偏誤，便無關緊要。但是這些意見若進入社會行動領域，那就另當別論了。因爲那會產生極爲重大的結果。即使如此，似乎人類所做的許多通則化大多只關係到他們的私人生活，無關乎眞相爲何。就私人生活而言，仰仗個人生活經驗似乎頗有道理，還是有可能產生偏差，因爲不管個人特殊的人生經驗爲何，事實眞相本身對個人來說可能還是眞相。當然，做爲人生的指導，你親身的經驗可能是你最有用的資源。就人類進化的過程來看，這並不足爲奇。這個觀點似乎意謂著，試圖用事實來代替過去經驗是不可能會成功的。不過能以事實爲基礎是更爲可行之道，因爲這種做法尊重過去的經驗。

摘要

調查法是自我報告式的測量工具，由刺激與回答所構成。執行的方式可以是口頭問答（訪談）與書面填答（問卷）兩種。刺激的形態可以是結構化的（明確的句子、問項的出現順序都是事先決定好的），或是未結構化的。答案的形式可以是封閉式的（回答者必須從既定的選項中做選擇），或是開放的（完全自由的回答）。本章集中探討開放式未結構化訪問法與封閉式結構問卷法所涉及的製作與執行上的課題。

未結構化的訪談，研究者應該備有一份書面的計劃，說明訪談涵蓋的主題，想要得到資料的詳細程度。問題的方向應該從一般性漸漸進入特殊性的題目，必要時間或試探以得到進一步的資料。訪問者在提出刺激時應該保持頭腦清楚，態度中立。對於封閉式結構化的問卷，用字遣詞要明確清晰，以確保問卷的信度。避免曖昧不清的字眼、專門性的術語、以及艱澀的字詞。研究者在把刺激文字化時，應

設法建立表面效度。避免雙頭問項、負面用字、預設立場、誤導回答者的用句、敏感性話題、以及極端受到社會鼓勵的態度與行為等等，都是達到效度的基本方法。要避免兩極化的回答模式，在製作問項時，可以採取制定相同數目的贊成面與不贊成面的問項來測量每個變項。檢查是否前面的問項會誤導回答者對後面問項的理解，儘可能施行前測以確定問項的明晰度與可能產生的偏差。

調查研究者對抽樣特別感興趣。一個具有代表性的樣本，樣本中所有相關特徵會和在母群中的一模一樣。抽樣時發生的偏誤，或稱為不具代表性，有兩種形式。抽樣誤差是抽樣程序中所發生的隨機誤差。樣本偏差是抽樣過程中所產生的固定誤差，是有系統地偏向抽取變項的某些值。研究者可藉分層化達到抽樣控制，以確保變項在樣本中之分布狀況與母群相同。分層化減少了控制變項發生上述兩種偏誤的機會。樣本偏差也可以透過隨機抽樣的方式加以消除，也就是說，所有潛在受選人都有同等的被抽到的機會。相反的，隨便抽樣，抽到的人是基於方便，因此無法避免樣本偏差。隨機抽樣會造成樣本誤差，但是可以透過大樣本而加以減低。有時研究者可以刻意製造樣本偏誤，高額抽取變項的某個值，這個程度一般稱為加權抽樣。回答率是指受選者中提供有用資料的比例。拒絕回答使回答率降低，可能因此造成樣本偏誤。影響回答率主要有三個因素：接觸的形式（面對面的效果最好，郵寄最差）、事先照會、以及持續追蹤。抽樣偏誤在日常生活的思想活動中扮演極為重要的角色。當根據非常小的樣本，貿然驟下定論時，便犯下了抽樣誤差。當人仰仗偏差的個人經驗，或是行為涉及肯定偏誤時，便犯下了樣本偏差的錯誤。

問題解答

問題一：用「形式」來代替「遣詞用字」，以改變文中對結構所下的定義。

問題二：懷了畸形胎兒的婦女處境堪憐，或許會引起回答者對那些只

是不想要小孩而想墮胎的婦女，持較為嚴厲的態度。

問題三：這個問項預設了回答者支持殺人行為應判死刑。

問題四：設想一個包括六個問項且答項為從最不同意到最同意的量表。李克特量表偏向朝贊成方向製作問項，所以答非常同意的問項得六分，而按照不贊同方向製作的問項答非常同意的得一分。如此，如果量表總分是三個照贊成方向、三個照不贊成方向製作的問項分數的總和，那麼如果某人在六個問項上全部選答非常同意的話，則會在每個贊成方向的問項上得六分，每個不贊同方向製作的問項上得一分，結果得總分21分。21分正好位在所有可能出現的總分——從6分到36分——的正中間。同樣的計分方式亦適用於都選答非常不贊同的情況。

問題五：如果抽樣程序保證每一個潛在的受選者在抽樣的每一個階段都有相同的被抽到的機會，那麼就不會出現有系統地偏向選取某些潛在受選者的現象。這就是隨機抽樣。在這種情形下，不會出現偏誤的可能性。

進一步閱讀書目

關於討論訪談法的書籍可以參見巴納卡（Banaka, 1971）與高登（Gordon, 1975）的著作，也可以參閱索默（1991）、以及威廉森、卡普、達芬、葛瑞（Williamson, Karp, Dalphin, & Gray, 1982）等人著作中的若干章節。關於問卷設計，沙德曼與布雷德朋（Sudman & Bradburn, 1982）的大作會提供你實際的幫助。索默（1991）的書中有一章專門探討問卷法。波頓斯與亞柏特、以及史密斯所著的書中有部分章節也討論到這個主題。討論抽樣的好書可參閱傑格（Jaeger, 1984）、科許（Kish, 1965）、以及沙德曼（Sudman, 1976）之大作。

參考文獻

Banaka, W. (1971). *Training in depth interviewing.* New York: Harper & Row.

Bausell, R. B. (1986). *A practical guide to conducting empirical research.* New York: Harper & Row.

Belyea, M. J., & Lobao, L. M. (1990). Psychosocial consequences of agricultural transformation: The farm crisis and depression. *Rural Sociology, 55,* 58–75.

Bordens, K. S., & Abbott, B. B. (1991). *Research designs and methods: A process approach* (2nd ed.). Mountain View, CA: Mayfield.

Gordon, R. L. (1975). *Interviewing: Strategies, techniques, and tactics* (rev. ed.). Homewood, IL: Dorsey Press.

Jaeger, R. (1984). *Sampling in education and the social sciences.* New York: Longman.

Jaroslovsky, R. (1988, July/August). What's on your mind, America? *Psychology Today,* pp. 54–59.

Kish, L. (1965). *Survey sampling.* New York: John Wiley & Sons.

Lazarus, R. S. (1966). *Psychological stress and the coping process.* New York: McGraw-Hill.

Nisbett, R., & Ross, L. (1980). *Human inference: Strategies and shortcomings of social judgment.* Englewood Cliffs, NJ: Prentice-Hall.

Schuman, H., & Scott, J. (1987). Problems in the use of survey questions to measure public opinion. *Science, 236,* 957–959.

Smith, H. W. (1991). *Strategies of social research* (3rd ed.). Orlando: FL: Holt, Rinehart and Winston.

Sommer, B., & Sommer, R. (1991). *A practical guide to behavioral research: Tools and techniques* (3rd ed.). New York: Oxford University Press.

Sudman, S. (1976). *Applied sampling.* New York: Academic Press.

Sudman, S., & Bradburn, N. M. (1982). *Asking questions: A practical guide to questionnaire design.* San Francisco: Jossey-Bass.

Williamson, J. B., Karp, D. A., Dalphin, J. R., & Gray, P. S. (1982). *The research craft: An introduction to social research methods* (2nd ed.). Boston: Little, Brown.

第8章

調查研究：分析

　　如果你同時計劃要好好賺錢和活得久一點，有一項令人洩氣的消息要告訴你。有關員工績效評鑑的研究一再顯示，年紀較大的員工常得到比較差的績效評鑑。如果你把年齡與績效想成第五章所討論的精細測量的變項，這意謂著這兩個變項之間的關係是負相關。正如你所料，對吧？又多了一項要避免老化的理由。

　　正和大多數正常的人一樣，兩位商業行政學的教授，吉拉德費里斯與湯瑪斯金恩（Gerald Ferris & Thomas King），不相信年齡是造成績效較差的直接原因。他們也不相信年齡是產生品質較差的績效，進而造成評鑑分數較低的原因。相反的，他們覺得年齡與績效評鑑之間的關係是受到一個強有力的中介變項——屬下巴結行為——的影響（Ferris & King, 1992）。巴結意指施些小惠來「討好別人」、說些恭維或奉承人的話、或者表示出同意別人的意見之類的動作。年齡較大的員工比較不可能做這些事，因為那不是他們認為應該做的事。因此，上級比較不喜歡他們，而不受到上級的喜愛反映在績效評鑑上面。另一個額外的因素是人際距離（interpersonal distance）。年紀較大的員工比年輕的員工可能被安排在離上級較遠的位置，這同時包括在物理上與心理上的距離，所以即使他們想要巴結討好上級，這也限制了他們施展巴結行為的機會。

　　注意費里斯－金恩的績效評鑑理論模型當中，包括了許多個關係模式相當複雜的變項。圖8.1列出了這個模型的圖形，箭頭的方向表示影響的方向。這個模型顯示年齡對巴結行為，一如前段所述，產生一個直接的影響量與一個間接的（透過人際距離）影響量。這意謂著如果刪除人際距離的影響量，年齡與績效評鑑之間仍存在有某種程度的關係，因為年齡對巴結行為還有直接影響力。費里斯－金恩的模型彰顯了第一章所描述的理論要明晰清楚的價值。因為該模型將各個複雜的關係交代得如此清楚，所以馬上可以從中得出一項複雜的，但是可以檢定的預測。

　　費里斯－金恩用一組護士及其上司所構成的樣本來檢定這個模型，並讓這兩個團體都填答一份問卷，以便獲得每位護士在這個模型上每個變項的精細測量分數。年齡由直接測量得知，其他的變項則以

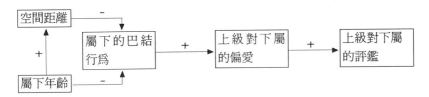

圖8.1 費里斯－金恩的績效評鑑理論模型

數個答項的李克特量表測量得知。李克特量表的內在一致性信度由α
係數（見第六章）加以鑑定，人際距離量表的信度達到0.80，上級喜
愛程度與績效評鑑兩者信度皆達到0.88。

　　採用簡單相關來計算每對測量變項的關係。研究結果大體上支持
理論模型的預測。該模型中對績效評鑑有最為直接影響力的變項是上
級的喜愛程度。就此而言，上級的喜愛應該與績效評鑑有最高度的相
關，而結果也確實如此（r=.71）。同理，巴結應該與上級喜愛存在有
最強烈的相關，而事實也確實如此（r=.48）。年齡與距離都應該與巴
結成反相關，結果也的確如此（各別是 r=-.28與-.46）。同樣的，年齡
與距離的關係也如所料，呈正相關（r=.33）。最後，年齡與距離與績
效評鑑之間的關係是透過巴結所產生的間接影響，因此期望這兩個變
項和績效評鑑間應呈負相關，結果也是如此（各別為 r=-.19與-.31）。
根據本章後面所描述的檢定程序，這些相關值皆達統計上的顯著水
準。

　　雖然簡單相關值大體上支持這個理論模型的預測，但是對先前所
描述的複雜預測尚無法提供一個適當的檢定程序。回想一下本模型隱
含即使距離影響被除去之後，年齡與績效評鑑之間仍有相關存在。簡
單相關無法從兩個變項關係中除去第三個變項的影響力。這需要用到
本章後面高等相關分析一節中所要討論的一、兩種特殊的統計技術。
所以從現在起你要耐心一點，因為後面將要交代更多費里斯－金恩研
究發現的結果。

　　本章的目的是在討論典型的調查研究所面臨的資料分析的問題。
依照前面一章的模式，焦點先放在未結構化的訪問，然後再進入結構

化的問卷調查。有關問卷調查的部分會解釋如何進行多個答項的量表分數，以及其他典型的現代調查研究所使用的精細測量變項之間的相關分析。對於如何結合有信度的研究發現與其他的發現以達到合理的結論這類重大議題，亦將有所探討。最後，將針對類似費里斯－金恩的例子中所常用的一些高等相關技術做一番討論。

訪談法

對於帶有開放答項的未結構化訪談，研究者需要決定要做定性還是定量的資料分析（亦即，非數字還是數字的分析，見第四章）。就某種程度上來說，混合使用這兩種分析模式是有可能的，但是整個分析的方向端視那種模式被選爲主要的分析模式。

定性分析

如果選擇定性分析，那分析的程序就和第四章中描述的田野觀察法完全一樣。取田野筆記而代之的原始資料是訪談的記錄。記錄的資料可以是錄影帶、錄音帶、或是訪談筆記。訪談筆記大多仰仗事前發展出來的某種類型的速記來記錄答案。研究者篩選訪談記錄以求得有效的通則，正如田野工作者從田野記錄中篩選資料，以求得通則一樣，而兩者的主要的差別是訪談者會引導談話到某個話題之上，而田野觀察者不會做出任何影響其觀察事物的動作。就定性分析所涉及的主觀成分來說，這兩種情況之下所得到的「結論」都可能是以暫時性的假設形態出現，有待進一步的肯定。值得注意的是，在未結構化的訪談法與田野觀察之間有許許多多相類似的研究法。

定量分析

如果選擇定量分析，那麼研究者就必須面對登錄答案問題。**登錄答案**（coding）是指從一個調查問項得到的所有開放性的答案中，建立起客觀的回答類屬的過程。一個良好的登錄答案體系所應具有的關鍵特性，就是要有明確的規則來協助研究者將所有可以想像得到的答

案加以分門別類。聽起來很熟悉是嗎？是的，系統觀察者也面臨相同的問題，第三章中也已經敘述了可能的解決之道。這是未結構化訪談與系統觀察法之間的相近處，兩者都需要面對將資料分析量化的決定絕非出於巧合。注意，第三章中也簡略敘述了從事內容分析的研究者也面臨相同的問題。這些情況不論是哪一種，只要用到登錄體系，檢定信度大小便成了相當重要的工作。一般的作法是，由獨立作業的登錄人員用同一個登錄體系於相同的一筆資料上，然後計算出登錄人員的同意率，或稱之為科恩卡巴值（Cohen's kappa），如第三章與第四章所述。

到目前為止的討論業已假定登錄體系是在資料收集完成之後才設計出來的。但是你要知道這不適用於在系統觀察的情形之下，登錄體系——又稱操作型定義——必須在研究之前建立起來。這種作法是否適用於未結構化的訪談法？當然可以。事實上，登錄體系可能是上述所提及的，記錄答案的速記系統。登錄系統是在訪談資料收集完成之前還是之後建立起來的，端視研究者預期那種答案可能會出現的能力而定。

什麼行為需要登錄是研究者必須做出的決定。顯然，回答者口頭答案的內容必須要登錄。登錄下談話形態，包括聲調、猶豫的神態等等，或許會有用，不過全看研究者的目的而定。還有，伴隨著口語回答的身體語言，可能另有深意，值得登錄。身體語言是指面部表情、目光接觸（閃避）、動作、手勢、姿勢等等。談話神態、身體語言構成索默等（1991）稱為與口頭答覆時的**顯性**（manifest）內容相對的**隱性**（latent）內容。當這兩種訊息相互牴觸時，研究者可能碰上了可以加以個別分析的有趣狀況。當然除非研究者有將之記錄下來，不然隱藏著的內容很可能就沒有被列入分析的機會。

登錄給每位回答者在每個問項上一個分數。統計分析的性質端視測量等級而定。第五章對測量等級的討論皆適用於此。如果登錄體系只產生如第五章所說的同／異類別的粗略測量，那麼兩個變項是否有關可以用次數分配表與卡方分析加以解答。另一方面，如果登錄體系使用精細的有大小順序的類別，構成第五章所提的精細測量，那麼便

適用於相關分析。本書將在討論問卷分析一節中對相關分析法做一詳述。如第五章所述，建立精細測量的方法之一，是將許多個訪談項目上的答案加以合併加總，以得到一個量表分數。就混合測量的例子而言，即一個粗略測量與一個精細測量的變項，可能有必要比較粗略測量變項上的每個類別之下的精細測量變項之平均值。這種方法與將在第十一章中探討的實驗分析法相同。

　　到目前為止，所有的討論都集中在帶有開放答案的未結構化訪談。至於帶有開放答項的結構訪談資料，處理方法完全一樣，必須要做登錄。登錄所建立起來的測量類型，將決定適用的統計分析方法。誠如前段所述，資料收集以前便發展出好的登錄體系，較適用於結構化的訪談資料，但是兩者間的差異尚不足以影響資料的分析。對於封閉式答項的結構化訪談，也有必要將答案給量化，至於這個過程是否也稱為登錄，那就純粹是個人偏好的問題了。不管怎麼說，因為在製作時每個問項的封閉選項都已設計妥當，即，有可能掌握到所有可能出現的答案型態，所以計分可能也比較簡單輕鬆。在這個情況下所用的統計分析法與帶有封閉答項的結構性問卷法相同，這是我們下一節將要討論的主題。

問卷法

　　假設把相關問項的答案分數相加之後，得出每個變項上的量表分數。那麼接下來的分析焦點便可集中在探討每對精細測量的變項間是否有關的這個問題上。正如第六章所討論者，相關分析適用於這種狀況。當然，帶有封閉答項的結構問卷有可能出現同時使用粗略測量與精細測量而得到的資料。在這種情況之下，資料分析的方法與前面討論登錄與分析未結構化的訪談資料相同。若是精細測量的變項，研究者或許想用某些本章後面會略加敘述的高等相關統計分析的技術，或者其他名字聽起來頗為唬人的高等技術，如因素分析、聚落分析、與多向度量表等等。若果如此，我的忠告是找專家幫忙。接下來的章節

將描述可能是最簡單的分析精細測量變項的方法——相關係數。我們將會告訴你該如何計算出相關值，並執行統計顯著性檢定。在你閱讀下兩節之前，你應該複習一下第六章說明相關概念的那一節，這樣你將會明白相關的意義，以及使用相關係數時應該留意的一些警告。

描述統計

對於經由問卷而得到的精細測量變項，用來描述關係最簡單的統計分析法，是計算每對變項或量表分數間的相關係數。在某些情況下，研究者可能也想出散布圖，以圖形來顯示關係的類型。兩個變項 X 與 Y 間的相關公式 r 如下：

$$r = \frac{(N)(\Sigma XY) - (\Sigma X)(\Sigma Y)}{\{\sqrt{[(N)(\Sigma X^2) - (\Sigma X)^2]}\}\ \{\sqrt{[(N)(\Sigma Y^2) - (\Sigma Y)^2]}\}} \qquad (8.1)$$

這是本書中最爲複雜的公式。不過它沒有像它看起來那麼難懂。要做運算，你需要有六個量數以及一個帶有平方根按鍵的計算機便可。這六個量數列在表8.1中。現在讓我們仔細看一下這個表。

表8.1顯示一組樣本數目爲五的小樣本相關係數的計算方法。兩組資料如表所示。就每個資料組而言，你可以把 X 與 Y 想成問卷上所得到的，兩個變項的李克特量表分數。資料組#1的完整計算公式提供如上。資料組#2的計算，留下來給你做習題。就資料組#1而言，X^2 的這一欄包括所有 X 欄上數字的平方，而 Y^2 這欄上的值同樣是 Y 欄上所有數字的平方。而 XY 欄上的交叉乘積，也就是，某個回答者 X 欄上的分數與 Y 欄上的分數的乘積。注意，每一欄的總和皆是相關公式上所需要的一個量，位在這些欄的最後一列。在資料組之下，所有有關的量皆被代入相關公式，表中條列出每一步驟的計算公式。

計算過程的關鍵步驟在於第一步，將所有相關的量都代入公式。剩下的純粹是些數學運算，除了平方根的部分，需要一個有平方根按鍵的計算機幫忙。注意 ΣX^2 與 $(\Sigma X)^2$ 不是同一樣的東西。前者是X^2欄所有值的總和，後者是X欄總和的平方。同樣的道理及於 ΣY^2 與 $(\Sigma Y)^2$。如果你對不同的量爲何會擺在第一步中它所在的位置，有任

何疑問，去請教你的老師，直到你完全弄懂爲止。

所有這些計算的結果是 r=−.9833。一個相當強的負相關值。可以畫一個散布圖來加以證明。資料組#1的變項可以是速度與準確度，因爲你做大部分的工作時，做得愈快，準確度愈低。資料組#1的最後一行是推論檢定的結果，下一節將針對這點加以討論。

現在輪到你了，資料組#2的相關值是多少？（問題一）

通常你不須親自計算相關係數，電腦會幫你算。這裡算給你看以

表8.1　以兩組樣本數爲五的資料組解說變項 X 與 Y 之相關係數 r 的計算過程

受試者	資料組 #1					資料組#2	
	X	Y	X^2	Y^2	XY	X	Y
1	12	19	144	361	228	13	17
2	14	17	196	289	238	19	16
3	16	15	256	225	240	20	18
4	18	13	324	169	234	17	15
5	16	14	256	196	224	10	11
總和	76	78	1176	1240	1164	?	?
	ΣX	ΣY	ΣX^2	ΣY^2	ΣXY	ΣX	ΣY

資料組 #1的計算：

$$r=\frac{(5)(1164)-(76)(78)}{\langle\sqrt{[(5)(1176)-(76)^2]}\rangle\ \langle\sqrt{[(5)(1240)-(78)^2]}\rangle}$$

$$=\frac{5820-5928}{\langle\sqrt{[5880-5776]}\rangle\ \langle\sqrt{[6200-6084]}\rangle}$$

$$=\frac{-108}{(\sqrt{104})(\sqrt{116})}$$

$$=\frac{-108}{(10.1980)(10.7703)}=\frac{-108}{109.8355}=-.9833.$$

所以 r(3)=−.9833, p<.01.

資料組 #2的計算：？？

便當你發現身處孤島沙漠時，除了一堆資料與一個計算機之外一無所有時，你可以自己計算。除此之外，你的老師可能希望你有些用資料來計算 r 的課堂作業的經驗。在那種情況之下，樣本數可能比五大得多得多，你算出來的各個總和也比表8.1所示的大得多。若果如此，作者建議你的老師給你需要計算 r 的五個總和值。

如果可以和解剖卡方公式一樣來解析相關公式，讓你能夠明白量化直線關係的方法，那會比較好。不巧，這辦不到，因為那需要一些數學背景，而大多數的你們可能沒有這個背景，所以你必須要有信心，相關公式產生的結果是具有第六章描述的所有性質。就算如此，有兩點還是需要提出來說明。第一，這個公式的計算法是根據散布圖上所有的點與最適合直線函數間平方差總和為最小的方法得來的。第二，是這個公式的分子以一種直線方式將兩個變項共同發生變化——或共變(covary)——的趨勢加以量化。因此決定了相關值的正負號。而分母部分只是將結果轉化，以使所得出來的值落入±1之間（包括＋1與－1）。

在基礎研究中很少發生研究者對變項間的關係不感興趣的現象。但是某些形式的調查研究，如公開的民意調查，主要的焦點或許是在各個需要獨立考量的單一變項。在那種情況下，用描述統計來處理，只要摘要列出回答者在各個封閉答項上出現的百分比。

推論統計

檢定相關係數是否達到統計顯著水準，不需要做進一步的計算。關於相關推論沒有獨立的統計檢定值，就上述計算相關的複雜公式而言，顯著性檢定的簡單性似乎相當清楚明白。

檢定一個相關值是否顯著，你只要在表上檢驗樣本之相關係數 r，看看該係數發生在虛無假設上的機率是多少，就和你檢定卡方值的作法是一樣的。你該用的表是附錄A中的表A.2，該表記錄下虛無假設下 r 的關鍵值。通常，你需要知道自由度即（df），以便決定要查該表的哪一橫列。就單一相關的統計檢定而言，自由度是N-2。就表8.1的例子來說，N＝5，所以自由度df＝5－2＝3。現在你必須用處理卡方的

方式來處理 r。檢視表中有關的那一橫列，看看樣本相關係數 r＝.9833
（檢定時，暫時不管 r 的正負號）如果有它自己的一欄的話，會落在何
處。但很明顯的，在這個例子裡，想像的欄位會是在最右邊。參閱該
表上頭，p＜.01。因此，就如表8.1資料組#1最後一行計算的結果所示
——r（3）＝-.9833，p＜.01——意指樣本相關係數 r，有 3 個自由度，
是-.9833，發生在虛無假設情況下的機率小於0.01。現在回想一下第四
章（表4.3，步驟7）所提供的決策法則：如果 p 是小於或等於 α（或
是，同樣的，如果推論統計檢定值是比決斷值大或與決斷值相等），
就拒絕虛無假設，否則，就不能拒絕虛無假設。如果 α 設定在.05（α
的設定必須在進行資料分析**之前**），那麼這個決策法則將會使你拒絕
接受表8.1關於資料組#1的虛無假設。

在這個情況下，虛無假設是什麼呢？是指母群的 r 等於 0。對立
假設則指母群的 r 不等於 0。拒絕了虛無假設，你做出變項間存在直
線關係的結論。第四章中所提到的所有有關推論誤差的論點同時適用
於此例。不過，之於相關，另外還要考慮一點。如果推論檢定得出p
＞.05，即使你決定不拒絕虛無假設，但是仍有可能相關的兩個變項間
存有非直線關係。最起碼，研究者會想要檢視一下散布圖，以確定有
沒有這個可能性。記住：相關係數及其統計檢定只評斷線性關係而
已。

雖然這並不是如此一目了然，但檢閱表中樣本 r 的簡單方法就是
遵照第四章討論的統計推論的邏輯。檢定用的統計值是樣本 r 的絕對
值。也可將之視為從樣本得到的 r 與根據虛無假設為真，即等於 0 的
情況下，應該得到的值之間，相互差距的測量值。樣本 r 愈大，與期
望的值0之間的差距越大，因此虛無假設發生的機會愈小。就相關的
例子而言，r 扮演 D，實際的資料，0 扮演 H 的角色，即虛無假設，
所得到統計檢定值 p（D／H），或者說，「在 H 成立的情況下，發生
D 的機率」，正是第四章所討論者。

不像卡方分析，在相關的例子裡是無法用直覺的方法來解釋自由
度的公式。大多數統計學課本所提供的原理是，通常df是資料提供的
點數減去受到限制的資料的數目。限制值是指在既定情況下被推定的

統計量的數目。就散布圖來看，很明顯的有 N 個資料點。必須用來推定適合資料的直線所需的統計量有兩個，亦即直線的斜率與 Y 的截距。所以df＝N-2。

如果你在表A.2上找不到你要的自由度，那該怎麼辦呢？大多數的情況下，你可以用最靠近但不超過你自由度的那個自由度即可。這個方法使你較不容易去拒絕虛無假設，也就是避免讓你遭到批評。例如，如果N＝78，那麼自由度df＝76，你可以用表A.2中自由度為70的值為參考。即使如此，你還是在研究報告中說明正確的自由度是76。

如果保守的方法使你得到一個幾乎顯著，但不是非常顯著的結果，那你可能需要用到外插法（interpolation）。所謂外插法是指計算你要找的那個值上下包括哪兩個決斷值之間的適當分距，下列公式可以幫助你完成這項工作：

$$CVI=CVS-〔(dfA-dfS)／(dfL-dfS)〕(CVS-CVL) \qquad (8.2)$$

dfL與dfS是圍住實際自由度dfA的那兩個較大與較小的自由度，CVL與CVS分別是dfL與dfS的決斷值。就目前這個例子來說，α＝.05，自由度76，dfL＝80，dfS＝70，CVL＝.217，CVS＝.232。注意決斷值隨自由度的增加而減少，所以CVS大於CVL。計算過程如下：

$$CVI=.232-〔(76-70)／(80-70)〕(.232-.217)$$
$$=.232-(6／10)(.015)=.232-.009=.223$$

如果實際上的 r，略去正負號不計，是大於或等於CVI＝.223，那麼 p 就小於或等於.05，那你就該拒絕虛無假設。

一如上段所述，在表A.2的每一欄中，r 的決斷值隨著自由度變大而減小。這從直覺上來講是講得通的。就一組樣本數為五的例子來說，即使當虛無假設是正確的情況下，也就是說變項間無直線相關，憑隨機方式要使散布圖上的五個點排列起來接近一直線也不是件不尋常的事。所以需要取一個非常大的樣本相關值 r（大於或等於0.878，在 α＝.05的條件之下）才能去拒絕虛無假設。就大樣本來說，要所有的點只憑隨機就會落在接近一條直線附近是非常不可能的事。因此，

一個非常小的相關就可以表示直線關係存在。所以表中常見到的較小的樣本相關 r 與較大的自由度值同時出現。

　　表8.1中資料組#2的統計檢定結果爲何？（問題二）

信度，假設檢定，與第三選擇

　　如果你是和大多數的學生一樣，你會對相關如何被用來評估兩個變項間的直線關係有相當清楚的了解。即使有忘記的可能性，你對如何用相關來評定經過精細測量所得到之變項的信度，或許仍然記憶猶新。但是你可能對這兩個主題如何連在一起，不太了解。這個問題有必要詳加討論，因爲了解信度分析能夠如何幫助你對主張沒有關係的虛無假設做出最終結論，是件非常重要的事。

　　讓我們思考一個具體的例子。假設對一組包含有54個參與者的樣本，你得到一個相關係數爲0.19，是兩個由李克特量表測出的變項－－衝動與不自主行爲－－的相關。用附表A.2，你可以進行統計檢定，很快得出p＞.10，這意謂著你不該拒絕這兩個變項間沒有直線關係的虛無假設，而且散布圖也指出不存在有非直線關係，你應該做下這兩個變項間事實上沒有關聯的結論嗎？似乎好像應該如此。

　　假定你現在知道衝動性反應的 α 係數，即第六章論及的測量信度內在一致性的值是0.28，而不自主性反應的 α 係數是0.78。那整個情況就改觀了。就第六章所提到的可以接受的信度值的基本原則來看， α 係數顯示衝動性反應的信度不夠。這必然是指你測量衝動性行爲的工具帶有很多雜音。換句話說，你並未準確地測量到這個變項。因爲你未能測得衝動性反應，所以不能對關於衝動性行爲做出任何公正的結論。你沒有比做出兩者有關的結論，有更多足夠的理由來支持衝動性反應與不自主性反應無關的結論。因爲你並沒有測到其中的一個變項，所以這項研究便無法提供一個公平檢定虛無假設的機會。在這個情況下唯一負責任的決定，反而是暫時不做任何判斷。

　　區別有關虛無假設的兩類結論非常重要。第一類，我們將之稱爲**統計結論**（statistical conclusion），是指立基於統計推論的檢定，以及

伴隨著檢定而來，扼要以 p 表達的陳述句。關於這類結論只有兩種選擇：拒絕虛無假設（p≦α）時，或無法拒絕虛無假設（p＞α）。第二類稱爲**最終結論**（final conclusion），是建立在所有研究者可以收集到的證據之上，包括統計的推論檢定。最終結論顯然是這兩類結論中比較重要的一種，通常出現於研究報告中標題定爲「討論」的章節之中，位於資料分析完成之後。表示研究者將所有資訊皆考慮過後，最後對變項間關係所下的結論。下統計結論時有的兩種選擇，下最終結論也有，只是做最終結論時多了個第三種選擇：暫緩定論（suspend judgment）。這樣一個結論可能看起來沒有什麼分量。但是，誠如上文所述，在某些情況下，這反而是最負責任的選擇，只要情況適用，都該採用。

不要誤解了這番討論中「最終」這個字的意義。「最終」並不意指無時無刻都得揭竿立影。反之，最終結論是兩種結論中比較暫時性的結論，統計結論純粹是機械式的；很明顯地不是這樣、就是那樣。相反的，最終結論通常會不斷地因收集到的資訊與可能發展的推理論辯而加以修正。所有「最終」都意謂著是研究者根據所有資料來源，對其所調查的變項之間是否有關所做出的最新判斷。從第四章有關推論誤差的討論中，你也知道統計結論不是定論，而是可以是錯誤的結論。不管怎麼說，因爲有第三種暫緩定論的選擇，所以最終結論是更爲暫時性的結論是有其道理的。

其中一項應該會影響最終結論的相關資訊來源，是關於測量信度的資訊。這個訊息相當重要，所以提供給你下面這個決策法則：先檢查信度，如果信度不是你能夠接受的，採用第三種選擇，暫緩下定論。只有在虛無假設所涉及的兩個變項的信度都在可以接受的範圍內，才可以展開嚴謹的統計推論檢定。在這個情況下，除非又有什麼其他的充分理由懷疑，否則接受統計檢定而來的結論是相當正常的。注意，這是兩個步驟的程序，先驗收信度，然後就可長驅直入統計檢定。然而，非常重要的是，只要有可能，就儘量檢驗信度，以便在下最後結論時將這項資訊與統計檢定的結果一併列入考慮。

由於初學研究方法的學生通常並沒有具備評估信度的能力，甚或

在有信度資訊的情況下，也不懂得如何正確使用這些資料來做結論，甚至常常將之完全忽略。這番討論已經對你反覆強調信度的重要性，這兩種現象應該不會再發生了才是。無法接受的信度帶有特殊的訊息：表示這項研究有測量上的問題，必須在進入有意義的虛無假設檢定之前，事先加以修正。對於這個大前提，知之與不知是有相當大的差別的。不要再犯錯了：要先得到信度的資訊，然後用之做為下結論的參考。

此外，有些同學弄不清未能拒絕虛無假設與暫緩下結論間的差別。注意，它們不是一回事。當你不能拒絕虛無假設，你是在做任兩個變項間的關係太小而達不到令你感興趣的結論。當你暫緩下定論，你是在說你不知道這兩個變項間是否有關聯，或者說，你不知道兩個變項間的關係有多強。第二個情況比第一個情況顯示出研究者對實際的狀況更沒有清楚的概念，在信度很低的情況下，最好選擇做出不太清楚狀況究竟為何的結論。

最後一點是，不管是哪一類的研究或統計分析，信度證據的含義都是相同的。信度低時，你對觀察研究、調查研究、或是實驗所探討的關係形式、統計分析所涉及的卡方檢定、相關或其他，都該謹慎小心的處理。

現在測驗自己一下，看看你是否了解利用信度證據來做最終結論的決策法則。想像一個樣本數N＝64的研究，有三個精細測量的變項：A、B、和C。A與B的相關是.52，A與C的相關是.17，B與C的相關是-.39，對這三個變項分別加以信度分析之後，得出信度係數各為.74、.68、與.26。

對於這筆資料，下什麼結論才是適當的結論？（問題三）

一個研究案例

作者研究方法課上的一班學生所進行的一項調查研究，可用來做為前面幾章所討論的許多主題的一個具體的例子。他們調查研究的目的是觀察墮胎的態度是否可由另外兩個變項——宗教涉入以及對公共

生育津貼的看法——來加以預測。表8.2列出測量這三個變項的整份調查，前六個問項是測量墮胎的態度，與表6.2上的問項完全相同，接下來的六個問項是測量關於公共救助的看法，最後六個問項則是測量宗教涉入。注意，同學們普遍使用李克特量表做爲這三個變項的測量工具。前面兩章用來測量墮胎的問項，也被用做取得有信度與效度測量建議的例證。

顯然，該研究沒有採取任何措施來掩蓋其研究目的。該班同學選擇第十四章（研究倫理）所說的「誠實的研究」的方法。選擇走「誠實研究」之路，除了有第十四章所強調的倫理道德上的理由之外，尚有更爲堅實的、基於測量程序上的考量。如果你試圖隱藏研究調查的目的而摻進補白問項，並隨機調整問項的次序，回答者自然也會嘗試去猜測你想要些什麼答案。如果他們的猜測變化多端，無可預測，就會影響到他們的答案。那麼你收集到的資料就會出現雜音，而雜音便會減少測量的信度。有些研究者從來不覺得誠實研究的方法是個妥當的方法，但是在這個例子裡，同學們覺得用誠實研究利多於弊。

從一組包括有77位參與者的配額樣本中收集到問卷的答案（其中一半是女性，一半是男性，有一份拒答）。沒有機會進行隨機抽樣，不過該班同學非常清楚在抽樣上所犯的錯誤（見前章）。全班同學暫時決定研究結果可以推論到中西部所有成年人構成的母群，不過這個想法仍有待商榷。每個變項的得分是根據第五章所討論的李克特量表的計分程序而得到的。每個變項的信度也接受 α 係數（見第六章）的評量。信度係數全部是.80或以上，表示信度頗高。

在進一步檢討研究結果以前，讓我們先談談理論。這班同學想從理論上建立起預測變項與墮胎態度有相關，而且他們也希望預測變項之間彼此沒有關係。也就是說，他們要去尋找在理論上互爲獨立的，有關墮胎態度的預測項。這是他們的作業。最後一項要求——預測項之間沒有關係存在——實際上常不容易得到。經過多次反覆思考之後，這班同學決定，對公共救助的態度與宗教涉入之間，有可能就像所有可以想像到的任何一對其他的預測項一樣，是沒有關聯的。

同時，理論上有理由相信這兩個預測項都與墮胎態度有關。關於

宗教涉入與墮胎態度間的關係是相當明確的：大部分的宗教反對墮胎，所以那些高度涉入宗教崇拜的人贊成墮胎的情緒必然不高，因為墮胎分數的計算是高分代表對墮胎採取較自由主義的態度。這班同學預期見到宗教涉入與墮胎態度之間出現負相關。

對公共救助的態度，是個頗為有趣的預測項。這班同學拿不定主

表8.2 關於墮胎態度的調查

說明：請回答下面的問題，從六個答項中選出一個你的答案。

選項：	SA＝非常同意	MD＝略微不同意
	A＝同意	D＝不同意
	MA＝略微同意	SD＝非常不同意

SA A MA MD D SD　1.我同意遭強暴者墮胎。

SA A MA MD D SD　2.墮胎不該被用做控制生育的工具。

SA A MA MD D SD　3.所有接受福利津貼者都該享有國家墮胎補助。

SA A MA MD D SD　4.墮胎應該是項合法的權利。

SA A MA MD D SD　5.墮胎是項殺人行為。

SA A MA MD D SD　6.未成年人墮胎須有父母同意。

SA A MA MD D SD　7.政府應該擴大辦理有關婦女與兒童的福利措施。

SA A MA MD D SD　8.太多經費花在政府開辦的校園午餐上。

SA A MA MD D SD　9.應該取消食物配給制。

SA A MA MD D SD　10.應該擴大辦理納稅人負擔的兒童救助。

SA A MA MD D SD　11.支助劣勢團體的稅制，不過是個點綴，應該停止辦理。

SA A MA MD D SD　12.應鼓勵政府開辦日間托嬰業務。

SA A MA MD D SD　13.我至少一星期上一次教堂。

SA A MA MD D SD　14.我試著遵守正式教會教義。

SA A MA MD D SD　15.我覺得道德發展不需要有宗教儀式。

SA A MA MD D SD　16.我很少禱告。

SA A MA MD D SD　17.我自願加入教會的活動。

SA A MA MD D SD　18.不該強制兒童上主日學。

意應該做出哪種預測才對，因爲他們對反墮胎的人的心態未能達成一致的看法。有一派同學認爲反墮胎的人尊重所有的生命，包括出生以前與出生以後的所有生命，就此他們應該是贊成針對生育所提供的公共救助方案，並且是這類方案的大力支持者。所以就這派觀點來看，會預測支持公共救助方案與贊成墮胎的態度之間的關係是負相關。另一派的看法，是由強調要有「選擇權」的同學所提出來的。這些同學認爲反墮胎的人只重視尚未出世的生命，所以可能較不重視一旦小孩生出來以後所需要的公共救助，所以這派看法預測贊成公共救助方案與贊成墮胎的態度之間是呈現正相關。這兩派看法都受到強烈的支持。至少這班同學遇上了和他們切身相關的問題。

現在該談研究結果了。一如預測（與第六章所告知的），宗教涉入與贊成墮胎的態度間呈現高度的負相關（$r=-.74$；$p<.001$）。這班同學要求預測項間沒有關聯也兌現了。這兩個變項間的相關並不顯著（$r=-.19$；$p>.05$）。至於支持公共救助方案這個預測項而言，贊成要有選擇權的同學所做的預測比較正確。支持公共救助方案與贊成墮胎的態度之間存在有中度相關，且達顯著水準（$r=.29$；$p<.01$）。

誠如你所料，故事並未就此結束。反對墮胎的同學對此研究發現感到十分困惑。在知道這個結果之後，他們開始深思，這令他們的老師感到非常的高興（要是有辦法讓贊成墮胎的同學陷入相同的困境那就好了！）。數日之間，一個自許爲生命權的支持者的同學帶了下面兩個問題來向我報到：反墮胎的人是個如假包換的保守主義者，他們反對公共救助方案並不是因爲他們不重視孩童的需要、而是因爲他們了解到所有政府執行的方案到頭來都會毫無廉恥地白白浪費金錢。就如第一章所提出來的標準而言，這是個不錯的理論，因爲它提出了一個相當清楚的預測：如果該班同學用贊成私人救助取代公共救助，結果可能會完全相反。亦即，這個預測項與贊成墮胎的態度之間的相關可能會變成負向的。

這個同學的理論稍微有一點毛病，你看得出來嗎？（問題四）

反正，檢視這位同學預測的後續研究尚未展開。猜猜看，猜猜看！

高等相關分析

本章以討論若干高等相關技術的用法做爲整章的結尾。這些先進技術使研究者能夠找出眞正可能的原因。你已經知道單憑兩個變項間的簡單相關是無法指出哪個變項是因，哪個變項是果。但是若能得到多個變項間的相關，那就有辦法從這些變項中抽離出一些原因來。

淨相關（partial correlation） 當下最爲簡單的例子是，當你在解釋兩個變項 A 與 B 時，要想決定第三個變項 C 的角色的那種情況。如果這三個變項都可以測量到，那就有可能計算出 A 與 B 兩個變項間的淨相關。這是說，把 C 的影響給「排出」之後，或是在將 C 的影響力用統計的方式讓它維持固定不變的情況之下，求得的 A 與 B 間的相關。顯然，如果 A 與 B 的相關，在 C 的影響都已經用統計方法處理掉之後，仍然維持高度的相關，那 C 就無法充分解釋 A 與 B 間的簡單相關。反過來說，如果 A 與 B 間的淨相關跌到 0，那麼 C 的中介效果就足以充分解釋 A 與 B 間的簡單相關。這種結果表示 A 與 B 之間沒有直接的因果關係。所以，淨相關是提供研究者三個測量變項之間可能存在因果關係的一項非常有用的資訊。

在本章開頭提到的那個研究裡，費里斯與金恩便用到了淨相關。他們的理論模型，如圖8.1所示，暗示年齡與績效評估之間沒有直接的因果關係。相反的，年齡的作用只會透過對巴結行爲的直、間接影響才有效果。據此，該模型預測年齡與績效評估間的淨相關，在把巴結行爲的影響排除之後，應該是 0。事實上是-.01。回想一下，年齡與績效評估間的簡單相關是-.19（p＜.05）。如此說來，可將年齡對績效評估有直接因果關係的看法去除。

費里斯與金恩的模型同時也預測，在將人際距離的影響給排除之後，年齡（透過對巴結行爲之直接影響）對績效評估存在有間接的影響量。這個預測在本章前面部分已經討論過了。可惜，這個分析與該項預測並未吻合。年齡與績效評估間的淨相關，將人際距離的作用排

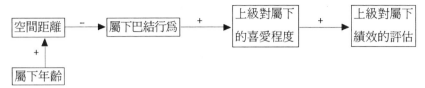

圖8.2　爲費里斯與金恩研究結果支持的、有關績效評估的理論模型

除之後，是-.04（p＞.05）。這樣一來，若將透過巴結行爲的影響力排
開，年齡對績效評估沒有影響力，而且若排除透過人際距離的作用，
那麼年齡與績效評估間也沒有關聯。淨相關的結果建議另一個更加令
人滿意的理論模型，如圖8.2所示。其中年齡與巴結行爲之間沒有直接
關係。這個模型當中，若將人際距離或巴結行爲的影響力給排除，那
麼年齡與績效評估之間的關係將會被徹徹底底地摧毀。

　　如果你眞的夠聰明的話，你不會同意把介於年齡與績效評估間變
項的順序，隨便加以調動，都會產生與上述相同的結果。也就是說，
在圖8.2中的人際距離可以出現在巴結行爲之後而不是出現在它之前。
的確如此，研究者必須計算出更多的淨相關值才能將這幾項中介變項
確切的先後順序交代清楚，而這項工作是費里斯與金恩尙未做到的。
他們主要的目的在顯示年齡的效果只是透過其他變項的中介作用才產
生的，而他們的確成功地達到了這項目標。

　　多元回歸（multiple regression）　淨相關統計方法的另一種延
展，是靠一種稱爲**多元回歸**的技術來完成的。多元回歸不但對單一結
果變項 A 施加測量，而且也對許許多多的原因變項如 B、C 等也一併
加以測量出來。這項統計分析法會找出最可能出現的原因變項的組
合，亦即與該結果變項 A 有最高度相關的數個原因變項間的加權總
和。尤有甚者，這種分析也提供研究者每一個可能的原因變項的淨影
響力的訊息。亦即，多元回歸提供將其他變項作用除去之後，每一個
可能的原因變項與該結果變項的淨相關值。這樣就可以幫助研究者決
定在其他潛在原因排除之後，每個潛因是不是還夠得上是一個能夠對
結果變項發生作用的可能原因。藉著這種分析之助，若發現不只一個
原因有影響力，那將不會是一件不尋常的事。

　　前章所討論有關貝里葉與羅寶對農民情緒低落的研究，便是一個能夠彰顯多元回歸用處的例子（Belyea & Lobao, 1990）。這兩位學者的研究目的是在顯示客觀壓力的來源（如社會人口因素、農地結構、經濟不穩定等等變項）主要是透過心理變項，諸如對經濟困境的感受，承受的壓力等等因素的中介作用，而影響到農民，使之情緒低落。回想一下，這兩位學者提出的變項間的簡單相關和他們提出來的理論之間搭配得非常完美。但是多元回歸夠提供更多更有說服力的證據。在分析時，情緒低落是結果變項（在多元回歸的術語裡頭，稱爲依變項），而其他所有的變項是潛在的原因（稱爲自變項）。結果顯示與情緒低落有最高度的淨相關的原因變項是對經濟困境的感受程度與承受的壓力大小，一如預期。另一方面，各個客觀變項的淨相關值不是大爲減少，就是完全被除去。

　　提供你一項日本自殺研究做爲展示多元回歸功力的第二個例子。黑須（Kurosu, 1991）希望能夠對日本鄉村地區的自殺率高於都市地區的現象，即與大多數西方國家的模式完全相反的情形，加以解釋。黑須覺得同樣的社會因素——都市化與工業化——影響到任何一個國家的自殺率。這些社會因素直接影響到社會解體的程度，一個中介變項，該中介變項再直接影響到自殺率。嚴重的社會解體產生高額的自殺率。而社會因素對社會解體的作用端視各個社會文化價值而定。在西方社會，都市化與工業化導致嚴重的社會解體，因此產生高額的自殺率。在日本發生的狀況正好相反。圖8.3提供你解釋日本狀況的理論模型，該圖與用來解釋美國的情形是個完全相同的模型，除了在美國的模型中，所有的箭頭都是帶著正號。

　　　　你看得出來爲什麼嗎？（問題五）

　　黑須對這個日本模型進行檢證，使用省級（日本最大的地方政府單位）的資料作爲研究分析的單元。以每個省1980年的自殺率爲依變項，自變項包括都市化（每個省的人口中，住在有50,000人及其以上的都市的比例）、工業化（每個省的平均國民所得）、以及兩個社會解體的指標——每個省鰥夫寡婦人口與老年人口的比例。最後兩個變項

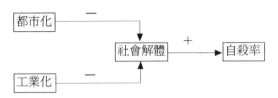

圖8.3 影響日本自殺率因素的理論模型

　　代表正向指標，表示比例愈高，這個省的社會解體程度愈嚴重。你或許不相信這個理論，但是黑須卻提得出面面俱到的原理以及研究文獻的證據支持。

　　這些變項之間的簡單相關都展現出如預期的模式。都市化與工業化和社會解體的兩個指標與自殺率之間皆是負相關。另一方面，社會解體的兩個變項皆與自殺率呈正相關。所有的相關值皆很大（連最小的絕對值都有.51），並達顯著水準（p<.01）。

　　要真正檢驗這個理論模型需要用到多元回歸分析。將自殺率當做依變項來處理。圖8.3意謂著扣除社會解體的中介影響後，都市化與工業化應該對自殺率沒有作用才對。據此，如果社會指標中的任何一個變項連同都市化與工業化一塊擺進回歸分析中自變項的位置。那麼這個社會解體指標與自殺率的淨相關應該仍維持原來較為偏高的值，但是都市化與工業化和自殺率的淨相關值應該都接近於 0。結果真的就是這樣。

　　結構模型法（structural modeling）　最後一組技術，稱為因果或結構模型法。這個技術使研究者能夠將一個預定理論模型套進一組受測變項間所觀察到的關係當中。這個理論模型通常包括有因果關係，亦即一個被設定為原因的變項與另一個被設定為結果的變項間的關係。這個模型可以容納相當多組複雜的因果關係模型。這套分析模式是提供研究者衡量理論模型與被觀察之關係間有多搭配的測量方法。如果研究者能夠顯示他所設定的因果模型與觀察到的資料之間搭配的很好，或是要比另一個模型來得好，那麼研究者就有足夠的理由，增加他對自己所提出來的模型之中的因果關聯的信心。

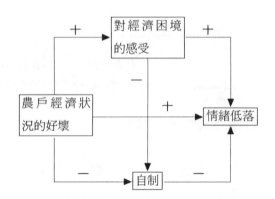

圖8.4 阿姆斯壯與舒爾曼提出的農民情緒低落的理論模型

第二個農民情緒低落的研究可以用來做爲彰顯結構模型法的例子
（Armstrong & Schulman, 1990）。這份研究出現在同年同一份期刊刊出
貝里葉與羅寶的研究之後。社會學家寶拉阿姆斯壯與麥可舒爾曼
（Paula Armstrong & Michael Schulman）的理論模型，見圖8.4。這個模
型刪除了早期研究中的社會人口與農地結構這兩個變項，留下農戶經
濟狀況好壞做爲唯一的客觀壓力來源。經濟狀況的好壞、感受到生活
艱困的程度、與情緒低落的測量方法與早先的研究相當類似。自制則
由壓力感受量表中的一組問項來加以測量，所以與貝里葉與羅寶的壓
力感受變項並沒有什麼差別。研究目的和早先的研究一樣，是在顯示
客觀的壓力來源會受到心理變項的中介影響。但值得注意的是，這個
模型同時也包括了經濟狀況的好壞與情緒低落間的一個直接關係，這
是與貝里葉與羅寶模型最重要的分界點。

這些變項的簡單相關，似乎相當吻合當初理論模型的預設。但是
當阿姆斯壯與舒爾曼使用稱爲LISREL的電腦程式（意指線性結構關係
LInear Structural RELations）來評估理論模型與收集到的資料間的配合
程度時，結果令他們大吃一驚。整個模型與資料搭配得四平八穩，只
有模型中的兩個環節並未達到顯著水準。這兩個脆弱的環節是經濟狀
況的好壞與情緒低落之間的關係，以及經濟狀況的好壞與自制間的關
係。將這個模型稍加修正，即把那兩個環節刪除之後，結果發現與資

料搭配得更好，遂被研究者接受為能夠配合他們資料，最能解釋農民情緒低落的模型。注意，這個修訂之後的模型完全和貝里葉與羅寶的研究相符，客觀變項、經濟狀況的好壞、與情緒低落之間沒有直接關聯，壓力的客觀來源完全受到心理變項的中介作用。如此一來，這兩份使用不同高等相關技術的研究，得到相同的結論。

高等統計分析這節所引述的每個研究都曾提出警告，呼籲做因果論斷時要相當小心謹慎。例如，阿姆斯壯與舒爾曼指出他們的分析假定情緒低落是結果變項。因為所有的變項都在同一個時候測量得到，他們的資料中沒有辦法排除掉會有一個情緒低落可能在理論順序上發展在先，是感受生活困苦或壓力的原因的模型。這整個經過的教訓是：這裡所討論的先進技術可以幫助研究者排除某些因果關係以及某些理論模型的存在可能性。雖然如此，仍然會留下許多足以解釋資料、但內部因果環節卻大相逕庭的模型。因此，若就此認定剩下來的各種模型中的任何一個是最好的，或是唯一適當的理論解釋，經常是不智之舉，而且很難自圓其說。

摘要

就開放答項的未結構化訪談法來說，資料分析可以是定性的，一如田野觀察，也可以是定量的。量化要求登錄資料，也就是針對開放式的答案建立起客觀的類別。需要用交互登錄一致性來檢驗登錄系統的信度。最後，登錄產生的資料型態決定了統計分析的類型。

就封閉式的結構性問卷而言，分析多個答項的量表分數通常涉及到用相關係數，r，的計算來描述每對變項間的直線相關。檢定母群相關為 0 的虛無假設之道，是查閱表中樣本 r 出現的機率，並將此機率與 α 加以比較。在做最終結論之時，應將信度係數一併列入考慮。基本的原則是如果信度係數太小，暫緩對虛無假設下定論。否則，在其他的情況下，可利用統計推論之檢定以及其他相關的資料，決定該做拒絕還是接受虛無假設的選擇。本章最後探討一些使研究者能從相關

的結果中窺出一些有關原因訊息的高等統計技術，包括有淨相關、多元回歸、結構模型法。

問題解答

問題一：$\Sigma X = 79$, $\Sigma Y = 77$, $\Sigma X^2 = 1319$, $\Sigma Y^2 = 1215$, $\Sigma XY = 1250$, $N = 5$.

$$r = \frac{(5)(1250) - (79)(77)}{\langle\sqrt{[(5)(1319) - (79)^2]}\rangle \ \langle\sqrt{[(5)(1215) - (77)^2]}\rangle}$$

$$= \frac{6250 - 6083}{\langle\sqrt{[(6595 - 6241)]}\rangle \ \langle\sqrt{[(6075 - 5929)]}\rangle}$$

$$= \frac{167}{(\sqrt{354})(\sqrt{146})}$$

$$= \frac{167}{(18.8149)(12.0830)} = \frac{167}{227.3404} = .7346.$$

問題二：$df = N-2 = 5-2 = 3$ 所以，$r(3) = .7346$，$p > .10$。

問題三：自由度＝62。統計檢定如下：變項 A 與變項 B 之相關為 $r(62) = .52$，$p < .01$；變項 A 與 C 之相關 $r(62) = .17$，$p > .10$，變項 B 與 C 之相關 $r(62) = -.39$，$p < .01$。A 與 B 之信度是可以接受的（大於.50），但是 C 的信度太低不能接受，所以最後的結論是暫時不對 A 與 C 以及 B 與 C 間的相關做下任何定論，但是拒絕 A 與 B 之間無直線相關的虛無假設。這意謂著：A 與 B 之間存有正向的直線關係；而一個更為完善的測量 C 的工具，有待發展。

問題四：假設正牌的保守主義者是與高度的宗教崇拜一併發生（這是個存疑待查的假設），那麼預測變項之間的關係就應該為負相關。也就是說，正牌的保守主義應該有高度的宗教涉入並且對公共救助支持度低，這將會導致宗教涉入與支持公共救助間呈現負相關。這正如正文中所提到的，兩者的相關值

是-.19。但是未達顯著水準 p＞.05。這個結果到底有多接近？查閱表A.2，自由度＝75之處（可用df＝70取代之）。你將發現 p 接近.10（實際上 p＝.095）。所以這個結果已經夠接近值得注意的程度了。你若把這個研究看成探索性研究的話，更是如此。

問題五：就黑須看來，在美國，不是高度都市化，就是高度工業化和高度社會解體一併發生，不然就是兩者同低的情況。如此一來，預期的相關會是正向的。同時，所有的社會裡，高度社會解體應該會和高額的自殺率，一起出現，不然就是兩者皆低的情況，這又意謂著另一個正向的相關。

進一步閱讀書目

洛林（Loehlin, 1987）著有一本結構模型法導讀的書。龍內堡（Lunneborg, 1994）在其著作中提供了如何用一般模型法來做資料分析的說明，並且寫了篇相當精采的介紹回歸分析的導論。卡奇根（Kachigan, 1991）著有一本介紹許多高等資料分析技術的導論，可讀性甚高。派德哈左與施梅金（1991）對同一個主題，亦有所討論。宋代克（Thorndike, 1978）寫了本關於高等相關分析、幾何數量解析的書，兼具可讀性與深度。

參考文獻

Armstrong, P. S., & Schulman, M.D. (1990). Financial strain and depression among farm operators: The role of perceived economic hardship and personal control. *Rural Sociology, 55*, 475–493.

Belyea, M. J., & Lobao, L. M. (1990). Psychosocial consequences of agricultural transformation: The farm crisis and depression. *Rural Sociology, 55*, 58–75.

Ferris, G. R., & King, T. R. (1992). The politics of age discrimination in organizations. *Journal of Business Ethics, 11*, 341–350.

Kachigan, S. K. (1991). *Multivariate statistical analysis: A conceptual introduction*. New York: Radius Press.

Kurosu, S. (1991). Suicide in rural areas: The case of Japan 1960–1980. *Rural Sociology, 56*, 603–618.

Loehlin, J. C. (1987). *Latent variable models: An introduction to factor, path, and structural analysis*. Hillsdale, NJ: Lawrence Erlbaum.

Lunneborg, C. E. (1994). *Modeling experimental and observational data*. Belmont, CA: Duxbury.

Pedhazur, E. J., & Schmelkin, L. P. (1991). *Measurement, design, and analysis: An integrated approach*. Hillsdale, NJ: Lawrence Erlbaum Associates.

Thorndike, R. M. (1978). *Correlational procedures for research*. New York: Gardner Press.

第9章

實驗法：基本概念與程序

　　社會心理學上的一項最有名的實驗是菲利浦辛巴度（Philip Zimbardo）的監獄模擬實驗（prison-simulation experiment）（Haney, Banks, & Zimbardo, 1973）。一般人卻常常因爲對實驗方法的基本概念與程序缺乏了解，而對這個實驗產生誤解。對實驗法的缺乏認識，使人無法洞悉這個研究中的關鍵，因而錯失了其重點。融會貫通本書對實驗方法的講解之後，相信你就不會犯下相同的錯誤。

　　監獄模擬實驗的參與者是22位男性大學生，在被選爲參與者之前，他們都通過嚴格的生理與心理健康測驗，然後再被隨機分配去扮演獄卒或囚犯的角色，這個模擬的監獄環境是設在史丹佛大學心理學系館的地下室，扮演獄卒者都穿上卡其制服、戴上反光太陽眼鏡、並佩帶有警棍與警哨；扮演囚犯的學生則穿上棉製工作服、頭戴長形尼龍帽、腳穿塑膠脫鞋、並以鐵鍊拴住兩腳。除了不准對犯人拳打腳踢之外，獄卒可使用各種方法來維持秩序，於是獄卒與「典獄長」（一位研究助理）便發展出一套監獄看守的法則。另一方面，實驗並未規定囚犯該如何扮演他們的角色，不過爲了逼真起見，扮演囚犯者的學生都在自己的住所中被真正的警察逮捕，接著被押解到警察局，然後又被蒙住雙眼，帶到模擬的監獄中。

　　數天之後，發現令人十分震驚的結果，獄卒對待犯人的態度變得愈來愈殘忍。舉例來說，一天之中囚犯被集合點名三次，並被拷問獄規條文。實驗開始時，一次點名的時間不過十分鐘，然後時間愈拉愈長，有時甚至長達數小時之久。在其他方面，獄卒對待囚犯的態度也愈來愈不仁道。犯人曾經嘗試抵抗，後來按照體制規矩，組織起訴願委員會（grievance committee），結果一切都白費力氣，最後他們終於放棄抗爭，試著認命。但是其中有五位犯人不甘就此認命，開始出現情緒不穩定的癥狀，以致必須中止對他們的實驗。而整個狀況也逐漸失控，使得原本預計進行兩個星期的實驗，不得不在短短的六天內叫停。

　　一般人對此實驗最常見的誤解是認爲有殘暴傾向的人多半自願擔任獄卒的角色。這種解釋忽視了實驗法的一項重要的程序細節，即**隨機**指派角色給參與者。你將會看到，將誤差來源隨機化的能力是區別

實驗法與其他研究方法的一項關鍵特色。常在一般人身上見到的第二種解釋是，由於人性的弱點，所以傾向於負面反應，所以才有負面的結果出現。這樣的解釋或許真的帶有幾分真理，但是其他的研究也曾顯示像助人之類的正面行為也受到環境操弄的影響（例如，Darley & Batson, 1973）。為這項解釋所忽視的是，獄卒與罪犯反應上的差異，殘暴與情緒不穩定兩者雖然皆是負面的結果，但是他們是相當不同的結果。這項差異可以直接歸因於參與者被指派去扮演的角色。研究者的用意是在用指派扮演社會角色的類型，來彰顯社會環境所造成的衝擊，而非內在因素諸如「人性」所造成的影響。強調人性，一般人忽視了另一個實驗方法的辨識特徵——即一個受到操弄的自變項——所扮演的關鍵角色。

如果你對實驗法有這番透徹的了解，要你錯過實驗法的這項重點是非常不可能的事。這番了解將會使你把注意力集中在自變項及其影響之上。同樣的，它也會使你了解到隨機指派實驗狀況在研究結果解釋上的重要性。因此，培養能夠正確詮釋實驗結果的能力，會是研究實驗方法的一個好的理由。正如在第二章中所指出的，研究實驗方法的第二項重要理由是，它具有明確指出造成關係成因的獨特特徵。正因為它把焦點集中在原因的探究，許多研究者視實驗法為所有研究方法中最為重要的方法。不論你是否同意，你肯定能夠體會實驗法確實是值得研究的一個方法。

本書以審視實驗法的基本概念與邏輯做為本章之開始。然後描述用在好的實驗裡的標準實驗設計，並將之分為兩大類。最後將針對如何計劃、執行好的實驗提出若干建言，以做為本章的結束。下一章將詳加處理一個重要主題，即如何進行讓研究者能夠清楚做出關乎因果結論的正確實驗。

基本概念

第二章描述了一個關於挫折影響攻擊的假設性實驗。回想一下高

挫折是藉著指派給參與者一道解不開的謎題，但卻告訴他們一個聰明的人大約可以在兩分鐘之內，提出解答的方法來產生的。低挫折則是靠給參與者一道很容易就解開的謎題來產生的。攻擊則是由計算接到謎題的五分鐘內，參與者踢、打、搥巴布娃娃的次數來加以測量的。藉著這個實驗，下文將逐一複習實驗法的基本概念。其中的討論也將顯示這些概念可以如何應用到辛巴度監獄模擬實驗。

變項的類型

任何實驗都包括許多不同類型的變項。這些變項都可依據它們在實驗中所扮演的角色而分為四個基本類型。

自變項 在一個因果關係中被認定為原因的變項即為自變項。在實驗中，實驗者操弄自變項。**操弄**意指由實驗者定出這個變項的值，並按照實驗者本身的判斷，將這些值分派給實驗參與者。實驗者決定哪些參與者將具有這個變項的某個值，事實上，就是由實驗者派定的值取代參與者原先就具有的值。出現至少一個受實驗者操弄的自變項便是實驗法的辨識特徵。

自變項的值也通稱為實驗**處理**或**狀況**。在那個挫折實驗中，自變項是挫折，有兩個值：高與低，是用無法解答與很容易解答的謎題來產生的。實驗者以隨機的方式將這兩個值分派給參與者。在監獄實驗中，自變項是每個參與者被分派去扮演的角色：它的值是獄卒與人犯，這些值的產生則如前述，是靠每個角色扮演所需的道具裝扮而得，也是以隨機的方式指派給參與者。注意：從一個普通的概念轉化成實驗中的一個自變項的若干值，是需要有個操作型定義。也就是說，是要本食譜精確地說明變項要有哪些值，各個值是如何產生的，以及將會如何把這些值指派給參與者。

在前述兩個例子裡的自變項都有兩個狀況，或者說有兩個值。兩個是任何一個好的實驗最起碼必須具備的狀況，因為誠如第二章中所提到的，你必須至少檢定一個變項的兩個值才能決定一項關係存在與否。在第十二章以前，本書將把焦點擺在最最簡單的一個好的實驗設計，即一個帶有兩個值的單變項。有時候，實驗中的兩個值或兩個處

理被稱爲「實驗的」或者「控制」狀況。這個術語通常用在「控制」狀況中包括了沒有處理的情境，譬如，沒有挫折。因此，這個術語不會用在本書所描述的挫折實驗，因爲該實驗只比較高、**低**挫折，而不是高挫折與**無**挫折的狀況。同樣的，在監獄研究中，很難說得通獄卒與犯人其中任何一個情況夠得上是沒有處理的控制狀況。

依變項 實驗中，依變項是一個因果關係中被認定爲結果的變項。是由測量得到的，最好是用第五章所界定的，產生精細資料的方式測量得到。不過不論哪一種情況，都必須下操作型定義，以便把如何測量依變項的方式交代清楚。實驗的目的乃是在發現依變項上分數的變化是否有系統地按照實驗者設計的自變項上分數的變化模式而發生變化。若要得到正確的結論，測量依變項的工具必須具有信度與效度，是極爲重要的。因此，對於依變項的操作型定義必須審愼考慮，或許可同時使用不只一個操作型定義。就以挫折實驗來說，依變項是攻擊行爲，它的操作型定義是在緊接著進行解答謎題的五分鐘觀察時間內，參與者踢、打、搥巴布娃娃的次數。就監獄實驗而言，涉及數個不同測量依變項——「對指派角色的反應」——的方法。例如，對錄影帶上呈現的與直接觀察的結果加以內容分析，以便統計出質問、命令、威脅、侮辱、抗拒、與援助等行爲發生的次數。同時在數個不同的場合中，也根據標準化的形容詞校閱名單，評估參與者的心情狀態。這些以及其他的方法都算是測量參與者對他們在實驗中所扮演角色不同層面的反應的各種操作型定義。

外在變項 一類非常重要的變項，是包括自變項與依變項之外，這個宇宙間的所有變項。這些變項是潛在的、可能是自變項以外會造成依變項上任何變化的原因。因此，研究者若希望能夠充滿信心地說他選出的自變項，是造成依變項在各種情況下發生的任何變化的原因，那麼他就必須將這些外在變項給排除。

這麼廣大的一類變項，是可以根據它們是否被排除以及將它們排除的方式，做三階段的分類。其結果列在第二章圖2.2，始於以「其他可能原因」爲開頭的那一支。第一個分類判準是研究者根據經驗來判斷某個變項是否與依變項有關聯。如果答案是肯定的，該變項將會被

當做**有關聯**的變項來考慮，所以是研究者必須加以處理的變項。如果答案是否定的，那麼該變項將被認定爲**沒有關聯**，無須加以進一步的處理。這裡所涉及的推理相當簡單：若一個變項與依變項有因果關係，首先必須要有關聯才行。因此，被判斷爲與依變項無關的變項，便不夠資格稱爲原因。誠如第二章所說的，在挫折實驗中，智力會被視爲有關聯，而威尼斯的地理位置則沒有關聯。在監獄實驗中，參與者的人格很明顯地會被認定爲有關聯，而頭髮的顏色或許會被認爲沒有關聯。注意，因爲這涉及到判斷，有可能會受到質疑，謹慎的研究者在計劃進行研究時，就該曉得有受到質疑的可能性存在。

　　有關聯的變項被稱爲**外在**變項，可分爲會加以適當地處理的與不準備加以處理的兩種。第二章中，創造出「中立化」這個詞來描述前面這個類別。大家都同意後一類變項稱做**複合**變項，因爲在實驗中這些變項仍然有可能是取自變項而代之的原因變項。如果在挫折實驗中研究者沒有處理智力這個變項，就會有人批評道：智力較高的參與者在低挫折情境下很快就會找到答案。如此一來，在高挫折情況下所見到的高攻擊行爲，可能是在那個情境下參與者智力較差所造成的結果，而不是因爲碰上一個解不開的謎題。因此，指出挫折是一個原因變項的效力便受到限制，因爲挫折與智力間存在有複合的關係。爲了避免這類的問題，實驗者必須確定將所有的外在變項都加以中立化。

　　外在變項的中立化在程序上可以經由控制或是隨機化的方式來達到。一個**受到控制**的變項在某種意義上來說，是指保持不變。一個**被隨機化**的變項是指以隨機的或無法預測的方式，放任其變化。不管是哪一種情況，變項的值不會隨自變項而產生有系統的變化，自然也就不會和自變項複合在一塊了。同時該變項的值也不會隨依變項而產生有系統的變化，因此也不會和依變項產生關聯。據此，該變項成爲自變項與依變項間所有可能出現的關係中的一個原因的可能性，便被排除了。被控制住的變項則不會和自變項或依變項產生關聯，因爲控制變項是不被允許產生變化的——是涉入任何一項關係的必要條件。隨機化變項的變化則無法預測，因此也就不會與其他的變項產生有系統的變化。

控制通常用在中立化環境的狀況，諸如燈光、溫度等等因素之上，而且只是單純地使這些因素在所有的實驗狀況（也就是在自變項所有的值上）下都保持固定不變。以監獄實驗來說，犯人與獄卒皆被安排在相同的監獄環境之中。只有在他們分派到的角色上有所不同。你應該可以想像得到，在假想的挫折實驗中，是使用同樣的手法來完成環境控制。通常隨機化是用來中立化參與者在智力或是情緒這類特質上的差異。在監獄實驗中，這類變項是以隨機指派參與者去扮演獄卒或是犯人的方式來處理。同樣的，在挫折實驗中，你應該可以想像得到，是指參與者被隨機地分派去解兩種不同形式的謎題中的一種。

抽樣變項（sampled variables） 和其他的研究一樣，實驗也包括抽樣變項。一個抽樣變項是指研究只包括這個變項所有可能出現的值中的一部分。本書前面數章已經討論過從樣本對母群做有效度的通則化時所涉及的原則。問題的關鍵在於樣本所包括的值是否夠代表母群較為廣大的值群。若夠，便有可能進行有效度的通則化。從事實驗研究時，有些變項被研究者廣泛地加以抽取，以期樣本能夠代表母群，以便有效度的通則化成為可能。諸如此類的變項有參與者，以及包括字詞、圖片、問題在內的刺激。此處的問題是，樣本是否足夠大而且不偏誤，這些議題已經在第七章討論過。其他變項的取樣則相當有限，犧牲掉代表性以換取對另一個目的——即控制——的追求。這類的例子包括實驗者（一個，或者最多少數幾個）以及環境情況，諸如地點、溫度、燈光等等，通常這類因素皆維持固定不變。建立在這些變項上的通則化，承受的風險較高。抽樣的考量也有應用在自變項與依變項上。不論在哪個狀況下，研究者都可進一步追究操作型定義能夠代表理論概念的程度，也就是，該操作型定義代表由這個概念所有可能的操作型定義構成的母群的程度。同時，也可深究每個變項的值代表由該變項所有可能的值形成的母群的程度。諸如此類的問題關涉到實驗的結果可以通則化的廣度。

你應該知道通則化與控制是兩個正好相反的目標。前者追求抽樣的廣度，後者力求抽樣的窄度。正由於實驗強調控制，所以始終值得仔細考慮實驗發現會因此而受到多少限制的問題。

總之，如果研究者對變項關係所下的判斷，都提供了充分的說明，並且對所有外在變項都加以適當的中立化處理，這個實驗在程序上來說便非常地穩當健全。也就是說，在這個實驗裡沒有糾纏不清的複合作用，而自變項就是在其與依變項之間所有可能被發現的關係中的那個原因。合乎這個評鑑的實驗便具有**內在效度**（internal validity），簡單地說，就是沒有複合作用存在。如果實驗結果可通則化到實際上被抽樣的其他狀況，那麼這個實驗便具有**外在效度**（external validity）了。內在效度至為關鍵。沒有了內在效度，無法將實驗明白地解釋清楚。下一章絕大部分便是處理如何獲得實驗的內在效度的問題。外在效度也很重要，如果無法將實驗結果通則化到獲得它們的特定情況之外，那麼實驗結果不可能具有多少理論上的，甚或實用上的影響力。有了內在效度，你會儘可能想要得到同等量的外在效度。如果你想要這個實驗受到重視的話，它勢必要有點外在效度。第十三章整章都在處理外在效度的問題。

效度的類型

現在你已經在許多不同的情況下都讀到效度這個詞，或許你已經對這個詞感到厭煩，同時也深感困惑。這種反應是可以理解的，不過救援馬上就到了。首先，值得注意的是，效度這個詞永遠是指一項推論的正確性而言。在一項古典的實驗處理中，庫克與康貝爾（Cook & Campbell, 1979）將效度及與之結合的推論分為四大類型。本書將他們的分類架構稍加修正之後摘列於表9.1中。**統計結論效度**（statistical-conclusion validity）是指推論的效度是建立在統計學的推論檢定之上。統計推論的基本邏輯以及據此而來所可能犯下的推論錯誤，已經在第四章中討論過了。**測量操弄效度**（measurement-manipulation validity）是指對哪個（或哪些）變項要加以特別測量或操弄做出的推論具不具有效度而言。這個問題經常提到，並且在第六章討論測量效度時曾做過最為詳盡的探討。誠如上面一段所做的討論，**內在效度**是指對研究結果成立的原因所做出的推論具不具有效度而言；而**外在效度**則是指對研究結果的通則性所做出的推論具不具有效度而言。所以事實上只

有四種效度類型，其他你可能會碰到的、涉及到這個詞（例如「生態效度（ecological validity）」）的任何片語，都可能是這四大類型中的一種（就這個例子而言，屬於外在效度）。

表9.1 效度類型的分類

效度的種類	所處理的推論
統計結論	立基於統計檢定的結論
測量操弄	測量或操弄所涉及的變項
內在	研究結果中的原因變項
外在	研究結果的通則性

實驗法的基本邏輯

實驗的目的是在建立依變項在各種狀況下所發生的任何有系統的差異都是自變項造成的結果。回想第二章所提到，變項只有在其他潛在原因都被排除的情況下，它的變化同時伴隨著另外一個變項出現相對應的變化，才有資格被稱為原因變項。像這樣一個變項或許可以視為符合第二章定義下的充分機率原因。這個原因變項的定義意謂著候選的潛在原因變項必須符合三個條件：必須出現在結果變項之前；必須與結果變項有所關聯；必須是調查情境下唯一候選的潛在原因變項。

實驗設計要符合這些條件。先操弄被設定的原因（自變項），然後測量被設定的結果（依變項）（此乃條件一）。或是出於經驗判斷，或是藉助控制與隨機化的方法，排除所有其他候選的潛在原因（此乃條件三）。然後評估自變項與依變項間的關係（此乃條件二）。實驗的基本邏輯是，如果符合所有對原因變項的要求，那便可由此推知該候選的原因變項（受操弄的自變項）確實就是造成候選的結果變項（受測量的依變項）出現有系統變化的原因。任何一個實驗，若滿足了用以推論原因的條件，便具有內在效度。

　　若能將這些條件謹記於心，那你對平日生活中的因果推論亦將駕輕就熟。日常生活中一項持續出現的錯誤是，找到一個可信的原因之後，便馬上放棄了對其他可能原因的思考。第一個出現的、令你滿意的原因，並不見得是眞正的原因。這種傾向是可以透過自我訓練，不斷追問是否所有同樣可信的其他原因都已經給排掉了，來加以克服。做一個簡單的小實驗來檢驗一下候選的原因變項，經常是可行的。舉個例來說，當你打開電源，立體音響調節器的展示燈不亮。你的第一個反應會是：調節器壞了，這回又要花一大筆錢去修。冷靜下來，想一想。如果調節器是關著的，那麼不受調節器控制的其他部分應該運作正常。那麼試試光碟機看看，光碟機的顯示燈也不亮。那必定是電源線的保險絲壞了，檢查看看，嗯，沒壞。那麼，一定是有人把電源線從牆上給拔掉了。等一下，是插著的。這個房間的其他電器運作正常嗎？

　　這裡有一個簡短的自我測量。下面扼要地描述了作者研究法課堂上同學做的兩個實驗。

　　　你能說出每個實驗中的自變項和它的值、以及依變項嗎？（問題一）

1. 參與者讀到一則關於都市槍擊殺人犯罪的報導。其中一個版本指出此與吸毒有關。另一個版本，則指出此案爲一件「路過」臨時起意的槍擊殺人犯罪。讀畢，參與者評定他們對進入都市會感到恐懼的程度。

2. 讓參與者看一份候選人史密斯的競選海報。一個版本凸顯史密斯正面的特質；另一個版本強調他對手的負面特質。看過之後，要求參與者評定他們對史密斯喜愛的程度。

實驗設計

　　實驗設計（experimental design）是指如何指派參與者到不同的狀

況或處理的作法。誠如前面所言，狀況（或是自變項的值）的指派是
操弄自變項的一部分。好的實驗設計所使用的指派狀況的方式，會遵
守中立化外在變項——或是中立化單獨一個，或是整群的外在變項——
——同時避免複合作用的原則。據此，好的設計建立在健全的程序之
上，並有助於實驗內在效度的獲得。

　　歷年來已經發展出不少好實驗設計的標準範例，在此值得好好地
檢討它們能夠教給你些什麼有關於好實驗製作的知識。本節將描述並
且將一些基本的好實驗設計加以分門別類。關於這些基本實驗設計的
長處與缺點，特別是涉及內在效度方面，將於下一章中詳加討論。

　　好實驗設計可大體上分為兩大主要類組，如圖9.1所示。其中有一
類組是以隨機指派狀況，沒有針對參與者的特徵作任何的配對，為其
首要特色。另一類組的主要特色則是根據參與者所具有的一、兩項穩
定的特徵，如智力，將參與者加以配對（matching）。你將在第十一章
中看到，區別有沒有配對的實驗設計在資料分析時有至為關鍵的影
響。沒有配對的實驗設計稱為**獨立處理的實驗設計**（independent-
treatments designs），而有配對的實驗設計則稱為**非獨立處理的實驗設
計**（nonindependent-treatments designs），至於為什麼會起這些名字的
理由，你馬上就會明白。

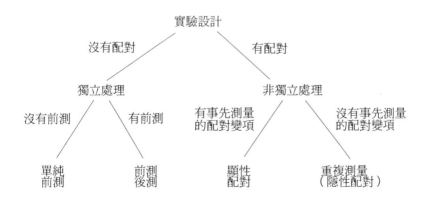

圖9.1　基本實驗設計

獨立處理的實驗設計

這個類組的辨識特徵是在沒有配對的情況下，隨機指派實驗狀況。因為指派是隨機的，在任何一對實驗狀況下的依變項分數必須是統計獨立、或者沒有相關的。這類組的實驗設計有很多其他的名稱與別名，曾經被不同的學者或者稱做隨機化團體、受試者組間、獨立受試者、甚或簡單隨機指派設計。無論它們的名稱為何，這類設計的關鍵特徵就是沒有配對地隨機指派實驗狀況。

若無隨機指派，就像處理原本就存在的團體的情形一樣，總有機會碰上研究變項之外的其他變項在實驗的數個處理之間製造未能加以控制的系統差異。遇上這種情形，研究者可以直接假定諸如此類的外在變項和自變項之間沒有混淆不清的複合作用，但是最好記住假設只是假設而已。據此，當做不到隨機指派之時，便會增大變項間出現複合作用的風險。記住：統計分析是解救不了帶有複合作用的研究。所以在做不到隨機指派時，詮釋結果時當更加謹慎。

單純後測的設計（posttest-only design） 獨立處理類組有兩個組員：第一個是好實驗設計中最有名的一個，稱做單純後測設計。對這個設計而言，參與者被隨機地指派到實驗狀況，一旦實驗處理完成之後，馬上測得依變項。在挫折實驗，這意謂著隨機指派參與者到高或低挫折的實驗狀況，給他們做特定的謎題，然後測量他們的攻擊反應。

記住，隨機這個詞所具有的特殊學術含意，即指派每個參與者到實驗狀況必須純粹出於機會原則。指派的程序必須保證符合這個條件，或者丟銅板、或者使用亂數表，來決定參與者應該受到哪一種處理。經過隨機指派後，參與者的特質（諸如：智力、人格等等）在各實驗狀況之下也會呈現隨機分布，因此也就被隨機化的程序給中立掉了。如果沒有出現任何有別於指派實驗狀況的複合作用，那麼這個設計就沒有程序上的缺陷。

兩團體、前後施測的設計（two-group, pre-post design） 獨立處理類組的第二個成員是兩團體、前測後測的設計。有些實驗者想要

以加做一項前測的方式，也就是，在進行實驗處理之前對依變項先行加以施測，來「改善」單純後測的設計。在挫折實驗中，這是指在操弄挫折之前以及之後，都對參與者的挫折反應加以測量。使用這個策略背後的理論是，前測能夠幫助研究者證實團體從一開始在依變項上的反應便是相同的。這聽起來用心良苦，但是反對的聲浪也頗為強烈。第一，如果實驗狀況的指派真的是隨機的，應該沒有必要再去證實團體在實驗開始之初的反應便是相同的。第二，前測或許會折損實驗的外在效度。也就是說，在後測實驗團體間的任何差異可能只是發生在施行前測之後，更不用說在非實驗的情形下，出現前測的機會是微乎其微。

如果外在效度不被視為一個問題，那麼更具有說服力的、使用前測的理論是，前測使研究者能夠進行一個更能確定自變項與依變項之間是否有關聯的檢定。如果前測與後測的分數出現高度相關，通常正是如此，資料分析時便可將此相關納入考慮。這個結果對自變項與依變項的關係而言，是一項更為有力的統計檢定。大部分的統計學家在這種情況下，偏好使用一種叫做**共變分析**（analysis of covariance）的統計程序。共變分析將在下一章討論「程序與統計控制」一節中扼要加以介紹。就目前而言，重點是共變分析是一種高等統計的程序。所以，如果你要使用兩團體、前測後測的設計，你將會需要一些幫助，以便使你能夠正確地分析收集到的資料。

非獨立處理的實驗設計

這類組的實驗設計所具有的辨識特徵是配對。**配對**意指參與者只有在某些被判斷為有關的特質（如智力）上，具有相同性之後（配對），才被指派到實驗狀況的情形。當一個配對變項是有關時（即與依變項有高度關聯），在任何一對實驗狀況下測量到的依變項分數，在統計上都不應該是獨立的；這即是這類組實驗設計名稱的由來。相反地，這類分數之間因為配對變項發生作用之故，應該呈現高度的相關。在所有狀況之下，依變項上分數的非獨立性，意謂著非獨立處理要用到與獨立處理設計不同的資料分析方法。

　　配對的目的在於確保配對變項分數的分配，在所有實驗狀況下都會相同，亦即配對變項的平均數在所有實驗狀況下，也必須相等。據此實驗者方可論證在各種狀況下，配對變項都保持固定不變，因而也消除了產生複合作用的一個可能來源。在下一章中將從這個角度來思考控制，並做詳盡的探討。

　　顯性配對設計（explicit matching design）　非獨立處理設計類組也有兩個成員。兩個獨立處理設計中的任何一個，都可以使用顯性配對法。**顯性配對**是指實驗者得到一項被斷定為與依變項有關、穩定的參與者特質分數，並且根據這個配對變項把參與者配對，然後以隨機的方式將每一對配對參與者中的一位指派到其中一個實驗狀況，再把另一位指派到另一個實驗狀況。明顯地事先將配對變項測量出來，說明了這項設計名字的由來。要控制挫折實驗中的智力變項，研究者會先測得參與者的智力分數，然後根據智力分數將參與者配對，再以隨機的方式指派每個配對組中的成員分別到兩個實驗狀況之中。結果是，每一次高挫折狀況得到某個智力等級的參與者，而低挫折狀況也會得到一個同一智力等級的參與者。經過配對處理之後，兩個實驗狀況的參與者的平均智力分數必然相同，如此一來，便將智力這個可能產生複合作用的來源給消除掉了。

　　顯性配對設計具有內在效度，以緊密控制配對變項為其特色。但是，只有配對變項是被控制住了，而且在實驗之前要做一大堆額外的工作來取得配對變項上的分數，以便進行配對。正因為牽涉太多的額外工作，所以這個設計鮮有人用。

　　你應該曉得顯性配對也有一些別名。在統計學家之間通稱為隨機化組群設計（randomized-blocks design），也曾經被某些學者稱做配對隨機指派設計。不論使用的是哪個名字，這種設計的辨識特徵是，為了形成配對的參與者，實驗者對配對變項施以明顯的測量。

　　重複測量的設計（repeated-measures design）　非獨立處理類組的第二個成員是重複測量設計。這項設計要求每位參與者參與所有的實驗狀況，然後分別測量每個參與者在每個實驗狀況下依變項上的反應。據此，這個設計以重複測量依變項為其主要特色，並以此得名。

在挫折實驗中，這意指把兩種謎題都給每一位參與者去解，然後測量每個狀況下參與者的攻擊反應。

這個設計的一項主要的長處是，得到參與者在所有穩定特質上的**隱性配對**（implicit matching），所以沒有必要進行顯性測量。也就是說，參與者在各種狀況下自動地和他們自己在智力以及其他的特質上進行配對，因為一個人的這些特質在實驗期間皆維持不變。如此，重複測量設計所執行的控制至少應該和顯性配對設計相同，而且效果比較優越，因為有更多參與者特質受到配對方式的處理。由於這項特徵，重複測量設計一般說來比較為有配對需要的實驗者所偏好使用。另一項使用配對法的優點是，要在每個實驗狀況下產生相同數目的分數只需要用到少數的參與者就可以，不過需要花在每位參與者身上的實驗時間會比較長。因此，如果碰到的是參與者難找，但是時間較不是個問題的情況，可能比較適合採用重複測量的實驗設計。

由於這項辨識特徵，指派每一位參與者進入所有的實驗狀況，重複測量設計為研究者帶來若干獨特的新問題。下一章中將對此做詳細的討論。現在簡單地提出兩點讓你有點概念，研究者需要起而對抗些什麼問題。第一，讓每一位參與者接受所有的實驗處理，他們更有可能覺察出實驗的目的為何，這可能對參與者在不同實驗狀況下的行為產生不同的影響，因而造成複合作用。第二，只有在重複測量設計，實驗者才需要擔心如何安排實驗處理出現的先後次序的問題。

你看得出來為什麼會是這樣嗎？（問題二）

如果接受實驗處理的先後次序掌握不當，諸如疲勞、或是熟練等外在變項便很容易和自變項產生糾纏不清的複合作用。據此，欲達到高度控制的重複實驗設計，便不是不用付出代價的。

最後，你應該知道重複實驗設計也有許多其他的名稱。它曾經被稱做受試者組內設計、相同受試者設計、受試者處理設計。不論到底是用哪個名稱，這類設計的辨識特徵是每一位參與者會參與所有實驗的狀況。

既然已經為你敘述過了好的實驗設計，你認為本章開頭

所描述的監獄實驗，是使用哪一種實驗設計？（問題三）

實驗的執行

最後將針對如何進行實驗提出若干點一般性的建言做為本章的結論。

自變項的操弄

廣義來說，有兩種操弄自變項的方式。**說明式**操弄（instructional manipulation），是指變項各個值的產生是由文字或由口頭的方式來告知參與者的。**舞臺式**操弄（staged manipulation），是指變項各個值的產生是由製造一個特定事件的方式來告知參與者的。你或許可以用發表同一篇論文的方式，來研究看看溝通者的地位在說服上所產生的效果。給參與者讀一篇署名為某位專家或署名為某位老百姓所寫的論文，然後測量看看參與者的意見。這算是說明式的操弄。相反的，如果你找來或是扮演專家或是扮演平常百姓的數位演員來發表這篇論文，那就是舞臺式操弄。所有涉及到用「真實事物」的操弄，諸如毒品、或是其他的生理干擾，都稱得上是舞臺式操弄。實驗者必須決定哪一種方式比較恰當。說明式操弄比較省錢，用來容易，在社會科學界使用得非常廣泛。如果說明式操弄是否真的能夠產生有效度的結果受到嚴重的懷疑時，那就有足夠的理由使用成本較高、較費力的舞臺式操弄。

在挫折實驗中，對解答謎題所做的安排，是屬於哪一種操弄類型？（問題四）

說明式操弄是做課堂作業時可採用的理想模式，幾乎所有的事物都可以讓學生用這個實驗方法來加以調查。所需要的只不過是對有興趣研究的主題，提出一份書面的劇情報告。在這個劇本中的某處要求操弄自變項。給你一點概念可以怎麼做：表9.2收羅了作者研究方法課

堂上所做過的兩個實驗的整個劇本。括弧內的資料表示的是每個劇本的副本，因此說明了對自變項的操弄方式。值得注意的事，兩個實驗都使用多個答項的李克特量表來測量依變項上的反應。作者課堂上的學生已經用過這個方法針對很多的主題，諸如性騷擾、逆向歧視、約會強暴、信仰治療、愛滋病、電視福音人士的偏差行為、都市暴力、以及政治競選策略等進行實驗研究。萬一你想要知道結果，表9.2的兩個實驗發現都達顯著水準：如果大衛的年齡比較大，回答者對他所判的刑會比較滿意；同樣的如果甘迺迪是個好人，回答者會對他更加同情。

　　你能指出表9.2中每個實驗的自變項、自變項的值、以及依變項嗎？對於這兩個實驗而言，哪種實驗設計會比較好？單純後測還是重複測量？（問題五）

　　有關於自變項的第二項決策則牽涉到操弄強度的問題。也就是說，自變項的兩個值究竟應該間隔多遠？通常的看法是，操弄應該愈強烈愈好。這種做法把實驗處理間的差異拉到最大，因此也增加了偵測出自變項與依變項間關係的機會。對大多數的學生而言，這很容易了解。研究挫折，是比較低與高，而不是低與高一點點間的差異。評估受電擊的傷害，是比較一百伏特與一伏特而非與九十伏特間的差異。

　　不遵照強度操弄原則的例外情況也有，諸如可行性不高（太花錢）、不道德（對參與者造成的壓力過於激烈）、在真實世界不具有代表性（折損了實驗的外在效度）。另一種例外是發生在實驗期待的關係是非直線的情況之時。如果刺激與表現之間的關係是倒U函數，那麼比較低度刺激與高度刺激狀況就不具任何意義了。比較低度刺激與中度刺激反而比較適當。更好的處理方式則是使用兩個以上的刺激情況，然後描繪出刺激與表現函數的形狀。

依變項的測量

　　依變項的測量工具應該同時具有信度與效度。本書已經多次強調

表9.2　說明式操弄實驗的實例

　　大衛米勒被判處一級殺人罪。大衛現年〔18〕〔58〕歲，在中西部長大，是家中三個小孩中最為年幼的一個，念高中時成績平平。如今他已經因所犯的罪而被判死刑。請指出你對大衛處境的反應。請從下面陳述句左邊的選項中圈選出一個做為你的答案，其中

SD＝非常不同意	MA＝稍微同意
D＝不同意	A＝同意
MD＝稍微不同意	SA＝非常同意

SD　D　MD　MA　A　SA　1. 我相信這個判決是公平的。

SD　D　MD　MA　A　SA　2. 這個判決是不公平的。

SD　D　MD　MA　A　SA　3. 大衛該當此罪。

SD　D　MD　MA　A　SA　4. 大衛應該被判處較輕的刑罰。

　　肯尼道格拉斯是中西部某個棒球聯隊的三壘手。肯尼高大強壯，打出很多全壘打，並且傳球快速精確。肯尼贏過很多獎項，包括年度新人獎和最有價值的球員獎（兩次）〔肯尼總是彬彬有禮，深受隊友與球迷的歡迎，做過很多的慈善工作〕〔肯尼脾氣暴躁，涉及多起打架事件，不是很受隊友與球迷的歡迎，而且拒絕從事慈善工作〕。上星期肯尼宣布了一個震驚社會的新聞，他接受的愛滋病病原檢驗呈陽性反應。

請用下列選擇來表達你對這些陳述的反應。

SD＝非常不同意	MA＝稍微同意
D＝不同意	A＝同意
MD＝稍微不同意	SA＝非常同意

SD　D　MD　MA　A　SA　1. 我為肯尼感到遺憾。

SD　D　MD　MA　A　SA　2. 我對肯尼一點也不同情。

SD　D　MD　MA　A　SA　3. 我認為肯尼是個值得尊敬的人。

SD　D　MD　MA　A　SA　4. 我看不起肯尼。

注意：括弧〔〕內的陳述表示替換使用的另一個劇本。

精細測量的優點。下一章中將會指出一個能夠精細測量依變項的工具會比一個粗略的測量工具更能偵測到自變項所產生的，細微但確實存在的效果。不過這種對精細測量的狂熱應該有所節制。強迫常人針對某個單獨的問項或測驗做出非常精細的區分，雖然改善了信度，但馬上便會碰上回答銳減的問題（Nunnally, 1978）。比較好的對策是遵照第五章的勸告，使用數個問項或測驗來測量依變項上的反應，並使回答者對每個問項都有能力做出有順序的判斷，然後再將每個問項上的分數加總起來，建構成一個合成量表分數。

關於控制的思考

對於這點，我的建言很簡單。做你自己的頭號敵人。在設計一項實驗之時，先扮演一個假想的批評家，毫不留情地找出實驗設計中可能隱藏著的破綻。最好在計劃階段自己就這麼做了，總比實驗完成後再碰上一個真正的批評家幫你做這檔子事要好得多。不過要能夠批評自己寵愛的計劃不是件容易的事。研究者常會因為參與計劃而看不清暗藏於研究之中的缺點。這的確是需要特殊的努力來克服這一類的盲點。在這種情況下，角色扮演你自己的頭號敵人會是一個頗有價值的解決之道。下一節有些小處方也可以幫助你解決這個問題。

妥善的計劃

為了增加實驗成功的機會，在計劃階段還能夠做些什麼呢？第一，草擬一份**研究計劃**。發給同一研究領域內的同事、或者專家來看，並積極搜尋他們的意見。他們會看出你無論怎麼努力都找不出來的問題。第二，在全力投入實驗之前，先做個**試測**（pilot study）。實彈操演會暴露出一些沒人預想得到的問題。第三，可以考慮做個**操弄檢定**（manipulation check）。也就是，直接測量自變項從而得知是否能夠成功地產生你想要的值。這個方法可以幫助你避免日後遭受沒有照原先的意思來操弄自變項的指責。例如，在刺激─表現的實驗中，包括一個測量皮膚受到電擊後的反應值，將幫助你決定是否真正能夠產生你想產生的刺激。但是操弄檢定不是想要就可以要到的。很難想像

怎樣才能設計出一個直接測量挫折的挫折實驗。即使有這個可能，也有研究者反對在實驗中包括一個操弄檢定，他們認爲這有可能干擾到依變項的反應，或者反過來受到依變項的影響。不過這個問題可以從同一個母群內抽取兩個樣本，讓它們分別接受操弄檢定與實驗之處理，來加以解決。

善待參與者

最後，思考一下下面這個簡單的事實：你實驗中的參與者是在幫你一個大忙。再重複說一次，你的參與者是在幫你一個大忙。據此他們應該被好好地對待。在論研究倫理的那一章中會談到更多人性化對待參與者的方式。這裡的重點是，你對待參與者的態度應該是體貼與感謝，即使他們的參與是迫於無奈。至少在實驗結束之後，你應該讓參與者知道他們想知道的事。這部分通稱爲**執行報告**（debriefing）。不論如何，你的行爲應該要傳達你的感激。記住，你的行爲將影響參與者對所有研究者的態度。這是個相當大的責任，務請慎重。

摘要

實驗的界定特徵是，至少存在有一個受到操弄的自變項。操弄意謂著變項的值是由實驗者產生的，而且是由實驗者將這些值指派給參與者的。實驗也包括了一個要被測量的依變項，數個抽樣變項（包括參與者、刺激、以及狀況等等），以及外在變項（即被判斷爲可能與依變項有關聯的變項）。外在變項必須要透過控制（就某個意義上來說，是指保持固定不變），或是隨機化（放任其隨機會變動而變化）的方式維持中立，否則很容易和自變項產生糾纏不清的複合作用，而折損實驗的內在效度。實驗的基本目的是在建立因果關係。操弄被設定爲原因的變項（自變項），然後測量被認定爲結果的變項（依變項），並將其他可能的替代原因（外在變項）維持在中立狀態。如果一項關係是在這些條件之下得到的，那麼自變項必然是造成依變項上

變化的原因。

　　實驗設計是如何指派實驗處理或狀況（即自變項的值）給參與者的設計。根據是否所有的實驗狀況都依據某一項穩定的參與者特質而將參與者加以配對，可以將實驗設計分做兩類。未加以配對，以隨機指派的方式，將參與者分配到實驗狀況的設計，稱爲獨立處理的實驗設計，而用到配對的設計則稱爲非獨立處理實驗設計。前者包括單純後測設計、兩團體前測後測設計，後者則包括顯性配對設計與重複測量設計。

　　在所有好的實驗設計之中，執行較多控制的非獨立處理實驗設計涉及高昂的成本。就顯性配對而言，實驗者爲了控制一項穩定的參與者特性，必須花費苦心在實驗開始之前找到測量配對變項的方法。就重複測量的實驗而言，每位參與者接受所有實驗狀況的處理，而達到隱性配對參與者所有穩定特性的功效。但是，研究者必須處理參與者可能會猜測到實驗的目的，以及必須謹愼考慮實驗狀況出現的先後次序的問題。

　　在進行一項實驗時，研究者必須先就說明式操弄自變項的方式與舞臺式操弄自變項的方式，兩者之間做個抉擇。在有限的資源之下，操弄愈強愈好。就依變項的測量而言，用精細度適中的量表，分別就個別問項或測驗，加以測度，然後從數個測驗或問項的回答中建構出一個合成分數是個不錯的策略。在籌劃實驗階段，仔細斟酌所需要用到的控制，對避免複合作用上來說，絕對是值回票價的。請人評估研究計劃、做個試測、或是操弄檢定，皆頗有助益。對研究的參與者更當以體恤與感激之心待之。

問題解答

問題一：就第一個實驗而言，自變項是都市槍擊殺人犯罪的類型，具有兩個值：與毒品有關或路過臨時起意。依變項是對進入都市會感到害怕的評斷。就第二個實驗而言，自變項是競選廣

告的類型，它的值爲強調候選人受人喜歡的特質以及強調競選對手不受人喜愛的特質。依變項是對候選人喜愛程度的評定。

問題二：隱性配對（即重複測量設計）要求每一位參與者接受所有的實驗狀況的處理。因此，安排實驗處理出現的先後次序變成一個相當重要的問題，也就是說，有個潛在的可能會造成複合作用的因素必須要加以處理。在顯性配對或是沒有配對的實驗，每一位參與者只被指派到一個實驗狀況，因此，實驗處理出現的先後次序不會構成一個問題。

問題三：在監獄的研究裡，沒有配對，對依變項也沒有做任何前測，不過參與者被以隨機的方式分派去扮演獄卒或是犯人的角色。因此，這個實驗是個單純後測設計。

問題四：因爲謎題呈現的方式顯然是採取紙筆的作業形式，所以挫折實驗室是說明式的方式操弄自變項。

問題五：就第一個實驗而言，自變項是指殺人犯的年齡、它的值爲18與58，依變項是參與者對判決的贊同程度。就第二個實驗而言，自變項是運動員的形象，它的值爲正面與負面，而依變項爲參與者對運動員染病的同情程度。重複測量的設計應該避免與劇本操弄聯合使用。用這種設計，參與者看到第二個劇本時，很快就會猜到實驗的目的，這可能會影響到他們做出肯定實驗者理論的反應。這個問題非常不可能，雖然不是完全不可能，出現在單純後測設計，因爲在單純後測實驗裡，參與者只看到一種劇本。

進一步閱讀書目

庫克與康貝爾(1979)所著的有關研究效度類型的古典處理,以及如何得到這些效度的方法,相當值得你花點心思去閱讀。

參考文獻

Cook, T. D., & Campbell, D. T. (1979). *Quasi-experimentation: Design and analysis issues for field settings.* Chicago: Rand McNally.

Darley, J. M., & Batson, C. D. (1973). "From Jerusalem to Jericho": A study of situational and dispositional variables in helping behavior. *Journal of Personality and Social Psychology, 27,* 100–108.

Haney, C., Banks, W. C., & Zimbardo, P. G. (1973). Interpersonal dynamics in a simulated prison. *International Journal of Criminology and Penology, 1,* 69–97.

Nunnally, J. (1978). *Psychometric theory* (2nd ed.). New York: McGraw-Hill.

第*10*章

實驗法：內在效度與敏感度

　　所有好的實驗都應該有三項屬性：內在效度、敏感度（sensitivity）、與外在效度。**內在效度**已於前一章中討論過，其定義爲對於有關造成研究結果的原因所做推論的正確性。雖然非實驗研究，在找出確實原因的方法上，可能已有所斬獲（見第八章論「高等相關分析」一節），但是實驗法是個具有能夠將操弄變項之外的其他候選原因給排除的特殊程序的研究方法。因此嚴肅地討論內在效度的問題常局限在研究結果上，重視的是是否把所有的外在變項都加以適當地中立化了，也就是，是否所有的外在變項都被排除在原因之列。若果如此，實驗便具有內在效度，這意謂著自變項必定就是造成所得到的研究結果的原因了。如果沒這麼做，某些替代原因可能會和自變項產生複合作用，實驗者便無法得到清楚明確的因果結論，那麼這個實驗就不具有內在效度。因爲實驗的主要目標是要得到內在效度，而審查實驗是否內含有複合作用的根源其實是件非常嚴肅的大事。本章大部分的篇幅將針對產生複合作用的來源，以及將之中立化的程序，做詳盡的探討。

　　敏感度是指研究能夠偵測出存在於其所調查的變項之間，雖然微小但是實際上確實存在的關係的能力。因此，敏感度是所有好的研究調查，而不是只有實驗想要有的屬性。增加敏感度的一個方法是，提高顯著檢定時的 α 水準。誠如第四章所說，提高 α 可降低型 II 錯誤的機率（錯過抓住一個實際存在關係的機會），故可藉此增大研究的敏感度。但是提高 α 有個巨大的成本：**降低**犯型 II 錯誤機率的同時卻**增加**了犯型 I 錯誤的機率。據此，增加 α 並不是增加敏感度的最好方法。

　　增大敏感度的最佳方法是盡力減少各種可能造成隨機誤差的來源。前面數章中皆指出隨機誤差（無法控制、純然出於機會的效果，如雜音）是可以透過統計的推論檢定來加以處理。也就是，設定變項在母群中沒有關係的虛無假設，也就是說，樣本變化純粹出於隨機誤差。但是那些章節中也指出隨機誤差過大，將加深拒絕虛無假設的難度。在那種情況下，研究將會因爲無法透過統計推論檢定的程序，而正確地偵測出變項間微小卻實際存在的關係，以致缺乏敏感度。所以

要解決這個問題，要靠降低隨機誤差的方式來提高敏感度。雖然降低隨機誤差的對策在本書的若干章節中（比如說，第三、第六、與第七章）業已討論過，本章將集中探討降低實驗的隨機誤差。

敏感度與統計學上通稱為檢定力的一個概念有關，該概念已於第四與第七章中敘述如何決定樣本大小時簡單地討論過。簡而言之，**檢定力＝１－（型Ⅱ錯誤的機率）**。因此，當犯型Ⅱ錯誤（錯過一個實際存在的關係）的機率不大時，就斷定統計的推論檢定具有檢定力。顯然，所有增加敏感度的方法也會增加檢定力。但是，這兩個概念並非完全相等。敏感度是指研究能夠偵測出所有**小的**但是實際上存在的關係的能力，而檢定力是指研究能夠偵測出所有實際存在關係的能力。正因為定義上的些微差異，這裡有一個可以增加檢定力卻不會影響敏感度的對策：加大操弄自變項的強度（見前章論「操弄自變項」一節）。

你看得出來何以如此呢？（問題一）

不論如何，本章的焦點是在透過降低隨機誤差來增加敏感度（同時也就是檢定力）這個議題上。

回想一下前面一章所提到的好實驗所應具有的第三項屬性——**外在效度**，是指研究結果的通則性。一項研究發現的通則性端視研究中所有抽樣變項的代表性的廣度與適當性而定。有限的通則性通常是樣本偏誤的結果，也就是第七章討論的抽樣過程中涉及的固定誤差。舉例來說，想像一位實驗者想要知道一個根據說明式操弄方式得到的結果，是否也可以按照舞臺式操弄的方式得到。該實驗者關心的問題是，對自變項的操弄會不會是真實社會裡可能碰上的操弄偏差的樣本。外在效度是所有研究都希望具有的屬性，而不是只有實驗法想要具有的屬性而已，在第十三章中將會對此詳加探究。

在實驗法中，內在效度與敏感度這兩個概念以及兩者間的關係，可用一條簡單的公式將之貼切地摘要出來。這個公式列出了在實驗的各種狀況下會影響參與者在依變項上分數的所有成分。這個公式的長相如下：

$$DV=MEAN+SE+RE \qquad (10.1)$$

　　DV是指參與者在依變項上，譬如說，攻擊行為上的分數。MEAN是指在所有實驗狀況下依變項上分數的平均值。這個成分之所以會包括在公式裡頭，是因為統計學家告訴我們如果沒有其他狀況發生，對一個人的分數的最佳猜測是根據全部分數的平均值去猜。SE是指系統效應（Systematic Effects），也就是，對參與者分數造成系統影響的所有來源。RE則是指隨機誤差，也就是，機會或是無法預測的、來自各種因素的影響。

　　關於這個公式有兩個重點。第一，SE實際上包括有兩個成分。一是來自自變項的影響（即IV，例如，挫折），另一個則是來自所有與自變項產生複合作用的變項的影響（即CV，例如，智力、溫度等等）。換句話說，

$$SE=IV+CV \qquad (10.2)$$

　　據此，原來的公式可以改寫成，

$$DV=MEAN+IV+CV+RE \qquad (10.3)$$

　　現在你可以很清楚地看出來為什麼實驗者必須要確保CV=0。而且，也只有在這個情況下，實驗者才能夠做出任何對依變項所造成的影響都是來自自變項的結論。當CV=0，虛無假設可以對IV是否等於0，做出一個明確的檢定。如果CV不等於0，實驗內含有複合作用，是沒有可能對原因做出任何清楚的定論。

　　值得留意的是，統計的推論檢定是無法告訴你造成系統效應的成因。進行一個程序正確的實驗，以確保CV=0（即，SE=IV）是實驗者的工作。如果實驗者辦不到，是沒有辦法對於原因做出任何清楚的結論，也沒有任何統計學的魔術可以修補這個損害。在這個情況下，實驗帶有複合作用，而且缺乏內在效度。

　　有關公式10.1的第二個重點是，它包含了一項隨機誤差(RE)的成分。這個成分愈小，實驗也就愈敏感。這是因為所有的統計推論檢定都或明或暗地在比較SE與RE的大小差距。下一章討論結果分析時，你

將讀到，這個比較是以一種比率的形式出現：(SE+RE)/RE。了解這點後，很容易就可看出，就一個固定的SE值（自變項的效應）之下，RE愈小，那個比率值就會愈大。也就是說，來自各處的隨機誤差愈小，就愈有可能看得見自變項所產生的微小卻實際上存在的影響力。敏感度意謂著藉著降低雜音所產生的隨機誤差，而使微小的關係更能看見。

本章主題是關於實驗的內在效度與敏感度。首先，本章將檢視可能發生在實驗中的誤差類型與可能來源，並且檢討誤差如何影響實驗的內在效度與敏感度。然後討論可以用來處理這些誤差的特殊技術。有了這個背景知識之後，最後本章將比較好的與不好的實驗設計的實例，並且具體說明它們好在哪裡與不好在哪裡的理由，以做為這章的結束。

實驗誤差

為實驗者所關心的那種誤差是發生在依變項上的變化，是由任何一個不是自變項的變項所產生的。本節將這些誤差加以分類，然後檢視在實驗中產生的這些誤差的來源、並且討論處理這些誤差的技術。

誤差的類型

實驗中所出現的誤差有兩種形式，固定的與隨機的。在討論抽樣時你已經和固定和隨機誤差見過面了。現在，是看看它們如何應用到實驗情境之下的時候了。

固定誤差 在第七章中，**固定誤差**被界定為有系統地偏好變項的某些特定的值。在實驗中，會遭受此種扭曲的變項是自變項。不要忘了，在實驗中，自變項的值就等於實驗的狀況或是處理。是故，實驗的固定誤差就是有系統地偏好某些實驗狀況，甚於其他的狀況。這個誤差會在自變項之外另外起作用，結果不是增加，就是減弱自變項對依變項所產生的效果，並且會一直發揮作用直到實驗結束。在挫折實

驗裡，如果研究者有系統地指派聰明的人到某一個實驗狀況（有解的或無解的謎題），較不聰明的人到另一個實驗狀況，那麼就有可能出現固定誤差。顯然，當實驗出現固定誤差時，必然會發生複合作用，而折損到實驗的內在效度。在實驗裡，複合作用與固定誤差的唯一區別是，有個複合變項**或許**已經對依變項起了作用（這或許是出於經驗判斷而斷定其與依變項有關），然而，固定誤差則意謂著依變項**實際上**已經受到複合變項的影響了。

強調掃除實驗中固定誤差的重要性不可能言過其實。誠如早先所指出者，一旦出現了這類誤差，實驗就帶有了複合作用，而且通常是無藥可救的。處理固定誤差的時機當在籌劃實驗之時，這類誤差就好像一種致命的疾病，預防是唯一有效的處理方法。

隨機誤差　在前面的數章中，隨機誤差被界定為無法預測的誤差。也就是說，它的方向是無法預測得到的，實驗中，隨機誤差有時會偏向某個實驗狀況，有時又偏向另一個實驗狀況，端視機會而定。誠如較早時所討論者，這個誤差遮蔽了自變項的效果，而不是有系統地扭曲了它的作用。就像眺望月亮（自變項的效果）時，是透過一層如雲般的霧（隨機誤差），或者像嘗試從靜電干擾（隨機誤差）中，去找到一個廣播電台的頻道（自變項的效果）。隨機誤差在依變項的分數上造成無法預測的變化。如果引起的變化很大，那麼各實驗狀況下的差異（即自變項的效果，假設在沒有固定誤差的情況之下）比較起來就顯得很小。當有一大堆雜音（即隨機誤差）出現時，便不容易偵測得到有隨機誤差出現的信號。實驗也因此缺乏**敏感度**，即無力偵測出在各種狀況之下，雖有微小但卻實際存在的差異。據此，隨機誤差的出現總是造成實驗敏感度上的損失。

不像固定誤差，隨機誤差是無法消除掉的。但是可以用與掃除固定誤差相同的技術加以減低。同時，這裡也有一種專為減低隨機誤差而發展的特殊技術。尤有甚者，就如前幾章所討論者，只要用到統計推論檢定，一定會處理隨機誤差的問題。但是正如那番討論所明確指出的，如果出現了太多的隨機誤差，執行統計的推論檢定並沒有多大用處，因為在這種狀況下，要拒絕虛無假設很困難。也就是說，實驗

將同時不具有敏感度與檢定力，而錯過一個真正存在關係的機率將會很高。所以，應該儘可能以減低隨機誤差為努力的目標。

這把我們帶到研究方法所面對的一個真實存在的窘境。一項最常見的掃除固定誤差的技術是隨機化，但是這個方法本身卻創造了隨機誤差。大多數掃除固定誤差的技術並不帶有這項缺點。好在，正如上一節所指出的，這裡有一個完全是為降低隨機誤差而發展的特殊技術。但是在討論任何一項處理實驗誤差的技術之前，必須先檢定這些誤差的來源。處理實驗誤差的技術端視誤差產生的來源而定。

誤差的來源

一個實驗可以從概念上分成四個階段：參與者的獲取（抽樣）、實驗狀況或是自變項值的指派（指派）、實驗狀況的操作（狀況）、以及實驗狀況執行之後，對依變項進行測量（測量）。誤差在這四個階段的任何一個階段都有可能潛伏進入實驗之中，然後不是對研究的效度，就是對研究的敏感度構成威脅。因此研究者對這四種來源的誤差都同樣關切：消除固定誤差並且儘可能地減少隨機誤差。在第七章中已經長篇討論過抽樣誤差以及處理方式。你應該再回頭複習一下那些知識，因其也適用於實驗的情況。只有出現在最後三個階段的誤差才是實驗法特有的，因其只出現在操弄自變項之時或之後。因此本章只集中探討在這三個階段出現的誤差來源。

現在讓我們審視實驗法獨具的三項誤差來源，並了解一下它們運作的方式。表10.1將有助於這番討論。該表摘錄下實驗中固定誤差的來源，以及處理這些誤差的控制技術。左邊的一欄列出固定誤差的三個主要來源，在它旁邊的一欄列出每個來源的特殊例子。在考慮過處理固定誤差的程序之後，將討論列在該表上面最後兩欄的控制技術。

指派 只要指派參與者到實驗狀況時，發生了某個相關的穩定參與者特質在各實驗狀況下出現差異的情形，源自於指派的誤差便產生了。如果誤差的發生是由於指派程序上出現了系統偏誤，那會是個固定誤差，而那個相關特質會與自變項產生複合作用。舉例來說，在挫折實驗中，如果男性這個被視為較具攻擊性的一性，被不成比例地指

表10.1 實驗中的固定誤差

來源	實例	控制技術	
		絕對	平衡
指派	穩定的參與者特質	樣本只有一個值	配對：顯性、隱性
實驗狀況	想要特質	單面障眼法	
		安撫控制	
		無干擾實驗	
		欺騙	
		只指派到一個實驗狀況	
	實驗者偏誤	雙面障眼法	平衡各實驗狀況的實驗者
		只使用一個訓練有素的實驗者	
		自動化	
	環境偏誤	保持環境不變	平衡各實驗狀況的環境
	不適當的比較	安撫控制	
		連坐法	
	順序效果	只指派到一個實驗狀況	逆平衡法
測量	偏誤的測量	確保測量程序的固定不變	平衡各實驗狀況下使用的測量程序

派到高挫折的實驗狀況，那麼由於指派參與者到實驗情境的偏差程序，便已經使性別和挫折產生複合作用了。在各種實驗狀況下出現在依變項上的差異，即攻擊行為，可能是出自於性別差異這個複合變項，而不是出自於挫折這個自變項的結果。因此，不但實驗不具有程序上的正確性，連它的內在效度都受到折損。同樣的論證適用於任何一個相關的穩定參與者特質，諸如智力。

你能提出適用於智力的說法嗎？（問題二）

同樣類型的性別不平衡也會發生在隨機指派參與者到實驗狀況的情況。但是在這種情形下出現的性別失衡現象是屬於隨機誤差，因爲是隨機過程中創造出來的結果。不管怎麼說，這類誤差總是會減低實驗的敏感度。

狀況 只要實驗狀況的安排使自變項以外的某個變項會在各種不同的實驗狀況下出現不同的變化，那麼源自於實驗狀況的誤差便出現了。固定誤差發生在放任這種「第三個」變項隨各實驗狀況而出現有系統的差異之時。但是出現這種現象的可能性幾乎毫無止境，不過大體上可分爲程序來源與環境來源兩類。固定誤差的程序來源通常涉及的是參與者或是實驗者對研究有所了解而引發的問題。如果參與者猜到研究背後的理論，並且知道「該」會發生什麼狀況，那麼在某些狀況下，他們可能比別人更努力嘗試。傳遞給參與者這類知識的線索，我們稱之爲**想要特質**（demand characteristics），因其暗示參與者在不同的實驗狀況下，哪些動作的實驗想要得到的。同樣的，了解某類理論知識的實驗者或許會在不同的實驗狀況下，對參與者做出不同的動作，結果造成了想要特質的出現，或增多了想要特質的出現頻率。只要實驗者出現了這類的行爲模式，其所引發的問題稱爲**實驗者偏誤**（experimenter bias）。固定誤差的**環境來源**（environmental sources）包括了各種不同實驗狀況在氣溫、燈光、一年裡頭或一天之中時間上的差異。當然，如果以上所說的任何一種誤差是源自於個別實驗狀況的隨機差異而非系統差異，那麼它們算是因狀況不同而出現的隨機誤差。如果你必須使用兩個不同的房間，不過你用隨機的方式指派參與者到兩個實驗狀況的房間，那麼任何因房間而對實驗進行所產生的效果是算隨機誤差。

有的時候實驗狀況所產生的固定誤差非常複雜難解。假設你發現只要舉手便有獎品的小朋友與舉手並不會得到什麼獎品的小朋友在舉手反應上有差異，據此並無法明確地得出舉手便有獎品，會增加小朋友的舉手行爲的結論。理由是舉手便得到獎品和得到獎品產生了複合

作用，也就是說，「控制組」的小朋友不僅舉手沒有得到獎品，他們什麼獎品都沒得到。表10.1稱這類問題為**不適當的比較**（inadequate comparison）。嚴謹的實驗者必須對實驗狀況所有可能引發的固定誤差來源仔細地思考清楚。

表10.1中最後一個由實驗狀況的操作而產生固定誤差的例子，**順序效果**（order effect），是指那個將參與者指派到一個以上的實驗狀況的設計才會出現的問題。本章中有關順序效果及其處理方法將會在討論重複測量實驗的章節中一併討論。

測量　只要在不同的實驗狀況下使用的測量程序有所差異，就已經出現了源自於測量的誤差。如果各實驗狀況的測量程序出現有系統的差異，結果就是產生由**偏差測量**（biased measurement）所引起的固定誤差。如果你準備用讀轉盤的方式測量依變項，而你總是朝某個特定方向將讀數四捨五入，但是在測量另一個情況下卻沒照這種方式做，那你便創造了因測量而起的固定誤差。如果你在某個實驗狀況下用回憶測驗來測量記憶力，但在另一個實驗狀況下卻用認知測量來測量記憶力，那麼你的狀況更是赤裸裸地製造因測量而引起的固定誤差的例子。任何測量程序上的不一致，若是以隨機的方式出現於各個實驗狀況，那就構成了測量產生的隨機誤差。如果你不是很一致地調整各個實驗狀況，那麼你是在製造隨機誤差。

固定誤差的處理

正如早先所提到的，固定誤差必須清除，否則實驗結果的內在效度會受到無法彌補的折損。這裡介紹兩個藉助實驗程序的安排來消除固定誤差方法。

隨機化　清除固定誤差的方法之一是將之轉換成隨機誤差，此乃一項素稱為隨機化的技術。只要放任這個變項的變化是隨著機會而變動，便是將該變項給隨機化。隨機化的好處是可以用統計推論檢定來處理隨機誤差。缺點則是如果出現太多隨機誤差時，實驗的敏感度將會變得很低，使拒絕虛無假設變得很難。

做到隨機化有數個不同的方法。一是將所有候選名單放入一個容

器內，然後盲目地從中抽取。也可用丟銅板或是轉輪盤的方式。有時像第七章所介紹的亂數表也頗為有用。你只要任意分派給每個潛在的選擇一個獨特的號碼，然後從亂數表中的任一點開始，朝任一個方向讀出號碼，直到得到了你想要的樣本數為止。有很多電腦軟體程式已經能為你產生隨機樣本，並自動排列順序。這裡所討論到的所有程序都滿足隨機性的條件：整個選取過程中，每個潛在的受選者都有相同的機會被選到。

到底該用哪種隨機化的形式端視要被隨機化的誤差來源而定。指派實驗狀況所產生的固定誤差是可以用隨機化指派實驗狀況加以消除。就挫折實驗而言，你可以用丟銅板的方式來決定該讓每一位參與者做哪一種類型的謎題。或者你可以將亂數表中連續的亂數，隨參與者到達實驗會場時的先後順序依續分派給他們，然後指定拿到單數亂數的參與者解答某種類型的謎題，拿到雙數亂數的參與者解答另一類型的謎題。在有些情況下，執行實驗狀況時所出現的固定誤差也可被隨機化。誠如前述，如果必須使用兩個房間，同時以隨機的方式指派參與者到兩個實驗狀況與兩個房間會消除掉任何因房間差異而產生的固定誤差。如果動用到一個以上的實驗者，隨機指派實驗者到實驗狀況是一項處理因實驗者而產生固定誤差的有用選擇。隨機化也可用來清除因測量而產生的固定誤差。舉例來說，你永遠可以用丟銅板的方式來決定讀取數字時該無條件進入還是無條件捨去。

不少學生搞不清楚隨機抽樣與隨機指派實驗狀況間的差別。抽樣是指如何從母群中得到參與者，所有的研究都會用到，並不單單只有實驗才會用到抽樣。抽樣可以用隨機的方式得到，如第七章所述。實驗狀況的指派是指實驗中參與者如何被分派到實驗狀況之中，只有實驗法才會用到，並且屬於操弄自變項的一部分。這種指派也可用隨機的方式得到。如果你弄混了這兩種程序，那麼你有可能把抽樣程序誤認為指派程序，或者倒過來。所以清楚地在你腦袋裡將這兩個程序區別開來會是個不錯的主意。在概念上，它們是兩個獨立的步驟，先抽樣，然後，只有在實驗裡，才用到指派。

好的實驗者視隨機化為必備之物，而非奢侈品。而且它是唯一能

夠清除未被控制程序處理掉的固定誤差來源的一種技術。據此,給你的建議是在使用控制程序之後,用隨機化的方法處理剩下來的所有誤差來源。只要有可能用到隨機化之處,沒有理由將它棄之不用。誠如第七章所述,隨機抽樣程序不可能總是派得上用場。但是總是有可能隨機化源自於實驗時因指派(注意:是個與抽樣不同的步驟)、實驗狀況、與測量過程中所產生的未能加以控制的誤差來源。

控制 消除實驗狀況中產生的固定誤差的第二種程序方法是進行控制。控制意指維持外在變項在各種實驗狀況下皆能保持固定不變。把外在變項保持固定不變有兩層意義。它可以是指固定的區隔(表10.1中的**絕對**(absolute)控制法),或者是透過平均的方式以維持固定不變(表10.1中的**平衡法**(balancing))。在第一種情況下,該變項是不被允許變動的。所以,在所有的實驗狀況下都必須具有相同的值,環境特質諸如燈光與氣溫通常都是受到絕對控制的變項。在第二種情況下,該變項被分配到各種實驗狀況下的方式是使其在每個實驗狀況下具有相同的平均值。據此可說該變項在各實驗狀況下是維持平衡的。第九章所描述的配對法,就是平衡法的一個例子。

不論使用哪一個方法,被控制變項在所有的實驗狀況下的平均值必須相等。下一章中你將會讀到,有關於實驗中自變項與依變項是否有關聯的問題是由查閱各實驗狀況下呈現在依變項上的平均值是否有差異來判斷的。把焦點集中在各實驗狀況下的平均值,意謂著一個變項若在各實驗狀況下都具有相同的平均值,則不可能與依變項有關聯,並且可以據此將之視為產生固定誤差或複合作用的來源而加以清除。這就是實驗法中控制變項的命運。

特殊的控制技術

現在讓我們瀏覽實驗法中三個主要的固定誤差來源,並敘述用以控制這類誤差的數項特殊技術。

指派 絕對控制實驗中因指派而產生的固定誤差,只有靠使用在某個相關的穩定特質,如智力上,具有相同值的參與者,才能辦到。舉例來說,你可以只用智商為100的人來參與挫折實驗。這不會是一

個令人很想要的控制智力的方法。

　　你看得出來是爲什麼嗎？（問題三）

　　最常用來控制源自於指派實驗狀況所產生的固定誤差的技術，稱爲**配對法**，屬於平衡法的一種形式。前一章已經對配對法做過詳細的描述。你應該重新讀一遍討論「非獨立處理實驗設計」的那一節，以刷新你對如何進行配對及其用處的記憶。記住配對有兩種形式，顯性配對（在指派配對的參與者群體到實驗狀況之前，先要對配對變項加以明確地測量），和隱性配對（每位參與者皆被指派到所有的實驗狀況，而產生參與者和其自身的配對）。這兩種形式的配對法是兩個非獨立處理實驗設計——顯性配對和重複測量——的界定特徵。不論使用的是哪一種方法，配對法確保一個或者數個像智力一樣的參與者相關特質的平均值，在所有的實驗狀況下皆相等。

　　關於配對法有兩大重點，必須加以強調。第一，配對法應該用在控制參與者相關特質之上，也就是說，用在被認爲會和依變項有實質關聯的參與者特質之上。對沒有關聯的參與者特質進行配對，事實上會導致較不具有檢定力的統計分析。下一章中將有很多的例子會向你彰顯這個論點。因此，不該爲了想要做配對就隨便進行配對。配對向來是代表一種對有必要控制某個相關參與者特質，所做出的判斷。

　　第二，有些參與者的特質是無法用配對法來加以控制的。配對法只對在整個實驗過程中，某個會維持穩定不變的個人特質有用。這些特質即被視爲**穩定**（stable）特質，例子包括有智力、性別、眼球顏色等等。另一方面，**不穩定**（unstable）特質則是那些會隨時發生變化的個人特質，刺激層級與疲勞程度皆爲此中實例。這類特質無法靠配對法而加以控制，因爲沒有人能夠保證在配對團體形成之後，在每個團體中的人配對特質都還能維持不變。在這種情形下，配對法一點用處都沒有。不穩定特質必須用其他的方法加以處理，最常用的方法是假定這些特質的變化是隨機的，因而構成了隨機誤差。

　　狀況　處理源自於狀況操作所產生的誤差，一般喜歡用絕對控制的方法。也就是說，確保外在變項只出現一個值，亦即該變項必須在

所有實驗狀況下具有相等的值，據此該變項也就被轉換成一個控制變項了。這是最常用來處理諸如氣溫與燈光之類，屬於環境狀況的方法。

　　有人使用特殊的絕對控制法來處理前面曾經討論過的某些問題。他們被列在表10.1的第三欄裡。舉例來說，如果實驗者擔心會出現想要特質，那麼或許在安排實驗時可以想辦法，讓參與者無法知道他們正在經驗的是個什麼狀況。據此，所有的參與者皆對他們所指派到的實驗狀況一無所知。這個方法通稱為**障眼法**（blinding）。如果，只有參與者被施以障眼法，則該研究為**單面障眼**實驗（single-blind experiment）。為了能夠掌握實驗偏誤，也可把障眼法用到實驗者身上。也就是說，不要讓實驗者知道什麼樣的實驗狀況會被用在參與者身上。顯然，某人必須對所有的狀況都瞭若指掌，這個人就是計劃主持人。顯而易見的，計劃的主持人與實驗者必須不是同一個人。當實驗者與參與者皆受到障眼法的處理，該研究便是**雙面障眼**實驗（double-blind experiment）。

　　有時候，障眼法是可以採用**安撫**（placebo）控制來得到的。這個名詞得自於藥品研究。該研究給所有的參與者看起來一模一樣的藥丸服用，不過只有實驗組的藥丸內含有真正的成份。在社會科學界，這個名詞所具有的意義更為廣泛，用以描述所有在不同的實驗狀況下採用看起來相同，實際上卻有差異的刺激或物體來操弄自變項的實驗設計。挫折實驗便含有一個安撫控制。所有的參與者收到看起來複雜的謎題，但是只有一些參與者拿到的謎題具有真正的成份，即解答不了的特性。或許可以把安撫控制視為實驗者擔心其所安排的實驗處理會被參與者識破的情形下，為了能夠對各種不同的實驗狀況做出正確的比較，而採用的一個方法。基於這個理由，安撫控制顯然是矯正表10.1中所列出的、誘導參與者表現出想要的特質，或是實驗者做出不適當比較這兩個問題的一帖可用處方。

　　另外一些避免引發想要特質的絕對控制法包括有**無干擾實驗**（unobstrusive experiments，這個實驗中的參與者並不知道他們是置身在一個實驗情境之中）、**欺騙**（deception，誤導參與者對研究目的的認

識）、以及指派全部的參與者到一個實驗狀況（這樣參與者就較不可能猜出實驗的目的），而每個方法都是以創造參與者對實驗產生相同的認識為目標。這三個方法各有各的缺陷。無干擾的實驗常常是辦不到的，欺騙則會引起嚴重的研究倫理的問題（將於第十四章中討論），指派參與者到唯一的一個實驗狀況意謂著無法使用隱性配對。

其他處理實驗者偏誤的絕對控制法，則包括有只使用一個訓練有素的實驗者，或是改採全自動化的程序，完全不用人來做實驗者。每個方法皆以消除實驗者的特質或行為在各個實驗狀況下所造成的系統差異。使用訓練有素的實驗者並沒有任何缺點。只使用一個實驗者則需要對實驗者不會在任何一方面「特殊」到會影響實驗的結果，深具信心。否則，就會折損實驗的外在效度。這種差別可以從一項調查恐懼反應的研究用的是一位非常興高采烈（或是面露兇光）的實驗者看得出來。使用自動化的測量程序常有無法完整地完成整個實驗的缺點。

最後一個絕對控制的例子可以用在舉手的小朋友有獎品的實驗。問題是控制組的小朋友沒有得到任何獎品，如此一來，得到獎品便和特別是因為舉手的緣故才得到獎品產生了複合作用。矯正的方法是設置一個控制組，組中的小朋友得到和實驗組的小朋友一樣多的獎品。但是控制組小朋友得到獎品並不需要做任何特殊的動作。各實驗狀況下得到的獎品數量保持固定，然後再來評定讓研究者感興趣的真正變項：舉手得獎品。更細緻的方法是同時對兩個小朋友做實驗，一個小朋友對一個實驗狀況（當然適用隨機的方法指派），然後照下面這個安排執行：讓每一次實驗組的小朋友一舉手就得到獎品，而配對控制組的小朋友不管他做了些什麼動作，都給他獎品。這叫做**連坐法**（yoking），意指任何一種實驗，其中實驗組參與者所產生的事件的發生次數與發生時機（在這個例子裡是指獎品），會同時複製給控制組的配對參與者。

平衡法也可用來控制源自於執行實驗狀況之時，所產生的某種類型的固定實驗誤差，誠如表10.1中第四欄所指出的。舉個例子來說，如果你必須使用兩個不同的房間，你可以把每個實驗狀況在各個房間

內執行的次數維持相同，這個作法便很自然地平衡了各個實驗狀況下房間使用不同所造成的差異。但是指派參與者到哪個房間以及哪個實驗狀況都應該以隨機的方式決定，以隨機化其他無法維持固定不變的誤差來源。這個方法同樣可以用到不只一個實驗者的情況之下。在這兩個情況下，安排參與者做實驗的時間順序也應該加以隨機化，以避免時間因素與實驗狀況產生複合作用（每天中的時間、每年中的季節、有無發生重大歷史或社會事件）。應當以個別的方式對參與者做實驗，絕不要把所有的參與者先放到一個實驗狀況裡頭，再把所有的參與者放到另一個實驗狀況之中。如果你這麼做，相關的時間順序因素必然會與自變項產生複合作用。

　　測量　沒有任何新技術可以處理因測量而產生的固定誤差。絕對控制到目前為止是最好的方法。所有實驗狀況所用的測量程序必須相同。在絕大多數的實驗裡，這是做得到的事。如果有正當的理由必須採用不同的測量程序，那麼不是使這些差異在各種實驗狀況下保持平衡（也就是說，每個實驗狀況下使用的不同測量程序必須維持相同的次數），就該用隨機的方法將不同的測量程序分配給各個實驗狀況。

隨機誤差的處理

　　如前所述，隨機誤差無法除去，但可減少。隨機誤差應儘可能地加以減少，因為它會減低實驗的敏感度。也就是說，隨機誤差會遮蔽自變項對依變項的效果，增加拒絕主張變項間沒有關係的虛無假設的難度。誠如前述，隨機化通常用來清除固定誤差，卻創造了隨機誤差。是故，克服了一個問題，卻把另一個問題弄得更糟。好在，尚有些方法可以中和隨機化的效果，並且消除實驗中其他的隨機誤差來源。

　　第一，使用控制的技術。與隨機化相較，控制通常有在清除控制變項所產生的固定誤差的同時減少隨機誤差的優點。受控制的變項絕對不會造成任何一種類型的誤差。針對各個實驗狀況加以平衡處理的變項，通常比一個放任其自由變動的變項，為實驗製造較少的隨機誤差。下一章中將提出許多例子來說明配對技術的這項優點。所以，只

要有可能，控制是會比隨機化更為人偏愛使用的，處理外在變項的方法。

　　第二，清除鬆散的程序。鬆散的程序製造隨機誤差。許多初學者並沒有下功夫去清除鬆散的實驗程序。他們容忍在資料收集開始之後，在程序上、測驗格式上還出現小部分的變動。保持前後的一致性是唯一的解決之道。努力克制任何改變路線、甚或任其自由發展的衝動。保持訓練有素、前後一致不會是件浪漫有情調的事，但是卻能藉著減少隨機誤差而增加實驗的敏感度。

　　第三，我向你保證，有一項反制隨機化造成隨機誤差增加的特殊技術。這項技術業已在第七章中討論過了。隨機誤差始終可以藉著增加樣本數量來加以節制，因其與樣本大小成反比。所以，除非到了沖銷回報的臨界點，否則使用較多的參與者、刺激、測驗等等都會比使用較少的來得好。

　　第四，採納第五章論「改善效度」一節中所提示的對策。改善效度主要是為了減低測量依變項時所產生的隨機誤差。這方面上任何一丁點的減少將會使自變項的效果，更為清楚地從摻有眾多隨機變異的雜音中突顯出來，並且為統計顯著檢定所偵測到。

　　關於測量，還可以再加上最後兩點建議。一是考慮對依變項使用較為精細的測量法，特別是那些預期自變項產生的是比較小的效果的實驗。如果預期某個有說服力的訊息對評定贊同與否會產生些小效果，這時使用六點贊同量表會比使用兩點贊同量表，是更為明智的抉擇。粗略的量表無法讓小的效果自動顯示出來，但是精細的量表就可以。最後，最好適當調整依變項測量上的作業難度，以配合參與者的能力等級。如果依變項涉及的是問題解決的能力，而出的問題不是太容易就是太難，那自變項的效果將測不出來。所以，當難度是個問題時，那麼使用中等難度通常是最好的決定。在某類實驗裡，可以配合每一位參與者的能力水準而設定難易程度。舉例來說，如果依變項是確認在一瞬間內出示的字，那麼出示字的時間長短可以根據每位參與者而加以調整，那麼結果便會落在全部認錯與完全認對兩個極端之間。這種類型的調整通常需要先進行前測，但對依變項的測量而言，

因更能敏感地反映出自變項的效果,卻是值回票價的。

程序的與統計的控制

到目前為止所討論的技術都是實驗者可以用來控制一個外在變數的程序。基於這個原因,它們常被稱為**程序**控制。當做不到程序控制時,還有另一個方法可用。就**統計**控制來說,無法將外在變項保持固定不變,相反的,統計控制的做法是在用到自變項之前,先把可能的外在變項給測量出來,然後再在統計分析時把測得的外在變項的影響力給排除。這項統計分析的技術稱為**共變分析**,而測到的外在變項稱為**共變項**(covariate)。不過,在應用共變分析之前,必須要滿足若干嚴格的假設。舉例來說,共變項與自變項之間的相關值必須在各個實驗狀況下皆相等。共變分析是多元回歸中的一個特例,而多元回歸已經在第八章中討論過。如果你決定使用統計控制,你應該多向專家請益。不過,大部分的實驗者喜歡直接的程序控制法,多過於間接的統計控制法。

實驗設計的評估

回想上一章「實驗設計」這個名詞是指如何把參與者指派到實驗狀況或處理的方案。經過上述一番關於誤差處理的討論之後,你應該可以體會有些指派方法,因為會產生複合作用,或是因為可以避免複合作用卻任其發展,而帶有嚴重的缺陷。這些就是不好的實驗設計。另一些指派方法因為能夠中立化一個或一群外在變項,而被視為有價值的設計。這些則是好的實驗設計。還有些介於兩者之間的實驗設計,它們不夠完美,但卻是研究者在各種條件限制之下,能夠做到的最好的設計,因此比什麼都沒有還要好。現在讓我們來檢視每個類型底下一些常見的例子,以便對什麼才是構成好的實驗設計的條件,有更深入的瞭解。

表10.2 好與不好的實驗設計的符號表示

類別	實驗設計的名稱	符號表示
不好的實驗	單純一組實驗	P-IV(1)-DV
	一個團體、前後測設計	P-DV-IV(1)-DV
	不相等團體的設計	P-IV(1)-DV與P-IV(2)-DV
好的實驗	獨立處理設計	
	單純後測設計	P(R)-IV(1)-DV與P(R)-IV(2)-DV
	兩團體、前後測設計	P(R)-DV-IV(1)-DV與P(R)-DV-IV(2)-DV
	非獨立處理設計	
	顯性配對	以P(MR)代替前兩個設計中的P(R)
	重複測量設計	P(R)-IV(1)-DV-IV(2)-DV或是 P(R)-IV(2)-DV-IV(1)-DV

代號說明

　　P＝非隨機指派參與者到實驗狀況。

　　P(R)＝隨機指派參與者到實驗狀況。

　　P(MR)＝根據明顯配對原則，隨機指派參與者到實驗狀況。

　　IV＝有一個自變項受到操弄。

　　IV(1)＝自變項有一個特定的值（狀況）。

　　IV(2)＝自變項有另一個特定的值。

　　DV＝有一個依變項接受測量。

　　每一行中符號自左至右的出現順序代表事件出現在時間上的先後順序。

　　為了幫助你比較好與不好的實驗設計，本書用速記法將它們圖示在表10.2中。IV是指有操弄自變項。自變項的特定狀況或是特定的值則以符號IV(1)與IV(2)表示。DV意指有測量依變項，連結號是用來表示事件的時間順序。據此，IV(1)是指產生了自變項上的某個特定值（如高挫折）之後，然後去測量依變項（如攻擊行為）上的反應。P是指參與者被指派到實驗狀況。P(R)是指以隨機的方式指派。沒有(R)表示非隨機指派。據此，P(R)-IV(1)-DV是指參與者被隨機指派到自變項的值為 1 的實驗狀況，然後進行實驗處理，最後測量依變項的反應。除了圖表顯示之外，每個設計都被賦與一個獨特的名稱，以幫助

你方便記憶。

在屬於導論性的簡介中，最後還有一點必須大力強調。下兩節中所討論的好與不好的設計都只限於實驗法，也就是，包含有一個受到操弄的自變項的研究。記住：操弄意指自變項的值與把這些值指派給參與者的過程都是由實驗者製作的。上述討論的每個設計都有其非實驗的相對體。在那些非實驗的研究裡，研究者只選取自變項上那些已然存在的值來進行研究。很少有研究者會巴不得根據這類非實驗研究的結果做出強烈的因果論述，即使這類研究可能得到相當有趣的研究發現。下面兩節的目的是在示範給你看，即使真的有用到操弄，就其對內在效度的影響而言，這個實驗有可能是個有缺陷的（不好的設計），也有可能會是程序健全（好的設計）的實驗。

不好的設計

一般說來，有三個頗具知名度的不好的實驗設計。對於每個設計，你需要了解的重點是為什麼它是個不好的實驗設計。那麼，才有希望見到你不會禁不起它的誘惑而採用之，而且萬一碰上有人誤用，你馬上就可以一眼看穿。

單純一組設計（the one-shot design）　在這個設計裡，所有的參與者全部都被指派到一個實驗狀況之中，接受處理，然後測量依變項上的反應：P-IV(1)-DV。以挫折實驗來說，這個做法等於是只安排一個高挫折的實驗狀況。這種設計在原因的確認上來說毫無價值可言，因為自變項只出現有一個值（所以該設計的名字叫做單純一組）。回想一下第二章中所討論的評估一項關係時最低限度的必要條件，你就可以看出這個設計根本無法決定自變項與依變項之間是否有關係，更別提因果關係的確立了。所以，頭號規則是：總是要記得去察看這項實驗是否至少包含了兩個自變項的值。如果只有一個，那就是個不好的實驗。

單一團體、前後測設計（the one-group, pre-post design）　這個設計裡，先測量所有的參與者在依變項上的反應，然後全部施以同樣的實驗處理，然後再度測量他們在依變項上的反應：P-DV-IV(1)-

DV。「前」與「後」是指實驗處理之前與實驗處理之後，都對依變項做測量。以挫折實驗為例，先測量所有參與者的攻擊行為之後，然後給他們那個解不開的謎題（高挫折組的實驗處理），然後再度測量他們的攻擊行為。採用這個做法的邏輯是，如果能夠顯示依變項上的值在測量前與測量後有任何改變的話，必然是實驗處理的結果。不過，這類設計有數項問題，有待解決。了解這些問題很是重要，因為這類設計把焦點放在實驗處理前後的變化，所以引起了很多同學的興趣。

這類實驗設計會引起兩個造成複合作用的重要來源：歷史效應（history）與多重測量（multiple measurement）。**歷史效應**是指除了實驗處理之外，在對依變項進行前後兩次測量的間隔中間所發生的其他相關事件。思考一下一個較富戲劇性的例子。在同一時間內把所有的參與者當做一個團體來進行實驗。先測量了他們的攻擊行為，然後把一個解不開的謎題交給每一個參與者，然後突然出現一道閃電，最後再度測量參與者的攻擊行為。就這個狀況而言，在察看攻擊行為的前後變化時，是無法區別出來謎題與閃電各自的影響力。

大部分歷史效應的影響比閃電來得更為複雜微妙。其中有兩項特別值得一提。第一，不論在前測與後測的間隔之間發生了什麼事，參與者的年紀會變大。如果間隔過長，**成熟效應**（maturation）所產生的效果將會和實驗處理產生複合作用。第二，除非研究者盡到最大最大的努力，否則測量依變項的程序可能會因時間的改變而有所變動。後測時，緊盯著參與者對巴布娃娃攻擊行動看的觀察者或許會感到疲倦，或許他們偵測攻擊行動的技術會變得愈來愈高段。如果使用電子儀器來做測量，在前測後測的間隔之間就有可能碰上某個電晶體故障的狀況。這類歷史複合作用的來源稱為**器材耗損**（instrument decay）。不論是發生在哪一種狀況下，依變項測量上的變動便與實驗處理產生複合作用。

多重測量是指對依變項進行兩次測量。即使兩次測量使用的是完全相同的測量程序，還是可能得到不相同的分數，這是由於產生了練習效果或是參與者疲勞效果的緣故。另外還有一個可能性是前測加上實驗處理，可能讓參與者猜到了實驗的目的，於是在後測的時候出現

了想要特質。多重測量所產生的任何影響力都無法將之與實驗處理分開，這兩個效果會產生複合作用。

多重測量產生複合作用有一個特例是發生在研究者把前測當做篩選參與者的工具，然後選出前測分數不是最高就是最低的參與者。只有被選出來的參與者才能繼續參與實驗。這種情況可能出現在調查某些特殊診療計劃的效用之時。舉例來說，某位臨床研究者根據前測選出極度抑鬱的人士，讓他們接受對抗抑鬱狀況的新式療法，然後測量接受新療法後的抑鬱分數。若接受新療法後抑鬱狀況有所改善，將視之為證明療法有效的憑據。第二個例子，試想一個幫助遲鈍者學習的特殊教學法已經被設計出來。依變項是學習測量上的分數。把這項測驗發給數量相當大的樣本參與者做，但是只選擇分數落在最低的百分之二十的參與者來做實驗。然後用這項特殊的教學法來教導這些選出來的實驗參與者，然後再用同一份測驗測量他們的學習成果。在第二次測量時發現他們的分數有顯著的進步，這項結果便被用作證明新的教學法有效的憑據。

唉！在這兩個情況下，不論使用何種處理方式，實驗結果朝研究者想要的方向變動根本是可以預期的。因依變項的測量並不具十分完美的信度，前測時得到極端分數的參與者團體，他們的分數至少有一部分可能是隨機誤差或是機會作用下的副產品。因此再測量一次時，機會因素應該會把這些參與者給打散，所以他們不會再度集中於整個分布的某個極端。所以這些參與者在第二次測量時不論發生什麼狀況都應該出現較少的極端值。這個極端值次團體在第二測量時所得到的分數有朝中央分布的趨勢，稱為**統計回歸**（statistical regression），或是說朝均數回歸，是測量程序不具信度的副產物。在單一團體、前後測的實驗設計裡，統計回歸只有在前測分數是用來選擇一個極端的次團體來進行實驗時，才會和實驗處理產生複合作用。用前測來篩選過濾具有極端值的次團體在研究中並不常見。不過一旦使用，便該留意它可能與統計回歸法產生複合作用。

朝均數回歸在運動上有項非常有趣的應用。來試試看你能不能找到這個關聯。

你認為為什麼受人矚目的新人常有困難在下一季的球賽中維持他們的成功記錄？（問題四）

這番對於常出現在單一團體、前後測設計中的各種複合作用所做的長篇大論，主要的目的是要使你明白這是充滿缺陷的設計。儘管表面看上去非常吸引人，它是個不好的，而且應該極力避免使用的實驗設計。對於從這類實驗設計所得到的結果，都應該要甚加謹慎評估。

不相等團體的實驗設計（the nonequivalent-groups design） 你或許已經想到，在這最後一類設計裡發生的所有問題，都可歸結到一項事實，即又一次是自變項IV(1)只有一個值的問題。加個第二個處理團體如何，那個接受低挫折處理的團體？加上一個IV(2)好讓其與IV(1)做個直接比較，難道還不能夠消除來自各方面的複合作用嗎？這得視情況而定。

不相等團體的實驗設計有了個控制團體：要把P-IV(1)-DV與P-IV(2)-DV做個比較。自變項有兩個值——IV(1)與IV(2)，不再使用多重測量，看起來似乎是一大改進。就挫折實驗而言，比較拿到解不開的謎題的參與者與拿到很容易就解開的謎題的參與者，並且測量他們拿到謎題之後，解答謎題時的攻擊行為。這看起來不像是個不好的實驗設計，但是這個作法有個嚴重的缺陷。你看得出來嗎？先停一下，想想看。

問題是出在沒有用隨機的方式來指派參與者到實驗狀況（用P-取代了P(R)-）。所以，兩個參與者團體可能一開始時便在依變項上，或是在任一個外在變項上並不相等（因此叫做不相等團體設計）。這兩個參與者團體之間任何一項事先存在的差異都會和實驗處理產生複合作用。當實驗者可以用隨機指派而不用隨機指派時，就是一個不好的實驗設計。現實生活裡有些情況，研究者被迫用事先存在的團體來做研究。在那些情況下，所執行的設計稱得上是介於好與不好之間，因為其可能是研究者在有限條件下，所可以採用的最好的設計，待會將於本章後面詳加討論。但是當有機會使用隨機指派卻不用，那就不值得原諒了。這裡的教訓是，有自變項的第二個值並不足夠使一個實驗

設計成爲好的實驗設計。如何指派參與者到實驗狀況也相當重要。

注意，也有可能實驗者以隨機指派參與者到實驗狀況的方式來開始一項實驗，結果卻仍然以不相等的狀況結束，因爲在實驗的過程中有參與者退出實驗的情形出現。**參與者的耗減**（participant attrition，參與者的流失）是會毀掉一開始由隨機指派所成就的實驗處理團體間的對等性，特別是當各實驗狀況的耗減率不同時，尤爲嚴重。對耗減率相當嚴重的實驗，實驗者必須提防在各個實驗狀況下殘留下來的參與者可能在某些與自變項毫無關聯的層面，存在有系統性的差異。實驗報告始終都應該將耗減率給誠實地報告出來，而且，如果可能，也應該就耗減率對研究結果所造成的影響加以評估。

好的設計

稍加反省你便會相信，不好的實驗設計的基本問題是出在自變項的操弄上。不是實驗者沒有產生足夠的自變項的值（沒有可比較的狀況），就是未能正確地指派自變項的值給參與者。結果便是一個充滿複合作用的實驗，其內在效度令人質疑。好的實驗設計的辨識特徵是自變項的操弄沒有問題。假定沒有操弄自變項以外的其他來源引起的固定誤差，就是指沒有內在效度的問題。這些設計就是程序健全的設計。

回想一下，前章所述好的實驗設計可以分做兩大類。**獨立處理的實驗設計**是以隨機指派實驗狀況，而且在各實驗狀況下並未針對參與者特質做任何配對，爲其主要特色。**非獨立處理實驗設計**的特色，則是在各實驗狀況下，皆有按照某個或某些穩定參與者特質——如智力——而加以配對的情形。這些都在前面一章中，而且也在本章「特殊控制技術」一節中，已經詳細地討論過了。每一類型的實驗設計都有兩個成員。

獨立處理這類實驗設計中，**單純後測設計**是常用的一種。比較 P(R)-IV(1)-DV與P(R)-IV(2)-DV的差異。單純後測設計矯正了不相等團體設計所犯下的非隨機指派的缺失。否則，這兩種設計會完全相等。單純後測設計有兩個處理團體，以隨機指派參與者的方式，將各

實驗狀況下任何穩定參與者特質上的差異轉化爲隨機誤差，並且沒有施行前測。獨立處理實驗設計的第二個成員是**兩團體、前測後測設計**。比較的是P(R)-DV-IV(1)-DV與P(R)-DV-IV(2)-DV的差異。這類設計的辨識特徵是在操弄自變項之前，先施以前測。前測使資料分析複雜化，或許就是因爲這個理由，所以這個設計使用得較不廣泛。

　　非獨立處理實驗設計中，**顯性配對設計**要求對某個相關的配對變項加以明確地測量，先將參與者組成配對組，然後再將配對組的成員以隨機的方式指派到實驗狀況。如果符號P(MR)是用指隨機指派明顯配對的參與者到實驗狀況的話，那麼用P(MR)取代P(R)，顯性配對設計便可利用獨立處理設計的兩個符號公式。這個設計因測量配對變項涉及額外的工作量，故鮮爲人使用。較爲常用的是**重複測量設計**，該設計要求每位參與者參與所有的實驗狀況：不是P(R)-IV(1)-DV-IV(2)-DV，就是P(R)-IV(2)-DV-IV(1)-DV。這個設計達到將所有穩定參與者特質加以隱性配對的效果。但是，誠如前章所指，重複測量設計爲研究者帶來若干獨特的新問題。這些問題將是本節後半部的焦點。

　　重複測量設計的主要缺點與其辨識特徵——即每個參與者必須參與所有的實驗狀況——有關。讓參與者出現在所有的實驗狀況之下，使參與者更有可能猜到實驗的目的，因此也就更容易出現該情境下的想要特質。誠如前章所述，想要特質可能在不同的實驗狀況下產生系統性的差別效果，因爲當參與者感覺到在某些狀況下實驗者期待他們好好表現的話，他們會更賣力些。如此一來，想要特質反倒產生了一種複合作用，同時折損了實驗的內在與外在效度。外在效度受到威脅是因爲受到複合作用影響的結果，可能無法通則化到其他類型的實驗設計上去。

　　與此相關的一項反對使用重複測量設計的理由是，即使想要特質不構成問題，隱性配對所達成的高度控制，對外在效度來說也是一大威脅。誠如前章所述，控制不僅除掉了固定誤差，而且降低了隨機誤差，因此增大了實驗的敏感度。正因爲重複測量如此敏感，所以有人指稱，它們並不代表眞實世界的狀況，因爲後者顯然更無條理章法。

所以，若要在更現實的狀況下複製重複測量設計所得到的結果，可能是件很困難的事。如此一來，優點反倒成了缺點。因爲重複測量設計潛在威脅到外在效度，所以有些研究者認爲避免使用重複測量設計是理所當然的事。

重複測量設計最爲明顯的新問題是**順序效果**的問題，也就是，在不同的實驗狀況下，有別於自變項的其他變項因重複測量而產生變化的效應。這類變項包括練習、疲勞、厭煩、或者是任何一種會因測試次數增加而遞增的變項。在重複實驗設計裡，這類變項很輕易地就會和自變項產生複合作用。舉例來說，如果你正在調查焦慮對技能表演的影響。如果你每次都先安排高焦慮實驗狀況，那麼在低焦慮實驗狀況下的卓越表現就有可能是低焦慮、或是在進入低焦慮狀況之前有多一次練習機會所造成的結果。顯然，是要對焦慮狀況出現的先後順序做些必要的處理。因此諸如練習之類的變項所產生的效果，即被稱爲順序效果。

順序效果出現的形式有兩種類型，它們的區別是至爲重要的。**對稱性**（symmetrical）順序效果與自變項無關。不論實驗狀況（自變項的值）的順序是如何安排，對稱性順序效果是不變的。當依變項涉及的是有關於技能表演時，練習效果通常是照這個模式出現的。也就是說，表演從多一次練習所獲得的好處，不論測量前的實驗狀況是哪一種，都是一樣的。另一個例子可以是出現在挫折實驗中的厭煩。假設我們可以假定重複暴露於巴布娃娃所產生的厭煩，會隨測試的增加而累積的模式相同，不管每次暴露於巴布娃娃之前所拿到的謎題是何種類型，那麼逐步積累起來的厭煩就是對稱順序效果。

另一方面，**不對稱**（asymmetrical）順序效果則與自變項有關。因此該效果的產生端視實驗狀況出現的順序而定。也就是說，實驗狀況出現的先後順序的不同會影響到不對稱順序效果的大小。就挫折實驗而言，疲勞是一個明顯的例子。疲勞與攻擊似乎頗有可能相互影響，攻擊產生疲勞，疲勞抑止攻擊。據此，前面任何一次測試所遺留下來的疲勞都可能抑止下一個測試時攻擊行爲的出現。如果挫折引起攻擊，攻擊進而增加疲勞，那麼在某個測試時所出現的疲勞量端視前面

一次的挫折狀況而定。一個先高後低挫折的測試順序所產生的疲勞在程度上的變化，便不同於一個先低後高挫折的測試順序。這就是不對稱的順序效果。

　　能做些什麼來中立化順序效果嗎？這裡就是兩類順序效果的區別，變得非常重要之處。對稱順序誤差可以被中立化，但是不對稱順序誤差不能。兩種標準的中立化程序——控制與隨機化——都可以用來中立化對稱順序效果，但是對不對稱順序效果，沒有一項派得上用場。

　　欲對此有所了解，試想一下挫折實驗中所產生的厭煩。假如累積起來的厭煩與挫折無關，因此算得上是一項對稱順序效果。那麼厭煩就可用一個稱為**逆平衡法**（counterbalancing）的技術加以控制，這意謂讓數目相同的參與者分別接受其中一種可能的實驗狀況出現的先後順序。這樣，以挫折實驗來說，高挫折狀況會被安排成前半段與後半段兩個時間，低挫折的狀況也是一樣。因為一個測試中所產生的厭煩程度只取決於在此之前已經接受過的測試數量，而非那一個挫折的實驗狀況。並且因為每一個挫折狀況不是出現在前半段，就是出現在後半段（逆平衡法），所以兩個挫折狀況下厭煩分數的分配情形必會相同。於是，兩個挫折狀況的平均厭煩水準必定相等，而各實驗狀況下的厭煩變化也就成功地被平衡掉了。逆平衡法因此也就成了平衡法中的一種特殊形式，用來控制重複測量實驗所產生的對稱性順序效果。另外，研究者可以將實驗狀況出現的順序加以隨機化。在那種情況下，各實驗狀況間所出現的平均厭煩水準的差異，便可將之視為整個實驗產生的隨機誤差的一部分。

　　正如平衡不同的環境或是實驗者在各實驗狀況下所產生的差異一樣，使用逆平衡法時，也必須要考慮參與者接受實驗狀況的時間順序。絕對不要讓所有的參與者接受某個方向的實驗狀況出現的先後順序（例如，先低挫折再高挫折），然後再讓全部參與者接受完全相反方向的出現順序（先高再低）。如果你這麼做了，時間因素就會和實驗狀況出現的先後順序產生複合作用。最簡單的解決之道，就是將參與者接受實驗狀況的時間順序給隨機化，不過要滿足半數的參與者接

受其中一種狀況出現順序，另外半數的參與者接受另外一種狀況出現順序（逆平衡法）的要求。

　　現在想想看發生不對稱順序效果會是個什麼狀況。前面我們假定在挫折實驗中，疲勞的水準取決於狀況出現的先後順序。特別是在接受高挫折狀況之後會比在接受低挫折狀況之後產生更多的疲勞。換句話說，不論第二次出現的是高挫折還是低挫折狀況，低挫折狀況下的疲勞水準總是高於高挫折狀況下的疲勞水準。因此，先後接受兩個不同實驗狀況的處理（逆平衡法）必然在低挫折狀況下會比在高挫折狀況下產生較高的平均疲勞水準。是故，嘗試平衡各實驗狀況下疲勞程度的行動宣告失敗，疲勞與挫折之間產生了複合作用。

　　隨機化狀況出現的先後順序並無助於情況的改善。隨機化會有用，通常是因為隨機化過程的期望值是一個其值為 0 的固定誤差。但是，如果隨機化的期望值是個非零的固定誤差，那麼這種做法只是在非零的固定誤差上再加上隨機變異量，而非將固定誤差給排除。如果你隨機化挫折實驗各狀況出現的先後順序，那麼高低與低高挫折出現的順序各為百分之五十，與逆平衡法所安排的百分之五十相等。但是前面一段告訴你逆平衡法在兩個狀況下產生不同的疲勞水準，也就是，一個關於疲勞的非零固定誤差。因此，對不對稱順序效果來說，以逆平衡法所產生的隨機化實驗狀況的期望值是等值的固定誤差。

　　這般長篇大論式地討論順序效果的道理很簡單。如果你沒有興趣為了研究順序效果而研究順序效果，並且相信不對稱順序效果會成為你計劃中重複測量實驗的一大問題的話，你應該放棄使用重複測量設計。選擇其他好的實驗設計。不過，因為重複測量的實驗使用得相當普遍，由此看來這種悲慘的狀況並不常發生。

介於好與不好之間的設計

　　有些實驗設計很難一眼看出是好的還是不好的。這類實驗帶有一些令人無法忽略的缺陷，但是它們卻也是在現有的條件下所能做出的最好的設計。在好與不好這個連續體下，這些實驗設計位於中間。因為它們是能夠做到的最好設計，顯然就這點而言，比什麼都做不到好

太多。又因為這些研究所具有的缺陷，在解釋研究結果時，必須謹慎處理。一般說來，若能在不同的情境下進行複製而得出同樣的研究結果，並且使用統計控制的方法處理可以測量到的外在變項，或許能夠增強對這類研究結果的信心。下面提供你一份針對最為常見的，介於好與不好之間的實驗設計而做的簡短的調查報告。

田野實驗（field experiment）　任何帶有一個受操弄的自變項，在非實驗室的環境下進行的研究都算是這一類。非實驗室的環境通常意指一個無法翻製的「真實世界」下的環境，像是學校、街頭巷尾、或是公園。這些設計吸引人之處在於它們具有高度的**生態效度**，也就是，研究結果應該可以通則化到真實世界環境的程度。田野研究的主要限制，與實驗室的實驗比較起來，田野研究出現誤差的機會較多。特別是來自於環境的誤差，因為實驗者不可能控制田野實驗所在之真實世界裡的環境變化。這類誤差有可能是隨機的誤差（亦即無法預測的）更多過於固定的誤差。想想看田野實驗時，出乎意料之外地傳來陣陣起重機的雜音可能對依變項產生的影響，你應該馬上就能體會這點。對環境裡的「雜音」缺乏控制力是將田野實驗劃分為介於好與不好之間的實驗設計的主要理由。

一個受試者的實驗設計（single-subject design）　這些是指樣本只有一位參與者的實驗。深受反應制約與行為修正傳統薰陶的研究者偏愛這類實驗設計。這類研究通常始於測量單獨一個參與者在一段基本控制時間內，發生在行為上的全程變化。然後加進操弄或實驗處理，繼續測量參與者行為上的異動。從基線期到處理期之間發生在行為上之變動被視為處理有效的證據。舉例來說，你觀察一位攻擊性小朋友對巴布娃娃的攻擊行為。在觀察了一段基本的預備時間之後，加入某種處理，譬如說若持續三十秒鐘沒有出現攻擊行為，就給一份獎品，並且繼續測量該小朋友的攻擊行為。如果獎品有價值，那麼在處理時間內，小朋友的攻擊行為應該會減少。這個做法非常接近只用一個參與者的單一團體、前後測設計。差別在於這個設計事實上是個之前—之間的設計。通常稱為**AB設計**（AB design），其中 A 是指基線期間，B 是指處理期間。不論到底叫什麼名字，這個設計與前測後測設

計主要遭遇的問題相同：在處理時間，還有什麼變項是會和實驗處理一塊發生變化的呢？

以這個設計為基礎，稍微做一些改變，便是想要解決這個問題。**逆向設計**（reversal design），也稱為**ABA設計**（ABA design），其中基線期與處理期交替作用，目的是在顯示行為可以照實驗者的意思而逆轉與復原。似乎不可能同一個複合作用在每一次實驗處理時都會出現。另一種方式是**多重基線設計**（multiple-baseline design）。在這類設計裡，對數個情境都施以實驗處理，目的在彰顯行為變化只有在實驗處理的狀況下才出現。同樣的，此處的論點也是，不可能在接受實驗處理的各個狀況下皆出現同樣的複合作用。逆向設計與多重基線設計都提供了某些避免複合作用的保障，但另一個問題卻是所有一個受試者設計共同面臨的。

這類設計遭受到的最根本的反對是採用小額樣本數目。只用一個樣本，必然折損研究結果的外在效度。不論使用多少次的逆向設計或是多重基線，都改變不了這項事實。某些制約論的研究者主張他們用的是一個「典型」的受試者，或是辯稱他們不想要通則化。沒有足夠的理由可以讓我們接受這兩個說法中的任何一種。又有些研究者主張只要用稍微多一點的受試者複製同樣的研究，就可以解決這個問題。多一點的受試者事實上是比較好一點，好在，已經有發展出用大一點的樣本來進行「一個受試者」的實驗設計，並且使用平均值來比較基線期與處理期之間的差異（Barlow & Hersen, 1984）。

準實驗設計（quasi-experiment）　這類設計只有名字上是叫「實驗」，因為自變項並未完全被實驗者所操弄：不是自變項的值不是由實驗者重新產生的，就是自變項的值並不是由實驗者指派給參與者的，或兩者皆有。這類研究並不是「真正的」實驗，因此，叫做準實驗。通常這類設計代表研究者在現有條件之下可以做到的最好的設計，所以即使有缺陷，但還算是可以忍受。一般說來，增加對這類研究的信心是最佳良藥，是在各種不同的情境下重做同樣一個實驗。下面提供你一些準實驗的例子。

自然實驗（natural experiment，又稱**天擇研究**（selection

studies）），是指研究者拿已經存在的團體做比較。假設操縱自變項的是自然界，那麼研究者是不可能重新改變這項操弄的。若果如此，這項研究即使被接受爲介於好與不好之間的設計，即使該研究具有上述所討論的不好設計的一項特質——具有和不相等團體實驗設計同樣的結構。兩性比較、受自然災害侵襲的城市與倖免於難的城市的比較，都是屬於這一類的例子。也須注意的是，所有自然實驗皆深受使不相等團體實驗設計爲之癱瘓的內在效度有問題之苦。所以處理這類研究的結果，必須極端謹慎。

在進行不相等團體實驗設計之前（見「不好的設計」一節），加做前測，那你會得到**不相等團體、前後測設計**（nonequivalent-groups, pre-post design）：比較P-DV-IV（1）-DV與P-DV-IV（2）-DV之差異。這類的例子可以是，把解不開的謎題給某個現成的團體去解，把很容易解開的謎題讓另一個既存的團體去解，並且測量這兩個團體開始解謎之前與之後的攻擊行爲。當然，研究者只有在除了既存的團體之外沒有其他選擇的情況下，才得用這種方式。因爲沒有使用隨機指派實驗狀況的程序，所以這兩個團體可能一開始時就不相等，這就會發生所有可能發生的問題。但是，由於對依變項有做前測，便有可能決定在這個變項上這兩個團體是否從一開始就相等的問題。對研究者不利的是，他無法決定這兩個團體在其他與依變項相關的參與者特質上是否相等。而且，前測的使用提高了對研究發現是否具有外在效度的質疑。不過，這個設計是比不相等團體實驗設計高一級的設計。當研究者無法隨機指派實驗狀況時，這個設計不失爲一個好主意，可以幫助實驗者在執行處理之前事先知道兩個團體在依變項上的相等程度，即使前測會提高外界對研究發現是否具有外在效度的疑慮。就此而言，這項設計稱得上是介於好與不好之間的設計。

最後一個準實驗設計的例子是**時間序列設計**（time-series design）。**間斷時間序列設計**（interrupted time-series design），是指一個潛在的原因事件被包括在一連串被設定爲結果的測量之內。這類例子可以是比較繫安全帶法令的採行在該法通過之前的數年內與之後的數年內汽車事故死亡人數。這個設計可以視爲單一團體，前測後測設

計的一個非實驗版本，並且增列了數個之前與之後的測量。也近似於使用一個受試者的研究為建立起比較有用的基線而採行的作法，其中不同之處只在間斷時間序列設計使用的是長期性的前後測量值，而非之前（基線的）與之間的測量值。雖然數個之前與之後的測量值對單一的之前與之後的測量值而言，是一項進步，但是這個設計仍有一個嚴重的缺點：未能控制相關的、在這段相同間隔期間內，可能已經與被設定為原因事件一併發生的其他事件。加入一個不對等比較序列對這個問題會有些改善。這樣的例子可以是，將那個通過繫安全帶法的州在該法通過之前與之後數年內的汽車事故死亡人數與同時段內沒有施行該法的鄰州汽車事故死亡人數做一比較。現在這個研究變成了不對等團體前後測設計的非實驗版，改善之處在於對依變項有一系列的前後測量值。這個**控制序列設計**（control-series design）大概是研究者用來處理無法操弄事件的眾多方法中最好的一種了。

摘要

　　實驗中常出現兩種類型的誤差：固定誤差（有系統地偏向自變項的某些特定的值或是偏向某些特定的實驗狀況），與隨機誤差（某些時候偏向某個實驗狀況，別的時候偏向其他的實驗狀況）。實驗的固定誤差有三種來源：分別發生在指派參與者到實驗狀況之時、執行實驗狀況之時、以及測量依變項之時。這些來源所產生的固定誤差會影響實驗的內在效度，因為外在變項與自變項產生了複合作用。起於任何來源的隨機誤差將雜音帶進測量得到的分數之中，因而增加了拒絕虛無假設的難度。結果是使實驗喪失了敏感度，也就是，實驗能夠偵測到自變項造成的微小卻實際存在的效果的能力。

　　實驗的固定誤差可以用隨機化或是控制的方法加以中立化。但是隨機化會製造隨機誤差。指派實驗狀況時用的控制涉及配對，有顯性與隱性兩種。執行實驗狀況時所用的控制，涉及的不是把某個外在變項保持絕對的固定不變，就是用平衡法來造成在各實驗狀況下的平均

值相等。絕對控制的數個特例包括：使用障眼法、製造安撫的控制、以及連坐法的使用。在遇上要用到多個不同的實驗環境、實驗者、或是測量程序時，使用絕對控制可以將出現在各個實驗狀況下的差異給平衡掉。隨機誤差是可以藉助大多數的控制技術、清楚明白與前後一致的程序、增加樣本數量、以及增加測量依變項工具的敏感度，而加以減低的。

　　不好的實驗設計，諸如單純一組設計，單一團體、前後測設計，以及不相等團體設計，都在自變項的操弄上含有嚴重的缺陷。不是製造的自變項的值不夠（只有一個值是不夠的），就是指派參與者到實驗狀況的方法不適當，以致產生了複合作用。好的實驗使用正確的控制，而且可以分為兩類。沒有使用配對（單純後測，以及兩團體前測後測）的設計稱做獨立處理設計。有使用配對（顯性配對與重複測量）的設計稱為非獨立處理設計。介於好與不好之間的設計，內部含有某些缺點，但卻是在有限條件下能夠做到的最好狀況，包括田野實驗，一個受試者的實驗設計，以及準實驗設計。

　　重複測量的實驗中，研究者在重複測量各實驗狀況下依變項的反應時，必須處理自變項之外的其他變項出現的先後順序，或是順序改變的問題。順序效果有對稱與不對稱的兩種形式。前者不受實驗狀況出現先後順序的影響，後者不然。對稱順序效果可以被隨機化，或是用逆平衡法加以控制，也就是說，分別使數目相同的參與者接受兩種呈現實驗狀況先後順序中的一種。這兩種技術都無法中立化不對稱的順序效果。唯一矯正不對稱順序效果的可行之道，就是不用重複測量的實驗設計。有些研究者也深深感覺到經常引發想要特質與難以複製研究結果，在重複測量實驗設計內是相當嚴重的問題。雖然如此，它們仍然是相當受歡迎的實驗設計。

問題解答

問題一：增加自變項操弄的強度通常會增加自變項與依變項關係的幅

度。因此，這將不再是偵測一項微小但實際上存在的關係的問題，即不再是敏感度的問題。

問題二：舉個例子來說，如果智力較差的參與者被有系統地指派到高挫折的實驗狀況，那麼在該實驗狀況下攻擊行為上出現的任何增加，都可將之歸諸於較低的智力而非較高的挫折所造成的結果。這是因為智力與挫折因指派參與者進入實驗狀況的偏差而產生了複合作用。

問題三：如果你只使用某個智商分數的一群人為實驗的參與者，你將永遠無法知道是否該實驗結果可以應用到不同於該智商分數的其他人的身上。這是太過要求內在效度，而必須要付出失去外在效度這個高額代價的一個例子。

問題四：有關成功（平均打擊率、平均獲勝的場數等等）的測量含有某些隨機誤差在內。因此，第二次測量時（譬如，下一季時），萬眾矚目的新人的表現會分散在接近整個團體分配的中央。這個現象通稱為不上不下煞星（sophomore jinx），唯有真正有實力的新人才能破繭而出。

進一步閱讀書目

論準實驗法的定義問題可參閱庫克與康貝爾（1979）所著之書。同樣的，巴羅與賀森（Barlow & Hersen, 1984）將會告訴你，一切你需要知道的有關於單一受試組實驗設計的知識。

參考文獻

Barlow, D. H., & Hersen, M. (1984). *Single case experimental designs: Strategies for studying behavior change* (2nd ed.). New York: Pergamon Press.

Cook, T. D., & Campbell, D. T. (1979). *Quasi-experimentation: Design and analysis issues for field settings*. Chicago: Rand McNally.

第*11*章

簡單實驗法：分析

　　本章針對簡單實驗設計做一番詳盡的檢視，焦點放在兩個主要的簡單實驗設計的資料分析上，並比較這兩類簡單實驗設計的優劣。

　　本章從兩個方面來設定涵蓋的範疇。首先，只有最為簡單的好的實驗——即那些只有一個兩個值的自變項與一個依變項的實驗——才列入討論。那個已經被討論過很多次的挫折實驗就是一個例子。該實驗只有一個自變項，挫折；有兩個值，高和低；有一個依變項，攻擊。欲知該實驗相關的操弄與測量的細節，見第二章。誠如你所知，自變項的值也稱為實驗的處理或者狀況。至於有兩個以上的值的自變項或是一個以上的自變項或依變項所涉及的複雜問題，將在下一章中再加以討論。

　　其次，只有被表5.2列為典型實驗法所產生的資料組合，才會納入本章討論的範疇。也就是說，本章的討論假定：自變項是基於粗略測量（所具有的值不多，只有兩個），而依變項則是基於精細測量。後面這個假設無異於假定依變項的測量至少是用接近等距的尺度，這才使研究者能夠用等距尺度的統計法來做資料分析。以適用精細測量的方式來操弄自變項極為少見，因此，從表5.2得知另一種資料組合是粗略測量對粗略測量。在那個情況下，可能適用於次數表與卡方分析，不過給你個最好的建議，還是請教一下有能力的統計專家。不過，粗略—精細的資料組合畢竟是社會科學現代實驗的典型資料，而這項組合是本章與下一章討論的焦點。

　　回想一下兩個好實驗設計——單純後測設計與兩團體、前測後測設計——都涉及以隨機的方式指派實驗狀況，而且在各實驗狀況下都沒有針對任何一項參與者特質做配對安排。另外兩個設計——顯性配對與重複測量（隱性配對），在各實驗狀況下研究者都有根據一個或多個像智力一樣的穩定參與者特質，做配對的安排。沒有配對的設計稱為**獨立處理設計**，而那些有做配對的設計稱**非獨立處理設計**。待會你將會看到，這兩種設計的區別與資料分析的關係至為關鍵。

　　誠如第九章所述，這兩個類型中都是其中一個比另一個較少為人使用。在獨立處理的這類中，兩團體、前測後測設計較為少用，這是因為它的外在效度常引起爭議，而且它的資料分析很是複雜。就非獨

立處理的那類而言，顯性配對較少使用，那是因為有很多額外的工作
事前必須要做到，才能得到參與者在配對變項上的測量值。姑且不論
使用頻率的多寡，這些實驗設計間主要的差別是在是否用到配對法，
以及配對法的使用對資料分析所產生的影響。

　　本章開頭先探討簡單實驗涉及的一般性統計推論的邏輯問題。然
後檢視這類設計可能用到的描述統計，好在，這方面並未因兩類設計
的不同而有所差異。然後先仔細探討有關獨立處理設計的推論統計分
析，接著再說明推論統計分析在非獨立處理實驗設計上的應用。最後
對這兩種類型的設計做一比較，重點擺在配對處理對資料分析所產生
的影響。

統計推論的邏輯

　　和其他情況並無不同，實驗法資料分析的目標是在找出研究者感
興趣的變項間有關聯的證據。就一個製作程序正確的實驗而言，自變
項與依變項間關係的建立有助於研究者做出因果性的結論。在能夠使
用樣本資料對母群進行推論的邏輯之前，必須對用以決定樣本關係是
否存在的這類證據，先行加以討論。然後才能夠對如何使用樣本證據
進行推論的過程有所了解。

樣本證據

　　參閱表11.1，其中標示有「低」與「高」欄位中的數字表示挫折
實驗中低挫折與高挫折狀況下的攻擊分數。在這個例子裡，你會怎麼
決定挫折與攻擊間是否有關聯？如果答案不是立即明顯可見，停下
來，好好想想看。這個問題與你得到一個2×2觀察次數表的資料，然
後試著決定表中的兩個變項間是否有關聯的情況是類似的。第二章描
述了特別設計出來根據次數表中四個方格資料，來決定表中變項間有
無關係的程序。從少於該表四個方格中的資料來推論表中的那兩個變
項的關係，你都有可能犯下嚴重的錯誤。這裡的情況也是如此，除了

其中一個變項——攻擊，用的是精細測量這點差別而已。不過，如果你想要對變項間的關係得到正確的判斷，你必須將兩欄中所有的數字皆考慮進去才行。該怎麼做呢？

得到像表11.1中一樣的分數，馬上計算出每一欄的平均分數或均數，然後比較這兩個均數的差別似乎是極其自然的事。這確實也正是大多數實驗用以決定樣本資料中變項關係的方式。研究者察看受測量的依變項在平均分數上的變化是否有系統地隨著實驗者所操弄產生的自變項而變化。就目前這個例子來看，你想知道是否隨實驗者操弄挫折的變化而在攻擊變項的平均分數上也發生了相應的變化。若果如此，該筆資料便吻合第二章對關係所下的定義，兩個變項的值同時產生有系統的變化。另一方面，如果兩個狀況下的平均攻擊分數相等或接近相等，那麼攻擊便沒有隨著挫折的改變而改變，那你就可以做出這兩個變項沒有關係的結論。所以，典型的實驗中，對於關係這個問題的關鍵樣本證據主要是依變項的平均分數，每個欄要分開計算。比較各實驗狀況下的處理均數，看看它們是否相等。

表11.1中，在以「Mc」標示的那一列中處理均數代表的是各欄上分數的平均值。低挫折與高挫折狀況下的均數分別為 4 與 5 。它們並沒有差多少，特別是和每一欄內各分數彼此之間的差異做一比較時，尤其如此。這樣一來，你可能得費番工夫去斷定挫折與攻擊是否真有關係。若果如此，你正準備超越樣本資料，試著建立一個一般性的結論。

統計推論的推理

如果你想通則化樣本證據，以達到某項關係同樣存在於母群的結論，你碰上的是一個類似的問題：即使在**母群**中自變項和依變項沒有關係，各實驗狀況的**樣本**均數還是有可能因為機會或是隨機誤差而出現差異。由此，為了能夠通則化到母群，研究者關心的問題有了些改變。身為研究者的你現在想要知道的是樣本中各實驗處理的均數間的差異，是否超過機會因素或隨機誤差所造成的結果。這項新問題不是非正式的判斷便能夠輕易解答的。你如何判斷表11.1中實驗處理均數 4

表11.1　ANOVAⅠ：獨立處理實驗的變異數分析──一個自變項

挫 折 狀 況		列總和（Tr）	人數（Nr）	列均數（Mr）
低	高			
4	3	7	2	3.5
3	7	10	2	5.0
5	7	12	2	6.0
2	5	7	2	3.5
6	5	11	2	5.5
2	6	8	2	4.0
6	3	9	2	4.5
4	4	8	2	4.0

Tc　　32　+　40　=　72　=　G

Nc　　 8　+　 8　=　16　=　N

Mc　　 4　　　 5　　　M　=　4.5

$\Sigma X^2 c$　146　+　218　=　364　=　ΣX^2

$SST = \Sigma X^2 - (G^2/N) = 364 - (72^2/16) = 364 - 324 = 40$

$SSC = \Sigma \left[(Tc)^2/Nc \right] - (G^2/N)$

$\quad = (32^2/8) + (40^2/8) - (72^2/16) = 328 - 324 = 4$

$SSE = SST - SSC = 40 - 4 = 36$

$dfT = N - 1 = 16 - 1 = 15$ 　　　　　　$dfC = c - 1 = 2 - 1 = 1$

$dfE = dfT - dfC = 15 - 1 = 14$

$MSC = SSC/dfC = 4/1 = 4$ 　　　　$MSE = SSE/dfE = 36/14 = 2.5714$

$F(dfC, dfE) = MSC/MSE$ or $F(1, 14) = 4/2.5714 = 1.5556, p > .10$

與 5 間的差異，是否大過機會因素的作用？這裡有個正式的程序將會
助我們一臂之力。

　　讓我們從某些術語開始。實驗的虛無假設是指自變項與依變項在
母群中沒有關係。因為關係的問題是由評估處理均數間的差異而加以
決定的，所以關於虛無假設的另一種相等的陳述是，依變項在各實驗

狀況下的母群均數會相等。換句話說，虛無假設是母群處理均數不會隨各實驗狀況的變化而變化。即使如此，樣本處理均數多少還是會因隨機誤差的自然結果而有所變動。據此，另一個關於虛無假設的相等陳述是，樣本處理均數純粹是隨機誤差的副產品罷了。對立假設是自變項與依變項在母群中是有關係的。也就是說，母群處理均數確實不同，樣本處理均數間的差異除了隨機誤差之外，還要加上母群處理均數間真正的差異。循例，統計的問題是要不要拒絕虛無假設，不論使用的是哪種陳述法。

平常，你或許可照下面的方式推理。如果樣本處理均數並沒有非常大的差異，它們間的差異最有可能是隨機誤差造成的，那麼應該不會拒絕虛無假設。另一方面，如果樣本處理均數間的差異相當大，那麼這些差異最有可能是由母群處理均數間真正的差異，再加上隨機誤差所造成的。因此，虛無假設應該被拒絕。這條思考路線算是頗為合理，但不夠明確。到底樣本處理均數間的差異要多大，才夠研究者拒絕虛無假設。你怎麼區別該做哪個決定？

此處的問題與第一次介紹統計推論這個主題時，即第四章次數表所遇到的問題相似。那時，研究者面對的挑戰是，要決定在拒絕虛無假設之前，觀察次數與期望次數間多大的差距是在可以忍受的範圍之內。解決之道是用卡方計算出差距的程度，然後查閱該卡方值在表中的機率。目前的情況與其相似，所以解決之道也相同。主要的差別是，在目前這個狀況下，你尚未有像期望次數一樣的一個量數。處理均數間的差異等同於觀察次數間的差異，但是你不知道可以期望多少變異是只來自於隨機誤差，而這些隨機變異相當於在卡方分析時，期望次數所扮演的角色。對於下一步該怎麼做，這項比較已經提供你一項相當珍貴的暗示了。

就目前這個情況而言，是需要有個比較的標準，一個關於如果只有隨機誤差發生作用的情況下，在樣本處理均數間的變異可能有多大的估計值。有了這樣的一個標準，你便可以將樣本處理均數的實際差異與該標準做個比較，將這個比較用一個數字扼要表示，就和卡方的作法一樣。然後你就能夠在虛無假設的條件下，決定該摘要比較的統

計值或者是檢定用統計值的機率（假定統計學家已經有適當的表來幫助你），然後比較該機率與 α 的差異，便能夠對虛無假設做出一個切適的結論。

　　或許你已經猜到，我們所需要的這種類型的正式程序已經存在。名字叫做**變異數分析**（ANalysis Of VAriance）或是**ANOVA**。變異數這個字指出一項事實，ANOVA比較的是樣本處理均數間的真實變異量與完全由隨機誤差造成的估計變異量之間的差異。這項比較以一個比值來表示，樣本處理均數間的實際變異量為分子，而比較標準為分母。這個比值稱為 F 值，是為了紀念發明它的雷諾費雪爾（Ronald Fisher）而命名的。

　　F值的分子通常被稱為**系統**變異量，因為它包括了隨機誤差與自變項對樣本處理所產生的任何一種系統性的影響。分母則稱為**誤差**變異量，因為不管哪個假設為真，它只包括隨機誤差而已。所以ANOVA中的 F 值比較的是樣本處理均數的系統變異量與隨機誤差的誤差變異量，以便得知系統變異量到底比隨機變異量大上幾倍。誠如前述，你可以根據第四章所定下的規則察看在虛無假設下，該值出現的機率有多少，然後得出結論。

　　你或許正感納悶從資料中的哪個部分可以得到誤差變異量的估計值，即 F 值的分母。這要看實驗設計的類型而定。當資料中所有的系統變異量的來源被排除之後，不論剩下來是來自何方的變異量都將用來計算誤差變異量的估計值。獨立處理與非獨立處理實驗設計的系統變異量來源數並不相同。因此有兩種類型的變異數分析，本書分別以ANOVA Ⅰ 與ANOVA Ⅱ 稱之。在討論這兩種ANOVA之後，你就會明白誤差變異量估計值的計算只適合於推定隨機誤差而已。至於現在，你必須相信是這樣沒錯就是了。

　　有一件不需要叫你相信你就相信的事，是 F 的期望值。在虛無假設之下，樣本處理均數間的變異量（F值的分子部分）只是隨機誤差的副產品而已。F 值的分母始終是不論哪個假設為真，只要是只有隨機誤差發生作用，就該期望它是樣本處理均數間出現的變異量。據此，在虛無假設之下，F值包括了同樣一件東西的兩個獨立的估計

值。因此，它的期望值應該是 1（由於技術上的理由，該期望值稍微大於1，但你可以把它想成大約等於 1）。在對立假設的情況下，樣本處理均數的變異量不只是來自於隨機誤差，還要加上母群處理均數間的真正差異。因此，F 值的分子應該比虛無假設之下的 F 值分子大得多。所以，在對立假設下，你會有一個數量較大的分子，被一個和在虛無假設下相同的分母去除，那麼 F 的期望值顯然會比 1 大出很多。

到目前為止我們的討論有這麼一個含意：當對立假設是對的時，提高得到正確結論的機會，完全繫於藉著減低隨機誤差來增加實驗的敏感度。用第十章的符號來表示，即如果RE代表與隨機誤差結合的變異量，SE代表由母群處理均數之差異（假設沒有複合作用與固定誤差）而來的變異量，那麼上一段的論述便可以用這個符號公式表達 F=(SE+RE)/RE。而且對一個既定的SE來說，RE的減少就會帶來 F 值的增加，使研究者更有可能拒絕虛無假設，正確地做出SE不等於 0 的結論。由於在一個正確製作的實驗，SE代表的只是自變項的效果，這意謂著降低隨機誤差增加了實驗對微小但實際上存在的自變項效果的敏感度，即第十章中所討論者。

由此可知，變異數分析中的關鍵問題是，計算出來的 F 值是否能夠大過於 1，而使這項結果不可能只是出自於樣本處理均數的隨機變異量。你在表中查到的機率是你可以得到的一個等於或大於在虛無假設為真的情況下所計算出來的 F 值的機率。然後照第四章的規矩，如果該機率是小於或等於 α 值，你便可以拒絕虛無假設。

第四章中，你學到與計算出來的卡方值結合的機率，可以被解釋為在期望次數(E)是正確的情況下，亦即，在虛無假設是對的情況下，得到次數表中觀察次數(O)的機率。換句話說，這個機率可以解釋為p(O/E)。因為觀察次數等同於得到的或是實際的資料(D)，而期望次數等同於在虛無假設下期望得到的資料(H)，所以p(O/E)等於更為普遍的p(D/H)。

同樣的推理可用到變異數分析之上。F 值的分子包括系統變異量(SV，而SV=SE+RE)，即樣本處理均數的實際變異量。F 值的分母包括誤差變異量(RE)，當只有隨機誤差發生作用時，也就是，在虛無假設

正確的情況下，期望樣本處理均數間的變異量。F 值的機率，即 SV/RE的比值，可以就此視爲在只有RE是期望的情況下，得到SV的機率，或是p(SV/RE)。不過，SV等於樣本處理均數(D)間所得到的或是實際的變異量，而RE等於在虛無假設(H)下期待出現的變異量。因此，p(SV/RE)也就等於更爲普遍的p(D/H)。誠如第四章所述，所有的推論統計皆有這個屬性，即檢定用統計值的機率，可以被解釋爲，虛無假設爲眞的情況下，得到實際資料的機率，或是p(D/H)。你現在知道了變異數分析中的 F 檢定，是這個普遍原則下的另一個例子。

有些課本指定一種名叫 t 檢定（t-test）的推論檢定法來分析有兩個處理的簡單實驗。在這種情況下，t 檢定與變異數分析中的 F 值，得到的總是相同的結論（事實上，$t^2=F$）。t 檢定**只**適用在兩個處理的實驗，但是變異數分析可以用任何處理數目的實驗。基於這個理由，本書集中討論更爲普遍使用的分析法──變異數分析。

總之，對典型實驗（有一個粗略測量的操弄自變項與一個精細測量的依變項）而言，有關關係推論的程序是變異數分析，或稱 ANOVA。在ANOVA的檢定用統計值是 F 值，該值是由樣本處理均數間的實際差異，除以一個當只有隨機誤差發生作用下，也就是，當虛無假設爲眞時，期望樣本處理均數間出現的變異量估計值，而得到的。在該虛無假設之下，F 的期望值接近 1。在對立假設下，F 值應該比 1 大很多。在利用實驗資料算得 F 值之後，可以從表中查出該值在虛無假設下出現的機率。然後比較該機率與 α 值的差異，以便決定是否要拒絕虛無假設。就同所有的統計檢定一樣，可以視 F 值爲收集得到的樣本資料(D)與虛無假設下期望得到的資料(H)之間的比較，因而可以將其機率解釋爲條件機率p(D/H)，或是，在虛無假設爲眞時，出現收集到的資料的機率。如果該機率小於 α，就做拒絕虛無假設的決定。

描述統計

你曉得用來描述樣本中自變項與依變項關係的關鍵統計值是處理

組均數（treatment mean），也就是，在某個實驗狀況下，依變項分數的平均值。這類均數是依據各實驗狀況下的資料分別加以計算，然後相互比較，看看是否相同。但是為何要用均數來達到這個目的呢？前面的討論指出，這麼做似乎是很自然的事，但是問出為什麼很是重要，答案是均數是代表樣本中最為典型的分數，而你真正想要知道的是，在依變項上的典型分數是否在所有實驗狀況下都相同。

要了解典型這個概念，你必須先了解分數的分配狀況。實際上並不像表11.1的那個例子，每一個實驗狀況只有八個分數，大多數的實驗在每一個實驗狀況下所得到樣本分數比八多得太多。要看看到底有哪些分數，其中一個方式就是根據每個實驗狀況得出一個**次數分配表**（frequency distribution）。次數分配表是一個表，表中每個可能出現的分數值(X)按大小列出，並搭配該分數在樣本中出現的次數(f)。就大樣本來說，只要看一下次數分配表，你馬上就會對分數分布的形狀有番相當不錯的了解。若畫出次數分配表的圖形或圖表，那你會得到一個更為清楚的概念。如果你對照橫軸上可能出現分數值(X)在縱軸上點出次數(f)，然後再把這些點給連起來，你就得到了一個描述分數分布形狀的**次數圖**（frequency polygon）。

圖11.1是一個理想的鐘型分配的圖形。明顯的，在這樣的一個分配中，最大多數典型的分數落在中間。分配圖的中間點離所有其他分數的距離最近，它們出現的次數最多，並且位在中間，這些都令它們成為典型分數的最佳候選者。過去大多假定社會科學家感興趣的變項值的分配狀況相當類似於鐘型分配。但是，現在看來好像大多數變項的分布狀況與理想的鐘型分配相去甚遠（Micceri, 1989）。無論分配的形狀如何，都不會影響到視分配圖的中央或中間為典型分數落座處這種看法的合理性。所以，每當統計學家嘗試描述一個分配中最為典型的分數時，他們總是以推測何處為該分布的中央做為最後的解決之道。這類描述統計一般稱為**集中趨勢**（central tendency）。你將會看到，均數便是這樣的一個測量法，而且除均數外，還有別的。

中心點並不是一個分布圖唯一的特質。要做到切適的描述，還需要指出各分數離開中心點的分散程度。顯然，當所有的分數都集中在

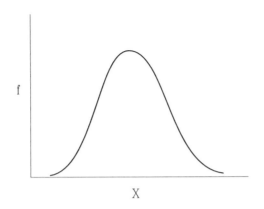

f

X

圖11.1　理想的鐘型分配的次數圖

　　分配圖的中心位置所得出的最典型分數，會比所有的分數都離開中心位置很遠的情況下所得出的最典型分數，來得更為典型。因此分散程序的問題，或是說，圍繞著中心點的變化情形，便不容忽視。用來描述分配圖上分數分散情形的統計方法稱做**變異性**（variability）、或離勢（dispersion）量數。變異性量數有很多種，而其中有一個在變異數分析中扮演核心的角色。

集中趨勢

　　三個最有名的描述集中趨勢的量數是衆數（mode）、中數（median）、與均數（mean）。**衆數**是出現次數最高的一個分數值。可惜的是，一個分配中衆數可能有好幾個，或者是，衆數不見得落在接近整個分配的中間位置。**中數**是將所有的分數按大小排列之後，落在第百分之五十個位置的那個分數。所以，會有一半的分數在中數之下，另有一半的分數在中數之上。中數對於比它高的分數與比它低的分數的分配情形相當不敏感。中數的產生完全仰賴次數的計算：多少個分數大過於它，多少個分數小於它。**均數**是平均的分數值，是把分配中所有的分數加起來，然後除以總個數而得到的。均數對各分數離開中心多遠的問題相當敏感。對於**偏態分配**（skewed distribution），那些有一端拖個長尾巴的分配而言，均數可能會被拖進長尾巴內。在那

個情況下，中數會是個比較好的描述集中趨勢的量數。

以精細測量的變項來說，均數是使用得最為廣泛的集中趨勢量數。概念上，均數是一個分配的平衡點。也就是，如果你把整個分配放在一個中心點上，並且把該中心點直接放在均數之上，那麼那個分配就不會往上翹，也不會往下落。這是項既非中數，也非眾數所能保證的結果。對一個只有一個眾數、形狀對稱的分配來說，這三個集中趨勢量數會完全相等。由於以均數為主的推論統計比以其他兩個集中趨勢量數為主的推論統計發展得更為完備，因此本書將集中於均數的探討。

一組分數的均數(M)計算公式如下：$M = \Sigma X / N$。ΣX是指把樣本中所有個別的分數給加總起來，而 N 是指這些分數的總個數。有些課本提出另一種處理分組資料的公式，所謂分組資料就是轉化成次數分配表的資料。實際上，由於電腦的應用已十分普及，所以你可能永遠不必建構次數分配表，或是根據次數分配表來進行描述統計的計算。是故，本書在此將不介紹處理分組資料的統計公式。

在表11.1中，處理組的總和列在標示有「Tc」的橫列之中，意指「該欄分數的總和」。每個實驗狀況下分數個數的總和列在標示有「Nc」的橫列之中，意指「該欄分數的個數」。據此，就樣本均數公式而言，Tc就是ΣX，而Nc等於N。那麼Mc，欄均數，在低與高挫折狀況之下，分別是32/8，或為4；與40/8，或為5。所有狀況中全部分數的總和，G，是各處理組總和的總和，或是32+40=72。總 N 是所有Nc值的總和，或是8+8=16。由此可見，所有分數的總均數，M，等於72/16=4.5。

變異性

如何量化各分數離開分配中心的分散程度或是變異狀況？統計學者已提出不少這類的量數，不過有些並不完美。其中一個明顯的量數是**全距**（range），即分配中最大值與最小值的差距。全距的缺點是只對分布中兩個最極端的值有反應，對於其他分數的分散狀況則毫無敏感度。雖然如此，全距仍常被用作粗略測量變異狀況的量數。

能夠敏感地反應所有分數的分散狀況的變異量數是建立在離差分數的概念上。**離差分數**（deviation score），x，是指原始分數 X 與該分配的均數間的差距。所以，就一組樣本分數而言，x＝X－M。樣本分數中每個分數的離差分數都算得出來，而每個離差分數指示出原始分數是比均數大多少、還是小多少。你或許認為對整個樣本來說，一個好的變異量數會是所有離差分數的總和，Σx。可惜，Σx無法成為分散量數，因為它的值總是等於 0。一般數學可以很輕易地證明這項結果，而你可以從另外一個角度來解釋：均數是分配的平衡點。這也就是說，任一分配的負離差值會完全等於正離差值。所以Σx不能幫你偵測出分散狀況，因為它始終等於 0。

那麼，該怎麼使用離差分數，才能發展出一個有意義的測量分散程度的量數呢？答案很簡單：先把各個離差分數平方之後，再把它們總加起來。平方後的離差都變成正數，因此不可能相互抵銷。再者，平方後的離差分數帶有一個你想要的屬性：在一分配中各分數離開均數愈遠，不論方向，離差分數的平方和便愈大。這樣，離差分數的平方和，Σx^2，便能夠偵測出一分配中各分數的分散情形。

離差平方和不僅僅是個描述一分配中各分數變異狀況的量數，它在變異數分析時也扮演一個非常重要的角色。這個相當重要的量數有個較為精簡的名稱，即**平方和**（sum of squares），而且有其特定的符號，SS。平方和的公式如下：

$$SS = \Sigma x^2 = \Sigma (X-M)^2 \qquad (11.1A)$$

$$= \Sigma X^2 - [(\Sigma X)^2/N] \qquad (11.1B)$$

第一條公式（11.1A）是根據離差分數而來，從概念上告訴你SS是怎麼來的，是各離差分數的平方的總和。不巧的是，M，通常是個帶有小數的量數，因此所有的離差也都是帶有小數的量數。要把這些帶小數的量數先給平方，再把它們加總起來實在很累人。這第二條公式（11.1B）習慣上稱為計算公式，如果你必須要用筆來計算SS，這條公式會比較好用。

就讓我們用這條計算公式（11.1B）來處理表11.1中的資料。先分

別計算每個實驗狀況下的SS。在這個情況下，欄總和，Tc，等於SS計算公式中的ΣX，而各欄中分數的總個數，Nc，相當於公式中的 N。每一欄中各分數平方的總和列在標示有「ΣX²c」的橫列中。據此，ΣX²c等於SS計算公式中的ΣX²。所以，對一個簡單的實驗狀況來說，這個SS的計算公式就變成了SS=ΣX²c−〔(Tc)²/Nc〕。就低挫折狀況來說，

$$SS = 146 - [(32)^2 / 8] = 146 - 128 = 18$$

輪到你了，高挫折組的SS是多少？（問題一）

做爲描述一分配各分數分散情形的量數，SS有個缺點。由於先平方再加總，SS的值通常非常大。它比全距大出很多，如表11.1中所示。就低挫折狀況而言，全距是6−2＝4，而SS等於18，大了四倍多。爲了描述的目的，最好能夠有一個從原始的測量單位來看，較爲合理的分散量數。

爲了解決SS過於膨脹的問題，首先求出一個平均值（衝著總和而來），然後再求一個平方根（針對平方而來）。根據第一個步驟，得到了另一個非常有名的量數，即**變異數**（variance），其定義爲一分配中各個離差平方的平均數。樣本變異數，S^2，其公式是S^2=SS/N。根據第二個步驟產生了另外一個非常有名的量數，**標準差**（standard deviation），它的定義就是變異數的平方根。樣本標準差，S，的公式是S=$\sqrt{S^2}$。以表11.1中低挫折狀況爲例，S^2＝18／8＝2.25，而S＝$\sqrt{2.25}$＝1.5。對一個接近鐘型的分配來說，S 通常爲全距的三分之一。很多社會科學的期刊都要求論文同時提供描述集中趨勢與變異狀況的統計值。對於精細測量的變項，通常要求提供的量數是均數與標準差。又輪到你了！

表11.1中，高挫折狀況的S^2與S各爲多少？（問題二）

你或許懷疑變異數是否和ANOVA，即變異數分析，有關。你答對了。不過，ANOVA用的是變異數**估計值**，不是簡單的變異數，這兩個並不太一樣。

變異數估計值

假定你的目標不在描述樣本中原始分數變異的狀況，而是在推定該樣本所代表的母群中各原始分數的變異狀況。如果只有樣本資料，這辦得到嗎？答案是肯定的。或許你第一個衝動是提名樣本變異數來擔任這個工作。但是，統計學家已經證明樣本變異數，$S^2=SS/N$，是有偏誤的，因其低估了母群的變異數。好在這個偏誤可以很容易地用SS除以N-1取代除以 N，就矯正過來了。換句話說，SS/(N-1)的期望值，就是母群變異數，也就是由樣本代表的母群中各個分數的變異數。為了區別樣本變異數，S^2，與母群變異數的不偏估計值兩者的差異將用「s^2」來代表後者。據此，$s^2=SS/(N-1)$，即為母群變異數的不偏估計值。因為研究目標是在根據樣本資料來對母群做推論，ANOVA是用母群變異數的不偏估計值（s^2）而非樣本變異數（S^2）來作運算。

讓我們來計算表11.1中低挫折狀況的 s^2。應用公式，$s^2=SS/(N-1)$其中$N=N_c$。所以，$s^2=18/(8-1)=2.57$。

高挫折狀況下的 s^2 是多少？（問題三）

s^2 公式中分母的量N-1是個老朋友，df，或稱自由度。在這個情況下，自由度，df=N-1，說得通。如果你有一組精細測量的分數，而且你知道它們的總和與平均數，那麼這組分數中有幾個是可以自由變動的？在這些數字裡頭，除了一個以外，其他的你都可以隨便指派任何一個值，但是這最後一個完全受到總和與均數必須和已知的值相等的限制。這也是另一個說明任何一組的ΣX，即離差分數的總和，必須等於 0 的方式。因此，除了一個以外，所有離差分數你要它們是多少都沒關係，但是最後一個是固定的，因為這樣所有的離差分數的和才會等於 0。對一組精細測量的樣本分數而言，由於df=N-1，所以母群變異數的不偏估計有這個一般性的形式：$s^2=SS/(N-1)=SS/df$。因此，只要出現平方和除以自由度，是ANOVA中常見的一種運算，得到的結果便是母群變異數的估計值。

現在ANOVA的主要成份皆已交代清楚了。你馬上就可以清楚地看到自變項在簡單實驗的兩大主要類型下每一個次類裡是如何運作的。

獨立處理實驗設計：ANOVA Ⅰ

正如你所知，這一類的實驗設計是以不經配對處理、直接以隨機指派的方式將參與者分配到各實驗狀況。如果指派真正是隨機的，依變項上的分數在任何兩個實驗狀況下應該是統計獨立或不相關的。為模擬這個情境，把表11.1中兩個實驗處理欄（低與高）中每一欄中的分數以隨機的方式鍵入，如此一來，兩欄中的數字間的相關應該與0不會相差太遠。事實上，這裡沒有任何理由可以將低挫折欄內的任何一個分數與高挫折欄內的任一個分數加以配對。不過，你若任意假定每一欄內同一行的分數應該配成對，那麼就用公式8.1計算這兩欄分數間的相關值，你會得到 r=-.33。再用第八章所描述的顯著性檢定，你會得到 r(6)=-.33，P>.10。由此可見，表11.1中的分數是研究者期望出現在獨立處理實驗設計中的典型資料。

你現在可以準備對付獨立處理實驗設計的推論統計分析了。表11.1的資料會派上用場。那些分數可以代表從一個單純後測實驗得到的後測分數，也可以代表兩團體、前後測實驗設計的後測分數，或是前後測分數的差。不過，基於第九章所提出的那些理由，我們不建議拿這個算法來分析兩團體、前測後測實驗設計所得到的資料。所以，你應該把表11.1上的分數只想成得自單純後測實驗下的後測分數。前面說過，適用於此處的變異數分析，稱為ANOVA Ⅰ。

ANOVA Ⅰ的演算受到兩大指導原則的影響。第一條是檢定統計值為 F，即變異數估計值的比值。在變異數分析的脈絡下，這類的變異數估計值稱為**均方**（mean squares），或簡稱MS。正如你從上一段的討論中得知，變異數估計值是平方和（SS）除以它的自由度（df）。據此，總的來說，MS=SS/df。把這些步驟倒過來，你就得到一個執行ANOVA的基本流程：1.計算平方和；2.計算自由度；3.計算均方；4.計算 F；5.在適當的表中查出 F 值，然後做出結論。

第二條指導原則是，所有ANOVA的正規運算是計算所有分數的總

變異量，然後計算每一個可能出現的系統變異來源的變異數，然後將之從總變異量中除去，最後考慮剩下來的、只可能與隨機誤差結合的變異量。就一個操作正確的獨立處理實驗設計而言，唯一的系統變異來源是自變項，在資料表中以欄來表示。據此，你必須從表11.1各個分數的總變異量中除去欄中集中趨勢所代表的變異量，然後把剩下來的全當做隨機誤差的估計值來處理。

結合這兩大指導原則得出一系列操ANOVA I的步驟，表11.2將之摘要列出。SS、df、MS、與 F 的公式與計算過程見表11.1的後半部。

讓我們查閱一下ANOVA的公式，看看裡面有些什麼。SST的公式其實就是公式11.1，屬於一般的平方和公式，用到該資料表全部十六個分數。此時，十六個分數被當成一組樣本處理，略去欄變項的影響，所以，N=16。公式中的第一項是十六個分數的平方和，或是 $4^2+3^2+5^2+\cdots\cdots+6^2+3^2+4^2=364$。第二項是所有十六個未平方的分數大總和（G），然後把該值先平方再除以該表的總個數 N。是故，G 是所有個別的欄總和的總和，或是所有Tc的總和，32+40=72，等同於公式11.1中的 ΣX。而SST公式中的第二項，$G^2/N=72^2/16=324$。所以SST=364-324=40。

表11.2 ANOVA I 操作步驟摘要表

1.計算SST，所有分數平方的和，忽略欄變項的作用。

2.計算SSC，欄平方和，以欄均數為基礎，代表欄變項（自變項）貢獻的系統變異量。

3.計算SSE，誤差平方和，代表從SST中減掉SSC之後剩下來的變異量。

4.計算dfT、dfC、dfE。

5.計算MSC與MSE。

6.計算 F。

7.查適當的表，以決定 F 出現的機率 p。

8.比較 p 與 α，下結論。

所有計算的公式，參見表11.1。

SSC的公式等於用兩個處理組的均數做為原始分數而求得一個變異數估計值。所以，造成SSC的變異量是處理組均數間的變異量，該公式是由處理組總和，即Tc值，所構成的，這是因為Tc值比處理組均數，即Mc值，容易運算。該公式指示你把每一欄的總和（Tc）加以平方，然後除以該欄分數的個數，Nc。據此，你得到$32^2/8$以及$40^2/8$。然後你必須將各個欄上的這些量加起來，最後減去G^2/N。由此可知，

$$SSC=(32^2/8)+(40^2/8)-(72^2/16)=328-324=4$$

SSE簡單來說就是SST減去SSC，即從SST中刪除SSC後所剩下來的變異量。所以，SSE=40-4=36。

此處自由度的算法與SS的自由度的算法相似。首先，你用最普遍的公式，df=N-1，計算整個樣本所有分數的自由度，得dfT=16-1=15。關於dfC，值得注意的是，所涉及的「分數」是組均數，其數量與原始分數所在的欄數相同，如果「c」等於原始分數所在的欄數，或者說等於實驗的狀況，那麼dfC的公式必是c-1。據此，這個挫折實驗與其他所有自變項有兩個值的實驗的自由度，都等於dfC=c-1=2-1=1。dfE則是從dfT中除去dfC後剩下來的值，所以，dfE=dfT-dfC=15-1=14。

完成這個步驟以後，所有分數的總變異量就沒有多大用處了。你現在要比較欄均數所產生的變異量與剩餘變異量的差異，前面那個量值包括隨機誤差加上欄變項（即自變項）的系統效果，而後面那個量值則僅包括隨機誤差。你先計算出均方，或MS值，也就是把每個相關的SS除上本身的自由度。據此，MSC＝SSC／dfC＝4／1＝4，而MSE＝SSE／dfE＝ 36／14＝2.5714。然後，你得出 F 值，即MSC／MSE。不像先前所介紹的推論統計值，F 值包含有兩個獨立的自由度，分子有一個自由度，分母也有一個自由度。因為 F 值的分子是MSC，所以分子的自由度是dfC。同理，dfE是分母的自由度。根據表11.1的資料，F（dfC,dfE）＝MSC／MSE，或是F（1,14）＝4/2.5714＝1.5556。

到此你還得完成最後一步，在一正確的檢定表中查取你計算出來的 F 值以決定其在虛無假設下的機率，p，然後做出是否接受虛無假設的決定。此處適用的表為包含有決斷值 F 的表A.3。決斷值是在虛無

假設是正確的情況下，由不同的dfC與dfE決定的F值的機率。在那個假設下，F 值的期望值大約是 1（你還記得爲什麼嗎？）。所以，該表可以幫助你決定要得到一個等於或大於該決斷 F 值的機率是多少，假設該期望值近於 1。注意，你必須選出表中正確的欄與列。正確的欄是由dfC（F 值的分子），正確的列是由dfE（F 值的分母）所決定的。如果你要的dfE在表上找不到，那是在大樣本的情況下常發生的事，那就按照第八章的指示，你就用表中所列出的dfE中，以不超過你實際的dfE值的最大的那一個。

從表11.1的資料來看，你要欄 1 與列14，但其中總共包括了四個F值：1.44、3.10、4.60，以及8.86。這四個值分別對應於四個 p 值，列於標示有「p」的欄內：.25、.10、.05，與.01。現在，你開始玩一個既古老又熟悉的遊戲。從那四個決斷值中找出你計算出來的 F 值的位置，注意該值介於1.44與3.10之間，對過去看「p」欄，可知 F 值發生的機率介於.10與.25之間。然後你將這個 p 值與事先決定好的 α 值做一比較，假定是.05，做出你的結論。你會以這個方式表達你的決定：F(1,14)=1.56, p>.05。也就是說，F 不顯著，因此你不能拒絕自變項與依變項間沒有關係的虛無假設。

現代的研究者意識到有必要描述用ANOVA檢定的關係的強度。根據柯波爾（Keppel, 1991），最流行的量數是**亞美茄平方**（omega squared）ω^2，反映母群總變異量爲實驗處理變異量解釋的比例。就ANOVA而言，ω^2 可以估計如下：

$$\text{est-}\omega^2 = [(\text{SSC}) - (\text{dfC})(\text{MSE})] / (\text{SST+MSE}) \qquad (11.2)$$

據此，根據表11.1

$$\text{est-}\omega^2 = [(4) - (1)(2.5714)] / (40 + 2.5714) = 1.4286 / 42.5714 = .0336$$

正常的情況下，對不顯著的結果，研究者不會將它的est-ω^2列出。表11.1的計算公式是用來告訴你est-ω^2公式是如何運算的。基本上，est-ω^2的值介於 0 與 1 之間。而實際上，它可能出現負值（當 F <1 時），而且就大多數社會科學研究所含的雜音數量而言，est-ω^2的

值也不可能太大。柯波爾建議,如果一個est-ω^2的值等於.15或再大一些,就該解釋爲自變項具有大的影響力。

　　是到了該處理ANOVA-I的 F 值的分母代表的是什麼變異量的問題的時候了。不論那個假設是正確的,你知道 F 值的分母只是隨機誤差的估計值。你知道它是在把樣本處理組均數間的變異量從所有原始分數的總變異量中除去之後,所剩下來的變異量。察看表11.1中的原始資料,看看你是否能夠想得出來被描述的到底是哪個變異量。你或許會理論,在排除欄均數的變異量之後所剩下來的變異量是每個**欄內**原始分數間的變異量。想得好,每個欄內原始分數間的變異量顯然是兩欄所有分數的總變異量的一部分,並且不受兩個欄均數間差距大小的影響。因此,必定是隨機誤差造成的剩餘變異量。

　　注意,當自變項的值保持固定不變時,表11.1單欄內的變異量相當於參與者在表現上的個別差異。在心理學上,這類變異量稱爲個別差異。在統計學上,稱爲隨機誤差。不管名稱究竟爲何,重要的是,沒有人知道什麼是造成它的原因,所以就假定它是隨機誤差。因爲ANOVA-I分析時,隨機誤差的估計值源自於各個狀況內原始分數的變異量,所以有些教材稱之爲組內均方(MSW),其公式包括組內平方和(SSW)與組內自由度(dfW)兩個部分。它們的用法與MSE、SSE、以及dfE相同。

　　表11.1還有標示爲Tr、Nr、Mr的三欄尚未討論過。你可以放心,它們與ANOVA I沒有什麼關係。將於後面再行討論。如果你想試試身手操作ANOVA I看看,那麼試試一個單純後測的實驗,其低挫折組的分數是4,3,5,2與6,而高挫折組的分數爲5,8,4,7,與6。

　　　試問該實驗的處理組均數、標準差,以及進行ANOVA I
　　分析後的SS、df、MS、F 值、p 值、與est-ω^2的值,各爲多
　　少?(問題四)

深度討論：ANOVA Ⅰ

　　如果你上過統計課，而且對ANOVA Ⅰ下過一番苦功，那麼你可能已經注意到一些非常奇怪的事。F 值的分子是建立在處理**組均數**的變異量上，但分母卻是建立在各實驗狀況內**原始分數**的變異量上。這就好像比較蘋果與橘子，因為均數的變化，特別是在大樣本時，當然不會和原始分數的變化一樣大。事實上，你甚至可以回想一下一條連結樣本數為 N 的樣本均數變異數估計值 s_M^2，與母群原始分數的變異數估計值的公式 —— s^2：$s_M^2 = s^2/N$。這個公式明白地顯示樣本均數的變異數必然比原始分數的變異數小了 N 倍。那麼把這兩種變異量擺進 F 值之內加以比較，會有什麼意義呢？

　　答案很簡單。s_M^2 的公式可以很輕易地使某一類的變異數估計值轉變成另一類，而ANOVA的公式自動地做了必要的轉換，所以自動進入 F 值的分子與分母的，會是同一類型的估計值。就概念上來說，比較合理的想法是，把F值的兩個成份想成是處理組均數間變異量的估計值，或是 s_M^2 這類的估計值，而這正是原先ANOVA邏輯發展的方向。不過，事實上，ANOVA分析中最常使用的公式（與本書中所列的公式），得到的是 s^2 這類的估計值。沒有關係。只要 F 值的分子與分母所用估計值是同一種類型，那麼不管用的是哪一類，所得到的比值都是相等的。

　　萬一關於ANOVA的這番討論未能說服你，也容易用數字顯示給你看，F 值的分母（MSE）是建立在各實驗狀況內原始分數的變異量。本章前面計算出表11.1低挫折實驗狀況下的SS，並請你自己計算一下高挫折狀況組的SS。兩個狀況的結果都是18。如果你把這兩個值加起來，其中每一個值都只建立在其中一個狀況下的變異量，你得到18+18=36，這個值與表11.1資料中的SSE完全一模一樣。同樣的，各實驗狀況下的df，即早先用來計算每欄的s²的值，是8-1=7。如果你把這兩個df的值加起來，每個值只根據每個狀況內的分數數目，那你得到

7+7=14，這個值也正好與表11.1資料中的dfE相等。由此可見，以表
11.1的資料進行ANOVA分析，其中的MSE就是加總了的欄內SS值除以
加總了的欄內df值。

非獨立處理實驗設計：ANOVA Ⅱ

配對，顯性的或是隱性的配對，是這類設計的辨識特徵。當一個
配對變項是有關時（即與依變項高度關聯時），任何一對實驗狀況下
的依變項上的分數都不應該是統計獨立的。相反的，它們之間的關係
應該是高度的正相關。表11.3模擬這個情況並將資料列於兩個處理欄
（低與高）內。兩欄內的數字與表11.1完全相同，因此各欄上的統計值
（Tc，Nc等等）也都相同。這兩個表主要的差別是，表11.3中標示為高
的一欄中的分數被重新安排過，以便創造出高欄與低欄內的分數間有
高度正相關的印象。如此一來，這些資料就會成為通常在明顯配對或
是在重複測量設計中所期望見到的資料。該表中橫列的資料可以把它
看成配成對的參與者（明顯配對），或是同一位參與者在兩個狀況下
（重複測量）的分數。據此，「P#」可視為「配對的編號」或是「參
與者的編號」。那麼高欄與低欄間的相關值是 r(6)=.94，p<.01，你可以
比較一下它與表11.1的相關值 r(6)=.33，p>.10的差別。

要能充分體會成功的配對會為實驗者帶來什麼好處，你必須了解
配對變項與依變項間的強烈相關是如何造成兩個實驗狀況在依變項分
數上的高度正相關。挫折實驗可以告訴你這是怎麼一回事。假設參與
者是根據他們的智商分數而被明顯地配對。那麼，表11.3橫列代表著
不同智商的值，當然智商與攻擊呈負相關，因為聰明的人會找出比攻
擊更好的方式來解決問題。為了簡化問題，假定智商與攻擊之間的存
在是非常完美的**負**相關，即 r=－1。那麼這個相關會有什麼含意呢？

智商與攻擊之間存有完全的負相關必定意謂著，帶有兩個智商最
高的配對參與者，必然就帶有兩個最低的攻擊分數。所以這兩個參與
者必然在每個情況下都會得到最低的攻擊分數。如果在沒有其他隨機

表11.3 ANOVA Ⅱ:非獨立處理設計的變異數分析── 一個自變項

p#	挫折狀況		列總和(Tr)	人數(Nr)	列均數(Mr)
	低	高			
1	4	6	10	2	5.0
2	3	4	7	2	3.5
3	5	5	10	2	5.5
4	2	3	5	2	2.5
5	6	7	13	2	6.5
6	2	3	5	2	2.5
7	6	7	13	2	6.5
8	4	5	9	2	4.5

Tc   32 + 40 = 72 = G

Nc   8 + 8 = 16 = N

Mc   4   5   M = 4.5

ΣX^2c 146 + 218 = 364 = ΣX^2

SST=Same=40   SSC=Same=4

$SSR = \Sigma [(Tr)^2/Nr] - (G^2/N)$

   $= (10^2/2) + (7^2/2) + \cdots + (9^2/2) - (72^2/16) = 359 - 324 = 35$

SSE=SST−SSC−SSR=40−4−35=1

dfT=Same=15   dfC=Same=1

dfR=r−1=8−1=7   dfE=dfT−dfC−dfR=15−1−7=7

MSC=SSC/dfC=4/1=4   MSE=SSE/dfE=1/7=.1429

$F(dfC, dfE) = MSC/MSE$ or $F(1, 7) = 4/.1429 = 28.0000, p < .01$

誤差來源同時發生作用的情況下,這對參與者間的唯一差異就應該是
自變項──挫折──所創造出來的,即在高挫折狀況下的參與者會得
到稍微高一點的攻擊分數。同理,智商分數最低的兩位配對參與者在
每個實驗狀況下都會出現最高的攻擊分數。同樣的,中等智商的參與
者在每個實驗狀況下的攻擊分數亦該居中。由此可見,智商與攻擊間

的高度負相關會導致在某個狀況下出現高攻擊分數時,在另一個狀況下也會出現高攻擊分數;在一個狀況下出現中等攻擊分數時,在另一個狀況下也會出現中等攻擊分數;在一個狀況出現低攻擊分數,則在另一個狀況下也會出現低攻擊分數。也就是說,智商與攻擊的負相關會產生兩個實驗狀況的攻擊分數間的正相關。同樣的狀況也會發生在重複測量的設計,因為每個狀況下的配對分數是根據智力分數而加以隱性配對的。

所以,有效的配對在任何兩個實驗狀況下依變項分數上創造出高度的正相關。那又怎樣呢?重點是,表11.3兩欄間高達.94的相關表示可以將系統變異量歸因於列變項,也就是,配對變項的作用。所有系統變異的來源必須先從全部分數的總變異量中排除,這樣剩下來的全都是出自於隨機誤差的作用了。現在,這裡有兩種來源的系統變異量要被排除:欄效果(源自於自變項)以及列效果(配對變項)。如果列效果頗為可觀(有效的配對),剩下來的和沒有配對的情況比較起來會是相當小的變異量。據此,F 值的分母將會變得比較小,那麼 F 值相對地也就變得比較大,這樣,實驗的敏感度便大獲改善。下面馬上就用數字來證明給你看。

適合分析非獨立處理實驗設計的方法是ANOVA Ⅱ,詳列於表11.3中。與ANOVA Ⅰ 比較,表11.3唯一的變動是在列效果,該值代表源自於配對變項的變異量,已被計算出來,並且已經被從原始分數的總變異量中除去。所以,在欄效果與列效果都排出之後,剩下來的全部都是隨機誤差的估計值。正如該表下方所示,SST、SSC、dfT、以及dfC的計算與ANOVA Ⅰ 中的算法完全相同。因為表11.3中各欄的分數與表11.1完全相同,所以從兩個表中計算出來的量也都一模一樣。

唯一一項新的計算過程是列效果的計算。它們的計算過程與計算欄效果是完全一樣,除了用列取代欄之外,其他別無不同。該表的上半部,最後三欄包括有列總和(Tr)、每列分數的個數(Nr)、以及列均數(Mr=Tr/Nr)。從該表的下半部,計算列效果的平方和(SSR)公式告訴你先把每個Tr值平方,然後再除以Nr。接下來你必須先把這八個量值總加起來,然後減去G^2/N。據此

$$SSR = (10^2/2) + (7^2/2) + \cdots\cdots + (9^2/2) - (72^2/16) = 359 - 324 = 35。$$

按照計算欄效果同樣的邏輯，列效果的df是列的數目，r，減去 1，或是$dfR=r-1=8-1=7$。

　　現在你很快就可以完成這個分析。SSE是當列與欄的變異量一併從總變異量中排除之後，所剩下的量。所以，$SSE=SST-SSC-SSR=40-4-35=1$。同樣的，dfE是剩餘自由度，或是$dfE=dfT-dfC-dfR=15-1-7=7$。MSC將與表11.1相同，因為是使用相同的量值計算出來的。因此，$MSC=SSC/dfC=4/1=4$。然而，MSE將會不同，因為列效果的排除使得 F 值的分子與分母都比表11.1中相對應的量值來得小。由於有效配對，使得新的分子減少的量遠多於新的分母所減少的量。所以，$MSE=SSE/dfE=1/7=.1429$，比表11.1中的MSE小很多。最後，$F_{(1, 7)}=4/.1429=28.0000, p <.01$。注意，你必須查閱 F 表找出位於欄 1 與列 7 的 F 值的機率。結果，你發現，算出來的 F(28.0)超過最大的決斷值 F(12.2)多很多，所以該 F 值的機率必定小於 .01。換句話說，在表11.1為不顯著的處理組均數差異到了表11.3成了顯著的差異，理由很明顯，是因為配對減少了誤差變異量。

　　你可能懷疑是否應該要計算出第二個 F 值來檢定列效果：$F_{(dfR,dfE)}=MSR/MSE$。關於這點，各家意見紛歧，不過此處的建議是不必。實驗的目的在於檢定自變項的效果，也就是欄效果，而不是配對的效果，或是列效果。在下一節中，你會看到應用ANOVA Ⅱ時，無效的配對實際上會使你喪失統計的檢定力，或稱實驗的敏感度。然而，如果你已經用了配對，不論是顯性還是隱性，就該使用ANOVA Ⅱ來做分析。用檢定列效果的方式，來決定用哪個ANOVA來分析欄效果是缺乏學術良知的。這裡的教訓是，你應該只有在相信配對有用時才用，那麼就沒有必要再去檢定配對是否有效。

　　前面提過，ω^2是進行ANOVA分析時用來查看處理效果有多大的量數。在ANOVA Ⅱ分析時，對於該如何計算est-ω^2，即ω^2的估計值，有不同的意見。問題是，ω^2的定義在ANOVA Ⅱ分析下是指總母群變異量被處理效果或欄變項解釋的比例，而未能達到共識的部分是，總母群

變異量的估計值應該要包括ANOVA分析時所有的變異來源（欄、列、與誤差），還是只要包括處理效果與誤差效果（欄與誤差）就可以了，科波爾建議所有的實驗設計都該用後一種模式，不論其中含有多少個別變異來源。據此，不論實驗設計有多麼複雜，皆可維持ω^2定義的一致性。就照柯波爾的建議，進行ANOVA II 分析時，ω^2估計值的計算如下：

A=(dfC)(MSC-MSE)，而且est-ω^2=A/〔A+(N)(MSE)〕　　　　(11.3)

代入表11.3
A=(1)(4-.1429)=3.8571，而
est-ω^2=3.8571/〔3.8571+(16)(.1429)〕=3.8571/6.1435=.6278

由此可見，略去其他系統變異來源不計（特別是列效果，或是配對效果），估計值意指有百分之63的總母群變異量可以由自變項的效果來加以解釋。根據前述，解釋est-ω^2大小的指導原則來看，這個量值實際上證實了有非常強大的關係存在。

你或許想演算一遍ANOVA II。假設你做了一個重複測量的實驗，編號 1 到 5 號的參與者在低挫折狀況下的分數分別是 4，3，5，2，6，在高挫折狀況下的分數則分別是 6，5，7，4，8。

試問該實驗的處理組均數、標準差，以及進行ANOVA II 分析後的SS、df、MS、F值、p值、以及表示處理效果est-ω^2的值，各為多少？（問題五）

深度討論：ANOVA II

想想看這個問題：ANOVA II 的 F 值中的分母代表的是什麼變異量？你不能和計算表11.1的資料時一樣，只看每欄內的原始分數，因為表11.3中每欄中的變異量同時含有隨機誤差與欄效果，也就是，由配對而產生的系統變異量。如果你想直接查看隨機誤差的變異量，你

必須從原始分數中將欄與列的效果先給排除掉。

　　你必須遵行兩個步驟。第一，調整每欄的分數，以排除欄效果。這樣新的欄均數才會等於總均數4.5。因此，你必須將低挫折欄中所有的分數加上0.5，而把高挫折欄中的所有分數減去0.5。這項調整不會改變列均數。第二，調整**現在**每列中的分數以排除列效果，這樣新的列均數便會等於總均數。因此，你必須同時從第一列的兩個分數中減去0.5，然後同時把第二列的兩個分數加上 1，同時從第三列的兩個分數中減去0.5……等等。這項調整也不會改變欄均數。最後完成的分數包含了未解釋的變異量，假定這只是拿來估計隨機誤差用的。你把上述步驟倒過來做也可以，結果還是會得到相同的一組分數。表11.4已經為你完成了這些步驟，你可以清楚地看出在最後完成的這組分數中沒有留下什麼變異量。而這些經過兩次調整的分數的變異量，就是要進入ANOVA Ⅱ 之 F 值的分母部分。

　　為了讓你自己相信最後完成的這組調整過的分數只包括誤差變異量，你可以直接用公式11.1來計算它的平方和。你將得到：

$$SS=4^2+4.5^2+5^2+\cdots\cdots+4.5^2+4.5^2+4.5^2-(72^2/16)=325-324=1$$

　　這個SS值與ANOVA分析中的SSE相等。調整後的分數的df是 N 減1，再減去調整過程中所排除的所有欄與列效果的df。因此，

$$df=N-1-(c-1)-(r-1)=dfT-dfC-dfR=15-1-7=7$$

這個df與ANOVA分析的dfE相等。

不同設計的比較

　　最後將簡單地比較獨立處理與非獨立處理設計及它們所用的ANOVA的差異，做為本章的結論。如果你能夠掌握發展到目前為止的討論，接下來所要說的數點，大部分對你來說，將會是不驗自明的。將此節列入，一方面可以幫你複習，另一方面也可藉此機會強化你的了解程度。

表11.4 排除表11.3資料中的欄與列效果

	排除後之欄效果		排除後之列效果	
P#	低	高	低	高
1	4.5	5.5	4.0	5.0
2	3.5	5.5	4.5	4.5
3	5.5	4.5	5.0	4.0
4	2.5	2.5	4.5	4.5
5	6.5	6.5	4.5	4.5
6	2.5	2.5	4.5	4.5
7	6.5	6.5	4.5	4.5
8	4.5	4.5	4.5	4.5

　　非獨立處理設計的辨識特徵是配對，或為顯性或為隱性。針對這種設計，正確的ANOVA分析是會考慮配對作用的ANOVA Ⅱ。如果配對是有效的，ANOVA Ⅱ是比ANOVA Ⅰ更能夠對虛無假設（認為自變項與依變項間沒有關係的假設）提出更為有力的、更為敏感的統計檢定法。從分析表11.1與表11.3資料的過程中，已經十分清楚地說明了這點。

　　有效配對是指某些配對變項與依變項間存在有強烈的關係。若屬這種情況，將在原始分數上觀察到數項效果，而其中每一點都可從比較表11.1與表11.3中彰顯出來。你可以把這些效果想成有效配對的明顯指標。的確某些效果比其他效果容易辨認，但是所有的效果都得自於同一個原因，有效的配對。

　　有效配對的第一個指標是，依變項在任何一對實驗狀況下分數上的相關。對有效配對而言，這些相關不但應該是強烈的而且應該是正向的，顯著地有別於 0。表11.1與表11.3的資料例證了這個效果，表11.1（沒有配對）高挫折與低挫折組分數的相關為-.33，而表11.3（有效配對）的相關為.94。

　　有效配對的第二項指標是資料表中列均數的變異量與分散程度。

沒有理由計算表11.1中這類均數的值，但是不論如何都已將之算好並
列在標示爲Mr的欄內。誠如你所知，Mr=Tr/Nr。而Tr與Nr欄的值也都
已經列在表11.1之中，所以你自己可以驗算一下Mr的值。表11.1Mr的
全距是6.0-3.5=2.5，而表11.3Mr的全距則爲6.5-2.5=4。表11.3列均數間
較大的變異量也顯示在列平方和上。同樣的，也沒有理由計算表11.1
的SSR。但是如果你不管怎樣都想算，用表11.3計算SSR的公式，你會
得到SSR=12，而表11.3的SSR=35。兩個表的SST，即總變異量，都是
40，因爲都包含了16個分數。所以以表11.1的SSR是12/40，或是總變異
量的百分之30，而表11.3的SSR是35/40，或總變異量的百分之87.5。
表11.3的列均數間顯現出較大的分散程度應該不會令你太過驚奇，因
爲它反映的是隨機誤差加上配對變項在各橫列上所造成的影響。至於
表11.1，列均數間的變化只是隨機誤差的副產品罷了。

有效配對的第三項指標是欄效果的變異量，即自變項在各橫列上
所產生的影響。你可以計算兩個表上每列中（高挫折減低挫折）分數
的差距，來了解這個變異量。把列效果（配對）從分數差距中排除，
所以你只看到欄效果（自變項）的變異量。就表11.1而言，八個分數
差是 -1、4、2、3、-1、4、-3、與 0，而表11.3的八個分數差爲 2、
1、0、1、1、1、1 與 1。若是有效配對，自變項的效果在各列上產生
較小的變異量，因爲造成該變異量的主要因素——配對變項——已經
被排除掉了。若進行的不是有效配對，那麼排除列效果並不會發揮多
大效果。

做了這番比較之後，你應該能夠完全了解有效配對所能夠達成的
任務。不過，已經告誡過你很多次了，如果你實際上沒有，卻假裝有
有效配對是件極危險的事。當你用ANOVA Ⅱ去分析適合使用ANOVA Ⅰ
分析的資料，你的分析不但較不具檢定力、而且也比較不敏感。這可
用ANOVA Ⅱ分析表11.1的資料來證明給你看。回到數個段落之前，算
得表11.1的SSR=12。因此，SSE=40-4-12=24。dfR是 r-1=7，所以，
dfE=15-1-7=7。於是MSE=24/7=3.4286。注意，這個MSE實際上比用
ANOVA Ⅰ算得的MSE，即2.5724大很多。因此，F=MSC/MSE必定比較
小，而事實上確實比較小。用ANOVA Ⅱ來計算，F(1,7) = 4/3.4286 =

1.1667，是比早先用ANOVA Ⅰ算得的1.5556來得小。由此可見，錯誤地使用ANOVA Ⅱ，會使你的分析一敗塗地。

有兩個理由可以解釋敏感度何以喪失。第一，與ANOVA Ⅰ相較，ANOVA Ⅱ涉及自動減少dfE。自動乃意謂著不論你有沒有進行配對，你都會遭受這項損失。瀏覽一下，表A.3，你就會相信當dfE比較小時，決斷值 F 會變得比較大，使拒絕虛無假設變得比較困難。因此，在ANOVA Ⅰ計算時，dfE的流失減低了分析的敏感度。但是，與ANOVA Ⅰ相較，ANOVA Ⅱ也減少了SSE，這帶給我們第二項造成敏感度喪失的理由。在有效配對的情形下，ANOVA Ⅱ所減少的SSE不只可以彌補損失的dfE，而且會產生一個較小的MSE，所以使分析變得更加敏銳。反之，如果不是有效配對，ANOVA Ⅱ所減少的MSE不足以彌補dfE的自動消減，因此產生一個較大的MSE，以致於減損了分析的敏感度。所以只有在你確定不會自食惡果的前提下，再選擇使用ANOVA Ⅱ分析吧！有的時候，宇宙還是公義的。

摘要

對典型的實驗（有一個粗略操弄的自變項、一個精細測量的依變項）而言，變項間有無關係存在的問題是由檢視處理組均數來加以決定。分別計算每一個實驗狀況──或稱處理組──在依變項上的樣本均數，然後相互比較，看是否相等。如果處理組均數不相等，而一般來說，依變項是隨著實驗者改變自變項的值而產生變化，那就滿足關係的定義。之所以使用處理組均數，那是因為它是最常用來描述集中趨勢的統計值，也就是說，它是一組分數中最典型的分數。基於描述的目的，研究者通常也會列出描述每個實驗狀況下分數分散情形或是變異程度的統計值。能夠達成這個目的、最常用的統計值是標準差，即一組分數平均與其均數離差平方和的平方根。

要能夠對自變項與依變項在母群中的關係做推論，必須先決定樣本處理組均數相互間的差異，是否大過於只有隨機誤差發生作用下所

產生的差異。幫助我們做這項決定的統計程序稱爲變異數分析，或稱ANOVA。使用ANOVA，是把處理組均數間的實際變異量估計值和期望只有隨機誤差發生作用的情況下所產生的變異量估計值做個比較。這項比較是以比值的形式表現，即 F 值，分子是處理組均數間的實際變異量估計值。在虛無假設下，樣本處理組均數間的變異量完全是隨機誤差的副產品，所以 F 值應該接近於 1。在對立假設下，樣本處理組均數間的變異量源自於隨機誤差還加上母群處理組均數間的眞正差異。因而 F 值應該大於 1 很多。把根據樣本資料計算出來的 F 值和 F 的決斷值做個比較，以決定其在虛無假設下出現的機率。然後再比較這個機率和 α 間的差距，以便決定是否拒絕主張變項間沒有關係的虛無假設。

兩種不同類型的簡單實驗設計所適用的ANOVA稍微有點不同。ANOVA I 適用於獨立處理的實驗設計（但是對前測後測的設計而言，它不是最好的方法，見第九章），而ANOVA II 適用於非獨立處理的實驗設計。使用ANOVA I 時，F 值的分母，包括的是期望全部的變異量都是由隨機誤差產生的估計值，是建立在每一個實驗狀況下原始分數與該狀況下樣本均數間的變異程度之上。使用ANOVA II 時，F 值的分母則包括排除自變項與配對變項所造成的系統變異量之後，殘留在原始分數上所有的未解釋變異量。如果配對變項，不論是顯性還是隱性，與依變項之間存在有強烈的關係的話，那麼用ANOVA II 得到的 F 值的分母，將會因排除配對所產生的變異量而大減。這個結果和使用ANOVA I 比較起來，會得到一個較大的 F 值，而且會對虛無假設進行一個更爲敏感的檢定。

問題解答

問題一：SS=218-〔$(40)^2/8$〕=218-200=18。

問題二：S^2=18/8=2.25，而S=$\sqrt{2.25}$=1.5。

問題三：S^2=18/(8-1)=2.57。

問題四：低挫折與高挫折狀況的均數分別 4 與 6，兩個狀況的標準差都是1.4142（即$\sqrt{2}$）。$SST = 280 - (50^2/10) = 30$；$SSC = (20^2/5) + (30^2/5) - (50^2/10) = 10$；$SSE = 30 - 10 = 20$；$dfT = 10 - 1 = 9$；$dfC = 2 - 1 = 1$；$dfE = 9 - 1 = 8$；$MSC = 10/1 = 10$；$MSE = 20/8 = 2.5$；$F(1,8) = 10/2.5 = 4$, p>.05但 p<.10。$est\text{-}\omega^2 = [10 - (1)(2.5)] / (30 + 2.5) = 7.5/32.5 = .2308$。據此，這表示存在有大的效果（$est\text{-}\omega^2 = .23$），但是卻不顯著（p＞.05），兩個明顯的矛盾。理由是$est\text{-}\omega^2$不受樣本數的影響，但是 F 值會。你放心，如果你是從一個較大的樣本得到相同大小的$est\text{-}\omega^2$，那麼 F 值必然又大又顯著。不過，推論檢定值（F）是在告訴你，你或許會從一個較大的樣本得到一個較小的效果，那會得到另一個不顯著的 F 值。

問題五：均數與標準差都與問題四的答案相同。而SST、SSC、dfT、dfC以及MSC的答案也與問題四的答案一樣。$SSR = (10^2/2) + (8^2/2) + (12^2/2) + (6^2/2) + (14^2/2) - (50^2/10) = 20$；$SSE = 30 - 10 - 20 = 0$；$dfR = 5 - 1 = 4$；$dfE = 9 - 1 - 4 = 4$；$MSE = 0/4 = 0$；$F(1,4) = 10/0$，一個很難看的數學錯誤，但是這項結果，可以解釋成一個無限大的正值，而且其機率p<.00000000000等等。這個令人歎爲觀止的敏感度是得自於高挫折組與低挫折組的分數之間的相關爲 +1 所致。同時也是你日常生活中永遠不會見到的事。如果你不作弊而能產生出這樣的資料，你會是各界爭取的研究者。同時，$A = (1)(10\text{-}0) = 10$，而且$est\text{-}\omega^2 = 10/[10 + (10)(0)] = 10/10 = 1$，此因MSE=0是個完美的配對。

進一步閱讀書目

　柯波爾（1991）幾乎對每一種你可以想到的實驗設計都做過詳盡的討論分析。懷克（Wike, 1985）所著的統計學導論頗具可讀性，而布朗寧與金茲（Bruning & Kintz, 1977）對最常用的統計與分析，則有由淺入深的介紹。

參考文獻

Bruning, J. L., & Kintz, B. L. (1977). *Computational handbook of statistics* (2nd ed.). Glenview, IL: Scott Foresman.

Keppel, G. (1991). *Design and analysis: A researcher's handbook* (3rd ed.). Englewood Cliffs, NJ: Prentice Hall.

Micceri, T. (1989). The unicorn, the normal curve, and other improbable creatures. *Psychological Bulletin, 105*, 156–166.

Wike, E. L. (1985). *Numbers: A primer of data analysis.* Columbus, OH: Charles E. Merrill.

第*12*章

複雜的實驗設計

　　伊蓮華爾斯特與同事（Walster, Walster, Piliavin, & Schmidt, 1973）想檢定這項民間定理：難其追到手的女人比容易得其芳心的女人更是男人想要的女人。這些研究者嘗試過五次使用不同的方法、在不同的場合，進行資料收集，以支持這個難追到手的假設。他們沒有一次成功。於是他們開始懷疑這個假設或許並不正確。於是他們放下身段，支持對大學男生進行開放式訪談，詢問他們對很難追到的與很好追到的女生的看法。結果他們發現每一種類型的女生都有其強處與弱點。這項發現引導研究者得出一個新的假設：如果有個女人，她同時擁有很難追與很好追這兩種女人的強處，而沒有她們的弱點，那麼她將會是男人最想要的女人。那麼，她會是個什麼樣的女人呢？她會是個選擇性難追到手的女人，也就是，對其他人來說她是個難追到手的女人，但是對關鍵人來說卻是個好追的女人。

　　華爾斯特與其同事準備檢定這個新假設。他們設立了一個假的約會服務中心，校園內回應他們廣告的男性都被邀請到「約會中心」來選擇一個約會對象。這些男生都收到一份有關五位潛在約會對象的背景資料。這些背景資料上包括三位女性對她們自己認定的潛在約會對象的評分，這些被評分的約會對象中，有一位是對目前這位實驗參與者的評分。這項操弄使研究者能夠創造出三種類型：從頭到尾都是很難追的、或是很好追的女人、以及選擇性很難追的女人（即給參與者高評分，而給其他潛在約會對象低評分）的女人。其他兩位女性的背景資料中沒有提供任何有關她們對潛在約會對象的評分資料。她們被充當做不提供資料的控制組。隨後研究者要求這些男性參與者評估他對這五位潛在約會對象的想要程度，並從中選出一位約會對象。結果，這次研究者挖到金礦了。選擇性很難追的女人非常顯著地被評定為比其他女人更是男人想要的女人，而且她們也非常顯著地比其他女人更常被選為約會對象。

　　以今天的標準來看，這個實驗似乎有性別歧視之嫌。男人選擇女人，把女人當作物品看待，而且「到手」這個字眼很明顯帶有性暗示在內。諷刺的是，這個實驗是出自一位調查兩性關係的女性社會心理學家誠心的努力。隨著時間的變化，解釋也跟著產生了變化。不論你

如何看待這個實驗研究的主題，請放心，把它包括在這裡並沒有要冒犯哪位讀者的意思，特別是女性讀者。把這個實驗包括進來，主要是因爲它具有一些特殊（可能是獨特）的特色：這個研究很清楚地例證了所有夠得上稱做複雜實驗的各種條件，而且其中足以視其爲複雜實驗的條件，又揭露了這個實驗設計的一項頗具教育意義的缺點。

　　概念上，華爾斯特的實驗可從兩方面來看，但是不論從那一面來看，都足以使它稱得上是個複雜實驗。到目前爲止本書只考量可能出現的最爲簡單的好實驗：一個有兩個值的自變項加上一個依變項。對於這個簡單的劇本，只要添加任何一丁點狀況便可創造一個複雜的實驗。也就是說，出現下面三種狀況的任何一種，甚至更多，便造就了一個複雜實驗：(1)單獨一個自變項有兩個以上的值，(2)一個以上的依變項，或是一個以上測量依變項的方法（操作型定義），以及(3)一個以上的自變項。很明顯的，華爾斯特的實驗符合了第二項條件，因爲它同時用了想要程度評分與約會對象的選擇兩項測量法，以及其他尚未被提到的測量法。不過，爲了本章的順利進行，讓我們先把焦點集中在自變項上。

　　華爾斯特研究的自變項可從兩方面觀之。第一是把它看成一個帶有四個值的變項。這個變項是很難追到手，它的值有選擇性的困難、從頭到尾都是高難度、從頭到尾都是低難度、以及沒有資料。這是研究者在分析資料時看待該實驗的方式。他們的分析配合顯示選擇性的實驗狀況比其他的實驗狀況產生出較高的想要程度。就這點而言，該研究符合第一項條件，因爲該實驗單獨的一個自變項具有四個值，故而稱得上是複雜實驗。

　　第二個評估這個實驗的方法出自於研究者所提供的理論。在五次失敗之後，對大學男生採取開放式訪談，顯然研究者逐漸明白男人對女人的想要程度是受到兩個相互獨立的因素的影響。第一個因素是對參與者來說，她有多難追到手；第二個因素是她對其他男人來說，有多難追到手。第一個因素將被稱爲對自己而言難追的程度（HGS），第二個則稱爲對他人而言難追的程度（HGO）。因素，不用說，就是自變項的另一個名稱。所以，就這點而言，這個實驗有兩個自變項，

HGS與HGO。每一個自變項有兩個值，高與低。選擇性很難追的女人，在HGS上是低、而在HGO上是高。從頭到尾都很難追的女人，在兩個變項上都高，從頭到尾都很好追的女人，則在兩個變項上都低。而這兩個變項沒有任何一個可以決定沒有資料的女人的值。就這點而言，該實驗符合第三項條件，因其有兩個自變項，而稱得上是複雜實驗。

你或許已經發現從第二個方法來評估華爾斯特的實驗有點古怪。HGS與HGO的值有四種可能組合，但是只有三種被包括在該研究裡頭，而第四種不見了。低—高、高—高、以及低—低的組合分別定義了選擇性的難追、從頭到尾都難追以及從頭到尾都好追三種不同的狀況，但是卻找不到一個高—低的組合。這是個惡作劇的組合。這類的女人讓參與者感覺很難追到，卻讓其他人很好追到。參與者很可能會揣測：「她到底為什麼討厭我？」「為什麼單單挑上我？」你想這個感覺會使參與者對這個女人想要程度的評分產生什麼影響？你可以一直想，想到你煩為止，但是你還是不會知道答案，因為華爾斯特的實驗沒有包括高—低這種組合。相反地，研究者選擇沒有資料的女人做為控制組，而她們在HGS與HGO的地位是無法決定的。

這項分析暗示雖然華爾斯特實驗在構想上與操作上很獨到，但是在某一方面卻是個失敗的實驗。研究者很明顯地牽扯進兩個相互獨立的原因變項——HGS與HGO，但是卻無力顯示這兩個變項如何共同影響想要程度。他們顯示其中一個組合，低—高，產生高的想要程度，那是該研究的獨到之處。不過，沒有了高—低的組合，他們無法顯示這兩個變項如何聯手影響想要程度。HGS與HGO的效果只是單純累加在一起，還是它們以一種更為複雜的形式聯合發揮作用？沒有了那個漏失的資料，是沒有辦法知道答案的。

這個問題是個概念化的問題。研究者未能成功地概念化他們的研究設計使之成為符合第三類條件的複雜實驗設計。發生這種結果是因為研究者未能成功地包括必須回答那個更為廣泛的理論問題——他們研究的那兩個獨立的原因變項如何聯合影響依變項——的所有情況。你現在或許不能完全理解這個批判，但是到了本章結束之時，你就會

明白它的意義。事實上，融會貫通本章的這些資料，會使你能夠從發表的研究中看出是否犯有這類的毛病，同時也可幫助你在自己的研究中避免這類問題。

　　本章探討把實驗複雜化的三個方法，並檢視每個方法在概念化、解釋、與資料分析方面所引發的額外問題。相對於前章，本章將不做詳細的資料分析。其目的主要是概念上的。但是你同樣要留意在資料分析時你所面對的選擇，以及你可以從複雜實驗中得到的新資料類型。社會科學上絕大多數的實驗算得上是複雜實驗。所以了解這類實驗所帶來的新議題是很重要的。

具有多個值的單一自變項

　　增加實驗複雜程度的一個簡便方法是使用一個有兩個以上的值的自變項。這項操弄會爲你得到什麼樣的新訊息呢？圖12.1包括了在縱軸上的依變項——表現——的平均分數與橫軸上的自變項——刺激——的值所共同產生的點。圖12.1a則顯示在自變項的狀況或值爲二時，可能出現的狀況。正如你可看到的，該圖形上只會有兩個點。而自變項與依變項間的任何一種關係必然是個直線函數。但是外觀可能會是騙人的。待自變項有了更多的值，圖上出現的點愈多之後，或許連結兩個變項的函數形狀不是直線的事實便能看得一清二楚。圖12.1b正是這個可能性的例證。所以藉由增加更多個自變項的值，你可以得到更爲精確的關於自變項與依變項關係性質的圖像。即使當自變項的值是類別的（就第五章的定義來說是名目尺度的資料），而且沒有可能爲了製圖的目的而能夠將自變項的值按照大小順序排列出來，只要自變項有兩個以上的值也可以幫助研究者對實際的狀況得出個較爲清楚的概念。知道可樂比水較受到衆人喜愛是件有趣的事，但是知道衆人對可樂評價和其他軟性飲料比較起來又是如何，則是件更爲有趣的事。

　　自變項與依變項間可能存在不只一種的關係，爲資料分析帶來了新的問題。假定你正在調查刺激對表現的效果，自變項的值採用了三

個：低度、中度、與高度的刺激。當資料收集回來以後，你執行了適當的ANOVA分析，如果 F 值顯著，你便知道刺激與表現之間大概有關聯。但是，這個分析並沒有告訴你該關係的真正性質。連結刺激與表現的函數是直線的，還是U型的呢？ANOVA沒有能力回答這個問題，因爲虛無假設檢定的是變項間沒有關係，拒絕虛無假設表示變項間有某種關係存在，如此而已。如果你想要確定關係的真正性質，是需要做更進一步的資料分析。

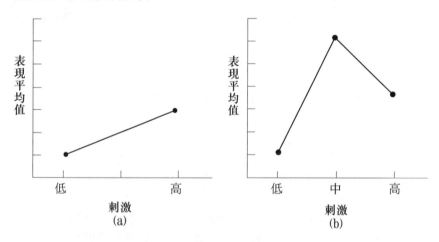

圖12.1　在表現上的平均分數是刺激狀況的函數：

帶有兩個(a)與三個(b)刺激狀況的實驗

事後比較

在這個情況下，適當的後續分析素稱爲**事後比較**（post-hoc comparison）。稱爲「事後」是因爲這項工作只有在由ANOVA得到了一個顯著的 F 值「這項事實之後」才會進行。這類比較使研究者能夠找出，是否有任何一組實驗狀況在依變項上的平均分數，與其他組的實驗狀況在依變項上的平均分數有顯著的差異。舉例來說，你可以調查看看中度刺激狀況下的表現，是否不同於低與高度刺激狀況下的表現。如果是，你可以做出連結刺激與表現的函數或許是呈U字型的結論。誠如你可見，一旦ANOVA確認一項關係存在的事實之後，事後比

較使研究者能夠針對關係的性質進行更爲細緻的分析。

　　事後比較的程序多如天空中的繁星。會有如此之多的技術，那是因爲有非常多種類的比較可做，同時也是因爲對該如何做最好的比較有不同的看法所致。有關個別程序的細節問題，本章不擬討論。要使用任何一種事後程序，你都必須研究該項特殊技術（並不困難）、請教專家的協助，或者兩方面都得同時進行。你應該要知道的是什麼時候適合做事後比較，那麼你才會知道你什麼時候需要做這類比較。事後比較是用在當研究者對於自變項與依變項間的關係沒有做任何特定的事前預測之時。在這樣的一個情況下，用來檢定變項間沒有關係這個一般性假設的適當分析是ANOVA（一如前章所述），只有在因 F 值顯著而拒絕了該項假設的情形下，才需要接著做事後比較，以便進一步探究兩變項間關係的眞正性質。

　　所有事後比較的程序共同具有的一個辨識特徵是保守的特性。由於很多事後比較是在單一實驗下進行的，所以有必要使它們免於犯下太多的型Ⅰ錯誤，即錯誤地拒絕了虛無假設（複習一下第四章推論錯誤一節）。因此，如果只做一項比較的話，大多數事後比較的方法多半會做些調整，以加大任何一種既定的比較拒絕虛無假設的難度。

計劃比較

　　事前不做任何特定預測是非常普遍的情況，但是顯然還有可能出現另一種狀況。如果研究者擺明了要檢定第二章所討論的最適刺激理論，那該如何？誠如圖12.1b所示，理論預測最好的表現會發生在中度刺激的狀況下。在這個情況下，研究者正在**事先**預測一種**特定的關**係，而不是在發現有某種關係存在之後，才進行探勘資料的行動。在這種情況下，先檢定沒有關係的虛無假設，然後用保守的比較來建立關係的眞正性質似乎並不公平，也非明確之舉。那麼該怎麼做呢？

　　正確的做法是，用可以得到的最有力的統計檢定，直接檢定特定的事先便已經做好的預測。這個工作稱作**計劃比較**（planned comparison）。關於計劃比較，你應該要注意的是，不要將它們和事後比較給弄混了。事後比較一般是和ANOVA一併使用的保守程序，在沒有做任何事

先預測的情況下，對一項關係的性質進行探究。計劃比較是用在事先有對某種特定關係做過預測的情況下，用來**取代ANOVA**的一項有檢定力的統計程序。這兩種類型的比較，不論那一種，一旦使用過度，在推論時，你都會招惹上犯型 I 錯誤的麻煩。事後比較會做保守調整，而計劃比較則會限制能夠比較的數目。進行計劃比較時，最常見的勸告是將計劃比較的數目限制在用ANOVA分析同一筆資眼時，處理效果的df數目上。就刺激實驗而言，有三個實驗狀況，所以dfC=c-1=3-1=2。因此，你可以做兩個計劃比較。因為你已經做了一個事先預測，所以你只需要做一個計劃比較，即比較中度刺激實驗狀況與其他兩個狀況合併的情況。

華爾斯特難追到手的實驗有效地應用了計劃比較。誠如前述，研究者分析資料時，好像把該實驗當成一個有四個值的自變項來處理。由於他們能夠事先預測選擇性難追到手的女人應該是男人最想要的女人，所以他們建立了一個選擇性難追到手的狀況和其他三種狀況合併的計劃比較。這項比較的 F 值達高度顯著水準（P<.001），肯定了這項事先預測。

對於如何進行計劃比較的細節，本章將不做任何討論。不過只要說這一項就夠了，即使計劃比較應該是代替ANOVA的一種做法，但是這兩種方法間的關係卻是十分密切的。每個比較的檢定統計值都是 F 值，而且分子的自由度都是 1。因此，計劃比較有時候稱為單一自由度對照法。要點是，當研究者已經做出某些特定的事先預測時，當用計劃比較，而且計劃比較對這類預測能提出有力的統計檢定。

總之，當自變項的值多於兩個時，在決定適用的資料分析方法時，有一系列的問題必須先予以回答。第一個問題是：對於自變項與依變項間的關係，我是否有提出特定的事先預測？如果答案是肯定的，就用計劃比較來檢定事先提出的預測。如果沒有，就用ANOVA。就後面這種情況，下一個問題是：我得到的 F 值顯不顯著？如果顯著，做事後比較，找出關係的真正性質。做到這個階段，你需要回答進一步有關你要用哪種比較、哪一種事後比較最適用於你的情況之類的問題。如果ANOVA得到的 F 值不顯著，你的分析就到此結束，而你

的結論就是無法拒絕自變項與依變項間沒有關係的虛無假設。至於如
何進行事後比較與計劃比較，可參閱柯波爾（1991）的大作。

多個依變項

　　第二種把實驗複雜化的方式，是在實驗中包括一個以上的依變
項，或是使用一個以上的方法來測量一個單獨的依變項。統計分析無
法區別這兩種情況的差別，因為對它而言，結果都是每個實驗狀況下
的參與者有一個以上的分數或測量值。這種情形也為資料分析帶來新
的問題。研究者只針對每個測量分開做ANOVA是不夠的，當然，這裡
的問題與比較程序所面對的問題並無二致。如果你用得太多，犯型 I
錯誤的機率就會增加。如果你對每個實驗狀況下的參與者用二十種不
同的方法加以測量，然後對每一種分別用ANOVA加以檢定，即使虛無
假設在所有的狀況下皆為真，你也可以期望其中至少有一組會達到顯
著水準（假設 α =.05）。進行多次推論檢定會增加犯型 I 錯誤的風險。

　　在這種情況下，使用得最為廣泛的資料分析方法是**多變量分析**
（multivariate analysis of variance），或稱MANOVA。對於型 I 錯誤的問
題，MANOVA並未提供一個很完美的解決之道，不過確實有加入一些
額外的保護措施，以避免增加觸犯型 I 錯誤的機率。MANOVA的使用
程序分兩個步驟。第一步就包括了MANOVA的辨識特徵，針對自變項
與整組依變項間的關係進行多變項檢定。事實上，大多數的MANOVA
的程式，在計算完成的輸出記錄上，都列有數項這類型的檢定。好
在，這些結果通常都尚稱一致，並未有相互牴觸之處。進行MANOVA
的第二步是執行一組單變項的顯著性檢定，也就是，根據每一個依變
項的測量值做ANOVA，以計算出個別的 F 值。

　　解釋MANOVA結果的經驗法則是，除非所有多變項檢定的結果都
是指向拒絕（p 小於 α），否則不要拒絕虛無假設。這就是避免你犯下
型 I 錯誤的額外保護。甚至你在考慮使用單變項檢定之前，你的資料
得先通過多變項檢定的考驗（Bock, 1975）。如果多變項檢定沒有拒絕

虛無假設，分析便到此爲止，而你的結論是無法拒絕虛無假設。如果多變項檢定拒絕了虛無假設，你才可以進行個別的單變項檢定，或許你會選出哪些 F 值達到顯著水準的變項，進行事後比較。如果你對特定類型的關係已經做了事先預測，MANOVA可以讓你針對計劃比較同時進行多變項與單變項檢定。

如前所述，對於使用多個測量值的實驗，MANOVA並不是解決型 I 錯誤最完美的方法。有些學者（Harris, 1985；Huberty & Morris, 1989）建議用向下調整（downward adjustment）α 來代替MANOVA，或是用過MANOVA之後，再用向下調整 α 補強。最常用的調整 α 法，叫做龐佛羅尼（Bonferroni）程序。就拿最簡單的龐佛羅尼調整公式來說，如果你要執行 k 個單變項顯著性檢定（因爲你有 k 個依變項或測量法），將原來的 α 重新設定爲 α／k。於是，就 α =.05並且要做四個顯著性檢定的複雜實驗來說，經過調整之後、能夠宣告一項結果爲顯著的 α 是.05/4=.0125。這四個檢定中的每一個都必須達到p<.0125的標準，才能算是顯著。用這個方法，這整組總共四項檢定共享一個聯合的型 I 錯誤的機率，其值等於原來的 α，即 .05。還有很多較爲複雜的龐佛羅尼程序，能夠根據變項的相對重要性，而使用不同的調整程式，來對一組單變項進行檢定（Rosenthal & Rubin, 1984）。

華爾斯特實驗對每個實驗狀況下的參與者有用數種不同的測量法，所以應該算是可以應用MANOVA的好例子。不過研究者當時並沒有用MANOVA，大概是因爲在他們研究發表之時，MANOVA的使用尚未蔚爲風氣。時至今日已大力鼓吹大量使用多種測量法，而你也會遇到愈來愈多的研究使用MANOVA來進行分析。所以，你要記得的是，MANOVA是被設計來處理每個實驗狀況的參與者有一個以上的分數或受測變項的情況。

MANOVA是不可能用手算就可算得出來的，因爲所涉及的數學計算太過複雜了。如果你要用到MANOVA，給你最好的建議是請教高明，讓他們幫助你選用市面上任何一種MANOVA的電腦軟體，然後再幫你解釋結果。MANOVA可以同時用在獨立處理的實驗設計與非獨立處理的實驗設計，以及下一節即將要介紹的任何一種因素設計之上。

它眞正是分析實驗資料的一個全方位的方法。

多個自變項

第三個使實驗複雜化的方法是，在實驗中包括一個以上的自變項。如果操作正確，這類實驗能夠非常有效地提供有用的資訊。研究者不僅可以知道每個自變項的個別效果，而且可以知道自變項如何在各種可能的組合下共同運作。分開來做的實驗，每個實驗只用一個自變項，是不可能供應這類有關自變項如何共同運作的訊息。馬上你將會見到，這類訊息不但深入獨到，而且具有理論上的重要性。

因素設計

具有一個以上自變項的實驗被稱爲**因素設計**（factorial design）。在一個完全的因素設計裡，每個自變項——或稱因素——全部的值與其他的自變項所具有的值全部合併在一起共同來創造這個實驗的所有狀況。於是，每個實驗狀況都是由各個自變項各出一個值所組合而成的。圖12.2描繪的就是這個情況。如果你合併三個值的自變項激勵（低、中、與高）與兩個值的自變項工作複雜度（低與高），你會得到一個有六個實驗狀況的完全因素設計：低刺激—低工作複雜度、中刺激—低工作複雜度、高刺激—低工作複雜度、低刺激—高工作複雜度、中刺激—高工作複雜度、高刺激—高工作複雜度。這六個狀況由圖12.2中的方格表示。不完全因素設計，即組合中有某些值因故失漏，那是有可能發生的狀況，不過很難加以分析，而且對於自變項之間是如何共同發揮作用也無法提供充分的資訊。因此，我們的討論全部集中在完全因素設計之上。

實驗最簡單的完全因素設計有兩個各有兩個值的自變項。這個 2×2 因素設計有四個狀況。一般說來，完全因素設計中狀況的數目等於第一個自變項的值的數目乘上第二個自變項的值的數目等等，一直乘到這個實驗最後一個自變項的值的數目。

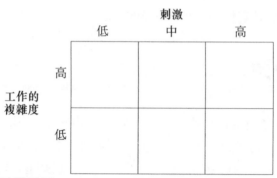

圖12.2　因素設計圖：
三個值的自變項激勵與兩個值的自變項工作複雜度

因此，一個2×3的因素設計有六個狀況，一個3×4的因素設計有十二個狀況。

　　　　　一個2×3×4的完全因素設計有幾個狀況？（問題一）

　　大部分你需要知道關於因素設計的做法都可以從一個2×2的設計處學到。所以，一個具體的2×2因素設計的實例也許有助於你的學習。本書業已重複多次討論挫折與攻擊的關係。其中一個簡單實驗的例子是，以挫折爲自變項，有低與高兩個值，以攻擊爲依變項，屬精細測量。挫折的操弄是藉由變化謎題的難度以及一些涉及自我能力的說明來達成。攻擊則是測量在一段標準的觀察時間內，出現的踢、打、搥巴布娃娃的次數。現在讓我們加入第二個自變項，溫度；有兩個值：涼爽與炙熱。

　　大家都知道溫度會影響攻擊行爲。巴隆與貝爾(Baron & Bell, 1976)發現，與平常的假設正好相反，眞正炙熱的溫度（92—94℉）會降低已經光火的參與者的攻擊行爲。相反的，涼爽的溫度（71—72℉）會增加已經發火的參與者的攻擊行爲。研究者建議對這個現象的解釋是，想要逃離非常炙熱溫度的傾向大過於攻擊的衝動。假設你想要知道溫度是否以相同的模式影響那些受挫於解不開謎題的參與者，你可以安排一個如圖12.3所示的2×2因素實驗。一如你所看到的，這個實驗有四個狀況：低挫折—溫度涼爽、高挫折—溫度涼爽、低挫折—溫

度炙熱、高挫折—溫度炙熱。

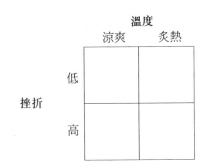

圖12.3 一個2×2因素實驗圖：以挫折與氣溫為自變項

就和所有的因素設計一樣，這個因素實驗會得到兩種類型的訊息。一是，你可以找出每個自變項，若加以單獨處理，是以何種方式影響依變項。這類的訊息稱為**主效應**（main effect）。因素實驗主效應的數目是和其自變項的數目一樣多。所以這個實驗有兩個主效應，一個來自挫折、另一個來自溫度。二來，你可以找出各種不同自變項的組合是以何種方式聯合對依變項產生影響的。就這個實驗而言，只可能有一個組合，挫折與溫度。特別是，你可以找出攻擊行為是否受到挫折與溫度互動效應（interaction）的影響。

兩個自變項間的**互動效應**是指任何一個自變項對依變項的影響會隨另一個自變項值的不同而有所不同。據此，如果挫折對攻擊的影響在溫度的涼爽與炙熱會有所不同，那麼就可以說挫折與溫度對攻擊的影響有互動效應。換種說法來表達同一個概念：如果溫度在低挫折與高挫折的狀況下，會對攻擊產生不同的影響，那麼就可以說挫折與溫度之間有互動效應。根據巴隆與貝爾（1976）的研究建議，出現互動效應是有可能的：對低挫折的參與者來說，炙熱的溫度會**增加**他們的攻擊行為；但是對高挫折狀況的參與者來說，炙熱的溫度會**減少**他們的攻擊行為。另一方面，如果每個自變項在另一個自變項的各個值上對攻擊的影響都完全相同，那就表示是這兩個自變項之間沒有互動效應。如果到現在你還沒有完全弄清楚互動效應這個概念的意義，不用

太過擔心，馬上就會對這個概念詳加探討。就目前而言，重點是，因素設計能夠提供你每個自變項個別的或是主效應的訊息，並且也能夠提供你自變項之間是否存有互動效動的訊息。

因此，透過這個擴大的挫折實驗，你可以發現三件事。第一，不管溫度高低如何，你會知道挫折與攻擊是否有所關聯。這就是自變項挫折的主效應。第二，不管挫折的大小如何，你會知道溫度與攻擊是否有所關聯。這是自變項溫度的主效應。第三，你會知道溫度與挫折在影響攻擊時有沒有互動。當然這就是挫折與攻擊間的互動效應。

ANOVA對這三種效應都提供一個獨立的 F 檢定。在每一個情況下，虛無假設都主張該效應在母群中不存在：挫折與攻擊沒有關係；溫度和攻擊沒有關係；以及挫折與溫度沒有互動效應。關於ANOVA的細節部分不必再加詳述，除了一點你必須留意，那就是各個 F 值檢定會隨因素設計中自變項的類型而有所不同。代表獨立處理與非獨立處理實驗的各種自變項組合，如前面三章所界定的，是有可能存在的，而每種組合的ANOVA運算都不同。但是有一件事是不變的：每個主效應與每個可能存在的互動效應都有獨立的推論檢定，或是 F 值。就此，單單一個實驗就裝載了數量相當多的，而且是非常有用的訊息。

互動效應

因素設計所提供的一項新的資訊類型是關於互動效應的資訊。有關主效應的資訊可以用各自獨立的實驗，一個實驗只用一個自變項的方式來獲取。只有在因素設計時，才有辦法把自變項合併起來得到有關互動效應的資訊。因此，互動效應是個新概念，你對它應該要有透徹的了解。而且互動效應也是本章最為重要的概念。

互動效應的標準定義是，當兩個自變項中任何一個自變項對依變項的影響會因另一個自變項的值的不同而不同者，便表示這兩個自變項間有互動效應。所以，當有互動效應存在時，每個自變項與依變項的關係都會因另一個自變項的值的不同而有所不同。一個具體的例子將會幫助你了解這個定義。

關於攻擊的因素實驗所產生的可能結果列於表12.1，其圖形表示

參見圖12.4。先看這個圖形，該圖形用點表示出兩個挫折值上的平均攻擊分數，並且顯示出在兩個溫度值下自成一個單元的函數（直線）。你可以看到，在涼爽的溫度下，攻擊隨挫折的增加而增加；但是在炎熱的溫度下，攻擊隨挫折的增加而減少。因此，挫折與攻擊的關係在涼爽與炎熱的挫折下是相當不同的。這個模式的結果正好符合上段為互動效果所下的定義。注意，因為在涼爽與炎熱溫度下挫折對攻擊產生的不同效果，所以圖12.4中的兩條函數（直線）並沒有平行。事實上，是交錯而過，這表示，挫折與溫度之間存在有非常強烈的互動效應。

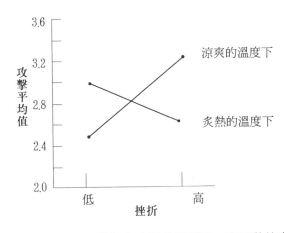

圖12.4 在溫度低與高狀況下挫折與攻擊的關係圖：高互動效應

圖表法或許是偵測是否存有互動效應最為簡單的方法。如圖12.4所示，該圖的製作是在縱軸上標示出依變項的平均分數，而置其中一個自變項於橫軸之上。各自成一個單元的函數，則是按照另一個自變項上的每一個值而描繪出來的。把哪一個自變項放在橫軸的位置以及用哪一個自變項來界定自成單元的函數，並無關緊要。如果自變項間存在有互動效應，函數是不會相互平行的。因此，明顯的非平行函數表示可能存有互動效應。相反的，如果沒有互動，函數將會是相互平行的。如果攻擊實驗的結果是，相同的主效應但是沒有互動效應，那

麼它看起來可能會如圖12.5所示。挫折在兩種溫度底下出現相同的主
效應,反映在這兩條函數有同樣的斜率這項事實之上。在挫折的兩個
值上溫度的效果相同,則反映在隔開兩個函數的固定差距上。

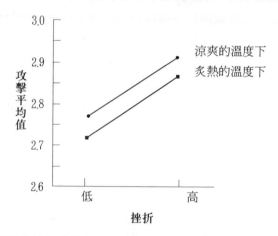

圖12.5　在溫度低與高的狀況下挫折與攻擊的關係圖:沒有互動效應

　　現在來看表12.1。這個表是列出因素設計實驗結果的標準模式。
該表的每個面向對應一個自變項。列與欄界定出自變項的特定值。因
此表中的每一個方格代表兩個自變項各自的值所形成的特殊組合,也
就是,因素實驗中的一個特殊狀況。每個方格內以及表內最後一列與
最後一欄邊格內的數字,是依變項上的均數。由於各個實驗狀況下的
樣本數相等,最後一列與最後一欄的均數是前面兩個列或兩個欄內的
方格均數的平均值。最後一欄與最後一列交會的那個方格代表的是所
有原始分數的總均數。由於每個實驗狀況的樣本數相同,所以這個總
均數也等於四個方格均數的平均數、最後一列兩個邊格均數的平均
數、或等於最後一欄兩個邊格均數的平均數。

　　或許你已經明白了,表12.1兩個列邊格均數是代表挫折主效應的
樣本均數,而兩個欄邊格均數是代表溫度主效應的樣本均數。理由
是,在任何狀況下,每一對邊格均數都表示在另一個自變項的值的作
用垮掉下、或是完全忽略另一個自變項的作用下,所計算出來的效
應。方格均數則提供有無互動效應的樣本證據。理由是,方格均數使

表12.1　關於攻擊的2×2因素實驗結果：高互動效應

		溫度		
		涼爽	炎熱	均數
挫折	低	2.47	3.00	2.74
	高	3.21	2.60	2.90
	均數	2.84	2.80	2.82

你能夠看出每個自變項如何在另一個自變項的各個值下對依變項產生影響。

　　讓我們仔細檢視一下這個表。挫折的主效應是高挫折時，攻擊均數增加了0.16（2.90-2.74）。但是，將注意力完全集中在這個主效應上是錯誤的。該表內每個欄內的方格均數顯示，當溫度為涼爽時，高挫折使攻擊**增加**了0.74（3.21-2.47），但是當溫度為炎熱時，挫折使攻擊**減少**了0.40（2.60-3.00）。因此，挫折在涼爽的溫度下與在炎熱的溫度下，對攻擊有相當不同的影響（+0.74比-0.40）。這項結果滿足互動效應的定義：其中一個自變項挫折在另一個自變項溫度的不同值下，對依變項攻擊產生不同的影響。當然，這個結論與檢視圖12.4所得的結論完全相同。其實，表12.1與圖12.4只是兩個呈現相同結果的不同方法罷了。

　　如果你查看表12.1溫度的效果，你也會得到相同的結論。整體來看，似乎沒有什麼多大差別（2.84比2.80），但是下這樣一個結論是錯誤的。炎熱的溫度使低挫折組的攻擊**增加**了0.53（3.00-2.47），但是使高挫折組的攻擊**減低**了0.61（2.60-3.21）。所以，溫度在低與高挫折組所產生的效果是不同的（+0.53比-0.61），這便滿足了互動效應的定義。互動效應是對稱的：你可以檢視任何一個自變項，但是對於有沒有互動效應，你會得到相同的結論。

　　上述討論暗示，決定互動效應是否存在（決定性的證據是ANOVA對互動效應所做的 F 檢定）以及解釋互動效應的性質，其實有第二種方法。如果你分別計算那個2×2表中每個欄內方格均數的差異，然後

比較相互間的差別，那麼你很快就可看出是否有互動效應存在。舉例來說，在溫度為涼爽的那欄你得到3.21-2.47=+0.74，而在溫度為炎熱的那欄你得到2.60-3.00=-0.40。由此可見，對涼爽與炎熱的溫度而言，挫折的效果是非常不同的，這意謂著可能有互動效應存在。當然，你可以對每一列內的方格均數做相同的運算，而你會得到相同的結論。

這個例子帶有一項非常重要的含意。當有互動效應存在時，單只解釋主效應可能會產生誤導。互動效應比較重要，應該先做解釋。互動效應意謂著每個主效應都必須顯著，因為沒有一個主效應可以應用到另一個自變項的所有值之上。在這種情況下，互動效應是最重要的發現，而且應該是任何一個理論分析的焦點。當然，如果沒有互動效應，任何一個主效應都應該是理論分析的焦點。

如果沒有互動效應，表12.1的結果看起來會如何呢？特別是，當具有相同的邊格均數時，表內的方格均數看起來會是什麼樣子？如果你能夠了解這個問題的答案，那麼你就真的了解了互動效應這個概念。找出正確答案的方法是根據下面這個想法：要使挫折效果在每一欄中保持相等（沒有互動），每欄中的方格均數的差異必須與每列中的方格均數的差異相同。據此，你必須在保持固定的邊格均數的前提下，在每欄內創造出相同的差異。

讓我們實際應用一下這個想法。注意，邊欄的差異為2.90-2.74=0.16。現在你根據涼爽與炎熱狀況的邊格均數（2.84與2.80），將

表12.2　關於攻擊的2×2因素實驗結果：沒有互動效應

		溫　　　度		
		涼爽	炎熱	均數
挫　折	低	2.76	2.72	2.74
	高	2.92	2.88	2.90
	均數	2.84	2.80	2.82

各自所屬的方格間的差異集中在0.16上。集中意指在表中的每一欄中都把0.16的邊欄差異分做兩半。據此，就溫度爲涼爽的那一欄，你會得到低高挫折組的方格均數分別爲2.84±0.08=2.76與2.92；就溫度爲炙熱的那一欄，你會分別得到低高挫折組的方格分數爲2.80±0.08=2.72與2.88。這些計算結果列在表12.2中。你可以用同樣的方法，計算每列之內的方格均數，並且會得到相同的結果。這個程序使邊格均數維持不變，並且產生一組完全沒有互動效應的方格均數。描述這種情況的圖形參見圖12.5。注意，創造一個2×2表每一欄內相同的挫折效果，若用圖形來表現其結果，則會得到兩條平行函數，表示沒有互動效應。同樣的，表12.2與圖12.5只是呈現同一種結果的兩種不同的方式。

動一動你的手，計算一下一個2×2沒有互動效應的因素設計的期望方格均數。假想一個低高挫折組的邊格均數分別是13與10，溫度涼爽與炙熱的邊格均數分別是12與11，而且所有方格的樣本數相等。

如果沒有互動效應，各方格的均數是多少？（問題二）

現在讓我們回頭看看華爾斯特難追到手的實驗的因素解釋。表12.3用圖表的方式將該實驗列出。你可以看到表中有兩個自變項，對自己來說很難追的程度（HGS）與對別人來說很難追的程度（HGO），每個自變項都有兩個值，低與高。表中的均數是實際上華爾斯特實驗所得到的關於想要程度的均數。想要程度的測量法使得到的均數會落在2與12之間。一如你可以看見，漏失掉高HGS—低HGO狀況的方格均數，因爲該實驗不包括這個狀況。因此你既無法決定相對於該狀況的邊格均數，也無法決定總均數（用作控制組的沒有資料的狀況不適用於2×2因素設計的概念，而這個狀況下的想要程度均數是8.58）。

現在你應該很清楚爲什麼沒有辦法決定自變項間是如何共同運作的了。缺少了漏失的方格均數，你無法知道HGS與HGO是否會產生互動效應。選擇性地對別人來說很難追的女人（SHGO），顯然是所有受檢定的女人中最爲男人想要的女人。但是那種選擇性對自己來說很難追的女人（SHGO）怎麼樣呢？有沒有關於這類女人的資料，你無法決定自變項間是否會產生互動。也就是說，你無法決定表中每欄高低

表12.3 關於難追到手的2×2因素實驗結果

		對別人來說難追的程度		
		低	高	均數
對自己來說	低	8.53	9.41	8.97
難追的程度	高	?	7.90	?
	均數	?	8.655	?

HGS組均數的差異是否相同，同樣的，你也無法決定表中每列高低
HGO組均數的差異是否相同。

　　但是如果完全沒有互動效應的話，是有可能決定漏失方格的均數
的值的。因為並沒有所有的邊格均數的資料，那麼此處所採用的方法
就有加以修訂的必要。不過，存在有一條完整的列與欄的資料，這就
夠了。現在必須要做的是，要在低HGO欄內創造與高HGO欄內相同的
差異。在高HGO欄內的差異是9.41-7.90=1.51。因此，在沒有互動效應
的假設底下，漏失方格的期望均數必定是8.53-1.51=7.02。如果你把
7.02填入漏失方格之中，每一欄內的差異便會固定（1.51），而每一列
內的差異也因之固定（0.88）。這就表示兩個變項沒有互動。

　　如果變項沒有互動，它們如何發揮共同作用？顯然它們多少有產
生聯合效果，因為低HGS——高HGO或SHGO組合的女人是男人最想要
的女人（9.41），而且高HGS——HGO或SHGO組合的女人是男人最不
想要的女人（7.02）。當沒有互動效應存在時，自變項是以**累加**
（additively）的方式產生它們的聯合影響。當有互動效應時，自變項是
以**非累加**（non-additively）的方式產生它們的聯合影響。這個新術語
到底是什麼意思？相當簡單，它是說沒有互動效應時，你可以藉著把
主效應加起來的方式來決定方格均數（要想知道如何用到有數字的例
子上，參見「深度討論」一節）。但是這個做法在有互動效應時是不
管用的。存在有互動效應，某種系統性的現象會出現在每個狀況（方
格）下，那不是簡單地把主效應加起來就可以解釋得了的。這些額外

的、系統性的現象，發生在每個方格之內，就是互動效應。

關於華爾斯特實驗的最後一項觀察。你現在可以清楚地看到當沒有互動效應時，SHGO的女人是男人最想要的女人。SHGO效果的出現不需要互動效應，只需要SHGO方格有最大的均數值。如果有互動效應，那會怎麼樣？有互動效應所需要的，只是漏失方格的均數顯著地大於或小於7.02。

如果漏失方格的均數是7.90、6.50、或11.02，那麼，從理論上，你會如何解釋這個互動效應？（問題三）

最後，值得注意的是，互動效應這個概念的使用不限於實驗。互動效應也會出現在非實驗的研究。所以廣義的互動效應是指，只要任何兩個變項間的關係因第三個變項值的不同而不同，就有互動效應存在。這個定義同樣可以應用到操弄變項或受測變項上。但是如果你處理的只是受測變項（如非實驗研究），那要指明哪些變項間存有互動變項是有點困難。舉個例子來說，測量得到挫折與攻擊間的相關在男女兩性之間有所不同，很明顯這表示變項間是有互動效應存在。但是你該如何解說這個互動效應？最自然的說法是，挫折與攻擊的關係和性別產生互動效應。不過，並沒有一定的標準格式來談論這些測量得到的變項間的互動效應。而我們之所以討論互動效應，因為那是最重要的發現，而且應該是所有理論討論的焦點。

不同種類的因素設計

要能充分了解因素設計，你必須考慮這種類型的設計可以容納的自變項的類型與個數。前面數章將簡單實驗設計區別成兩種類型：獨立處理與非獨立處理。這項區別，你可以回想一下，是基於各個實驗狀況是否有針對穩定參與者特質而加以配對。要能夠操作因素實驗並對收集到的資料加以分析，研究者必須說明清楚每個自變項是否屬於獨立處理或是非獨立處理的那一類。這個要求歸根結底是要幫助研究

者決定是否要對自變項以這兩種類型中較為常用的那種設計來加以處理，即採用屬於獨立處理的單純後測設計，還是屬於非獨立處理的重複測量設計。在因素設計的系絡下，一個單純後測的自變項，通常被稱為**受試者間**（between-subjects）變項，因為它的值是以隨機的方式指派給不同的受試者或是參與者。同樣的，一個重複測量的自變項，通常稱為**受試者內**（within-subjects）變項，因為這個變項所有的值全都指派給每一位受試者或參與者。

有了這個新術語，你可以看出來，一個2×2因素設計有三種類型的自變項可能組合：兩個都是受試者間變項、兩個都是受試者內變項、以及一個是受試者間、另一個是受試者內變項。實際上，對自變項的操弄會受到你所選擇的不同組合的影響，因為你在指派參與者時必須遵守適用於該種組合的指派方法。在兩個都是受試者間變項的設計，參與者是被以隨機的方式指派到設計中的四個方格或四種狀況中的一種。在兩個都是受試者內變項的設計，每個參與者都被指派到所有的四個狀況中，而順序效果則必須以第十章所描述的逆平衡法或隨機化的方式加以處理。在受試者間與受試者內變項各有一個的設計，通常也稱為混合設計，每個參與者只被隨機指派到受試者間變項中的一個值，但是接受受試者內變項所有的值的測量。而受試者內自變項所可能遭遇到的順序效果必須加以中立化。除了要考慮到不同類型的自變項組合之外，概念上並無其他新穎之處。

資料分析的方式也會受到因素設計類型的影響。差別出現在ANOVA的誤差項上。在兩個都是受試者間變項的設計，對受檢定的三個效應而言，只有一個誤差項、兩個主效應、以及一個互動效應。就兩個受試者內變項的設計，對於受檢定的三個效應而言，各自都有一個誤差項。就混合設計而言，有兩個誤差項，一個是受測者間自變項的主效應的誤差項，另一個是其他兩個受檢定的效應的誤差項。時至今日，這些分析的細節部分已不再重要，因為有電腦來為你做這些工作。重要的是，每個自變項究竟是受測者間變項還是受測者內變項，你必須給予電腦正確的資訊。

很多因素設計包括有一個以上的非操弄自變項。性別是最受喜愛

的一個，然後是像內向─外向之類的人格特質變項。在一個2×2的結果摘要表上，這類變項與受操弄的自變項間看不出有任何差異，但是最好還是記住它們是不同的兩種變項。正如第十章所強調的，非操弄自變項挾帶複合作用的風險，比受操弄自變項高出很多。因此，在解釋非操弄自變項的主效應與互動效應，自當隨時留神警醒。

　　當然在一個因素設計中有可能包括兩個以上的自變項。像這一類的例子，受試者間與受試者內變項間出現的可能組合的數目會比簡單的2×2因素設計多出很多，也會有更多的主效應與互動效應。有些互動效應甚至會涉及到兩個以上的自變項。照定義上來說，這類互動效應是稱為**高次互動效應**（higher-order interaction）。舉例來說，一個2×2×2因素設計，會有三個主效應、三個兩元互動效應（涉及每兩個自變項）、以及一個三元高次互動效應（涉及全部的三個自變項）。因此，用ANOVA時將會有七個 F 檢定，而且每個次檢定都可能達到顯著水準。在一個四元因素設計（即有四自變項），將會有四個主效應、六個兩元互動效應、四個三元互動效應、以及一個四元互動效應。這十五個 F 檢定中的任何一個，都有可能達到顯著水準。

　　顯然，一個因素設計的自變項愈多，單就出現的結果太多這點來說，就愈不容易解釋當這些結果全擺在一起時所具有的含意。或許真的是沒有辦法解釋三元以上、達到顯著水準的高次互動效應。不過，解釋任何複雜互動效應的原則很簡單：一個 n 元互動效應意謂著屬於 n 個自變項的一個次類的任何一個（n-1）元的互動效應本質上是會隨第 n 個自變項值的不同而有所不同。因此，適用早先的經驗法則，在解釋所有的低次互動效應之前，應該先解釋高次互動效應，這是因為低次互動效應需要進一步的考核。不過，如果你實際上是要解釋一個四元或五元互動效應，知道這點並於事無補。這裡的教訓是，複雜的因素設計的效用很快就會達到極限，回報開始遞減。所以，使用一個多過於三個或四個自變項的因素設計，其實功效不大。

深度討論：互動與累加性

我們可以很輕易地從一個簡單的，帶有數字的實例中來理解累加主效應的概念。表12.3可以很漂亮地幫我們達到這目標。前面的討論決定在沒有互動效應的情況下，漏失方格的均數必定是7.02。就這點而言，你現在應該拿出一張紙，把這個表重新畫過一遍。現在就做。把7.02放進高HGS——低HGO的方格中。假定每個方格的樣本數相等，你現在可以把適當的方格均數加以平均之後，算出漏失方格的均數。因此，低HGO的邊格均數必定是8.53與7.02的平均數，或是7.775，而高HGS邊格均數必定是7.02與7.90的平均數，或是7.46。總均數必然是每一對邊格均數的平均數，或是8.215。

現在你已經準備就緒，累加性（additivity，沒有互動效應）是指，你能夠以總均數為準，簡單地在總均數之上加上總均數與該方格相關的列邊格均數之差（此即為列變項之主效應），然後再加上總均數與該方格相關的欄邊格均數之差（此即為欄變項之主效應），來決定任何一個方格的均數。這聽起來好像好大的一把，但是很容易計算。讓我們從該表左上方的方格開始。該格相關的列邊格均數是8.97，其與總均數的差為8.97-8.215=+0.755。該格相關的欄均數是7.775，其與總均數的差為7.775-8.215=-0.44。如果你從總均數開始，8.215，然後很簡單地把這兩個各自代表欄與列主效應的離差加到總均數上去，如果這時自變項發揮的是累加作用（即沒有互動效應），那麼你應該會得到該格的均數。你現在有8.215+0.755-0.44=8.53。據此，該表左上方格內除了單純地把相關的主效應加上總均數之外，沒有其他成份。如果你用相同的方法計算其他方格的均數，你將會得到相同的結果：只有累加性，沒有互動效應。

如果你嘗試用相同的計算法來處理內含有一個強大互動效應的表12.1，你將會得到一個完全不同的結果。就左上方的方格而言，與該格相關的列邊格均數是2.74，它與總均數的差為2.74-2.82=-0.08。與該

格相關的欄邊均數是2.84，其與總均數的差是2.84-2.82=+0.02。如果兩自變項間的作用是累加的（沒有互動效應），我們會期望該方格均數為2.82-0.08+0.02=2.76。該格實際上的均數是2.47。所以在該方格之內存在有某種系統性的、不是單純地將兩個主效應相加就了事的現象。換句話說，自變項不是以累加的方式發揮作用。它們之間有互動。

你或許已經注意到了，在累加性假設底下決定方格期望均數的程序，和前面稍早提到在沒有互動效應的假設下決定方格期望均數只有一點點改變。這應該沒有什麼值得大驚小怪之處，因為累加性就等於沒有互動效應。這節將累加性的程序列出是為了加深你對互動效應的了解，所以顯示給你看沒有互動效應等於自變項單純藉著主效應的相加而發揮聯合作用。相反的，互動效應是指當自變項聯手發揮作用時，會出現多過於單純地主效應相加的影響力。

變項的組合與棘手的問題

最後將以檢討若干未完成的論點做為本章結束。第一個值得注意的是，三個使實驗複雜化的方法是可以以任何一種形式的組合出現。因此，分析由這三種把實驗複雜化的方法收集到的資料的選擇，也可能以任何一種組合出現。舉例來說，不論實驗設計還有些什麼，只要該實驗設計有一個以上的依變項，你就應該用MANOVA來分析資料。MANOVA可以被用在任何一種複雜程度的因素設計裡。而且大部分的MANOVA程式都同時提供有計劃比較與事後比較兩種選項。因此，研究者或是事先提出特定的預測，然後再用計劃比較的方式加以檢定；要不就是單純地檢定沒有關係的虛無假設，然後對顯著的結果，接著進行事後比較。這些分析結果的選項可以用到任何一種複雜層級的互動效應上，也可以用到檢定主效應上。如此一來，研究者如果對某個互動效應的真正性質懷有某種特定的預測，為了獲得對該特定預測最有力的統計檢定，研究者應該建立適當的計劃比較。關於該如何建立複雜的計劃比較，你可能需要請教專家，但是你最好知道市面上有的

是適用於各種複雜層級特定預測的分析方法。本章所討論到的每種可能性，事實上都可能出現在一個有三個依變項的2×3×4因素設計當中。

出現在實際研究情境中的頭號複雜狀況是，實驗各狀況下的樣本數不相等的問題。到目前為止，我們的討論都是建立在相同樣本數的假定上。不相等的樣本數帶有嚴重的缺點。在某些狀況下，它們會增加型 I 錯誤的比率（也就是說，計算出來的 F 的 P 值，實際上會比F表中查得的值高出甚多）。尤有甚者，因素設計中若出現不相等的樣本數通常會摧毀主效應與互動效應的統計獨立性（這是說，各種平方和加起來之後不再等於總平方和）。由此可見，只要有可能，最好能夠做好設計，使每個實驗狀況有相同的樣本數。

遇到樣本數幾近相等的情況，實驗者可以選擇隨機地放棄一些擁有較多樣本數的實驗狀況下的參與者（但是必須以隨機的方式處理之，以避免產生偏誤），以便達到每個實驗狀況下樣本數均等的目標。由於嚴格的訓練，大多數的研究者多半不會這麼做。第二種方法是試著使用某種成比例分配的樣本數。也就是說，按照其中一個自變項各個值上的樣本數比例，來維持在另一個自變項各個值下所需要的樣本數的比例。以挫折實驗來說，如果在涼爽的溫度下，你在低與高挫折狀況下分別有18與12位參與者，而在炙熱的溫度下，也分別有15與10位參與者在低與高挫折狀況下，那你就滿足了這個條件。據此，在所有溫度變項的值上，低與高挫折狀況的參與者比值都是3/2。比例樣本的好處是可以保住主效應與互動效應的統計獨立性。

最後，如果你必須接受不相等、不成比例的樣本數，是有分析這類資料的統計方法，不過相當凌亂。關於處理不相等樣本數，柯波爾（1991）與文納（Winer, 1971）對於這種處理方法都提出詳細的討論。循例，給你最好的建議依然是，多留意可以使用的處理方法，然後請專家幫助你從中選擇，並教你如何使用。

摘要

　　一個實驗,可以用下述三個方法的任何一個或多個方法,把最簡單的一個好實驗弄得複雜:(1)使一個自變項有兩個以上的值;(2)一個以上的依變項,或單獨一個依變項卻有一個以上的測量法;(3)一個以上的自變項。方法一使研究者能夠更爲準確地決定自變項與依變項間關係的真正性質。適當的分析方法端視要檢定的假設而定。沒有關係的虛無假設要用適當的ANOVA來檢定,若得到一個顯著的 F 值,接著用事後比較來確定關係的性質。事後比較一般說來是比較保守的檢定,以防無節制地翻查資料而增加型 I 錯誤的風險。如果研究者在事前就已經針對某個特定類型的關係提出預測,適當的分析法是計劃比較,這是個對一組有限的事前假設非常有效的檢定法。至於方法二,不論是其中的哪一種,多半交由多變量分析或是MANOVA來處理。可能在輔之以保守的 α 調整法(如龐佛羅尼程序所示)。方法三使研究者能夠檢定每一個自變項各自的主要效應,而且也能夠幫助研究者了解自變項如何聯手發揮作用。完全的因素設計是指所有實驗狀況都是由自變項的每一個值與所有其他的自變項的每一個值一一配對而產生的。適當的方法是ANOVA,還是MANOVA,則由代表獨立處理與非獨立處理的自變項組群來決定。

　　兩個自變項間的互動效應應是指任何一個自變項與依變項的關係會因另一個自變項值的不同而有所不同。因此,當有互動效應存在之時,任何一個自變項的主效應是不能夠通則化到另一個自變項的各個值之上。所以互動效應是最爲重要的研究發現,而且必須是對結果提出任何一種理論解釋的核心。對有兩個以上自變項的因素設計來說,高次互動效應是有可能出現的,但是不太容易解釋。三種把實驗複雜化的方法可能以任何一種形式的組合出現,而通常使用的分析法是包括適用於組合內每個成份的各種分析法的總和。不論使用哪種分析法,不均等的樣本數都會造成統計分析上的問題。爲了解決這個問

題，已經有各種不同類型的策略被開發出來。

問題解答

問題一：一個2×3×4完全因素設計有2×3×4=24個狀況。

問題二：高低挫折組的均數差爲13-10=3，偏向低挫折組。在沒有互動效應的假設下，溫度爲炙熱的期望方格均數爲11±1.5，或是高低挫折組各爲12.5與9.5；而溫度爲涼爽的期望方格均數爲13±1.5，或高低挫折組各爲13.5與10.5。

問題三：簡而言之，有數種可能：

- 理論#1（漏失方格的均數=7.9）：當一個女人是對自己來說很難追到的女人，那麼男人不會喜歡她，而且不會在乎，甚至不會去注意她對別的男人來說難追的程度。當對自己來說是個很好追的女人，這個女人通常會被男人視爲比較想要得到的女人。但是當她同時讓別的男人難追時，這個女人的價值達到最高峰。

- 理論#2（漏失方格的均數=6.5）：SHGO型的女人是受到高度珍視的，而SHGS型的女人比SHGO的女人所得到的珍視受到更多惡毒的仇恨。這個說法或許是個道道地地的自我涉入理論。

- 理論#3（漏失方格的均數=11.02）：SHGO型女人受到珍視，但是SHGS的女人受到更高度的珍視。換句話說，選擇性對某個男人好的女人會受到男人的喜愛，但是選擇性地討厭某個男人的女人會受到更多的喜愛。如果認爲男人一般喜歡吃點苦頭，這個說法就說得通。

進一步閱讀書目

柯波爾（1991）與文納（1971）對各種不同複雜程度的因素設計所進行的資料分析，皆有詳細的討論。關於互動這個概念，柯林格（1986）在其大作中有番頗有見地的討論。艾肯和韋斯特（Aiken & West, 1991）、龍尼堡（1994）將互動的概念應用到非實驗設計，並且指導你如何正確地分析資料。

參考文獻

Aiken, L. S., & West, S. G. (1991). *Multiple regression: Testing and interpreting interactions.* Newbury Park, CA: Sage.

Baron, R. A., & Bell, P. A. (1976). Aggression and heat: The influence of ambient temperature, negative affect, and a cooling drink on physical aggression. *Journal of Personality and Social Psychology, 33,* 245–255.

Bock, R. D. (1975). *Multivariate statistical methods in behavioral research.* New York: McGraw-Hill.

Harris, R. J. (1985). *A primer of multivariate statistics* (2nd ed.). Orlando, FL: Academic Press.

Huberty, C. J., & Morris, J. D. (1989). Multivariate analysis versus multiple univariate analyses. *Psychological Bulletin, 105,* 302–308.

Keppel, G. (1991). *Design and analysis: A researcher's handbook* (3rd ed.). Englewood Cliffs, NJ: Prentice Hall.

Kerlinger, F. N. (1986). *Foundations of behavioral research* (3rd ed.). New York: Holt, Rinehart and Winston.

Lunneborg, C. E. (1994). *Modeling experimental and observational data.* Belmont, CA: Duxbury.

Rosenthal, R., & Rubin, D. B. (1984). Multiple contrasts and ordered Bonferroni procedures. *Journal of Educational Psychology, 76,* 1028–1034.

Walster, E., Walster, G. W., Piliavin, J., & Schmidt, L. (1973). "Playing hard to get": Understanding an elusive phenomenon. *Journal of Personality and Social Psychology, 26,* 113–121.

Winer, B.J. (1971). *Statistical principles in experimental design* (2nd ed.). New York: McGraw-Hill.

第*13*章

研究結果的通則化

　　第十章已經介紹了內在效度與外在效度的區別。前者是指研究的程序是否穩當可靠，不會受制於複合作用的影響。後者則是指研究的結果可以通則化的廣度。前面幾章已經處理過內在效度的問題，本章將集中探討外在效度，或稱研究結果通則化可能性的問題。

　　希望得到能夠通則化的研究結果，實有三種理由。第一，一個不具通則性的結果是不可能有太多理論上或實用上的衝擊力，其可應用性實在太有限了。第二，第一章所描述的數個科學的基本目標之中，就有一個是通則化。不能通則化的研究結果便沒有達到這項基本目標。第三，研究結果所具有的通則性是成為科學定律的依據。第二章曾經描述過在各種不同的工作當中，刺激與表現之間存有一個倒 U 型的關係（參見圖2.1c）。在心理學上，這個關係通稱為葉克斯－多德森定律（Yerkes-Dodson law），是根據發現這個法則的學者的名字而加以命名的。它之所以是一個定律，因為我們發現它可以廣泛地應用在相當多不同的工作場合、情境、人物、以及測量方法上。換句話說，因為它具有通則性，所以它是一個定律。

　　通則可能性與抽樣關係極為密切。詢問一項研究結果的通則性等於是在問研究結果可以多麼廣泛地應用到你有興趣的一個或更多個變項的各個值之上。比方說，很多聽說過華爾斯特很難追到手實驗的人，會想要知道該實驗的主要發現是否同時適用於男人與女人。這就是說，女人對選擇性難追的對象的重視程度會和男人一樣嗎？提出這個問題也等於是在問選擇性難追的現象是否可以同時通則化到性別變項的所有值上去。目前無法知道答案，因為該研究並未包括女性，同樣的也不知道該研究結果是否可以應用到大學男生以外的其他的男生身上，因為該研究並未將其他類型的男人包括進去。這些例子說明了通則化的第一條規則：要決定一項研究結果是否能夠通則化到一個變項的各個值上去，這個研究就必須包括那些值的適當的，或是具有代表性的樣本。

　　這條規則並不算新，最先出現在第七章討論抽樣程序的部分。這條規則說明了在決定一項結果是否能夠通則化到一個既定母群時，所必須滿足的最低限度的條件。這個樣本必須在所有相關的變項上皆能

適當地代表母群。適當地代表是指在合理的範圍內，樣本必須夠大，大到能夠降低隨機誤差。這個樣本也必須是沒有偏差的樣本，也就是說，這個樣本不會有系統地偏愛相關變項的某些值，而排斥其他的值。如果對任何一個變項的處理未能滿足這些條件，就不可能回答研究結果是否能夠通則化到該變項所有的值上去的這類問題。不計一切地回答這類問題，等於是沒憑沒據地對狀況任意加以假定。這種假定出錯的機會很大。而且，最好記住進行研究時，有許多不同類型的變項是同時一起被抽樣出來：參與者的特性、研究者的特性、刺激、研究程序、研究情境、測量方法等等。這些不同類型變項，不論是哪一個，都得要面對通則性的問題。

追究研究結果通則性的主要原因之一，是出於研究者選擇去控制一個相關的外在變項的決定，也就是將這個變項維持絕對的固定不變。這種控制是指只針對該變項的某一個值進行抽樣，很明顯地這種抽樣方式會產生系統性的偏差。通常採取這種作法最好的理由是出於控制。不過這也意謂著研究結果在控制變項上的通則性是無法確定的。就此可以看出控制與通則性之間是相互衝突的：控制得愈緊，所得到支持通則性的證據就愈弱。幸好並非所有進行控制的方法都面臨這個問題。可以使用平衡法，或是使用平均值相等的方法，來保持外在變項的固定不變，這已在第十章中討論過了。這種作法為的是使研究者可以魚與熊掌兼得——廣泛地對相關的外在變項的所有值加以抽樣，並確保該變項在研究過程中的所有情況下都有相同的均數。因此對任何一個想要控制外在變項，又想要不影響通則性的研究，平衡法應該是達成控制的最佳選擇。

雖然想要得到通則性，但是認為通則性有限的研究是沒有價值的，卻也是不該有的想法。較為正確的想法是，這種研究雖然貢獻有限，不過頗有價值。或許對通則性有限的研究最好的看法，應該是將之視為提供有待進一步研究的機會，而不是將之視為可以貶低成一文不值的一個理由。華爾斯特的研究說明了這點。該研究並不能決定是否可以把研究結果通則化到女性、或是大學男生以外的其他男性的這項事實來說，對於這個研究本身所具有的巧思、價值、理論上的貢

表13.1　評斷外在效度的因素表

參與者變項
　　教育水準
　　自願，還是非自願參與
　　居住地
　　性別
　　人格特質
　　社會地位
研究者變項
　　性別
　　人格特質
　　外貌
研究程序
　　操作型定義
　　有無施行預測
研究情境
　　實驗室，還是「實際生活」
　　俗世的，還是實驗室的「實在」
測量法
　　單一測量法，還是多元測量法

獻，毫無損傷。充其量只說明了應該要有人去做個研究來看看在這些
變項上的通則性究竟如何。

　　假設某人做了必要的研究。比方說，假設某個研究者做了個華爾
斯特研究的後續研究，比較大學與非大學男生的差異。根據通則化的
第一條規則，這樣一個研究將會是決定選擇性難追的現象是否也適用
於大學以外男性的必要證據。不論結果是可以還是不可以通則化到所
有不同教育程度的男性上，研究者得到的證據將會是怎麼樣的狀況
呢？答案可以簡單地以一個字來表達：互動。如果選擇性難追這個現
象不能通則化到教育這個變項所有的值上的話，大學男生與非大學男
生的結果會不一樣。換句話說，教育水準與這個實驗的自變項——難

追到手產生了互動。同樣，如果這個現象真能通則化，那麼難追到手將在大學男生與非大學男生身上產生相同的結果。也就是說，教育程度不會與難追到手產生互動。據此，通則化的第二條守則是，若說對某個變項具有通則性，這是指與該變項沒有互動。沒有通則性則是指該變項與研究中的自變項或其他變項有互動。

這兩個通則化的守則構成了本章的基本架構。本章首先對研究者想要通則化的變項的類型進行調查，並將之摘要在表13.1上，然後將在下兩節中加以討論。每一個案例中的關鍵議題是，促使研究者有資格說研究結果具有通則性的是哪一類的證據。你可以看出通則性受限等於是說研究的變項牽扯到互動關係。在這個過程中，你會警覺就以某些變項，諸如參與者特性、研究者特性、程序、情境、測量方法等來說通則性的局限是無所不在的。接下來，本章將討論複製在決定通則性問題時所具有的價值。然後會討論有關既存研究的通則性問題。最後，將針對研究結果的通則性及其在非研究情境下的應用之間的關係，做一簡單的討論。

通則化到參與者的母群

正如第七章所指出者，從一個事先指定的標的母群中以隨機的方式抽取參與者，雖然是個理想，但卻是個例外而非社會科學研究的一項法則。研究者通常是從可得到的潛在參與者當中做抽選，然後才去擔心他們抽得的樣本到底代表什麼母群。樣本非隨機的本質是會造成樣本偏誤，並且會影響到研究結果的通則性。謹慎細心的研究者應該將此可能性牢記在心。

一個典型社會科學研究所獲得的結果，其通則性會受到哪些參與者特徵的限制？馬上浮現於腦際的有三種。典型的參與者多為就讀於某個學院的大學生，而且他們參與多半是出於自願。大學生與一般的母群之間在數個方面存在有系統性的差異。比方說，他們比較聰明、有頭腦（Sears, 1986）。同樣的，自願參與研究亦不同於非自願參與。

例如，自願者多受過較高等的教育，有較高的要求贊同的需求（Rosenthal & Rosnow, 1975）。甚至有研究證明不同類型的人會自願參與不同類型的研究（Hood & Back, 1971）。大學校園內各學院的社會與知識氣息又互不相同，因此各學院吸收到的學生也有所差異。大學校園內各學院間的差異正是代表更爲廣大的地理區位變項的一個特殊的例子。每當研究完成之後，總是值得思考一下，你的研究結果是否能夠應用到西藏和尚或是紐約市民身上。不過，研究結果的可應用性受到某些地理因素的限制是非常合理的。

接下來是性別。有很多研究者瘋狂地想要去找出性別差異，沒有什麼好的理論上的理由去期望有性別差異存在。男人與女人之間或許比一般認爲男女有別的情況更爲相近，但是如果你碰巧研究到一個與性別有關的議題，賭兩性反應不同是比賭兩性反應相同會是個比較好的預測。想想看，不同類型的幽默——損人的、黃色的——與是否被評定爲有趣的幽默之間的關係。慕朶夫、巴希亞、吉爾曼、勒斯特、與羅柏森（Mundorf, Bhatia, Zillmann, Lester & Robertson, 1988）發現黃色的幽默比較有趣。但是這項研究結果是否兩性皆適用？也是，也不是。怎麼說呢？兩性皆發現黃色的幽默比較有趣，但是男性認爲黃色的幽默比損人的幽默來得有趣的多。換句話說，出現了互動。兩性皆發現損人的幽默一樣很有趣，但是男性對黃色幽默的喜愛程度遠高於女性。尤有甚者，幽默也可按照受害人的性別加以分類。在這裡馬上就出現了一個三方互動的例子。當幽默的受害人是異性時，男性與女性都認爲這個幽默比較有趣，但是不論受害人是男性還是女性，比較多的男人比女人認爲黃色幽默比較有趣。現在你可以看出來，所有建立在幽默類型主效應上的通則化掩蓋了評定者與受害者性別所造成的重要限制。

其他尚有許許多多數量衆多的人格與社會學變項會與主效應產生互動，進而影響到主效應的通則性。舉例來說，想想看評斷者人格上的攻擊性，或是評斷者是否爲幫派分子，對研究可能產生的影響。現在你可以看出來這些變項與損人或是黃色幽默類型之間所可能產生的互動了吧？攻擊性人格（假設包括街頭幫派分子）可能比不具攻擊性

人格的人，對損人幽默更為敏感，但是對於黃色幽默的敏感度卻沒有多大差異。

試做個習題看看，根據上述幽默研究構想出一個新的研究方案。這個修訂研究要調查的是，被斷定為色情的卡通與這些卡通是否被認為是有趣的卡通之間的關係。一般說來，兩者的關係是正向的，但是男性與女性的評審會得出一樣的結果嗎？

當勒芙與戴克斯（Love & Deckers, 1989）調查這個問題時，你想他們會找到什麼答案？（問題一）

從參與者特徵與通則性上的這番討論所得到的教訓是，明智的研究者應該事先設想在這方面有哪些特徵可能會與研究調查的變項產生最高度的相關。然後研究者就可以計劃收集這方面的資料，以便事先了解這些特徵是否會和研究的自變項有所互動。通常，預先準備會產生更豐富的資料，同時會對想要調查的現象有更深層的了解。

其他被抽樣的變項與通則化

本節將簡要回顧進行調查研究時一塊被抽樣的其他變項，並指出這些變項如何可能對研究結果的通則性造成影響。

研究者

大多數社會科學的調查研究是由一個單獨的研究者來執行。這個目的是在控制任何會影響研究結果的研究者特性。這種關懷意謂著，研究的結果並不必然都可以通則化到所有研究者上去。涉及到研究者的人格、性別、或是經驗的**實驗者效應**（experimenter effects）業已詳載於各種文獻之中（Kintz, Delprato, Mettee, Persons, & Schappe, 1965）。研究者的長相可能會有關，太具有吸引力或者衣著太過亮麗，可能會得到無法通則化到其他研究者身上的研究結果。有時研究者與參與者的特徵會產生互動，而增加了通則化的風險。舉例來說，史帝文生與艾倫（Stevenson & Allen, 1964）發現，進行選出正確物件的活動時，

若研究者是異性，參與者會表現出較高的效率。

解決研究者差異對通則化所可能造成的問題，實有兩個方法。一是同時使用兩個以上的研究者來進行研究，在不同的狀況下平衡他們之間的差異，以便控制實驗者效應，或是（比較好的一種）把研究者當作因素設計中一個變項加以處理。後面這個策略使我們能夠很清楚地鑑定牽扯研究者變項所產生的互動效應。修訂過的因素分析策略便將特定的研究者特徵設定為因素模型中一個相關的、而且獨立的變項。研究者的性別便常用這個方法加以控制。第二種跨越研究者差異以達到通則化的途徑是利用複製的方法。如果做同樣研究的不同研究者都能得到類似的結果，就是支持研究發現具有通則性的強力證據。下面馬上就會針對複製法做詳細的討論。

研究程序

就研究者來說，對同一組相同的自變項，永遠值得一再反覆求證的問題是：如果使用不同的研究程序是否依然能夠得到相近的結果？研究發現能夠多完美地通則化到各個不同的研究程序上去（能夠不受不同研究程序的影響，持續維持其通則性）？一個最具有理論旨趣的、變化研究程序的方式，便是對自變項採取不同的操作型定義。就前面所提到的挫折實驗，我們可以用給參與者根本無法解答，或是很容易就可答出來的謎題這兩種方式，來操弄挫折這個變項。如果就此得到挫折與攻擊之間的關係一如預期是正向的，那麼我們就有充分的理由去求證，如果把挫折操弄成受到直接的侮辱或是受到其他的攻擊，會得到相似的結果嗎？欲知結果如何，最好的方法之一就是展開第二次研究，也就是使用另一種操弄挫折的方式，將實驗再重做一次。第二種方法是，事先就設想到這個問題，所以在實驗一開始就使用一個以上的操作型定義來操弄自變項。這種操弄方式可以設計成因素模型中的一個因素，使研究者能夠直接檢驗涉及這個變項的潛在互動。在此你再度看到，研究者事前對通則性問題所做的考慮，會促使其修訂研究模型，以便將額外的自變項給包括進去。

目前已經引起廣泛爭論的有關研究程序上變異的問題是，是否應

該使用前測的問題。也就是，應不應該在操弄自變項之前與之後，同時測量參與者在依變項上的反應？我們在第十章中已經討論過這個議題了。大體上我們的結論是，因為在真實的日常生活中，很少有前測這類的事情發生，也因為前測會增加想要特質出現的風險，因此有前測的研究其結果所具有的通則性頗令人懷疑。除非研究者對前測的效應特別感興趣，否則前測能避免最好避免。若果如此，有沒有做前測都可以與研究者有興趣探討的自變項一併納入因素模型。就以前述的挫折實驗為例，前測變項——取有與無兩個測量值，可以一併和挫折變項——取高與低兩個測量值，結合成兩個因素。據此而產生的2×2因素設計便可使研究者檢驗前測與挫折之間的互動，進而對於挫折的結果是否可以通則化到前測變項所有的測量值上去。這個把前測當成一個自變項的2×2因素設計，在第一位心理學家（Solomon, 1949）建議用這個方法來處理前測問題之後，便已經根據這位心理學家的名字被命名為**所羅門四格因素設計**（solomon four-group design）。

> 你認為在挫折實驗中，前測與挫折會產生互動嗎？若是，可能採取哪種形式？這也就是說，在沒有前測與有前測的情況下，挫折與攻擊的關係會有何不同？（問題二）

研究情境

與研究程序一樣，永遠值得一再反覆求證的問題是：如果在不同情境下進行測量，是否依然能夠得到相近的結果？對社會科學研究常見的一項批判，是關於研究結果能否通則化到不同情境的問題。這項批評指出，由實驗所得到的研究結果可能無法通則化到真實生活之中。實驗使研究者對外在變項能夠有較多的控制，但是它也是個人為造作的環境。據此而來的問題是，研究者是否會因此而買到了控制，卻丟掉了通則性。

對於這項批評，有數項方法可以加以處理。第一點值得注意的是，實驗研究的最終目標是在建立關係的大致方向，以便使後來的研究去探究這項關係的通則性。就這個層面看來，一項研究發現的通則

性是建立在一堆研究之上，而非建立在某個單獨的研究之上。馬上你就會看到，這種觀念其實就等於在不同情境裡複製同一個研究，或許這才是探知所有研究發現通則性的最好方法。

接下來應該要指出的是，有很多實驗研究的發現的確可以通則化到現實生活之中。學術界已經發現有關基本心理過程的實驗結果，可以廣泛地應用到非實驗情境之中。學習與制約的基本原則已經被用到改善心理與精神失常的教學與治療上去。有關基本知覺過程的實驗結果也已經應用到處理從飛機駕駛艙的設計、到改善街道照明與閱讀教學之上。史塔諾維奇（Stanovich, 1992）所著的一本書中提到更多這類的例子。

第二種處理關於實驗結果通則化問題的方法是，到現實生活中去做研究。這個方法強調各種類型田野研究的重要性，包括田野實驗在內。主要的論點是，只要研究結果是得自於現實生活之中，自然就保證了研究結果的生態效度。或許社會科學界對這個方法宣傳最有力的學者是布朗斯威克（Brunswik）。他認為正確的做研究的方法是整天跟在一個人身邊，然後在隨機決定的觀察時間內，觀察被觀察者對周遭事物的大小、遠近的判斷。據此，研究者便能夠建立被觀察者用來測量事物屬性的方法和做出判斷之間的關係模式，這就是他所謂的「生態線索效度（ecological cue validity）」，建立在現實生活中用作知覺判斷的刺激訊息之上的效度（Brunswik, 1956）。注意，專注於生態效度的研究者是不重視實驗情況下所得到的結果的。他們認為實驗所得之結果與現實生活無關，而且在堅持只有在「真實世界」裡得到的知識才具有意義。在這個價值判斷之下，他們繞過通則性這個議題不談。其實，你不須要接受這麼極端的論調，才能體會在不是實驗情境之下做研究的價值。這類研究可以視為是對實驗研究非常有價值的一項補充，一個檢驗研究結果是否可以通則化到所有情境的工具。

其次，應該留意的是，只因為研究是在真實生活中做的，並不意謂著研究結果就與真實世界相關。甚至連田野研究都可以設計作假。就阿羅森、布魯爾、卡爾史密斯（Aronson, Brewer, & Carlsmith, 1985）的說法，其中的關鍵在於**世俗實在**（mundane realism），那是指研究所

處理的事件是否與眞實生活中相同。挫折實驗的世俗實在性很低，因
爲大部分的人不會花太多時間去解答解不開的謎題上。所以在街頭巷
尾重做相同的實驗是沒有多大用處。想要得到世俗實在，須要找到一
個更爲實際的讓人受挫的方法。一個無法運作的投幣式冷飲販賣機可
能正合乎研究所需。這個不合作的機器不僅在俗世生活中實際存在，
而且還具有**實驗實在**（experimental realism）的特性。也就是說，這個
狀況對參與者造成實際的衝擊，使他們不得不認眞對待這個研究。就
阿羅森等多位學者看來，同時兼具世俗實在與實驗實在特質的研究才
是最好的研究。

　　第三種處理關於實驗結果通則化問題的方法，是把它想成當田野
研究行不通之後，所採用的不得不然的做法。**模擬實驗**（simulation）
是個試圖在所有的功能特性上皆逼近眞實生活的仿製狀況。你可從第
九章所描述的史丹弗監獄實驗中看到最具戲劇化的例子。很少有人會
懷疑該模擬監獄的效力，或是懷疑在眞實的監獄中可以得到相近的結
果。其他形式的模擬實驗包括有遊戲、角色扮演。想要模擬實驗有
效，就必須使模擬實驗合乎實際。那就是說，模擬實驗必須能夠引起
參與者做出與現實生活中相同的反應。如果在這點上有任何懷疑，就
有必要比較一下在模擬實驗下的反應與在眞實生活中的反應的差別。
一旦建立起模擬實驗的外在效度，它可以成爲最爲經濟的了解被模擬
情境的方法。

測量工具

　　正如研究者想要使用不只一個自變項的操作型定義來探討研究結
果是否具有通則性，他也想使用相同的方法來探究在依變項上的通則
性。使用多種不同測量依變項的工具，經常被建議爲是發掘關係有多
強烈、或是有多「強大」的一種方法。華動斯特很難追到手的實驗，
就用想要人物評量表與選出的約會對象做爲依變項的測量工具，來看
看研究結果是否一致。在這些情況下，關係的強度或強大程度與通則
性基本上是同義詞。也就是在探問，研究結果能夠多完美地通則化到
所有不同的測量依變項的工具上去？

第六章關於建構效度的討論，將趨同效度與區別效度給區分開來。趨同效度是指使用不同測量工具來測量理論中的一個變項或建構概念，結果得到來源不同的證據，而不同的證據之間存在著相似的結果。區別效度則是指，用來測量一個建構概念的工具所得出的結果會不同於用同樣的工具來測量其他建構概念所得之結果。前面已經描述過4M法，即同一個研究至少用兩個不同的測量工具來測量兩個不同的建構概念，是同時彰顯趨同效度與區別效度非常有效、非常有說服力的方法。不過在此，值得注意的是，只要同時使用很多個測量工具來測量一個建構概念時彰顯這些測量工具間具有趨同效度，那麼其研究結果自然提供了該變項具有不受各種測量工具影響之通則性的最好證據。如此一來，使用多種不同測量工具來測量依變項的4M法，便使研究者能夠同時追求理論的有效性、建構效度、與通則性。

複製

複製就是拷貝。複製一項研究就是拷貝一個研究。目標是在看看是否能重現早期研究的結果。如果第二次能夠得到相同的結果，自然會大大增加對於研究發現具有統計信度的信心。索默（1991, p. 231）肯定地說過，「對同一個假設來說，兩個獨立進行的研究是比一個用兩倍以上受試者的單一研究，更具有檢定力。」究其原因則牽涉到複製與通則化間的關係問題。

精確複製

複製有兩種類型：精確（exact）複製與概念（conceptual）複製。你或許會認為，精確複製一個早期研究意謂著製作一個正確的拷貝。但是無須多少反省，你就會相信這是辦不到的一件事。任何嘗試複製的計劃，都將會涉及到不一樣的研究者、參與者、研究情境、時間階段、甚至程序上都可能有點出入。換句話說，對調查研究而言，根本就沒有所謂精確複製這回事。就定義上來說，所謂**精確複製**就是指所

有想要拷貝一個在程序上與早期研究一模一樣的研究方案。要建立這樣一個精確複製，最常見的理由是，想要顯示在針對一個既定研究領域展開進一步研究之前，研究者可以複製與早期研究一模一樣的研究結果。就任何一個精確複製都不可避免會產生誤差的情況下，研究發現必然多少會影響到通則化的問題。如果真的得到相同的結果，不僅增加了該現象實際上確實發生的信心，而且也多少顯示了該現象具有通則性。

若未能複製出與早先研究相同的結果，那在解釋上就有點困難。就所有精確複製都不可避免會產生誤差的情況下，任何單一項目上出現無法複製的狀況都可以據此提出早期研究發現是出於偶然的說法，即統計推論的型Ⅰ錯誤。但是，極有可能發生這個狀況意者複製方案所得到的一、兩項不吻合之處是至為關鍵的歧異。第一種狀況視早期研究結果為無效，多半出於機緣巧合。第二種狀況則認為發現有效，但是只具有有限的通則性。雖然複製後在單一項目上所顯現的差異不能就此蓋棺論定早期的研究無效，但是複製再三後仍然得不到相同的結果，那就強烈顯示原先的研究缺乏效度，是得自於意外的結果。

概念複製

比精確複製更為常見的複製形式是故意使用一套不同於先前研究的程序，來調查同一組變項。這時，焦點直接擺在先前研究具不具有通則性這個議題上。這類的研究稱為**概念複製**，因為研究者使用各種不同的方法來探究同樣的一組變項。常見的一種概念複製是使用各種不同的操作型定義。如果某個挫折實驗是用解不開的謎題來操弄挫折這個變項，而後來的實驗則使用當面羞辱，那麼後面這個研究就是個概念複製。由於概念複製的重點在於概念的效度，所以是探討關係有無通則性的一個非常有力的方法。

有些時候，我們採用不同的研究程序來改正早先研究無力找出某種關係存在的弱點，目的是想要獲得一個不同於先前研究的結果，並且能夠成功地找出先前研究未能找到的某種關係。正因為已經圈劃出能夠找到該關係之範圍、條件，所以也等於是在探究通則性的問題。

舉例來說，賴特與康車達（Wright & Contrada, 1986）覺得，華勒斯特研究團體未能找出難以追到手的人與想要的約會對象之間的關係，主要是早期研究時的數項失誤所造成的。於是他們建立一個與華勒斯特研究相近的約會情境，只有在兩方面稍有更動。第一，有關可能約會對象的資料並未將他們對參與者的反應包括進去。這麼做的基本理由是為了避免參與者太過自我涉入而影響到研究結果。第二，除了低難度與高難度之外，該研究還包括了中度難追的約會對象。賴特與康車達發現，在所有可能的約會對象中，屬於中度難追的人，多被評定為最想要的約會對象，至於屬於低度與高度難追的人，在是否被參與者評定為最想要的約會對象上並無差別。就此而論，即使概念複製未能重現早期研究的發現，還是可以得到關於某個現象有無通則性的可貴資料。

你可以看出，就通則性這個重要課題上，複製，不論是精確複製還是概念複製，在提出證明支持有通則性的證據上所做的重大貢獻。此外，複製研究通常會激發出許許多多很好的、可以發展成大型研究方案中有待進一步研究的關鍵概念。就這點而言，對初期的研究者來說，應該把複製當作一個非常有利的學習起點。

從現有研究中找出通則化

概念複製有一項不可避免的後果，那就是會產生一籮筐針對同一個現象，用不同研究程序而做的研究。從這一籮筐的研究之中，我們能抽離出什麼結論呢？又該怎麼抽呢？此處的問題是在如何從成堆的，可能是非常多的研究當中，抽離出有效的通則化。通常有兩種方法，一為傳統法，另一種是現代法。每一種方法都有其優點與短處。

傳統的方法是文獻回顧。文獻回顧者讀遍某個特定主題下所有的文獻，然後寫一篇報告將其發現摘要下來。通常，篩選出來的研究發現會被歸成三種類型：內含許多概念複製而顯示強烈支持的研究發現、支持強度較低的、以及內含對立看法的文獻。做得最好的文獻回

顧是，會提供一個引導整理歸納這些研究發現的概念、或是理論架
構。文獻回顧的好處是使研究者不必自己親自調查，便可對某個研究
領域內的現況有所了解。缺點則是文獻回顧都免不了涉入回顧者主觀
的判斷。由於現代人都受制於資訊超載的問題，所以要從大量又充滿
對立看法的文獻中做出簡單扼要、又要具有客觀性的摘要，是很困難
的事。然而，文獻回顧對研究者來說，提供了一項非常有價值的服
務。在社會科學的每個領域中，總有一本甚至更多本的期刊專門致力
於文獻回顧的工作。

　　如果你想體會一下一位嘗試整合多項研究發現的文獻回顧者面對
的是一個什麼樣的工作，你可以試著想想看下面這個問題。我們可以
如何調和華勒斯特與賴特－康車達這兩個關於難追到手實驗的研究結
果？華勒斯特的研究發現指出，選擇性地扮演難以追到手的人（對其
他人是高難度，對參與者是低難度）會增加受喜愛的程度。而賴特的
研究則發現屬於中度難追的人比高度與低度難追的人會增加受喜愛的
程度。

　　　　你可以想出一個理論架構來解釋這兩個結果嗎？（問題
三）

　　較為新近的、處理關於大量現有研究的通則化問題的方法，稱為
後設分析（Rosenthal, 1984）。**後設分析**（meta-analysis）利用統計方
法，將整堆研究的結果結合起來，求出各研究間關係強度的推定值。
不過，各研究結論中的主觀成份多被除去不計。由於，並不是所有相
關的研究都含有足夠的資料可以納入後設分析，因此被包括進去的研
究所構成的樣本可能會有所偏誤，再者，分析者還必須設計出能夠評
估包括在後設分析內的研究的相對品質。除了這些問題之外，後設分
析日漸成為常用的方法，而且日漸成為比傳統的文獻回顧法受喜愛的
方法（Beaman, 1991）。

通則化與應用

任何一項通則化的討論，如果未能檢視如何才能有效地應用科學研究的結果去解決實際問題，都不能算是完成。本書第一章區別了基礎研究與應用研究。前者嘗試找出一般性的原則；而後者試圖解決實際問題。即使可以輕易地做出這樣一個區別，對所有科學研究來說，通則性其中一個重要的面向，依然是研究結果可以應用到現實生活的程度。

社會科學在這方面做得還算不錯。心理學的研究業已提供實際的方法來降低壓力、戰勝不想要的惡習或行為、改善教育與工作環境、以及減低團體間的衝突。社會學的研究也促成評估非經濟層面生活品質的社會指標的發展，並且已經發明了提供不是其他方法能夠輕易接觸到的各種主題（例如性行為）的調查技術。人類學家也揭露了不同文化間許許多多的差異，例如有關私人空間上的不同規範，這使不同文化之間得以互動而不至於產生誤會。經濟學家發展了預測經濟趨勢的模型。最後，各個不同領域的社會科學家匯集他們各自的專長進行**方案評估研究**（program evaluation research），以便對社會計劃與干預在實施之前、之中、與實施之後的效果提出評鑑。除了本章所提到的各種限制通則性發展的可能障礙之外，社會科學的研究發現已經可以廣泛地通則化到每天生活中遭遇到的問題上去了。

摘要

外在效度是指研究結果能夠通則化到得到這項結果之外其他的各種各樣的環境上去的程度。要決定研究發現是否能夠通則化到某個變項所有的測量值上去，研究者必須事先得到代表該變項所有測量值的樣本。若果如此，通則性的問題就變成變項間是否互動的問題。如果

證據顯示，研究發現在某個研究者有興趣研究的變項所有的測量值上都維持相同的結果（表示沒有互動），那麼意謂著研究結果在這個變項具有通則性。如果研究發現在這個變項所有的測量值上出現實質的變化(表示有互動)，那麼研究發現在這個變項上就不具有通則性。

任何調查研究都會面對許多不同類型的變項的通則性問題：如參與者的特質、研究者的特質、研究程序、以及測量工具等等。在每一個情況下，都可辨識出那些會限制通則性的常見變項。舉例來說，參與者的特質，如教育程度、自願參與還是非自願參與、以及性別等等，都可能會局限研究發現的通則性。在研究程序方面，諸如使用前測，也會提高對其是否會折損研究結果通則性的關注。而實驗結果是否能夠應用到真實世界是常見的一項顧慮。關於對自變項與依變項採取各種不同的操作型定義所得到之研究結果的通則性，是另一項受大眾關心的問題。已經發展出特殊的方法來解決這些問題，包括把參與者與研究者的特質當作因素模型中所處理的變項，所羅門四格因素模型、在同一個研究中對同一組變項做多種操弄與測量、田野研究、以及模擬實驗。

從一堆同一主題的現有文獻中找出通則化，傳統上是藉助文獻回顧法來完成，那是一個建立在文獻回顧者判斷之上的主觀方法。較為新近的方法是後設分析，將所有研究的結果結合起來一併分析的客觀統計方法。如果社會科學研究的通則性是透過研究結果已被多麼廣泛地應用到每天生活的問題來加以評斷，那麼，說社會科學研究已經彰顯了相當高度的通則性是個相當公允的說法。

問題解答

問題一：這項研究結果的通則化無法突破評斷者性別所設下的障礙。研究者發現從評定卡通是否帶有色情內容來預測會評定卡通是否有趣之間的關係只適用於男性評審，並不適用於女性評審。另一方面，用歧視女性評量表上的分數來預測是否會評

定卡通有趣，則適用於女性。這是另一項通則化未能突破評審性別限制的研究結果。對女性評審來說，評定為歧視女性與認為卡通有趣之間呈負相關。

問題二：關於挫折與攻擊關係的一項可靠預測可以是，有前測時兩者間的關係會比沒有前測時來得強。施以攻擊前測，對於那些做過很容易就解開的謎題的參與者來說，幾乎不可能會想到研究者希望在他們身上看到較高的攻擊行為，但是那些做過怎麼解也解不開的謎題的參與者就非常可能會聯想到這點。如此一來，經歷過高挫折前測狀況的參與者就比只經歷低挫折前測狀況的參與者，更有可能表現出研究者想要見到的行為。在這種情況下，有前測的狀況下所產生的挫折與攻擊間的關係，應該會比沒有前測時來得強烈。

問題三：選擇性難追的理論應該能夠同時處理這兩種結果。你已經知道該理論如何解釋華勒斯特的研究發現。對於賴特的研究，我們只要假設參與者想要的是一位選擇性難追的約會對象，但是參與者只能拿到對別人來說是難追程度（HGO）的資料。顯然，所有對別人來說是屬高度難追與低度難追的潛在約會對象都被剔除。只有對別人來說屬於中度難追的對象可以稱得上是選擇性難追的人。所以，選擇性難追的人在想要約會對象的評分上會得到較高的分數。

進一步閱讀書目

索默（1991）書中對於模擬法有相當豐富的描述。除了羅森豪
（Rosenthal, 1984）以外，關於後設分析的標準參考書可參考葛拉斯、
麥克高、與史密斯（Glass, McGaw, & Smith, 1981）、黑吉斯與歐金
（Hedges & Olkin, 1985）、以及杭特與斯密特（Hunter & Schmidt, 1990）
所著之大作。想要對方案評估研究有更多認識的同學，蒙內特、蘇利
文、德瓊（1990）與史密斯（Smith, 1991）書中都提供有最新的資
料。至於標準的參考書籍，可參閱普特與史賓格（Putt & Springer,
1989）、羅西與佛利曼（Rossi & Freeman, 1985）、以及崔波迪（Tripodi,
1983）等人的大作。另外一本能夠增進你對通則性這個主題及其對社
會科學研究的意義有敏銳的思考能力的卓越著作是史丹諾維奇（1992）
的大作。

參考文獻

Aronson, E., Brewer, M., & Carlsmith, J. M. (1985). Experimentation in social psychology. In
  G. Lindzey & E. Aronson (Eds.), *Handbook of social psychology* (2nd ed., pp. 441–486).
  Hillsdale, NJ: Lawrence Erlbaum Associates.
Beaman, A. (1991). An empirical comparison of meta-analytic and traditional reviews. *Personality and Social Psychology Bulletin, 17,* 252–257.
Brunswik, E. (1956). *Perception and the representative design of psychological experiments.* Berkeley and Los Angeles: University of California Press.
Glass, G. V., McGaw, B., & Smith, M. L. (1981). *Meta-analysis in social research.* Beverly Hills,
  . CA: Sage.
Hedges, L. V., & Olkin, I. (1985). *Statistical methods for meta-analysis.* Orlando, FL: Academic
  Press.
Hood, T. C., & Back, K.W. (1971). Self-disclosure and the volunteer: A source of bias in laboratory experiments. *Journal of Personality and Social Psychology, 17,* 130–136.
Hunter, J. E., & Schmidt, F. L. (1990). *Methods of meta-analysis: Correcting error and bias in
  research findings.* Newbury Park, CA: Sage.
Kintz, N. L., Delprato, D. J., Mettee, D. R., Persons, C. E., & Schappe, R. H. (1965). The experimenter effect. *Psychological Bulletin, 63,* 223–232.
Love, A. M., & Deckers, L. H. (1989). Humor appreciation as a function of sexual, aggressive,
  and sexist content. *Sex Roles, 20,* 649–654.

Monette, D. R., Sullivan, T. J., & DeJong, C.R. (1990). *Applied social research: Tools for the human services* (2nd ed.). Fort Worth, TX: Holt, Rinehart and Winston.

Mundorf, N., Bhatia, A., Zillmann, D., Lester, P., & Robertson, S. (1988). Gender differences in humor appreciation. *Humor: International Journal of Humor Research, 1*, 231–243.

Putt, A. D., & Springer, J. F. (1989). *Policy research: Methods and applications*. Englewood Cliffs, NJ: Prentice-Hall.

Rosenthal, R. (1984). *Meta-analytic procedures for social research*. Beverly Hills, CA: Sage.

Rosenthal, R., & Rosnow, R. L. (1975). *The volunteer subject*. New York: Wiley.

Rossi, P., & Freeman, H. (1985). *Evaluation: A systematic approach* (3rd ed.). Beverly Hills, CA: Sage.

Sears, D. O. (1986). College sophomores in the laboratory: Influence of a narrow data base on social psychology's view of human nature. *Journal of Personality and Social Psychology, 51*, 515–530.

Smith, H. W. (1991). *Strategies of social research* (3rd ed.). Orlando, FL: Holt, Rinehart and Winston.

Solomon, R. L. (1949). An extension of control group design. *Psychological Bulletin, 46*, 137–150.

Sommer, B., & Somme:, R. (1991). *A practical guide to behavioral research: Tools and techniques* (3rd ed.). New York: Oxford University Press.

Stanovich, K. E. (1992). *How to think straight about psychology* (3rd ed.). New York: HarperCollins.

Stevenson, H. W., & Allen, S. (1964). Adult performance as a function of sex of experimenter and sex of subject. *Journal of Abnormal and Social Psychology, 68*, 214–216.

Tripodi, T. (1983). *Evaluation research for social workers*. Englewood Cliffs, NJ: Prentice-Hall.

Wright, R. A., & Contrada, R. J. (1986). Dating selectivity and interpersonal attraction: Toward a better understanding of the 'elusive phenomenon'. *Journal of Social and Personal Relationships, 3*, 131–148.

第*14*章

研究的倫理與規範

　　倫理與道德處理的是什麼是好、是對，甚麼是壞、是錯的問題。通常在英文字典裡，倫理與道德是兩個同義字。本章要談的正是有關研究的倫理問題，也就是，什麼是社會科學研究者該做、與不該做的事。尤其重要的是，本章是有關於發展指導研究者在進行研究時什麼是該做、什麼是不該做的決策的原則與程序。「倫理」這個詞將用來描述本章的主題，並沒有意思要將倫理與道德做一區別。

　　對研究者來說，有些道德上的決策是很容易下的，但是大多數的決策並非如此。研究者可以很輕易地否決把殺人列進研究的一部分，因為這會造成太多的傷害，毫無益處。但是，有許多涉及道德的決策，利害得失、成本效益、好壞優劣的權衡，不是那麼容易便分得一清二楚。比如透過單面玻璃來監視某人的一舉一動？或許從而可以獲得非常重要、可以每年幫助九百六十萬人的大發現。這個理由夠充分到足以合法化侵犯那些不知道被人暗中觀察的人的隱私嗎？不夠？倘若這項研究結果將使兩千六百六十萬人因此而獲益呢？要多少理由才夠？大多數的道德決策牽涉到的是項非常複雜微妙的權衡行動，因此不是那麼容易下的。至少要涉及到某種潛在的傷害，否則想要採取的行動不會涉及任何道德問題。然後問題才變成是採取行動後，所得到的好處是否夠大到彌補所造成的傷害，因此夠得上合法化該項行動的理由。

　　說得更複雜些，遇到做關乎道德的決策時，研究者並不是中立的一方。為了要做想做的研究，他們會有所偏袒。如此一來，若是沒有了指導原則、甚至正式的社會控制，說充滿道德爭議性的做法在社會科學研究上可能是司空見慣的事，可以說是十拿九穩。事實上，社會科學研究史上多的是這類充滿道德爭議的例子。下面是數個簡短的實例：

　　　自願參與實驗的學生，在一個模擬監獄的實驗中，被隨機指派扮演犯人的角色，受到來自獄卒的強大壓力，以致於許多犯人出現情緒失控的癥狀（Haney, Banks, & Zimbardo, 1973）。

有一位社會科學家扮演同性戀者，這樣他便可以觀察到男同性戀者在公共休息室內做些甚麼（Humphreys, 1970）。

社會科學家藏身在學生宿舍的床底下，去發現大學生平日談些甚麼（Henle & Hubbell, 1938）。

一位心理學家命令研究參與者向在另一個房間裡頭的受害者施加他們錯認為是會造成極大痛苦的電擊（Milgram, 1963）。

你應該會認出這些例子是本書前面所描述的數個研究計劃。諸如此類的例子可以被一做再做，毫無止境。因此，常見的道德兩難問題就出現了：壓力、欺騙、侵犯隱私。本章涵蓋一些社會科學中最為常見的兩難道德問題，亦將敘述目前已發展出來處理這些問題的程序。

對待參與者

最大一組關於倫理議題的是涉及研究者與其研究計劃中的參與者之間的互動關係。這裡關涉到的是人與人間的互動，故應該受制於所有人類互動情況的相同的道德考量。最低限度，研究者應該遵守像醫生一樣不害人的原則。大多數研究者都同意，只遵守這個最低限度還不夠好。值得追求更好的像是做到——施予人己所欲人之施予己者——的金科玉律。換句話說，參與者的福祉應該是研擬研究計劃時應該列入主要考慮的項目。不僅要避免所有可能的傷害，而且研究者應該儘可能使參與者得到的經驗是正面的、有所收穫的。有了這些基本考量之後，讓我們來檢討一些在研究者—參與者這個互動情境下會出現的特定的道德問題。

壓力

或許所有研究者應該關心的第一個問題是避免使用會使參與者受傷的程序。「壓力」這個詞在此將用指研究程序所產生的，包括身體

上與心理上立即的負面影響。引發壓力（press-inducing）的實驗所具有的潛在效益必須將之與對參與者所可能造成的負面影響仔細地加以兩相權衡。潛藏在社會科學研究中的壓力是非常眞實的，這可以從上述的一些例子中看出來。模擬監獄實驗對某些犯人產生非常大的壓力，而且大到實驗必須提前結束。結果，其中的一位研究者（Haney, 1976）日後寫道，使參與者受害改變了他的想法使他再也不會做類似的研究了。

或許社會科學界最有名的引發壓力的研究就屬密爾葛蘭（Milgram）關於順從性的研究（1963, 1965）。參與者受到一位權威人物，即研究者的命令，向一位「學習者」，不論其是否犯錯，都處以愈來愈多使他痛苦不堪的電擊。雖然實際上並沒有眞正地施放電擊，但是參與者並不知情。從參與者反應的影片中可以看出，毫無疑問的，參與者是感受到相當大的壓力。抗議、流汗、充滿神經質的笑聲是常見的現象。社會科學研究中還有許許多多其他的會傷害到參與者的程序。

大部分是出於對上述那些類型研究的深刻反省，代表不同社會科學學門的專業性組織已經對研究者行爲定下道德規章。表14.1節錄三款最重要的規章，給你一點概念，這些法規長得是什麼樣子。完整的法規可向下列三處索閱：「美國人類學會」（1983）、「美國心理學會」（1990）、「美國社會學會專業倫理委員會」（1989）。

專業倫理法規中對於避免使用會傷害到參與者的程序，採行的防範措施主要是建立在**知會同意**（informed consent）的原則之上。知會同意原則主要是指兩件事：(1)在取得參與者同意參與調查研究之前，必須提供一份他們對參與研究可能會涉及的風險的確實說明；(2)必須允許參與者在沒有受到任何負面影響的任何一個時刻退出研究。這個法規的用意是在讓參與者明白他們將要涉入的狀況，並且允許他們在同意參與之後一旦覺得做了錯誤的決定時，給予他們一個改變心意的機會。大部分的研究機構鼓勵使用知會同意表格。這類表格一方面能夠使參與者表示他們對知會同意所涉及的兩層意義的了解，同時給予參與者透過書面簽名來表達他們願意參與研究的意願。表14.2提供你一份知會同意表格的樣本。知會同意有個好處，它不將會

表14.1　三大全國性組織：「美國人類學會」（AAA）、「美國心理學會」（APA）、「美國社會學會」（ASA）專業倫理法規摘要

保護參與者、使之免於受到傷害

　　人類學家必須竭盡所能去保護和他們一塊工作、進行研究、或從事其他專業活動的人的尊嚴與隱私。維護這些人身體、社會、以及情緒上的安全與福祉是人類學家的畢生事業。（AAA）

　　調查者保護參與者的身體與精神，使其不致因研究程序而感到不適、受傷、與危險……不可以使用任何可能會對參與者造成嚴重或持續性傷害的研究程序，除非不使用該種程序會使參與者受到更大的傷害，或是除非這類研究會產生極大的潛在效益，而且研究者已經將這個研究所涉及的利害得失都充分地告訴每一位參與者，並且得到他們同意參與的意願。（APA）

　　進行社會學研究的過程不可以使回答者陷入人身可能受害的風險之中。（ASA）

知會同意

　　人類學家應該將專業活動的目標和與其工作對象溝通清楚……應該坦誠地告訴這些個人或團體，參與研究可能帶來的、會關係到他們的結果。（AAA）

　　……調查者和研究參與者間應訂定一份清楚明白的協定，清楚地列明彼此的責任與義務。……調查者告知參與者各個層面和研究有關的、可能會影響到其參與意願的事項，同時詳細解釋參與者提出來的各項詢問。……調查者必須尊重參與者拒絕參與研究的自由、以及同意參與後又臨時決定退出的自由。（APA）

　　當參與研究所需承受的風險高於日常生活的風險時，社會學家必須做到知會同意。……若預期研究會涉及中度風險、或是傷害，需要做到知會同意。……社會學家應該以合情合理的方法做到知會同意，並且避免侵犯他人隱私。（ASA）

保護隱私權

　　對於供應人類學家消息的人士，要求匿名或者要求公布姓名的權利，應給予適當的尊重與保護。……人類學家應該清楚地告訴每一位消息提供人士，儘管做到最妥善的處理，還是有可能出現匿名資料走漏，或要求公布姓名卻未能實踐的情況。……人類學家不應該洩漏用假名保護的個人或團體的真實身份。（AAA）

　　除非事先另有協議，否則調查過程中從研究參與者得到的訊息是會受到絕對保密處理的。當他人有可能透過其他管道來得到這些資料時，必須要將這個可能性，連同研究者準備如何保持資料機密性的計劃，詳細地告知參與者，以符合獲得告知同意的正規程序。（APA）

　　研究的對象有要求身份不被公開的權利。……社會學家應盡力思索會使機密不保的因素，以便擬定因應對策。可行之道有：清除識別標誌、將研究對象的答案加以隨機化處理、或是使用統計來處理有關個人隱私的問題。（ASA）

來源：「美國人類學會」（1990）。《道德宣言：專業責任手則》（1990年10月修訂版）。華盛頓特區：「美國人類學會」，授權印製。
　　　「美國心理學會」（1990）。《心理學家的道德手則》（1989年6月2日修訂）。《美國心理學家》，45期，390-395頁。
　　　「美國社會學會專業倫理委員會」（1989）。《倫理信條》。華盛頓特區；「美國社會學會」，授權印製。

引發壓力的研究排除在可以進行的研究之列。相反的,它讓所有可能的參與者在被知會的情況下,自由地做決定要不要參與這個可能會得到對大家都有益處的研究。如此一來,研究成了研究者與參與者之間的聖潔經驗。同時,對於那些不在乎接受壓力的參與者,也有不參與

表14.2　一份知會同意書:樣本

知會同意書

　　我已經收到一份通知,告訴我即將參與的是一項調查影響人際吸引因素的研究。通知上也告訴我,研究單位將會提供我一份有關記載我潛在約會對象的資料。然後要求我評定我想要和這些潛在約會對象約會的程度。這個研究費時六十分鐘,是由蘇珊史密斯博士所主持的研究計劃。蘇珊史密斯是一位心理學教授,如果我想要有關這個計劃更進一步的資料,我可以隨時和她聯絡。這個研究計劃已經獲得大學倫理委員會的支持。參與這個研究使我有機會見識一下社會研究方法的實際應用,並且對影響人際吸引的因素有所了解。而且參與這項研究可以使我修的心理學導論得到額外的加分。至於加多少則由我的老師決定。

　　從通知上,我了解參與這項研究不會使我受到任何的危險或傷害。

　　我知道我提供的答案會受到保密,而且不會用到我的名字。

　　對於這個研究有任何不解之處,我可以隨時發問。我可以在研究開始後任何一個時點拒絕繼續參與,甚或退出研究,而不會受到任何處罰。

　　知會同意書上的簽名表示我已經同意參與這項研究,也表示我已經對我想要知道的問題提出了詢問,並且都獲得了令我滿意的答案。我也仔細看過這份文件,並且拿到一份副本。我至少已經年滿十八歲,有權表達我的同意,而且就我所知,參與這項研究不會使我的身體或精神狀況受到任何傷害。

姓名(正楷)＿＿＿＿＿＿＿＿＿＿＿＿＿＿＿＿＿＿＿＿＿＿＿＿＿＿＿＿

我據此附上參與此項研究之書面同意表。

簽名＿＿＿＿＿＿＿＿＿＿＿＿＿＿＿＿　　日期＿＿＿＿＿＿＿＿＿＿＿＿＿

證人簽名＿＿＿＿＿＿＿＿＿＿＿＿＿＿　　日期＿＿＿＿＿＿＿＿＿＿＿＿＿

的自由。

知會同意聽起來相當合情合理，但是並不是毫無爭議、毫無問題的作法。一方面，有人認為這種作法得到的是偏差的樣本，會妨礙到研究結果的通則性。另一方面，也有人認為簽署知會同意書還不夠，還需要增加額外的程序來保護參與者以免受到傷害。其中一項程序——要求由倫理委員會來審核研究計劃——將於本章結束之前略加叙述。或許知會同意最主要的問題是在，它正正當當地排除了另外一項充滿道德爭議性，但是卻被研究者認為是為了得到有效研究結果所不得不採取的措施，那就是欺騙。

欺騙

雖然過去較不受矚目，欺騙或許是社會科學研究中最常受到道德質疑的作法。這類的例子包括在順從研究中，密爾葛蘭對其參與者有關電擊的欺瞞，韓福瑞斯（1970）假冒是同性戀者，華爾斯特（1973）讓人把她的研究錯認為電腦約會服務。由此看來，欺騙使用的相當普遍，甚至前述的挫折實驗都帶有欺騙的色彩。那個實驗給了參與者一個解不開的謎題，卻暗示一個夠聰明的人只要一、兩分鐘就可以破解。

在不久以前，研究者似乎相當熱中於相互較勁，比比看誰的騙術比較高明。魯賓（Rubin, 1970）描述這個狀況為「實驗室裡的鬼才（jokers wild in the lab）」，而凌恩（Ring, 1967）則稱之為研究者的「玩樂與遊戲（fun and games）」心態。魯賓描述了一個反映這個心態的例子：一個偌大的、看起來複雜的機器，一個揚言他整個未來完全繫於這部機器的研究者，突然從這部機器發出的一聲爆炸聲，使研究者情緒崩潰、要求參與者簽署一份請願書。這個包裝精緻的騙局增加了參與者簽署的可能性。

合理化欺騙的藉口常是要保證得到參與者的自然行為，因為如果讓參與者知道實情，他們的行為就不會和不知情的狀況下一般自然。毫無疑問地這個想法有它的道理在。誠如第三章指出的，最為觀察研究關切的事是被觀察者認出觀察者的身份而導致被觀察者表現出不自

然的行為。因之，結果的效度是研究者辯護使用欺騙手法最強而有力的一張王牌。即使如此，這個理由也必須和欺騙可能產生的有害結果兩相權衡，方得定論。那類結果不僅包括某些研究者與參與者間的信任破裂，而且也會導致一般大眾對社會科學家的不再信任。社會科學家獲得聲名狼藉的騙子美譽，未來的參與者來到實驗情境期待被騙，不願意相信被告知的任何一件事。這種態度或許會導致參與者表現出不自然的行為。由此可見，如果除了私利之外沒有其他的理由，研究者有義務儘可能減少在研究中使用欺騙的手法。

　　除了欺騙之外，還有其他方法可用。柯爾曼（Kelman, 1967）建議用角色扮演與模擬實驗兩種方法。角色扮演（role playing）是指，參與者採取一種「宛如是這樣」的態度，假裝他們身處於某個狀況之下，照他們想像在這個情況他們或別人會怎麼反應的方式反應。當然，這裡的問題是，情況不是真實的情況，而參與者也知道這是假的。因此，批評者永遠可以質疑該研究結果的外在效度。誠如前章所述，模擬實驗是模仿真實世界的情境，在所有重要的功能特性上，把實驗設計得和真實的情境一樣維妙維肖。把參與者放進模擬監獄不需要欺騙。但是，正如史丹福監獄模擬研究所顯示的，模擬實驗有其他的問題。如果太逼真了，可能會產生令人無法承受的壓力，如果不夠逼真，研究結果的效度便會受到質疑。不過，如果在這些問題間找出第三條路，模擬實驗仍是個值得考慮的方法。

　　魯賓（1973）建議避免用到欺騙的另一種方法，即「誠實（honest）」研究。的確是有一些誠實研究的策略可用。一是讓參與者完全了解整個研究的目的所在。在這種情況下得到的有效資料可能遠比你想像的還多，若是研究者願意為此多下番功夫的話，更是如此。例如，拜恩、艾文、與藍柏斯（Byrne, Ervin, & Lamberth, 1970）放棄假的電腦約會服務，實際用電腦根據態度相似程度的高低將男女同學配對，然後讓他們相互約會。這個研究測量每對電腦配出來的男女朋友彼此喜愛的程度，這不涉及任何欺騙手法。第二種策略是研究實際上以改變行為為目的的計劃，如戒煙、或是減肥等計劃。因為該計劃是真實的，所有也沒有涉及欺騙。第三種策略是田野研究（field studies）或是田

野實驗（field experiments），在這種情況下，參與者甚至可能不知道他們正參與研究。顯然在這種情況下，沒有必要欺騙，而且這類研究可能具有高度通則性，因為它們是真實的情境。這類研究或許有其他的與職業道德有關的問題，如可能侵犯到參與者的隱私（下文將做討論），但不必然是欺騙。

　　儘管有這些其他途徑，一個不爭的事實是，欺騙有時候是必要的。因為除了欺騙之外，別無他法。如果參與者知道真相，他們就不會表現的自自然然。不過，以我們現在對社會科學的職業道德的關切，要用到欺騙的研究便不會和以前一樣多。也就是說，社會科學家將會決定涉及嚴重欺騙的研究是不值得做的。即使如此，衡量職業道德行動的秤陀總有落在放手做吧的那一邊的時候。若果如此，我們可以做些什麼來減少欺騙所涉及的負面結果呢？

　　傳統處理用到欺騙手法的程序是執行報告。**執行報告**意謂著兩件事：⑴對於研究程序提出徹底的解釋，這包括研究中任何一項引起外界質疑專業道德的作法，如讓參與者承受不當的壓力，或是欺騙參與者等等；⑵盡力排除或妥善處理任何傷害到參與者的研究程序所產生的影響。大多數的學生曉得執行報告包括了第一項，但是對於執行報告尚包括第二項，很多學生表示甚感訝異。在職業道德上，研究者有義務儘可能地排除他們所製造出來的有害效應。已有研究顯示正確的執行報告是清除欺騙所造成的有害影響的有效方法（Ring, Wallston & Corey, 1970；Smith & Richardson, 1983）。

　　密爾葛蘭（Milgram）的順從性研究告訴我們研究者為了處理有害結果所能做到的地步。研究者為參與者詳盡地解說整個研究，包括為什麼要欺騙他們的理由，也讓參與者瞭解在研究中對他們所施加的壓力，並告知他們的反應是正常的，好讓他們安心。也給參與者充分的機會表達他們內心的感受，若有任何情緒反應也儘量讓他們發洩。對於不幸的受害者也提供善意的調解。過了一段時間以後，密爾葛蘭並將研究報告郵寄給所有的參與者，其中並包括詢問他們反應的問卷。結果發現絕大部分的參與者表示他們很高興能夠參與這個研究，使他們獲益良多。一年以後，在研究者的安排下，所有的參與者都接受一

位精神分析師的訪談。沒有發現任何因參與該研究而產生不良反應的跡象。大多數的研究不會像密爾葛蘭一樣做到這種地步來處理可能產生的有害效應。順從研究爲我們例證的一個重點，當研究者對參與者施加過重的壓力之時，研究者有義務以嚴肅的態度來承擔後續追踪的任務。

　　雖然研究者有義務爲參與者排除有害的後遺症，但是研究者可以，甚至應該做的更多。調查研究給研究者一個機會透過提供參與者有教育意義的經驗來成就職業道德上的正面功效。這是提供參與者對研究詳盡解釋的主要目標，最好是以書面形式爲之。完善的書面回函應該是以一種平常人能夠瞭解的方式書寫，最好是簡潔、切重要點，並且提供參與者如果他們真的非常想知道研究結果的話，他們可以如何得到更多有關該研究的資訊。這應該包括相關的背景文獻與研究者的聯絡處等資料，以備參與者對研究有話要說。最後一點是，回饋應該是參與者想要看時隨時都看得到，而不是強迫加諸在參與者身上的。如果他們不想要，那是他們的事，就回饋這件事來說，研究者應該尊重參與者自由選擇的權利。

侵犯隱私

　　如果有你不認識的人，爲了研究的目的而觀察你的性行爲，你會喜歡嗎？還是你寧願讓他觀察你上廁所。那是不可能的，你說？猜猜看。這兩種情況在實際的研究中都發生過。韓福瑞斯（1970）假扮成同性戀者在一間高速公路的休息站中觀察同性戀的性行爲。他扮演「守望皇后」的角色，即守衛在休息室門口，像裡面的人發出有人來了的警告的角色。如果社會科學家能夠合理化監視休息站內的同性戀者的行爲，那麼你如何能夠放心在你臥室的對街不會擺了一個高倍望遠鏡向你窺視呢？米都米斯特、諾爾斯、梅特（Middlemist, Knowles & Matter, 1976）在廁所的欄杆上設置一個隱藏式的觀測器，來觀察校內男生上廁所的情形。該研究的目的是在調查人們對私人空間受到侵犯時的反應，即人們對進來上廁所的人用的是隔壁的尿盆，還是較遠一點的尿盆，會有何不同的反應。社會科學家甚至有躲在床底下進行研

究的記錄。如上所述，韓利與哈波（Henle & Hubbell, 1938）讓研究者躲到大學宿舍的床鋪底下去發現大學生聊天時在談些什麼。

　　顯然這些例子所面臨的道德議題是使用隱藏性觀察而釀成侵犯隱私的問題。但是隱藏式觀察並不是侵犯隱私唯一的狀況。研究者在收集到某個主題的資料之後，如果資料被研究者以外的人評估之後，特別是該資料包括參與者的身份時，參與者的隱私權便受到侵犯了。這類隱私的侵犯是真實的。有的是法院命令社會科學家透露研究資料以作為訴訟的參考（Marshall, 1993）。研究者應該拒絕洩漏參與者的資料，即使生命受到威脅也絕不能洩漏嗎？就保護資料而言，研究者應該盡的專業道德義務為何？

　　就隱身觀察，以及在什麼情況下隱身觀察才可被合理化這個問題來說，除了已經說過的之外，沒有其他的可說。研究者必須小心的權衡利弊得失與所付出的道德代價，從而持平地決定是否該做這項研究。研究者應該注意，所謂的成本不僅包括可能發生的窘境，還包括其他參與者發現他們被觀察時所可能造成的傷害。只要違反了侵犯隱私，就對隱私權這項原則造成傷害。最後是對社會科學家聲譽所造成的傷害，他們因此而得到窺視狂的稱號。想要研究的行為愈是親密、敏感，愈該慎重考慮避免使用隱藏式觀察。有過這番深思熟慮之後，使用躲藏在床底下或廁所裡的作法，應該不會像過去那麼多。

　　另一方面，就保護資料——包括參與者的身份——而言，社會科學家在處理這個問題時，常採兩種程序。處理隱私問題的常用技術是**匿名**（anonymity），這是指連研究者也不知道研究的參與者的真正身份。如果做得到匿名，那麼這會是個比較好的方法，因為這樣就連研究者都無法透露參與者的身份。基於行政處理上的方便，研究者可能需要留下參與者的姓名，以便確實已經給付他們酬勞了。在這種情形下，退而求其次的方法是**保密**（confidentiality），這是指研究者知道參與者的身份，但是保護他們不會曝光於大眾之前。保密意謂著對於未經授權的人士而言，他們是不可能同時看到參與者的姓名與其他資料同時出現的狀況。

　　保密有兩種形式。高度保密是指參與者的姓名在資料收集當時與

之後，都是分開來記錄處理的，而其作法是姓名與其他資料永遠也不可能結合在一起。因為高度保密幾乎永遠辦得到，所以是兩者中比較為學界鼓勵使用的一種。低度保密是指參與者的姓名與其他資料仍然保留成對出現。但是研究者拒絕將姓名與相關資料洩漏給未經授權的人士。就低度保密而言，參與者所受到的保護就視研究者道德良心而定。不過，有低度保護總比什麼都沒有的好，那是期望有職業道德的研究者應該要做到的最低限度。

有害的後果

在調查研究完成之後，有可能發生傷害到參與者的情事。這種傷害出現的型態有兩種。其一是使用有害程序而產生的後遺症。這種效應於事後檢討中已經討論過。研究者在道義上有義務提供所有必要的追蹤調查來幫助參與者對抗有害的後果。另一種形式的有害後果是發生在第三者利用研究結果來傷害參與者的情況下。

舉個例子來說明第二種狀況，假設你在某個校區進行一項調查研究，結果發現，你很可能真會發現這樣的結果（Benbow & Stanley, 1983）：大約到了13歲左右，女生的算術能力比男生差。結果校方利用你的研究發現做為制定阻止女學生修習高等數學課程的政策依據。不可能發生這種事？但是還發生過更為怪異的事情。這個時候，你該怎麼做？身為一個研究者，你有義務站出來糾正所有對你研究發現的不當解釋與應用。而你所做的正是**發表聲明**（advocacy），公開地對你的研究結果的解釋與用處發表說明。在此，要強調的重點是，研究者必須要有隨時挺身而出、採取公開行動的準備，來保護參與者對抗誤用研究結果而對他們造成的傷害。

剝削

剝削（exploitation）是指利用他人以圖私利。任何研究都必然含有剝削的成份在內，因為研究者對要做的研究都有明顯的個人興趣在內，但是對參與者的福祉就不見得有興趣。如此一來，研究者在道義上，就有義務提防不必要的剝削。這類的剝削常出現在研究者與參與

者之間不對等的權力關係上。在很多情況下，如在大學或學院裡頭，研究者有這個權力，直接或是間接地強迫同學參與研究。對於這個動用強制力量的誘惑，研究者應該努力抗拒。抵抗這個誘惑的一個方法是，訂出正式規則，給予潛在的參與者各種不同的選擇，其中一項是參與研究。另一種方式，則把參與研究列爲選修學分，而非必修課程。採取這些作法的重點在於尊重潛在參與者自由選擇的權利。在其他的情況下，如監獄與特種醫療機構，研究的參與者，主要是由該機構提供的樣本。在這種情況下，研究者有義務記住參與者是活生生的人，應該以對待人的方式對待之。

　　即使參與者是完全出於自願的，參與者也是處於接受研究者所安排的狀況的地位。因此，研究者不僅應該避免傷害到參與者，並且應該對未能事先預知、可能會對參與者造成傷害的發展，隨時提高警覺。史丹福監獄模擬實驗就證明事情是非常容易就演變到無法控制的地步。專業倫理守則中有一條的主要目標就是在避免不必要的剝削。本書鼓勵你把你專業領域內的道德規範記得滾瓜爛熟。

　　用動物做研究是剝削這個議題最一針見血的例子。就實驗參與而言，動物從來沒有自由選擇的權利，而且也無力抵抗研究情境對它們的虐待。因此，它們特別需要有職業道德的研究者的關懷。關於動物的使用與處理，「美國心理學社」已經出版有詳細的職業道德綱領（美國心理學社，1986）。其中所涉及的主題包括服從法規、正確使用動物的訓練與督導、減少動物所受的痛苦與不適、結束動物生命的適當方法。其終旨在重申保護動物權利人士所披露的合法關懷。虐待動物是不道德的、也是不被容忍的，目睹虐待動物卻視若無睹同樣是不道德的。另一方面，有些反對動物研究人士採取另一種極端立場，極力主張禁止用動物做任何一種研究。同樣的，對於有責任感的科學家來說，站出來對抗這類言論同樣也是項忠於職業道德的義務。

參與

在本書中「參與者」這個名詞是被用來描述研究計劃中產生資料的人。當然,傳統的用詞是「受試者」。我們避免用那個名詞主要是因為該詞不僅貶低了,甚至忽視了研究參與者的人性。這意謂著傳統的用詞只把參與者當作被操弄或被測量的「物體」看待,因而抱持著對於要做些什麼最好不要讓他們知道,才不會弄偏差了他們的反應的態度。相反的,「參與者」這個名詞則暗示他們是幫助研究者解決共同問題的一群活跳跳的人。

這兩個用詞的區別不僅止於形式。對有心得到有效度資料的研究者來說,這個區別有實際的含意。卡普藍(Kaplan & Kaplan, 1982)指出不管研究者多麼努力去保守秘密,想要了解到底是怎麼回事這個基本的人性需求始終都會存在。如果沒有給參與者有用的訊息,他們會創造出自己的解釋,而他們所自創的解釋可能與研究者想要的沒有半點相似之處。由此可見,如果讓想要尋求了解的基本人性受挫,研究者可能會得到與他想要的目標,即有效度的資料,完全相反的結果。

出於職業道德的考慮以及對獲得有效度資料的關心,這兩椿大事促使我們把參與者當成我們的實驗伙伴來看待。這種看法引出了許多有關於如何善用參與者認知能力的問題。這些問題促成了對用簡單易懂的方式提供參與者資料的重視。卡普藍在其大作的最後兩章中對於如何達到這個目標,提出了很多很有用的建議。此處,讓我們就只指出一點:把產生資料的人當成參與者看待,對研究情境下所有的人都有好處。或許這種作法同時也把研究者與參與者間互動提昇到最高的專業道德水準。

其他相關的倫理議題

研究者與參與者間的互動是研究過程中最為直接的互動。但是，如果從非常廣泛的角度來檢視這個過程，則其中還包括其他牽涉到研究道德問題的互動。下面就讓我們簡短地討論其中幾項。

作假

作假是指對於研究的資料、方法、或者結果，提出不實的報告。當然，研究者在這些方面必須做到誠實無欺。好在，科學自有其打擊作假的有效武器。第一，我們都知道研究的方法與發現都有機會被別的科學家仔細的檢查過。第二，做過的研究都有可能被別的科學家複製、再重做一次。最後，如果科學界認定某個研究涉及作假，該研究者的學術生命便可能因此受損。

也許你不信，社會科學界很少有重大作假的傳聞。最著名的例子是柏特爵士（Sir Cyril Burt）提出智商深受遺傳影響的證據。卡敏（Kamin, 1974）仔細檢視該研究的資料後發現研究結果中存在有令人難以置信的規律，比如說不同樣本團體的相關值竟然完全相同到小數點第三位。再進一步深入探究之後，發現柏特爵士報告中所提及的一些同事，事實上根本不存在。諷刺的是，其他有關智商的研究也支持遺傳有很顯著的影響力。自然，柏特的資料與名聲受到相當嚴重的打擊。但是並不是所有人都相信這個狀況對柏特不利，此事仍處爭議當中，尚無定論。

要證明研究者作假並不容易。即使一再失敗未能複製某個研究，可能說明的只不過是原來的研究不是個誠實的錯誤，就是個機會的產物。社會科學有的是懷疑作假卻苦無證據證明的記載（Marlatt, 1983）。不幸的事，光是暗示某研究作假，就足以損害一個科學家的學術生涯。因此，對於懷疑別人作假的人也有義務遵守一項職業道德。他們的義務是除非有非常強有力的證據支持某人作假，否則不要

輕易傷害別人的學術生涯。這包括顯示作假的研究是刻意疏忽、或是精心設計的騙局的證據。當然，對於研究結果所引發的負面情緒性反應並不能作為指控該研究作假的理由。

或許科學家面對的，最為危險的誘惑是在一些小地方作假。某位參與者很明顯地誤解了某項指示，這會產生錯誤的結果，那麼稍微更改一下一兩個分數又會造成什麼損害呢？對於這類問題的答覆只有一個。偽造資料是不合乎職業道德的，是無法合理化的。如果你有充分的理由，並向學界報備你的理由，你或許可以將參與者從你的樣本中刪除，但是擅改資料是沒有藉口的。如果你認為你的情況特殊，勸你最好能夠聽取更高明的建議。鋪平作假之路的，大都是善心美意。

研究結果的使用

在這一點上所涉及的問題是研究結果的亂用，包括不正確地解釋研究結果在內的危險。科學家在道德上有抗拒亂用研究結果的義務。這常常意謂著挺身而出為自己研究結果的解釋與運用發表聲明。科學的研究發現常帶有社會或公共政策的含義，象牙塔式的或撒手不管的態度都不是科學家們負擔得起的奢侈。他們必須試著去保護的，不僅是研究的參與者，而且是所有可能因他們研究結果而無辜受害的人。高速公路休息站內同性戀活動的研究便是一個例子。韓福瑞斯（1970）所採取的立場就是，他的研究並未提供可以讓任何執行社會控制的單位用來掃蕩的「茶室交易」的藉口。你是否同意韓福瑞斯的作法是另一回事，但重點是，韓福瑞斯覺得有義務對自己的研究結果發表聲明。

好處分享

當研究者想要研究一個尚未通過檢驗但具有潛在療效的治療法，像是一種新藥物、或是新治療法的有效性，便出現了另一個道德問題。理想的方式是在實驗室裡，以隨機分派的方式將新療法與目前使用的療法做個比較。但這裡涉及的問題是，除非有足夠的理由相信新療法比較優越，否則研究者是不可以隨意拿新療法來做測驗。在這種

情況下，我們能以什麼理由來阻止控制組的參與者接受該療法，而能自圓其說，站得住腳呢？

有三種方式可以突破這個兩難困局。第一，是以論理的方式說明，分派到不同的實驗情境完全是隨機的、碰運氣的結果，控制組的參與者接受的是現行使用的療法。因此，除了維持現況之外，他們不會受到任何額外的傷害。只要不涉及到任何攸關生死的重要關頭，而且在現行使用的療法還算有點效用的情形下，這個方法用來相當有效。在這些情境下，若再加上第二種方法，則更是徹底地解決了這個問題。第二種方法端視實驗結果而定。如果發現新療法比現行使用的療法有效，那麼新療法在實驗完成之後馬上就讓控制組的參與者使用。這樣，所有參與者都可分享到新療法的好處。

攸關生死的情況是另一個問題，需要用第三種方法來解決。一個治療癌症或愛滋病的新療法或可提供一個例子。如此，社會科學家很少會碰上這種情況。不論如何，面對這種狀況，研究者很難扣住新療法一直等到實驗完成後才給控制組的參與者使用，因為大有可能控制組的參與者到那時都已經死去了。在這種情況下，研究者勢將使用第十章所描述的準實驗法。例如，研究者還是可用比較近似實驗團體的方式處理，差別之處只在所用的團體是由一位接受新療法治療的參與者所構成的團體，而另一個是由其他沒有接受新療法的參與者所構成的團體。

倫理委員會

大多數的大學與研究中心都要求研究者向倫理委員會或「評議會」提出研究計劃。該委員會的功能是在決定研究者所提出的計劃是否符合的職業道德綱領與法令規章。要求研究計劃書寫的詳細程度端視研究的類型而定，而這又視參與者可能涉險的程度而定。這個委員會可能會同意該計劃照提案所擬定的方式進行、也可能會要求提供更進一步的資料並做某些修改以減少參與者所涉之風險、甚或完全否決該研

究計劃。最後一種情況很少發生，因爲倫理委員會的設立本身便具有遏阻研究者提出不符合職業道德的研究計劃的功效。你現在可以看出來倫理委員會服務的是個非常有價值的目標，它是在爲職業道德把關，即檢視本章所討論的所有道德議題，非常關鍵性的一步。

「聯邦政府衛生與人力服務部」（Health and Human Services, HHS）要求受其贊助的每個機構設立倫理委員會。衛生人力服務部規章也根據參與者涉險程度將研究予以分類（衛生人力服務部，1981年1月26日）。這三類爲「危險」、「有點危險」、以及「沒有危險」。前兩類的研究都要經過倫理委員會的評鑑。大多數的機構甚至更進一步地要求，沒有危險類的研究計劃也需要接受倫理委員會的評審。其目的在得到倫理委員會書面肯定提出來的研究計劃眞的不具危險性。好消息是，社會科學界提出的研究計劃大多數是屬於沒有危險性的這一類，這包括大多數涉及觀察公衆行爲的調查程序與研究計劃。其餘的研究計劃又有大半是屬於有點危險性的那一類，這包括了使用對參與者不會造成壓力的非全面性測量程序的個人或團體行爲研究。沒有危險性與有點危險性的評鑑過程是相當簡單的，但是對於帶有危險性研究計劃，倫理委員會將會提出更爲徹底的評鑑。從保護研究參與者福祉的重要性來看，這是相當合理的作法。

倫理委員會保護研究者，同時也保護參與者。倫理委員會所發出的書面許可通知，不但表示官方機構已經審查過研究計劃，而且等於是公開發給該計劃合乎職業道德的正式憑證。假定研究者符合委員會提出來的所有條件，萬一遇到有參與者聲稱遭受到不道德的待遇時，研究者也可提出該書面憑證。雖然研究計劃許可並不能保證研究者一定勝訴，但確實會增大研究者勝訴的機會。

由此可見，倫理委員會的評鑑對研究過程的所有當事人來說，都是有所助益的。因此，這應該是個爲大家張臂歡迎的、而非揮臂排斥的制度。但是，對於剛出道的研究者而言，這個制度有個實際的缺點是應該指出來讓他們知道的。那就是這個制度，像做研究的每個程序一樣是相當耗費時間的，其間所消耗的時間遠超出你的想像。所以在草擬研究計劃的進度表時，多留個數星期做爲緩衝時間以等待倫理委

員會的批准通過，會是個明智的抉擇。

摘要

　　研究的道德規範處理的是有關於什麼是研究者該做的、什麼是研究者不該做的問題。本章調查做研究時常見的一些道德上的兩難困境，以及可行的解決之道。其中一組道德問題，牽涉到如何對待研究的參與者。對於這類問題，最常引起大眾關心的兩件事是研究當中出現了對參與者有害的影響以及欺騙參與者的問題。已為大眾接受的、處理有害影響的程序是簽署知會同意書。給予有可能參與研究的人對於研究所涉及的風險做一充分的說明，然後讓他們自由做出參不參與研究的決定。同時也給予參與者在研究進行後的任何時候改變主意的自由。有些時候，欺瞞可能是必要的。雖然執行報告總是要做的，一旦有所欺瞞時，更是一定要做執行報告的工作。執行報告是對於做過了什麼，包括欺瞞的理由、恢復參與者未加入研究之前的身心狀態，都做一些徹底的說明。除了欺瞞之外的其他方法也應該列入考慮，這包括角色扮演、模擬實驗、「誠實無欺的研究」等等。或許層次最高的誠實研究形式，是把參與者視為一塊解決共同難題的合夥人。這意謂著充分應用參與者的認知能力，提供他們完整的、容易了解的訊息。

　　研究者在道義上有責任保護參與者的隱私。參與者的身份或以匿名的方式（連研究者也不知道他們是甚麼身份）或以機密的方式（研究者知道但不會將他們的身份洩漏出去）來加以保護。研究程序而帶來的有害影響，需要透過適當的追蹤調查，或是由研究者親自對研究結果的解釋與應用發表公開聲明的方式，來加以處理。避免剝削，即利用他人以圖私利，研究者必須提防不去利用他們的身份向參與者施加壓力。學術界業已訂出特殊的法律條文避免研究用的動物受到剝削。

　　研究者將會遇到的其他道德問題，包括有作假、濫用與曲解研究

結果,以及研究好處的分配等等。作假,即對於資料、方法、與結果的不實報告,是永遠沒有值得原諒的理由。一旦有任何人因不當使用或曲解研究結果而受到傷害時,研究者有義務站出來對抗那些活動,同樣的,研究者也應該謹遵不將任何參與者鄙棄於研究受益的大門之外。倫理委員會的職責是在確保研究者提出來的研究計劃皆合乎廣為大眾接受的道德標準。

進一步閱讀書目

關於倫理問題的探討，社會科學研究中有很多相當卓越的參考書籍如下：畢擎普、法頓、華勒斯、與華爾特斯（Beauchamp, Faden, Wallace, & Walters, 1982）合著之作，布魯默（Blumer, 1982）之作，柯斯史必格、庫契爾（Keith-Spiegel & Koocher, 1985）合著之作，基默爾（Kimmel, 1988）之作，以及史丹尼格、尼威爾、與葛西亞（Steininger, Newell, & Garcia, 1984）等四位學者的合力之作。

參考文獻

American Anthropological Association. (1983). *Professional ethics*. Washington, D.C.: American Anthropological Association.

American Psychological Association. (1986). Guidelines for ethical conduct in the care and use of animals. *Journal of the Experimental Analysis of Behavior, 45*, 127–132.

American Psychological Association. (1990). Ethical principles of psychologists. *American Psychologist, 45*, 390–395.

American Sociological Association Committee on Professional Ethics. (1989). *Code of ethics*. Washington, D.C.: American Sociological Association.

Beauchamp, T., Faden, R., Wallace, R. J., & Walters, L. (Eds.). (1982). *Ethical issues in social science research*. Baltimore: Johns Hopkins University Press.

Benbow, C. P., & Stanley, J. C. (1983). Sex differences in mathematical reasoning ability: More facts. *Science, 222*, 1029–1031.

Blumer, M. (Ed.). (1982). *Social research ethics*. London: Macmillan.

Byrne, D., Ervin, C. R., & Lamberth, J. (1970). Continuity between the experimental study of attraction and real-life computer dating. *Journal of Personality and Social Psychology, 16*, 157–165.

Department of Health and Human Services. (1981, January 26). Final regulations amending basic HHS policy for the protection of human research subjects. *Federal Register, 46*(16), 8366–8392.

Haney, C. (1976). The play's the thing: Methodological notes on social simulations. In M. P. Golden (Ed.), *The research experience* (pp. 177–190). Itaska, IL: F. E. Peacock.

Haney, C., Banks, W. C., & Zimbardo, P. G. (1973). Interpersonal dynamics in a simulated prison. *International Journal of Criminology and Penology, 1*, 69–97.

Henle, M., & Hubbell, M. B. (1938). "Egocentricity" in adult conversation. *Journal of Social Psychology, 9*, 227–234.

Humphreys, L. (1970). *Tearoom trade: Impersonal sex in public places*. Chicago: Aldine.

Kamin, L. G. (1974). *The science and politics of IQ*. New York: Wiley.

Kaplan, S., & Kaplan, R. (1982). *Cognition and environment: Functioning in an uncertain world*. New York: Praeger. (Ann Arbor, MI: Ulrichs)

Keith-Spiegel, P., & Koocher, G. P. (1985). *Ethics in psychology: Professional standards and cases.* New York: Random House.

Kelman, H. C. (1967). Human use of human subjects: The problem of deception in social psychological experiments. *Psychological Bulletin, 67,* 1–11.

Kimmel, A. J. (1988). *Ethics and values in applied social research.* Newbury Park, CA: Sage.

Marlatt, G. A. (1983). The controlled-drinking controversy: A commentary. *American Psychologist, 38,* 1097–1110.

Marshall, E. (1993). Court orders 'sharing' of data. *Science, 261,* 284–286.

Middlemist, R. D., Knowles, E. S., & Matter, C. F. (1976). Personal space invasion in the lavatory: Suggestive evidence for arousal. *Journal of Personality and Social Psychology, 33,* 541–546.

Milgram, S. (1963). Behavioral study of obedience. *Journal of Abnormal and Social Psychology, 67,* 371–378.

Milgram, S. (1965). Some conditions of obedience and disobedience to authority. *Human Relations, 18,* 57–76.

Ring, K. (1967). Experimental social psychology: Some sober questions about frivolous values. *Journal of Experimental Social Psychology, 3,* 113–123.

Ring, K., Wallston, K., & Corey, M. (1970). Mode of debriefing as a factor affecting reaction to a Milgram-type obedience experiment: An ethical inquiry. *Representative Research in Social Psychology, 1,* 67–88.

Rubin, Z. (1970, December). Jokers wild in the lab. *Psychology Today,* pp. 18, 20, 22–24.

Rubin, Z. (1973). Designing honest experiments. *American Psychologist, 28,* 445–448.

Smith, S. S., & Richardson, D. (1983). Amelioration of deception and harm in psychological research: The important role of debriefing. *Journal of Personality and Social Psychology, 44,* 1075–1082.

Steininger, M., Newell, J. D., & Garcia, L. T. (1984). *Ethical issues in psychology.* Homewood, IL: Dorsey.

Walster, E., Walster, G. W., Piliavin, J., & Schmidt, L. (1973). "Playing hard to get": Understanding an elusive phenomenon. *Journal of Personality and Social Psychology, 26,* 113–121.

第*15*章

研究方法：批判與省思

在第一章的開頭部分，你將會找到下面這個句子「……本書其中的一個基本主題就是要告訴你，精通科學思考能夠提供你一個珍貴的評估資訊與推理的架構……」。該處的討論指出，與其他追求眞理的方法相較，科學的方法有賴於**實證檢定**（empirical verification）。也就是說，命題如果與研究者的觀察相一致，即可視之爲眞。在控制的條件下進行觀察以獲取結論，是科學方法的核心。觀察的現象是研究者所要嘗試去了解的事物的樣本。這個遊戲的名稱就是使用樣本的證據，對研究中的現象獲得有效的通則性結論。**通則化**的關鍵步驟要靠統計推論技術的輔助。這些統計推論技術提供了一套正式程序使研究者能夠從樣本證據中得出有效的通則化命題，而**統計推論**是歸納推論的一個特例——即根據個別狀況推論一般狀況。據此，歸納推論是爲科學方法的核心。本段開頭的引文便在肯定歸納統計應該是任何一門研究方法導論課程的主軸，而且也具有應用到日常思考的重要價值。

本章的目的是要告訴你，科學方法所採用的歸納推論可以幫助你對日常生活中的事物進行批判性的思考。本書的每個章節都有討論到應用科學思考的方式來思考日常生活的事物，而這章的目的是把所有的例子通通都整理出來，再次提醒你科學思考模式在這方面的應用。這個過程，也可以幫助你重新複習一下研究方法的基本概念與原則。

再論通則化

在第一章中已經指出，歸納推論或通則化可以視爲科學想要達到的一項主要目標，其重要性僅次於了解自然現象的那個目標。有三個理由可以說明爲什麼透過統計推論得到的通則化，應該是研究方法導論課程的主要焦點。第一，通則化命題出現在所有典型的研究方法的課程當中。下一節將詳細說明這點。據此，問題不在於課程教材之中是否包括通則化，相反的，問題是授課者是否很清楚地提到通則化，並利用機會教導學生這個非常有價值的思維模式。第二，通則化是人類日常生活中經常在做的事。常常也因此而產生重要的結果。刻板印

象的形成就是一個例子，想必你可以提出許多其他的例子。據此，學得這項思考能力的額外好處很明顯和你的生活息息相關。第三，研究證據指出統計推論，是爲歸納推論的一種，是比其他思考模式例如演繹推論更具有可教授的價值（Nisbett, Fong, Lehman, & Cheng, 1987）。事實上，人類在解決日常生活問題的過程中很自然地就學會了統計的經驗法則。諷刺的是，這種經驗法則就是針對相似的情境做重複實驗，然後經過歸納推論而得出通則。

通則化出現在所有研究方法課程的理由，是因爲科學家從來不希望他們得到的結論只限於他們研究中實際測量的事物。因此他們始終把目標設定在將研究結果通則化到所有他們實際測量事物所能代表的、更爲廣大的群體上去。在研究方法課程中所涵蓋的每一個主題，都直接或間接以能夠安全地做出推論爲目標。甚至描述樣本資料的技術都是基本的步驟，這是因爲重點不只是在描述樣本，而是用樣本證據來得到有關於母群的結論。於是，通則化，或稱歸納推論，便籠罩著整個研究工程。

當然，科學方法還包括有通則化以外的其他保貴的思考能力。第一章中討論過兩種可貴思考能力：演譯推論與創造性思考，也指出了科學家同時需要發展他們演繹推理的能力與創造性思考的本領。但是兩者皆不是科學方法獨特的辨識特徵。科學方法首要的辨識特徵是經由歸納推論而進行的實證檢定。

通則化的種類

研究者通常想要得到兩種歸納推論或通則化中的一種。第一章中，我們視這種欲望爲研究動機，而這兩種研究動機中，其中一種比另外一種更爲常見。第一種，較不常見的那種，研究者可能想要對一個單變項做出結論。有些作者稱這種推論爲「狀態描述（state description）」，因爲研究者的目標在決定某個單一變項在某個群體內的狀態。在統計學上，這種類型的推論是包括在點推定或是單樣本假設

檢定的主題之內。通俗的說法是，想要知道感興趣的那個單變項它的分數在母群中的分布情形。這是出於好奇的研究動機。或許在應用研究會比在基礎研究中，更常見到這種類型的推論。

第二種，也就是較常見的通則化類型，特別是在基礎研究中較為常見，是有關於變項間關係的通則化。例如，想要知道在大學生這個母群中，挫折是否與攻擊有關。研究的最終目標是在從與其他變項間的關係中來了解某個變項。關於變項關係的通則化有一個特殊情形，那是發生在當研究者也想要得出關於原因的結論之時。舉例來說，那個挫折─攻擊理論指陳挫折是攻擊的原因，並據此解釋挫折與攻擊兩個變項間的關係。正如你所知，要得到一個關於變項關係的安全結論，是必須要滿足某些條件才有可能。要得到一個有關於因果關係的安全結論，那是要滿足更為嚴格的條件。誠如在第二章中所提到的，原因這個概念可能會把你帶進黑暗的哲學領域。不論如何，科學研究的焦點是在變項關係，所以關係的概念應該是研究方法課程的核心概念。因此，充分解釋關係這個概念、以及得到安全結論所必須滿足的條件，應該是這類課程最為重要的一項工作。

變項間關係的概念，除了在研究方法上佔據中心位置之外，還有實用上的用處。每天生活當中，你可能無時無刻不被這類充滿變項關係的言論所疲勞轟炸。這類言論的來源從廣告商到政治家到傳道士到老師，都在主張做他們要你去做的事與獲得某種形式的滿足之間，有某種關係存在。努力學習這些主張若要成立需要滿足哪些條件，是在為你自己預備一個極為珍貴的思考工具。

通則化的法則

在本書結束之前，重新檢討一下歸納推論或者稱為通則化的四大「法則」，似乎正是時候。這些法則明確地說明了要得到安全、有效度的通則化命題必須要符合的條件，也同時彰顯通則化是研究方法課程的一個核心概念。這些法則借自於安德森（1980）所著的《**完全思想**

家》（*The Complete Thinker*）一書。這四大法則之中，前兩條法則適用於所有的通則化命題。後兩條法則僅適用於與關係有關的通則化命題。你將會發現這些法則所統攝的大部分資料都可在研究方法的導論課程中見到。

操作型定義

第一條法則稱爲**操作型定義法則**（operational definitions rule）。強調做通則化命題時，把使用的字與詞界定清楚的重要性。基本上，這個法則指出：(1)使用與這個世界有關的字時，必須清楚明白；(2)比較好的作法是界定關鍵字，根據必須要做的研究來決定這些關鍵字的適用之處。就科學方法而言，這項工作的完成，必須藉助變項的定義，即提供如何測量或操弄變項的特定操作方式，方能完成。第二章曾用食譜做隱喻，來解釋操作型定義這個概念。也就是說，對於想要測量或操弄的任何事物，必須列出所有的成份、數量、如何將它們混在一起、以及需要煮出一個變項的特定值時，其他需要關照的烹調溫度、時間等等的細節。這類思考已經轉化到每天的生活當中。這是提醒你做非正式通則化命題時，用字清晰的重要性，這樣，所有與事者才能夠確定他們正在談論的是同一件事情。

定義的明晰度在兩個時點上會影響到通則化的過程。第一是在收集證據的時候。誠如在討論觀察法與測量法的章節中所提者，變項的定義愈是模糊不清，所得到的資料之間的不一致性愈高。同樣的一個行爲，在某人看來是愛國行動，在另一個人看來卻是賣國行動。缺乏信度，是描述資料間因定義模糊而產生不一致結果的正式術語。不論你把這個現象稱做什麼，這種不一致會造成某人的「證據」顯示變項間有關係存在，而另一個人的「證據」顯示變項間沒有關係的現象。這時，問題便出在草草率率的定義得到亂七八糟的證據。

定義的明晰度會影響通則化過程的第二個時點是出現在：資料收集完成後，解釋結果之時。即使收集資料的人使用清楚的定義，但其他解釋結果的人可能會使用他們自己的定義。很明顯地，在這種情況之下，就會造成對什麼才是研究結果「眞正的含義」產生極端不一致

的看法。最近一次的軍事行動是成功？還是失敗呢？這可能取決於你把成功的定義界定為殺光了敵軍，還是殺光了無辜的老百姓。至少，如果強迫所有的與事者將他們的定義交代清楚，那就可以把不一致的來源都正確地辨識出來。

抽樣

第二條是**抽樣法則**（sampling rule）。這是指若要能夠對母群內的事物做出安全的通則，必須要從母群中得到一個大小適當、沒有偏誤的樣本。設立大小適當的標準是在降低抽樣的隨機誤差，或者說，是在增加估計的準確性。設立偏誤標準是在減少抽樣的固定誤差，這種誤差的出現會使通則化完全無效。第七章中所討論的特殊抽樣技術主要是為了減少抽樣偏誤來源而做的設計。

抽樣過程中關於精確與偏誤的概念。也可以在日常生活中見到廣泛的應用。來上研究方法課的大部分同學經常不自覺地根據不適當的樣本數（經常是從數量為一個的樣本）來做非正式通則化的推論，並且很不經意地忽略抽樣過程中常見的誤差來源。敦促自己留意這些關於樣本數目與偏誤來源的問題，有助於你對人生做出較好的通則化推論。對此有兩個經驗法則：(1)只要還有時間收集到更多的證據，絕對要抗拒遽下結論的衝動；以及(2)時時留心你所做的非正式抽樣中常見的誤差來源。一門好的研究方法的課將會使你意識到正式研究與非正式決策制定時，都同時會對許多事物加以抽樣：人物、環境、刺激、以及時間階段，都是做單一通則化推論時會被抽樣到的各種事物中的一些典型的例子。而這些全都是潛在的偏誤來源。

第七章曾經討論過兩種常見的非正式抽樣的誤差來源。一為，對事實真相的最終看法，我們常有仰賴個人經驗的傾向。對個人生活而言，仰賴個人經驗通常是個合理的通則化方式，但是若用來做為得到事實真相最終看法的基礎，可能會為你帶來麻煩。理由很簡單，個人經驗可能是獨特的、或是偏誤的。有了這些認識之後，你應該會對應用個人經驗來得到對一般世事的最終看法，開始抱持懷疑的態度了。如果有有別於你個人經驗的其他證據來源，特別是科學資料，你最好

回過頭去給予它們適當的權數以及同情的聆聽。這在當外在證據與你個人經驗相牴觸時特別重要。認真地考慮你的經驗可能有所偏誤，並且應當積極尋找造成這些偏誤的可能來源。

非正式抽樣的第二種常見的偏誤來源是要求肯定的偏誤——即對與目前看法相稱的證據表現贊成、對與目前看法不相稱的證據表現不信任的一種傾向。研究者對要求肯定偏誤的產生原因有不同的意見。第七章中的討論建議，要求肯定偏誤可能是依賴個人經驗這個偏誤的副產品。也就是說，人們對各種切身相關的事物會固定在目前這個看法上，多半是經過長期痛苦的個人經驗而得到的結果。因此，他們不太願意改變看法。不論成因為何，要求肯定偏誤使人們很難因相關證據而改變想法，而且可能出現最糟糕的，將整個心智關閉起來的狀況。同樣的，對這個現象有所了解之後，你應該會以開放的心胸與同情的聆聽來對待相反的看法。養成角色扮演誠心唱反調的習慣會是個好的方法。不過，這並不容易。你可能需要有個好朋友來監督你，以防你鬆懈怠慢。如果你成功地克服了要求肯定的偏誤，那麼不論你得到的是哪一種見解，都有可能是公正的、與有價值的見解。

關係

第三條是比較法則（comparison rule）。該法則詳細地說明了推論兩個變項間有關係存在必須符合的條件。研究者必須要有能力從其中一個變項所有的值上的變化，看出來發生在這兩個變項上的狀況。這條法則意指必須要有相當數量的實例證明這兩個至少有兩個值的變項是存在的。只有在這種情況下，研究者方可以說這兩個變項的值一起按照某種有系統的模式發生變化，或稱共變，而這就是關係的定義。

本章已經強調過關係這個概念在研究方法課程上的重要性。你也應該要記住，對於兩個事實上毫無關係的變項，也有可能弄出相當有說服力的說法來說這兩個變項之間有關係存在。根據不適當的證據推論，也就是說用少於兩個變項中的任何一個變項的兩個值所做出來的推論，都有可能把實際上沒有關係的變項弄成顯得有關係的樣子。廣告商或其他的說客有時就會變些把戲來左右我們的認知。第二章已經

提到過一些做關係推論時容易犯下的錯誤。不過,在實際生活上這個問題非常重要,值得更進一步詳細的討論。徹底了解做關係推論時易犯的錯誤,將使你有能力來處理涉及事物關係的不正確、甚至可能是不實的言論。

推理時所犯的錯誤 假設你受雇於咕爾麥片粥,一家專門製造熱食早餐麥片的廠商,你的職責是在使消費大眾覺得咕爾牌的麥片看起來好吃。你找了一百位吃熱麥片的代表性樣本來試吃,所得到的資料列於表15.1,表中之觀察次數與第二章表2.1完全相同。第二章的分析很清楚地顯示這兩個變項沒有關聯(你或許希望先回頭看過那番討論之後再繼續)。好,那筆資料指出熱食早餐麥片的品牌與好不好吃的評價之間沒有關係。但是你的職責是選擇性的使用這筆資料,讓它看起來好像有某種呼之欲出的偏好咕爾麥片粥的關係存在。

有四種不同的使用這種2×2的次數表中所有資訊的方法,可以使表中實際上沒有關係的變項顯得有關係。這四種方法所代表的是做關係推論時所犯的錯誤,而且都在廣告中出現過。下面對這些錯誤所做的討論大抵與安德森(1971)先前所提出的說法相近。

第一個錯誤是發生在你把焦點完全放在表中某個單獨的方格之內,通常你會放在次數最多的那個方格內。這種作法使你能夠提出蘊含某種關係的陳述,而且相當具有說服力。舉例來說,你或許會說,「根據我們近日來對熱麥片消費者所做的調查,有百分之56的人認為咕爾麥片粥味道很棒。是大多數耶!難道你不也該吃咕爾麥片粥

表15.1 麥片品牌與好吃程度的次數表

		麥片品牌		
		咕爾	麥歐蜜	總計
好吃	高	56	24	80
程度	低	14	6	20
	總計	70	30	100

嗎？」因為使用的只是表中一個方格的資訊，所以稱為**單格錯誤**（single-cell error）。在現代的廣告中，這種作法被認為是最流行的直接攻擊對手的策略。下面是個單格模式的攻勢：「在我們的抽樣調查中，只有百分之24的人喜歡麥歐蜜麥片粥的口味。想換個口味嗎？試試咕爾麥片粥吧。」如果兩個單格錯誤一併出現，會產生非常有力的誤導：「我們的調查中，有百分之56的人喜歡咕爾麥片粥，但是只有百分之24的人喜歡麥歐蜜麥片粥。咕爾麥片粥以遠超過二比一的情勢獲勝！」。只用每格的次數除以全體的總和（100）所得到的百分比忽略掉該表中欄邊格總和差距極大的這項事實，也忽略掉該表第二列內還有方格次數的存在（14與6）。實際上這裡所發生的狀況是把兩個單格錯誤給串了起來。這個狀況乍看之下好像是個頗有道理的比較，實際上卻是個複合的單格錯誤。

　　單格錯誤或許看來頗不值得輕忽，因為它是那麼簡單又那麼容易被識破。但是它出現的頻率遠超過你能想像。只要人們把注意力集中在支持他們眼前所相信的事，他們正犯下的就是單格錯誤。偏見與迷信通常就是靠著這個方式，得以流傳久遠。一個有偏見的人指稱某個少數民族團體很沒有教養，因為他碰到很多屬於那個團體裡沒有教養的人，其實他只考慮到的是那個沒有教養的方格裡的人。當一個迷信的人說，「你不會相信我的命算得有多準」，這個人只考慮到的也只是「被算而且實際發生的命」的那個方格。從研究方法的觀點來看，「非正式」的研究會出錯的情況不只一處，而這兩個例子或許還有其他的問題存在。不過，就目前而言，這兩個例子很明顯犯的是單格推論的錯誤。

　　第二類的錯誤是**單列**（single row）或**單欄**（single column）的錯誤。從研究方法的角度來看，這類問題通常出在缺少一個控制組或是比較組。發生這類錯誤是因為只用次數表中，單列或單欄的次數做為推論的依據。舉例來說，「吃過咕爾麥片粥的人中有百分之80認為它的味道很好。你不該加入我們嗎？」這是個單欄錯誤（參見表15.1），因為該結論只有考慮試吃咕爾麥片粥的人（56/70＝.80）。正確的比率應該要指出有相同百分比試吃麥歐蜜麥片粥的人認為麥歐蜜的味道很

好，但是廣告商爲了達到目的卻刻意將這個訊息省掉不說。或者另一個作法是：「百分之70愛吃麥片粥的人吃的是咕爾麥片粥。你不該加入這個陣營嗎？」。這是個單列錯誤，因爲只有認爲他們吃的麥片好吃的人才在考慮之列（56/80＝.70）。事實上，相同比例不喜歡吃他們的麥片的人吃的也是咕爾麥片粥，但是卻沒有被提出來。單列或單欄錯誤的問題是出在沒有把另一列或另一欄的值同時拿出來一塊比較。

第三類錯誤是**對角線錯誤**（diagonal error），因爲只考慮表中某個對角線方格內的次數。總和較大的對角線，稱爲主對角線，通常較具說服力。表15.1中的左上方格與右下方格構成主對角線。對角線錯誤就是把對角線方格中的次數給加總起來，然後把該值視爲總百分比，完全忽略欄列邊格的總和值，這種作法也等於完全把其他兩個方格中的次數略去不計。就以表15.1爲例，對角線錯誤會是：「接受調查的人中有百分之62不是喜歡吃咕爾麥片粥，就是討厭吃麥歐蜜麥片粥。快來買咕爾麥片粥吧！」。因爲同時提到兩種麥片產品，所以讓人感覺好像有在做比較。但在實際上卻沒有任何比較可言（只是把兩個方格的次數隨便攪在一起搞成個百分比罷了），而且完全忽略邊格總和並不相等的事實。

最後一類錯誤最讓人受不了，因爲完全不用次數表中的任何一筆資訊，只用邊格總和，所以這類錯誤稱爲**邊格**錯誤（marginal error）。如果你說「我們的樣本中有百分之70的人吃過咕爾麥片粥，而且有百分之80的人愛吃他們吃的麥片，你還等什麼，趕快去買咕爾麥片粥來吃吧！」，那麼你已經犯了邊格錯誤。70與80都是邊格總和，各表示佔全體總和（100）的百分比。句子中的「而且」似乎暗示句中兩個命題的發生在時間上有先後的關係，但事實上並沒有任何邏輯上的關聯。整句話實際上說的只是兩個變項中有一個值出現很多次。至於該如何決定這兩個變項是否相關，那句話其實什麼也沒說。

你應該把這些例子研究透徹，那麼只要你一碰上這類錯誤中的任何一種，你馬上就會辨識出來。這裡的教訓是，對於那些實際上沒有任何關係存在的變項，我們常可做出暗示有某種關係存在、而且是讓人信服的陳述。分析諸如此類明顯地指陳有某種關係存在的斷言最有

效的方法是，用一個2×2的次數表把那些陳述重新列出。然後問自己幾個問題：有多少個變項、變項有哪些值、這個表中所要的資訊你有多少。一個好的習題作業是把表15.1的變項和它的值重新加以命名，然後用你自己有的一些例子重頭練習一遍。試著根據每類錯誤提出一個錯誤的命題與一個有效的命題。舉個例來說，假設欄變項是固定上教堂，有兩個值：是（左欄）與否（右欄），以及列變項是慈善捐款（上兩個禮拜除了給教會以外的其他金錢捐助），也有兩個值：有（上列）與無（下列）。

　　比較你的答案與本章提供的解答。（問題一）

原因

　　達到通則化的最後一條法則是**控制比較法則**（controlled comparison rule）。該條法則清楚交代了做因果關係推論時所必須要滿足的條件。它指出，要推論因果關係，必須比較被認定為結果變項的值是否只隨被認定為原因的變項的變化而變動。所有其他潛在原因變項必須被排除在有可能會影響該結果變項的原因之列。這通常是藉由控制、或隨機化其他替代原因來達成。實驗法的目的便是要得到這種事物狀態：操弄自變項或是被認定的原因、測量依變項或是被認定的結果、並且確定其他潛在的原因不會有系統地隨著被認定的原因而產生變化。在這些條件之下，就可辨認出第二章稱之為「機率充分原因」的原因變項。這是有關於科學方法在指證原因上所能達到的地步。實際上，這意謂著研究方法的課程應該以相當多的篇幅來講授控制與隨機化的技術。你可能已經注意到第十章對於這個主題做過相當深入的介紹。用這麼長的篇幅來介紹這些技術的最終目的，不過是希望對因果關係能夠做出「好」的通則化。

　　再者，可以從兩方面來看如何將控制比較的原則應用到非正式的原因推論之上。考慮看看能不能實際做一個控制比較是個比較好的方式。實驗法是個理想、但是即使不可能做到時，仍然可以在近似的狀況下有系統地檢視某個變項來達到這個理想。第九章中你可以從處理

開關打開後、音響的顯示燈不亮這個例子看到如何應用這個方法。在極為近似的情況下，音響的主人一次檢視一個潛在的原因（其他的開關、電源線、牆上的插頭、與保險絲等等），一步步找出那個可能的原因。像汽車修理工、電工、以及其他必須靠診斷原因謀生的人，都已經對這種訓練有素的思考模式習以為常了。不過，每一個人如果在評斷因果論述時都能夠把這種思考方式當作第一優先的選擇，那將受益良多。

如果因為無法維持近似實驗的狀況而做直接測試，仍然可以應用控制比較的原則來評斷用來支持因果論述的證據。第二種方法就是盡力去想是不是有哪些替代原因可能還沒有被適當地處理掉。通常只要有一個說服力夠的可能原因被提出來之後，很多人便就此滿足了，不再去思考是否還有其他的可能性存在。如果你肯花工夫，你會發現你能夠找到的其他原因會比你想像的還多。思考一下那個廣告詞「早上吃麥歐蜜麥片粥會給你快速的能量。」這個廣告或許接著會引述一段研究，告訴你說吃了麥歐蜜之後會得到多少能量。

這個廣告的含意是吃麥歐蜜會使你能量暴增的原因。或許吧，但是你還可以想到多少令人信服的其他原因呢？（問題二）

最後，請記住想出其他可能成因與捏造合理化命題以打擊不受歡迎的資訊之間的界限是涇渭分明的。第一種是負責任的批判思考，但是第二種是不負責任的行動。吸煙與癌症之間的關聯就是一個很好的例子。在這個例子裡，理想的實驗是無法直接用人來做，因為那是不道德的。反之，無以數計的研究顯示在人類身上，加上在比人類低等的動物身上所做的控制實驗，都顯示吸煙與癌症之間確實有因果關聯的存在。有些人面對這些鐵證如山的證據，依然不相信這個因果關聯會發生在人類身上，因為缺乏用人來做的實驗證據。技術上，這些人沒有錯，但是這算是負責任的思考？還是合理化的解釋？同樣的情況適用於繫安全帶與交通事故間的關係。幾乎和所有的一般原則一樣，控制比較的法則可能會被濫用。反之，用它來否定在最完善的科學條

件下所得到的明顯結果，那就是濫用控制比較的法則。這也是以負責任的態度來找出成因，應該有的作法。

關於結論

本章點出通則化幾乎潛伏在研究方法導論課程的每個角落。正因為如此，又因為培養這項思考能力已經不聲不響地在這門課程中佔據了相當多的時間，那為何不乾脆將之明顯地彰顯出來呢？前面的討論，其目的就在指出科學方法所使用的統計推論與日常生活中所做的非正式的通則化決策之間的相似處。而其目標則在提昇你平日思考的能力。透過這個方法，研究方法的課程，才能明明白白地成為——雖然它一直不明不顯的就是——真正通識教育的基石。

摘要

科學研究的最終目標，是經由從實證資料找出通則的方式來了解自然現象。科學家感興趣的通則化有兩種類型：一是關於單變項的通則化，另一是關於變項間關係的通則化。本章描述了得到有效通則化的四大法則，並且說明了如何把這些規則應用到日常生活的批判思考之中。

關於操作型定義法則，強調的是界定關鍵用詞的定義時清晰明確的重要性。缺少了明晰度，對如何測量關鍵變項以及應該如何解釋結果，就會出現不同的意見。抽樣法則指出要建立有效度的通則，需要大小適當、沒有偏誤的樣本。據此，你應該避免貿然根據小樣本、或是含有共同偏誤來源的非正式抽樣的資料，妄下結論。屬於這個狀況的例子有憑個人經驗來看待這個世界，只相信與個人目前觀念相符的證據（要求肯定的偏誤）。比較法則指出要想建立變項間的關係，必須要能夠比較任兩個至少要有兩個類別或兩個值的變項。文中所列舉

的實例是用來向你證明這種比較可以和任何一種主張有關係的陳述一併出現，而你應該極力避免推理時因不完全的舉證而做出非常明顯的錯誤（如單格、單欄／列、對角線、邊格錯誤）。控制比較法則指出，建立因果關係，必須比較結果變項上各值的差異是否只發生在原因變項的情況下。據此，在每天的生活當中，便可以嘗試建立控制比較的模型、或是透過檢定既有的證據來看看其他可能的成因是否都已經用令人心悅誠服的方法給排除掉了。

問題解答

問題一：單格錯誤：「百分之56的調查樣本是上教堂的教徒，且有慈善捐款。所以，上教堂的教徒有慈善捐款。」單欄錯誤：「有百分之80的教徒有慈善捐款。所以……」。單列錯誤：「百分之70的有慈善捐款人會上教堂。所以，……」。對角線錯誤：「百分之62的樣本不是沒有慈善捐款的教徒、就是有慈善捐款的非教徒。所以，……」。邊格錯誤：「百分之70的樣本是上教堂的教徒，而且這個樣本中有百分之80的人有慈善捐款。所以，……」。有效的陳述是：「百分之80的教徒與百分之80的非教徒都樂於慈善捐款。因此，上教堂與是否樂於慈善捐款無關。」或者說：「有百分之70的樂於慈善捐款的人與百分之70不樂於慈善捐款的人都是上教堂的教徒。因此，上教堂與是否有慈善捐款無關。」

問題二：其他可信的原因或許包括麥歐蜜麥片粥中的某種成份（如澱粉），這個成份在其他牌子的麥片中也很容易攝取到；任何一種成份都多少帶有一些營養價值；或是像糖份這類沒有多大價值的添加物，也會使你一時能量暴增，只是不會持續太久。更為極端的證據是，甚至光是坐在早餐桌前，就會產生安撫作用，讓你有一點能源暴增的感覺。

進一步閱讀書目

　　安德森（1971, 1980）所著的兩本大作皆對如何利用2×2次數表中所提供的證據來決定兩個變項間是否有關聯的問題，提出詳盡的討論。

參考文獻

Anderson, B. F. (1971). *The psychology experiment: An introduction to the scientific method* (2nd ed.). Monterey, CA: Brooks/Cole.

Anderson, B. F. (1980). *The complete thinker.* Englewood Cliffs, NJ: Prentice-Hall.

Nisbett, R. E., Fong, G. T., Lehman, D. R., & Cheng, P. W. (1987). Teaching reasoning. *Science, 238,* 625–631.

表A.1　卡方的決斷值

自由度	機率		
	.10	.05	.01
1	2.706	3.841	6.635
2	4.605	5.991	9.210
3	6.251	7.815	11.345
4	7.779	9.488	13.277
5	9.236	11.070	15.086
6	10.645	12.592	16.812
7	12.017	14.067	18.475
8	13.362	15.507	20.090
9	14.684	16.919	21.666
10	15.987	18.307	23.209
11	17.275	19.675	21.725
12	18.549	21.026	26.217
13	19.812	22.362	27.688
14	21.064	23.685	29.141
15	22.307	24.996	30.578
16	23.542	26.296	32.000
17	24.769	27.587	33.409
18	25.989	28.869	34.805
19	27.204	30.144	36.191
20	28.412	31.410	37.566

來源：摘自E. S. Pearson & H. O. Hartley所編著的《統計學家的生物測量表》（第二版）第一卷表8（第130-131頁）。紐約：劍橋大學出版，1958，授權印製。

表A.2　　r 的決斷值（皮爾森積極相關係數）

雙尾檢定的顯著水準

自由度	.10	.05	.01
1	.988	.997	.9999
2	.900	.950	.990
3	.805	.878	.959
4	.729	.811	.917
5	.669	.754	.874
6	.622	.707	.834
7	.582	.666	.798
8	.549	.632	.765
9	.521	.602	.735
10	.497	.576	.708
11	.476	.553	.684
12	.458	.532	.661
13	.441	.514	.641
14	.426	.497	.623
15	.412	.482	.606
16	.400	.468	.590
17	.389	.456	.575
18	.378	.444	.561
19	.369	.433	.549
20	.360	.423	.537
25	.323	.381	.487
30	.296	.349	.449
35	.275	.325	.418
40	.257	.304	.393
45	.243	.288	.372
50	.231	.273	.354
60	.211	.250	.325
70	.195	.232	.303
80	.183	.217	.283
90	.173	.205	.267
100	.164	.195	.254

雙尾檢定的顯著水準是單尾檢定的一半。

來源：摘自 E. S. Pearson & H. O. Hartley 所編著的《統計學家的生物測量表》（第二版）第一卷表13（第138頁）。紐約：劍橋大學出版，1958，授權印製。

表A.3　　F 的決斷值

分母的自由度（誤差）	p	分子的自由度（系統）											
		1	2	3	4	5	6	7	8	9	10	11	12
1	.25	5.83	7.50	8.20	8.58	8.82	8.98	9.10	9.19	9.26	9.32	9.36	9.41
	.10	39.9	49.5	53.6	55.8	57.2	58.2	58.9	59.4	59.9	60.2	60.5	60.7
	.05	161	200	216	225	230	234	237	239	241	242	243	244
2	.25	2.57	3.00	3.15	3.23	3.28	3.31	3.34	3.35	3.37	3.38	3.39	3.39
	.10	8.53	9.00	9.16	9.24	9.29	9.33	9.35	9.37	9.38	9.39	9.40	9.41
	.05	18.5	19.0	19.2	19.2	19.3	19.3	19.4	19.4	19.4	19.4	19.4	19.4
	.01	98.5	99.0	99.2	99.2	99.3	99.3	99.4	99.4	99.4	99.4	99.4	99.4
3	.25	2.02	2.28	2.36	2.39	2.41	2.42	2.43	2.44	2.44	2.44	2.45	2.45
	.10	5.54	5.46	5.39	5.34	5.31	5.28	5.27	5.25	5.24	5.23	5.22	5.22
	.05	10.1	9.55	9.28	9.12	9.01	8.94	8.89	8.85	8.81	8.79	8.76	8.74
	.01	34.1	30.8	29.5	28.7	28.2	27.9	27.7	27.5	27.3	27.2	27.1	27.1
4	.25	1.81	2.00	2.05	2.06	2.07	2.08	2.08	2.08	2.08	2.08	2.08	2.08
	.10	4.54	4.32	4.19	4.11	4.05	4.01	3.98	3.95	3.94	3.92	3.91	3.90
	.05	7.71	6.94	6.59	6.39	6.26	6.16	6.09	6.04	6.00	5.96	5.94	5.91
	.01	21.2	18.0	16.7	16.0	15.5	15.2	15.0	14.8	14.7	14.5	14.4	14.4
5	.25	1.69	1.85	1.88	1.89	1.89	1.89	1.89	1.89	1.89	1.89	1.89	1.89
	.10	4.06	3.78	3.62	3.52	3.45	3.40	3.37	3.34	3.32	3.30	3.28	3.27
	.05	6.61	5.79	5.41	5.19	5.05	4.95	4.88	4.82	4.77	4.74	4.71	4.68
	.01	16.3	13.3	12.1	11.4	11.0	10.7	10.5	10.3	10.2	10.1	9.96	9.89
6	.25	1.62	1.76	1.78	1.79	1.79	1.78	1.78	1.78	1.77	1.77	1.77	1.77
	.10	3.78	3.46	3.29	3.18	3.11	3.05	3.01	2.98	2.96	2.94	2.92	2.90
	.05	5.99	5.14	4.76	4.53	4.39	4.28	4.21	4.15	4.10	4.06	4.03	4.00
	.01	13.7	10.9	9.78	9.15	8.75	8.47	8.26	8.10	7.98	7.87	7.79	7.72
7	.25	1.57	1.70	1.72	1.72	1.71	1.71	1.70	1.70	1.69	1.69	1.69	1.68
	.10	3.59	3.26	3.07	2.96	2.88	2.83	2.78	2.75	2.72	2.70	2.68	2.67
	.05	5.59	4.74	4.35	4.12	3.97	3.87	3.79	3.73	3.68	3.64	3.60	3.57
	.01	12.2	9.55	8.45	7.85	7.46	7.19	6.99	6.84	6.72	6.62	6.54	6.47
8	.25	1.54	1.66	1.67	1.66	1.66	1.65	1.64	1.64	1.63	1.63	1.63	1.62
	.10	3.46	3.11	2.92	2.81	2.73	2.67	2.62	2.59	2.56	2.54	2.52	2.50
	.05	5.32	4.46	4.07	3.84	3.69	3.58	3.50	3.44	3.39	3.35	3.31	3.28
	.01	11.3	8.65	7.59	7.01	6.63	6.37	6.18	6.03	5.91	5.81	5.73	5.67
9	.25	1.51	1.62	1.63	1.63	1.62	1.61	1.60	1.60	1.59	1.59	1.58	1.58
	.10	3.36	3.01	2.81	2.69	2.61	2.55	2.51	2.47	2.44	2.42	2.40	2.38
	.05	5.12	4.26	3.86	3.63	3.48	3.37	3.29	3.23	3.18	3.14	3.10	3.07
	.01	10.6	8.02	6.99	6.42	6.06	5.80	5.61	5.47	5.35	5.26	5.18	5.11
10	.25	1.49	1.60	1.60	1.59	1.59	1.58	1.57	1.56	1.56	1.55	1.55	1.54
	.10	3.29	2.92	2.73	2.61	2.52	2.46	2.41	2.38	2.35	2.32	2.30	2.28
	.05	4.96	4.10	3.71	3.48	3.33	3.22	3.14	3.07	3.02	2.98	2.94	2.91
	.01	10.0	7.56	6.55	5.99	5.64	5.39	5.20	5.06	4.94	4.85	4.77	4.71

表A.3　　F 的決斷值（續）

分母的自由度（誤差）	p	1	2	3	4	5	6	7	8	9	10	11	12
11	.25	1.47	1.58	1.58	1.57	1.56	1.55	1.54	1.53	1.53	1.52	1.52	1.51
	.10	3.23	2.86	2.66	2.54	2.45	2.39	2.34	2.30	2.27	2.25	2.23	2.21
	.05	4.84	3.98	3.59	3.36	3.20	3.09	3.01	2.95	2.90	2.85	2.82	2.79
	.01	9.65	7.21	6.22	5.67	5.32	5.07	4.89	4.74	4.63	4.54	4.46	4.40
12	.25	1.46	1.56	1.56	1.55	1.54	1.53	1.52	1.51	1.51	1.50	1.50	1.49
	.10	3.18	2.81	2.61	2.48	2.39	2.33	2.28	2.24	2.21	2.19	2.17	2.15
	.05	4.75	3.89	3.49	3.26	3.11	3.00	2.91	2.85	2.80	2.75	2.72	2.69
	.01	9.33	6.93	5.95	5.41	5.06	4.82	4.64	4.50	4.39	4.30	4.22	4.16
13	.25	1.45	1.55	1.55	1.53	1.52	1.51	1.50	1.49	1.49	1.48	1.47	1.47
	.10	3.14	2.76	2.56	2.43	2.35	2.28	2.23	2.20	2.16	2.14	2.12	2.10
	.05	4.67	3.81	3.41	3.18	3.03	2.92	2.83	2.77	2.71	2.67	2.63	2.60
	.01	9.07	6.70	5.74	5.21	4.86	4.62	4.44	4.30	4.19	4.10	4.02	3.96
14	.25	1.44	1.53	1.53	1.52	1.51	1.50	1.49	1.48	1.47	1.46	1.46	1.45
	.10	3.10	2.73	2.52	2.39	2.31	2.24	2.19	2.15	2.12	2.10	2.08	2.05
	.05	4.60	3.74	3.34	3.11	2.96	2.85	2.76	2.70	2.65	2.60	2.57	2.53
	.01	8.86	6.51	5.56	5.04	4.69	4.46	4.28	4.14	4.03	3.94	3.86	3.80
15	.25	1.43	1.52	1.52	1.51	1.49	1.48	1.47	1.46	1.46	1.45	1.44	1.44
	.10	3.07	2.70	2.49	2.36	2.27	2.21	2.16	2.12	2.09	2.06	2.04	2.02
	.05	4.54	3.68	3.29	3.06	2.90	2.79	2.71	2.64	2.59	2.54	2.51	2.48
	.01	8.68	6.36	5.42	4.89	4.56	4.32	4.14	4.00	3.89	3.80	3.73	3.67
16	.25	1.42	1.51	1.51	1.50	1.48	1.47	1.46	1.45	1.44	1.44	1.44	1.43
	.10	3.05	2.67	2.46	2.33	2.24	2.18	2.13	2.09	2.06	2.03	2.01	1.99
	.05	4.49	3.63	3.24	3.01	2.85	2.74	2.66	2.59	2.54	2.49	2.46	2.42
	.01	8.53	6.23	5.29	4.77	4.44	4.20	4.03	3.89	3.78	3.69	3.62	3.55
17	.25	1.42	1.51	1.50	1.49	1.47	1.46	1.45	1.44	1.43	1.43	1.42	1.41
	.10	3.03	2.64	2.44	2.31	2.22	2.15	2.10	2.06	2.03	2.00	1.98	1.96
	.05	4.45	3.59	3.20	2.96	2.81	2.70	2.61	2.55	2.49	2.45	2.41	2.38
	.01	8.40	6.11	5.18	4.67	4.34	4.10	3.93	3.79	3.68	3.59	3.52	3.46
18	.25	1.41	1.50	1.49	1.48	1.46	1.45	1.44	1.43	1.42	1.42	1.41	1.40
	.10	3.01	2.62	2.42	2.29	2.20	2.13	2.08	2.04	2.00	1.98	1.96	1.93
	.05	4.41	3.55	3.16	2.93	2.77	2.66	2.58	2.51	2.46	2.41	2.37	2.34
	.01	8.29	6.01	5.09	4.58	4.25	4.01	3.84	3.71	3.60	3.51	3.43	3.37
19	.25	1.41	1.49	1.49	1.47	1.46	1.44	1.43	1.42	1.41	1.41	1.40	1.40
	.10	2.99	2.61	2.40	2.27	2.18	2.11	2.06	2.02	1.98	1.96	1.94	1.91
	.05	4.38	3.52	3.13	2.90	2.74	2.63	2.54	2.48	2.42	2.38	2.34	2.31
	.01	8.18	5.93	5.01	4.50	4.17	3.94	3.77	3.63	3.52	3.43	3.36	3.30
20	.25	1.40	1.49	1.48	1.46	1.45	1.44	1.43	1.42	1.41	1.40	1.39	1.39
	.10	2.97	2.59	2.38	2.25	2.16	2.09	2.04	2.00	1.96	1.94	1.92	1.89
	.05	4.35	3.49	3.10	2.87	2.71	2.60	2.51	2.45	2.39	2.35	2.31	2.28
	.01	8.10	5.85	4.94	4.43	4.10	3.87	3.70	3.56	3.46	3.37	3.29	3.23

分子的自由度（系統）

表A.3　　F 的決斷值（續）

分母的自由度（誤差）	p	分子的自由度（系統）											
		1	2	3	4	5	6	7	8	9	10	11	12
22	.25	1.40	1.48	1.47	1.45	1.44	1.42	1.41	1.40	1.39	1.39	1.38	1.37
	.10	2.95	2.56	2.35	2.22	2.13	2.06	2.01	1.97	1.93	1.90	1.88	1.86
	.05	4.30	3.44	3.05	2.82	2.66	2.55	2.46	2.40	2.34	2.30	2.26	2.23
	.01	7.95	5.72	4.82	4.31	3.99	3.76	3.59	3.45	3.35	3.26	3.18	3.12
24	.25	1.39	1.47	1.46	1.44	1.43	1.41	1.40	1.39	1.38	1.38	1.37	1.36
	.10	2.93	2.54	2.33	2.19	2.10	2.04	1.98	1.94	1.91	1.88	1.85	1.83
	.05	4.26	3.40	3.01	2.78	2.62	2.51	2.42	2.36	2.30	2.25	2.21	2.18
	.01	7.82	5.61	4.72	4.22	3.90	3.67	3.50	3.36	3.26	3.17	3.09	3.03
26	.25	1.38	1.46	1.45	1.44	1.42	1.41	1.39	1.38	1.37	1.37	1.36	1.35
	.10	2.91	2.52	2.31	2.17	2.08	2.01	1.96	1.92	1.88	1.86	1.84	1.81
	.05	4.23	3.37	2.98	2.74	2.59	2.47	2.39	2.32	2.27	2.22	2.18	2.15
	.01	7.72	5.53	4.64	4.14	3.82	3.59	3.42	3.29	3.18	3.09	3.02	2.96
28	.25	1.38	1.46	1.45	1.43	1.41	1.40	1.39	1.38	1.37	1.36	1.35	1.34
	.10	2.89	2.50	2.29	2.16	2.06	2.00	1.94	1.90	1.87	1.84	1.81	1.79
	.05	4.20	3.34	2.95	2.71	2.56	2.45	2.36	2.29	2.24	2.19	2.15	2.12
	.01	7.64	5.45	4.57	4.07	3.75	3.53	3.36	3.23	3.12	3.03	2.96	2.90
30	.25	1.38	1.45	1.44	1.42	1.41	1.39	1.38	1.37	1.36	1.35	1.35	1.34
	.10	2.88	2.49	2.28	2.14	2.05	1.98	1.93	1.88	1.85	1.82	1.79	1.77
	.05	4.17	3.32	2.92	2.69	2.53	2.42	2.33	2.27	2.21	2.16	2.13	2.09
	.01	7.56	5.39	4.51	4.02	3.70	3.47	3.30	3.17	3.07	2.98	2.91	2.84
40	.25	1.36	1.44	1.42	1.40	1.39	1.37	1.36	1.35	1.34	1.33	1.32	1.31
	.10	2.84	2.44	2.23	2.09	2.00	1.93	1.87	1.83	1.79	1.76	1.73	1.71
	.05	4.08	3.23	2.84	2.61	2.45	2.34	2.25	2.18	2.12	2.08	2.04	2.00
	.01	7.31	5.18	4.31	3.83	3.51	3.29	3.12	2.99	2.89	2.80	2.73	2.66
60	.25	1.35	1.42	1.41	1.38	1.37	1.35	1.33	1.32	1.31	1.30	1.29	1.29
	.10	2.79	2.39	2.18	2.04	1.95	1.87	1.82	1.77	1.74	1.71	1.68	1.66
	.05	4.00	3.15	2.76	2.53	2.37	2.25	2.17	2.10	2.04	1.99	1.95	1.92
	.01	7.08	4.98	4.13	3.65	3.34	3.12	2.95	2.82	2.72	2.63	2.56	2.50
120	.25	1.34	1.40	1.39	1.37	1.35	1.33	1.31	1.30	1.29	1.28	1.27	1.26
	.10	2.75	2.35	2.13	1.99	1.90	1.82	1.77	1.72	1.68	1.65	1.62	1.60
	.05	3.92	3.07	2.68	2.45	2.29	2.17	2.09	2.02	1.96	1.91	1.87	1.83
	.01	6.85	4.79	3.95	3.48	3.17	2.96	2.79	2.66	2.56	2.47	2.40	2.34
200	.25	1.33	1.39	1.38	1.36	1.34	1.32	1.31	1.26	1.28	1.27	1.26	1.25
	.10	2.73	2.33	2.11	1.97	1.88	1.80	1.75	1.70	1.66	1.63	1.60	1.57
	.05	3.89	3.04	2.65	2.42	2.26	2.14	2.06	1.98	1.93	1.88	1.84	1.80
	.01	6.76	4.71	3.88	3.41	3.11	2.89	2.73	2.60	2.50	2.41	2.34	2.27
∞	.25	1.32	1.39	1.37	1.35	1.33	1.31	1.29	1.28	1.27	1.25	1.24	1.24
	.10	2.71	2.30	2.08	1.94	1.85	1.77	1.72	1.67	1.63	1.60	1.57	1.55
	.05	3.84	3.00	2.60	2.37	2.21	2.10	2.01	1.94	1.88	1.83	1.79	1.75
	.01	6.63	4.61	3.78	3.32	3.02	2.80	2.64	2.51	2.41	2.32	2.25	2.18

來源：摘自E. S. Pearson & H. O. Hartley所編著的《統計學家的生物測量表》（第二版）第一卷表18（第157-163頁）。紐約：劍橋大學出版，1958，授權印製。

附錄B
撰寫研究報告

■ **研究報告的組織**
題目
摘要
引言
方法
結果
討論
文末附件

■ **正統論文寫作體例**
打字編輯
標題
表格與插圖
簡字表
統計檢定的敘述
參考文獻

■ **寫作風格**
專門術語
性別用字
時態
單複數
雜類
學生報告中常見的寫作問題

■ **細說研究報告綱目**
題目
摘要
引言
方法
結果
討論
參考文獻
附錄
文末附件

■ **研究報告範本**

■ **參考文獻**

　　本附錄敘述如何撰寫社會科學的研究報告。對你來說，了解研究論文的組織與寫作體例的正統格式頗為重要。這類知識使你能夠以清楚、明確、和專業的方法與社會科學界的同事以及一般民眾溝通。

　　你寫的任何一份研究論文的歸宿必是社會科學界中的一份學術刊物。如果你只是在做一份課堂作業，也應該抱持著這種觀點。這麼做會幫助你養成思考與寫作的習慣，而這些習慣將對你在了解與溝通研究發現上大有助益。

　　許多有用的出版品對本附錄所涵蓋的主題都做過詳盡的說明。其中最好的一項資訊是不用花錢買的。每本期刊都會刊出稿約，說明它對來稿的要求，而且一年至少會刊登一次。稿約是某份特定刊物對下列訊息提供的簡要敘述：投稿處所、接受出版的論文類型、條列參考文獻的格式、原稿引述參考文獻的方式、投寄原稿與複本的件數、以及其他有用的資訊。對美國心理學會（APA）出版的期刊來說，一本不可或缺的參考書是《美國心理學會出版手冊》（第四版，1994）。許多社會科學期刊把APA手冊當作出版體例指南。這本書在許多大學的校園書店都可購得，也可直接向APA訂購部門訂購，P.O. Box 2710, Hyattsville, MD 20784。關於研究論文寫作體例的確有不少非常好的參考書。下列學者的大作便是其中翹楚：貝克（Becker, 1986）、戴伊（Day, 1988）、弗立德曼與史丹柏格（Friedman & Steinberg, 1989）、社會學寫作團（1991）、與史頓柏格（Sternberg, 1988）。關於寫作與文法，則有兩本最好的通用參考書，係薛澤（Shertzer, 1986）以及史重克與懷特（Strunk & White, 1979）的力作。

　　在討論特定主題之前，社會科學研究的撰寫有三大原則應該先要強調。第一，學會使用文字處理機。電腦使你能夠很輕鬆愉快地做修正與更動的工作。很多軟體也提供拼字與文法檢查的選項。如果你很認真地看待研究報告的撰寫，學會使用文字處理機會是你該跨出的最重要的一步。第二，從大綱寫起。雖然本附錄提供你研究報告撰寫的詳細綱要或格式，但是在寫報告的每一章節時，最好用你自己的大綱（特別是寫引言與討論部分時），這將有助於你組織思路，並且以清楚、連貫的方式表達出來。第三，必須要有心理準備，在定稿完成之

前，你的原稿會經過多次的修改。修改不必然表示寫作能力很差。規避修改的反倒是業餘的人。嚴謹的作者視修改爲達到良好溝通的必經階段。事實上，好的經驗法則是在寫過幾份草稿之後，極力找尋批判性的輸入。別人會看出你沒有看到的有關內容與體例上的問題。他們的意見將會使你的完稿生色不少。社會科學的期刊當然更會依例要求你做數次的修正。

研究報告的組織

絕大部分社會科學的期刊都採用一種標準的研究報告格式。表B.1中依序列出標準格式的各部分。然後對每個部分作簡短的評述。本附錄最後將奉上一份詳盡的綱要，與一個按照該詳細綱要撰寫的研究範例。

題目

在研究報告的題目中，應該標示出調查的變項，並且指出它們在研究中所具有的理論角色。儘量避免在非實驗研究的題目上出現因果的用字。

摘要

摘要是對研究的方法、結果、與結論的簡短概述。應該不超過120個字。摘要的目的，是在對整個研究做個扼要的介紹。一份好的摘要懂得避免細節，但卻提供足夠的訊息，讓讀者自行決定是否需要、或想要知道更多的細節。

引言

引言應該包括關於研究目的的清楚陳述，並且提供足夠的背景資料好讓讀者了解爲什麼要做這個研究。對於研究調查的變項應該要加以介紹，對於相關的文獻應該做到重點回顧。「重點」是指文獻回顧應該只集中在與當下研究直接有關的先前研究。如果當下的研究有理

表B.1 研究報告的主要章節與次目

1.題目
2.摘要
3.引言
4.方法
 a.參與者
 b.設備
 c.程序
 d.分析（可附可不附）
5.結果
6.討論
7.參考文獻
8.附錄
9.註釋
10.表格
11.圖表的文字說明
12.插圖

論背景，應該將之清楚的解釋出來。文獻回顧與理論根據應該引導研究者對當下這個研究希望得到的結果，提出一個清楚的陳述。

方法

　　方法的這部分應該對參與者、設備器材、以及程序，提供足夠的資訊，好讓讀者能夠複製這個研究。

　　參與者 這個小節描述的是參與者樣本，應該包括下列訊息：樣本大小，回答率（如果不是100%的話，參見第七章「如何得到一個樣本」），相關的、可能會影響到研究結果通則性的參與者特質，說明樣本所代表的母群，以及抽樣程序的細節（見第七章「抽樣程序」），包括合格的標準與抽樣時所做的控制。

　　設備器材 這個小節要描述的是研究所用到的任何一種刺激、測量工具、或是其他的儀器設備。如果刺激是經過取樣的，就應該描述抽樣的程序。測試或調查的原稿應加以叙述，並附上完整的複本。這

裡的經驗法則是，儘可能包括足夠的細節，以方便讀者進行複製。

　　程序　這個小節敘述研究執行的程序。應該包括的項目如下：對參與者做了些什麼處理，基本的研究方法或設計，操弄或受測變項的操作型定義（如果內容多且雜，可以將受測變項列在分析部分），以及所使用的控制技術。

　　分析　這個小節可列可不列，通常會將之列出的情況，多半不是因為計分程序太過複雜，就是因為資料的統計分析過於複雜。若果如是，計分或分析的細節就要加以敘述。簡單的計分程序可以列在程序的那個小節，而簡單的分析方法則可併入結果的那個部分。

結果

　　這部分主要在描述研究的發現，而且通常會摘要叙述統計分析的結果。與研究假設有關的描述與推論統計向來是列在這個部分。用做推論檢定的 α 值也是清楚地列在這個部分。有時候會用表格或插圖（即圖表）將結果摘列出來。這一部分所追求的主要目標，是在以清楚明白、井然有序的方式把研究結果交代出來。關於提列研究結果的正統格式與體例，將於「正統寫作格式」的那個部分再加以說明。

討論

　　本節應該包括關於結論以及為何會獲致這些結論的理由的清楚說明。誠如第八章所討論的，就每個虛無假設來說，都有三種可能的結論：拒絕、無法拒絕、或是暫緩決定。而最後那個結論類型需要有更多的統計檢定以外的資料的佐證。若想要對如何達到「最終」結論的相關議題有番基本的了解，可參閱第八章論「信度、假設檢定、第三種選擇」的那一節。

　　若有其他適當的主題，也可納入討論這一節之中。研究的理論含義是應該列入考慮的。如果引言中有提到理論依據，那馬上就成了這個研究的法定主題。經常包括在這節當中的其他主題有：研究結果的實際應用，研究程序的反省批判，研究結果與其他研究發現的比較，以及對未來研究方向的建議。

文末附件

表B.1中第7到第12項構成了研究稿的文末附件部分。原稿內引述的所有參考資料來源，都應該按照作者姓氏英文字母的順序一一列出。參考文獻的書寫格式將在下一節中加以說明。擺在附錄中的資料可包括：調查用的問卷原稿或其他的測量工具、研究使用之刺激的完整名單、數學運算過程，或其他太過瑣碎不適宜放在正文當中，但是讀者或評論人可能有興趣的資料。註釋則直接針對原稿中某些特定的論點提出詳細說明。不過大部分的期刊編輯喜歡註釋能夠愈少愈好。另外，表格與插圖是摘要研究結果的一種方式。適用於此處的一項經驗法則是，不要在原稿的圖表中重複列製相同的資料。圖表的標題與符號必須清楚明確。一些常用簡字表列在下一節中。記住：表格與插圖的功用應該是讓讀者更容易了解研究結果。如果達不到這個目標，就該將之刪除。

正統論文寫作體例

通常關於打字編輯、標題、參考文獻等等，是有某種正統規範可循。為了讓你感覺一下這些正統規範體例長得什麼樣子，將APA的指導原則扼要地節錄於此。你可以根據這些指導原則，比較看看各種學術期刊稿約的異同。你的老師會告訴你寫課堂報告時，哪些與這個指導原則大同小異的作法是可以接受的。

打字編輯

英文期刊稿件全部都應該以兩行間距的格式擅打，每頁的四邊都該留有一英吋的空白。在每行行末之際不要用連字號連接，可以用把行加長或縮短的方式來避免使用連字符號。除了稿件後面的圖表頁以外，都該編上頁碼。用論文題目中的兩個到三個字做為稿件的頁標題，放在每頁的右上角，並將頁碼置於其下方，且將這兩者皆以向右對齊的方式印出。另一種處理方式是以向右對齊的方式列印頁碼，而

以向左對齊的方式列印頁標題。表B.1中的題目、摘要、引言、以及第7到第12項的部分應該分別以單頁印製。

題目頁應該包括題目標題、論文題目、作者姓名、與服務機關。題目標題以不超過50個字母為原則，簡述論文題目，應用大寫編輯。所有出現在題目頁的項目都要對齊中央。各項目的排列方式見表B.2。

摘要頁包括對齊中央的「摘要」標題，緊接著書寫不向內縮排的一段文章。極少有必要寫上多於一個段落的摘要，況且各大學術期刊也不鼓勵寫這麼多。

引言始於稿件的第三頁。出現在該頁上的第一個項目，是完整的論文題目，列印的方式與題目頁相同，對齊中央。無須再將作者或其服務機構列在這一頁內。在題目之下，直接書寫引言即可。

標題

APA體例有五種不同等級的下標題的方式，範例列在表B.3中。大部分的稿件只需用到三種等級的標題。那應該是等級一、三、四。本附錄後面提供的樣本稿件會示範給你看下標題的正確方式與擺置方法。

表B.2 研究原稿的標題頁

灰色幽默

1

題目：關於灰色笑話的偏好

關於喜歡灰色笑話的預測

賀左格與布希

大峽谷州立大學

表B.3 原稿標題的五種等級

對齊中央由大寫字母構成的標題（等級五）。

對齊中央由大寫與小寫字母構成的標題（等級一）。

<u>對齊中央由加劃底線的大寫與小寫字母構成的標題</u>（等級二）。

<u>對邊的大寫與小寫字母構成的標題</u>（第級三）。

<u>段落標題</u>（等級四）。標題之後立即接上該段落的第一個句子。

表格與插圖

　　表格與插圖擺在整個稿件的最後，如表B.1所示。表格應該按照在正文中出現的順序，依序編上號碼。每個表格應該用「表」這個字以及一個阿拉伯數字（如表1，表2等等）標示出來。

　　表格製作的標準格式列在表B.4。注意該表的標題是根據等級三的標題下法，並且加劃底線。標準的插圖說明文字列在表B.5。插圖列於插圖說明頁之後，每一個插圖佔單獨一頁的篇幅。插圖製作應有專業水準，或由電腦繪製，當使用品質好的軟體與影印設備。每個插圖背後都該註明在原稿上的頁碼、插圖編號、並寫上「朝上」等字以說明擺置該插圖的方式。

表B.4 論文原稿的表格：樣本

表1

各種笑話的平均偏好分數

笑話類別	平均值	標準差
一般	2.84	0.52
死亡	3.21	0.55
死嬰	2.33	0.48
殘疾	2.56	0.50

注意：每個類別的N＝62。

表B.5 插圖文字說明頁的格式

圖1. 不同類型的笑話的平均偏好分數與複雜度分數間的關係

圖2. 不同類型的笑話與男女性評審的平均偏好分數

簡字表

簡字應該偶爾用之。數量太多很容易把讀者弄糊塗。如果你有自創的簡字表，簡化的字應該在第一次出現時將之完整地拼寫出來，然後再馬上使用括弧內的簡字代號。例如：「依變項是對灰色幽默喜愛（PSH）。兩個預測變項是社交傾向（S）與控制域閥（L）。」注意，使用的簡字代號並不是隨便找來的（如X,Y,或Z），通常簡字與原來的字與詞之間是存在某種有意義的關聯。一旦某個簡字被採用之後，便可從此一再使用這個簡字而無須多做解釋。

有許多統計名詞已經有標準的簡字代號，使用時不需先做解釋。表B.6列出其中一些，供你參考。統計符號通常出現在表格當中，在正文中應儘少使用。一旦用到統計符號，多以加劃底線，將之突顯出來。

表B.6 統計名詞的簡字表

簡字	意義
N	整個樣本參與者的數目
n	樣本中某個部分的參與者數目
M	樣本或實驗處理均數
SD	樣本或實驗處理標準差
x^2	卡方
r	積差相關係數
SS	平方和
F	變異數分析的 F 比值
df	自由度
p	機率值
α	統計推論的 α

統計檢定的叙述

在論文中，叙述統計推論檢定的結果是有標準的體例可循。通常會先出現一段摘要的文字陳述，然後緊跟著才是統計檢定的概述。統計檢定的概述包括（依序）檢定統計值的名稱、自由度、（或許再加上樣本數），計算出來的統計值、在虛無假設爲眞下計算出來的統計值的機率。表B.7中列舉出如何寫這類摘要陳述的例子，其中包括本書所提到的每一種統計檢定。

表B.7　叙述統計推論檢定的格式

卡方

「同桌進食的性別組合與用餐禮儀間有顯著的關聯，x^2（1, N＝84）＝5.82，p＜.05。」

相關

「外向與喜歡灰色幽默間有顯著的正相關，r（88）＝.46，p＜.01。」

變異數分析

「由將軍推動的手槍法案獲得的支持，顯著地高於由電影明星推動的手槍法案，F（1, 102）＝4.28，p＜.05」

參考文獻

大部分的學術期刊使用作者一年份的格式來引述文稿內的參考書目。這有兩種形式。如果作者的名字是叙述文的一部分，那麼年份直接出現於名字之後的括弧之內：「葛里斯渥德（1986）指出大部分的社會科學家引述自己的文章遠多過於引述他人的文章。」如果作者的名字不是叙述文的一部分，那麼作者的名字與年份將同時出現於括弧之內，然後將之置於句子中的適當之處或是句末：「有證據顯示社會科學家經常大量引述自己的文章（Griswold, 1986）。」如果正文中同時需要引述多本著作，將根據作者姓氏按照字母依序排出。若引述同一位作者的多本著作，則按照出版年份列出，從最早的一本起列。

參考書目的寫作格式因社會科學學門的不同，而有很大的變異。有關三大社會科學論文與書籍參考書目的標準寫作體例列舉於表B.8。

艾里斯（Ellis, 1994）的大作中有更多的樣本格式。當然，最後的準據是以你要投稿的期刊所規定的稿約。

表B.8　三大社會科學論文與書籍參考文獻名單的寫作體例

《美國心理學會期刊》

論文：

　　Wharton, A. S., & Baron, J. N. (1987). So happy together? The impact of gender segregation on men at work. *American Sociological Review*, 52, 574-587.

書籍：

　　Goffman, E. (1974). *Frame analysis*. Cambridge, MA：Harvard University Press.

《美國社會學會期刊》

論文：

　　Wharton, A. S., & Baron, J. N. 1987. "So happy together? The Impact of Gender Segregation on Men at Work". *American Sociological Review*, 55：574-587.

書籍：

　　Goffman, E. 1974. *Frame Analysis*. Cambridge, MA：Harvard University Press.

《美國人類學會期刊》

論文：

Wharton, Amy S., and James N. Baron

　　1987　So happy together? The Impact of Gender Segregation on Men at
　　　　　Work. American Sociological Review 52：584-587.

書籍：

Goffman, Erving

　　1974　Frame Analysis. Cambridge, MA：Harvard University Press.

寫作風格

　　你應該盡力追求最好的寫作風格。這個部分提供你有關研究論文寫作風格的若干建議。記住，你的寫作風格會影響到讀者對你的文章印象的好壞。寫得很差的文稿通常會立即遭到期刊編輯退稿的命運。寫得很差的課堂作業通常會讓你得到很低的分數。所以用點心思，下

點功夫讓你的寫作方式留給別人對你產生好印象。

專門術語

你選擇用來寫論文的語言應與你心目中的讀者相對稱。正常情況下，這是指你研究領域內的專家。你可能想要讓這群讀者，對你熟練地使用專門術語的能力留下深刻的印象。你最好能夠抗拒這種誘惑。即使是對一群專家發表論文，還是盡量節制你對專門術語的使用，最好是將之限制在絕對必要使用的情況下才去使用。你的目標應該擺在第一，清楚的溝通。然後是，維持讀者的興趣。過量使用專門術語對這兩個目標的達成都沒有助益。如果你的研究報告能夠被一個智力不壞的老百姓理解、認同，這非但不是件壞事，反而有不少好處。

性別用字

避免帶有性別歧視的語言。如果同時指涉的是男女兩性時，不要只針對男性說。通常只要做些適當的文句修正便可以避免偏差的性別指稱。舉例來說，可以把「參與者評量他對每個笑話的偏好」很輕鬆地改成：「參與者評量對每個笑話的偏好」。避免使用她／他的用法來解決性別歧視的問題，這種寫法很古怪。《APA出版手冊》（1994, pp.46－60）羅列了許多如何避免性別或族群歧視、以及各種刻板印象的例子。

時態

研究報告大部分的章節應該用過去式來寫，因為描述的是發生在過去的事件（都是有關別的研究者做過什麼研究，或是自己在研究中做了些什麼的敘述）。在引言與討論部分若論及理論時，或是在結果部分提到表格或插圖時，或許適合用現在式。偶爾會用到未來式來討論未來研究的計劃。在一段文字中很少會見到任意轉換時態，更別提在一個句子之內了。

單複數

整份研究報告使用的單複數應該保持一致。從單數突然換到複

數，或從複數突然換成單數都是差勁的寫作手法。學生論文中有個常見的錯誤是：「每一位參與者寫下他們的反應。」比較好的表達是：「參與者寫下他們的反應」。一般說來，最好整篇論文都用複數形，因爲讀起來比單數形較不古怪。上例的單數形的表達是：「每一位參加者寫下他／她的反應。」這種「他／她」表示法不僅讀起來古怪，而且還會引起男性還是女性該排在前面的爭議。

雜類

人稱　大部分的研究報告是以第三人稱來寫（即他、她、它、他們）。第一人稱（我、我們）的寫法已經愈來愈普遍。若使用第一人稱將增進明晰度與可讀性時，APA手冊（p.29-30）建議用第一人稱的寫法。

語態　主動語態總是比被動語態好。理由很簡單：被動語態讀來枯燥無味。「研究者的同謀，衣著破爛，向參與者索求施捨」讀起來會比「參與者被一位穿著破爛的研究者的同謀索求施捨」有趣的多。維持讀者的閱讀興趣經常是研究報告的一大難題。儘可能地使用主動語態是處理上述問題的方法之一。

縮寫　避免使用縮寫。研究報告稱得上是正式寫作。縮寫不適用於正式的寫作。

句子與段落的長度　維持讀者閱讀興趣的另一項設計是變化句子與段落的長度。不過，太長或太短都該避免，尤其應該避免特別長的段落。另一方面，偶爾來個非常短的句子可能會非常有力：「避免縮寫」。

學生報告中常見的寫作問題

討論寫作風格，最後總難免要以學生研究論文中最常見的問題來做一簡略的概說。你的老師光從察看你的研究報告有沒有避免犯相同的錯誤，就會知道你有沒有把這一節給讀仔細。

文法　最常見的兩個文法問題是關於當「資料（data）」或「樣本（sample）」這兩個字做主詞用時，從主詞到述詞所面對單複數的轉

變。「資料（data）」是複數的字，要用複數動詞。因此把資料都收集到了寫成「Data was collected」是不正確的，應該是「Data were collected」才對。資料這個字的單數是「datum」，是個很少見諸於研究報告中的字眼。「樣本（sample）」是個集合名詞，這類名詞的使用規則很詭異。常見到學生寫的句字「一組有87位年輕成年人的樣本應邀填答一份問卷」，若你把整組樣本當成一個單位「A sample of 87 young adults were asked to fill out a questionnaire」是不正確的寫法，正確的寫法應該是「A sample...was...」。更好的寫法是完全避免用到「were/was」這種不知該選哪一個的兩難，而直接寫成「A sample of 87 young adults filled out a questionnaire」。

另一個常見的問題是使用不完全的句子。片語之後接一個句號或在通俗著作中是可以接受的，但是在科學著作中卻是不適當的。「實驗法」是不正確的表達方式，「研究使用實驗法」較為正確。檢查每一個句子，看看是否都有主詞與動詞。應該都有才是。

拼字　下面列出的是作者最常見學生拼錯的字：believe, category, dependent, environment, experimenter, independent, judgment, occurrence, perceive, questionnaire, receive, 以及 separate。拼字粗心大意不會為你贏得任何好處的。用電腦拼字檢查，或找一個飽學的好友讀一遍你的報告，或者靠勤查字典來避免拼字錯誤。

標點符號　學生常用逗點來連接兩個獨立的句子，就像「The results were significant, the theory was supported.（結果顯著，理論獲得支持）」。這是錯誤的。正確的寫法是「The results were significant. The theory was supported.」，或是「The results were significant in support of the theory.」。如果你的句子有很多的逗號與分號，你應該將之分解成數個獨立的單句。要讀者分段吸收總是比較容易。

錯別字　如果你想要用一個字來表達「have an effect on」，你該用的字是「affect」而不是「effect」。「The shock effected performance（電擊影響表現）」是不正確的；「The shock affected performance.」才對。避免把「effect」當動詞用；那太危險了。要用「affect」。

「that」所引導的子句包括的是與該句子核心意義有關的訊息，而

由「which」引導的句子所挾帶的則是額外的、非核心的訊息。據此，「Response sheets that contained errors were eliminated（放棄有錯誤的答案紙）」是正確的寫法，但是若寫成「Response sheets which contained errors were eliminated.」就不對了。大部分的情況下，你想要傳遞的是核心訊息，而「that」就是正確的字。不過，只要情況許可，兩個字都該避免，比如「Response sheets containing errors were eliminated.」。

「while（當）」與「since（自從）」應該只用來指涉時間事件，而且不該當做「although（雖然）」、「whereas（然而）」、與「but（但是）」的替換字使用。「while」描述的是同時發生的事件，而「since」則指過去發生的事件。所以，「Nero fiddled while Rome burned（羅馬著火時，尼諾在附近亂逛）」與「Nero has not fiddled since Rome burned.（自從羅馬著火以來，尼諾未曾鬼混）」都對，但是「While Nero fiddled, he did not actually set the fire.」則不然。這個句子應該以「although」開頭才對。

「since」已經被廣泛地誤用做「because」的同義字。在「The data from color-blind participants were discarded since the illusion requires color vision.（必須放棄得自於色盲參與者的資料，因為幻視要有彩色的視力）」這個句子中，應該用「because」來代替「since」才對。

細說研究報告綱目

依照上文所提，本附錄將對表B.1所列研究報告寫作綱要加以詳細敘述之後結束。根據這份詳細說明所寫的範本論文直接附在本附錄之後。列出詳細綱要主要有提示的功能。精精確確地把論文應該要提到的每一個項目說明出，強迫你把每一點都交代清楚。如果你對研究方法上的任何一個主題有疑問，那麼你一用這份細目，這些問題立即就會暴露出來，而你就得馬上想辦法解決。

照這個細目撰寫的研究報告應該依序包括下列各個部分，而每一部分也該涵蓋該節所標示出來的各個要點。

題目

研究的重要變項應在論文的題目中提示出來（自變項與依變項；預測變項以及校標變項）。以實驗研究為例，譬如：「焦慮與練習對學習的效果」。拿調查研究做例子，如「自尊：以社交傾向與焦慮預測之」。

摘要

摘要是關於程序、結果（不包括統計）、與結論的一個簡短的（120個字甚或更少）陳述。你可以從你學術領域的期刊中去找例子，或者參閱這個大綱後面的範本論文。

引言

引言為即將敘述的研究揭開序幕。應該包括一個對研究目的與所有相關的背景資料的清楚陳述，以便讀者了解做這個研究的緣由。背景資料包括相關文獻回顧（如果適當的話）、導出研究變項的理論或推理路線、以及準備檢定的假設。如果可能的話，也應該包括對要檢定的假設或預期的結果的清楚說明。

方法

參與者

樣本 將樣本中的人（或其他的有機體）加以描述。留意任何一項參與者特徵，特別是那些你認為會限制住研究結果通則性的相關特徵。確定你會提到樣本數量以及回答率（如果少於100%）。

母群 確認你認為樣本代表的母群。

抽樣程序 清楚地敘述抽樣程序，也就是，確實說明如何從母群中得到參與者的經過。除非你確定用的對，否則不要用「隨機」這個名詞。若有任何參與者必須符合的資格標準，在此將之交代清楚。

抽樣控制 敘述抽樣過程中所控制的任何一個變項。這類變項通常是個人特徵，諸如性別、年齡、社經地位等等。為了達到控制的效果，樣本中這些變項的值必須與研究者事先規劃的比例完全一致。特殊的

抽樣技術，如分層隨機抽樣、或是配額抽樣，通常是用來達到這類控制的作法。有關這些技術的細節，請參閱第七章。如果你用了這類技術，你應該清楚地交代出來。抽樣時每個受控的個人特徵變項應該加以列明，而且這些受控變項所有值的分配比例也該交代清楚。

設備器材

對於研究所用到的刺激或其他的工具，做個描述。如果用到正式的測驗或問卷調查，將之略加敘述之後，並在附錄中附上完整的一份拷貝。如果刺激是經過取樣的話，那麼對進行的經過與作法做個描述。一般說來，基本原則是儘可能提供詳盡的資料，好讓讀者能夠複製這個研究。

程序

概述 將研究從開始到結束的這段過程中，對參與者所做的任何動作，做一敘述。儘量包括足夠的細節，好讓讀者複製這個研究。

研究方法 說出使用的基本研究方法及其特定次類的名字。三種基本的方法是觀察研究、調查研究、與實驗。觀察研究包括所有自我報告以外，透過行為觀察去測量變項的非實驗研究。就本書所用術語來說，觀察研究的次類別包括隨意、田野、與系統觀察。進一步的說明可以包括這個研究在隱身與參與兩大面向上所處的位置。調查研究包括用到自我報告來測量變項的所有非實驗研究。這個次類包括訪談調查與問卷調查。實驗包括所有至少有一個受操弄的自變項的研究。次類包括特定的實驗設計：獨立處理（單純後測或是前測後測），非獨立處理（顯性配對或是重複測量），或是因素設計（對每個因素或自變項提出完整的說明）。

變項 說出研究中每一個重要變項的名字。也就是說，說出所有的自變項與依變項、所有的預測變項與校標變項、或是所有的操弄變項與受測變項的名字。一般說來，這些將與論文題目中所提到的變項相同。

操弄 僅限於實驗，根據操作方式，界定每一個自變項。也就是說，確實將每個變項受操弄的方式以及研究者進行操弄所想要得到的值，都做番清楚的交代。並且，說明每個自變項所具有的各個值，如果可

能的話，也交代一下這些值所代表的測量單位。

指派　僅適用於實驗，對參與者如何被指派到實驗狀況，做個敘述。你在此處所說的應該與上面研究方法所確切說明的實驗類型相符。在指派參與者到實驗狀況時，若有控制任何變項，那麼說出該變項的名字，或是將控制它們的方法描述出來。

程序控制　確認研究進行中受到控制的任何一個變項（程序、刺激、環境狀況），並告知是如何將之控制住的。

正式假設

　　1.用正式的說法說出每一個虛無假設。

　　2.用正式的說法說出每一個對立假設。

　　正式的說法意味著下列形式的一段文字陳述：「母群中，變項A與變項B沒有（或有）關連」或是用統計符號來說明同一件事。確定在文字陳述的假設中，你包括了「母群中」這幾個字。

　　分析

計分　根據操作方式，界定每個受測變項。也就是說，詳細地說明清楚每個受測變項的計分方式，從頭（即原始資料）開始，包括得到最後那個分數值所經過的每個步驟。如果可能的話，說明測量的單位以及每個受測變項所可能出現的分數值的全距。

測量控制　如果計分程序有用到任何一種控制技術，將之仔細交代清楚，並對控制的項目做個描述。

信度評估　如果研究者曾經對任何一個受測變項的測量信度做過評估，將做法叙述出來。

描述統計　將摘述研究資料所需要計算出來的描述統計值，做一說明。

推論統計　將檢定假設會用到的所有推論統計的檢定，都叙述出來。

結果

　　測量的信度　受測變項的信度係數都應以第一道研究發現而加以陳述出來。理由是，如果信度低到令人無法接受的地步，其餘的結果很可能就毫無意義了。

描述統計 在分析一節中詳細說明的描述統計值都應該在這個部分中依序報告出來。這些結果包括次數分配表（標記必須清楚完整）、相關、平均數、標準差、或是任何其他適當的描述統計值。如果有用到表格或插圖，在正文必須要有描述該圖表的文字。並且遵照本附錄前面敘述的格式體例來印製圖表。

推論統計 所有分析一節中交代要做的推論檢定的結果都應依序在此提報出來。記住讓讀者清楚地知道你用做統計推論的 α 值。提報的每一道推論檢定都應包括一段簡明的文字敘述，伴隨著代表該統計值的符號、在括號之內的自由度、計算而得的統計值（根據資料計算而得的，不是統計表上的決斷值）、以及在虛無假設下的 p 值。例如：「類別寬度與宗教自由主義的相關顯著，r（38）＝.72, $p < .01$」。又如，「學習與焦慮顯著相關，F（1, 22）＝16.72, $p < .01$」。

討論

結論 清楚地把你的結論交代出來。對於每一個虛無假設，是接受、還是拒絕、還是你準備暫時不下判斷？此處你尚不需要說明理由，只要說出你的結論即可。

理由 你得到每個結論的理由為何？在這裡說明你的理由。如果你暫不做結論，或是得到與統計推論檢定相反的結論，提出適當的解釋。複習一下第八章有關達到「最終」結論的論述。

理論含意 什麼理論受到研究結果支持，抑或遭受削弱？如果你在引言中描述過某個理論，你應該在此處對其重新加以評估。如果研究結果未能支持該理論的某個論點，應該如何加以修正？如果先前沒有對任何理論稍加敘述，你現在可以歸結出一個足以解釋研究結果的理論來嗎？盡全力想出一個言之成理的、經得起考驗的理論。就很多方面來說，這是論文中最重要的部分。

實用價值 你能不能想出可以實際應用這個研究結果之處？如果有，將之描述出來。如果沒有，再努力想想。

檢討批判 這個研究那裡出了錯？注意一下有沒有哪些變項應該控制，卻沒有控制。對於研究結果的通則性可能受到的任何嚴重限

制，應提出說明。

　　未來研究方向　　根據你先前的討論，對這個主題的未來研究方向提出建議。如果你曾經提出一個試探性的理論，描述一下未來可以進一步檢定這個理論的研究方向。如果你提出方法論上的批判，描述可以克服這些批判的研究計劃。儘量提供詳細的說明來說服讀者，你已經思考過這些結果對未來研究發展所具有的暗示。

參考文獻

　　遵照本附錄前面所描述的體例與論文寫作規格撰寫。

附錄

　　包括所有原始自我報告的測量工具、刺激（如果能夠提供的話）、數學演算、統計計算（如果老師要求你附上的話）、以及任何你認爲能夠幫助讀者了解的補充資料。

文末附件

　　如果沒有其他的問題的話，表B.1中第9項到第12項就該擺在這兒。按照上述交代的體例與正統論文寫作規格撰寫。

研究報告範本

　　本附錄之後隨即開始範本研究報告的第一頁。該範本論文遵照前一節詳細目錄所條列的綱目撰寫。同時也示範應用本附錄中所討論的學術論文的寫作格式與體例。你的研究報告，一如前文所述，應該總是以兩行間隔爲準、經過打字處理的文稿。除非你的老師另做交代，否則你的論文應該遵守範本論文中示範的所有格式體例。

參考文獻

American Psychological Association. (1994). *Publication manual of the American Psychological Association* (4th ed.). Washington, DC: American Psychological Association.

Becker, H. S. (1986). *Writing for social scientists: How to start and finish your thesis, book, or article.* Chicago: University of Chicago Press.

Day, R. (1988). *How to write and publish a scientific paper* (3rd ed.). Philadelphia: ISI Press.

Ellis, L. (1994). *Research methods in the social sciences.* Madison, WI: Brown & Benchmark.

Friedman, S., & Steinberg, S. (1989). *Writing and thinking in the social sciences.* Englewood Cliffs, NJ: Prentice-Hall.

Shertzer, M. (1986). *The elements of grammar.* New York: Macmillan.

Sociology Writing Group. (1991). *A guide to writing sociology papers* (2nd ed.). New York: St. Martin's Press.

Sternberg, R. J. (1988). *The psychologist's companion: A guide to scientific writing for students and researchers.* Cambridge: Cambridge University Press.

Strunk, W., Jr., & White, E. B. (1979). *The elements of style* (3rd ed.). New York: Macmillan.

題目：灰色幽默的偏好

灰色幽默的偏好：
以社交傾向與控制域閾預測之
史都敦特
大峽谷州立大學

灰色幽默 1

摘要

一個包括了90位自願參與者的樣本，使用5點量表來評量8個灰色笑話。該樣本在性別與生命週期這兩個因素上的分配相當平均。而且每位參與者也都填寫了一份問卷。該份問卷上的問項主要是在評量參與者在兩個預測變項——社交傾向與控制域閾——的分數。經過信度分析之後顯示這三個受測變項都達到信度水準。此外，灰色幽默的偏好與外在控制域閾以及社交傾向呈正相關。而兩個預測變項之間也呈正相關。故而得出一結論：社交傾向與外在控制域閾兩者皆反映一種向自身以外找尋意義的性向。對灰色幽默的喜愛或許流露出一種相同的性向，因為灰色幽默可以是應付不可控制的、令人不愉快事件的一種心理機制。

灰色幽默的偏好：
從社交傾向與控制域閾預測之

本研究的目的是在發掘是否可以根據社交傾向與控制域閾對灰色幽默做直線預測。灰色幽默是指那些氣定神閒地看待死亡、疾病、殘疾、以及苦難的言語。弗利肯與弗列肯（Frickem & Frackem, 1986）發現書蟲最受不了灰色幽默，這似乎暗示外向的人具有吸納這種形式幽默的能力。弗洛特山（Flotsam, 1987）指出灰色幽默可能是面對生命中不可控制的悲劇的一種方式。若果如此，控制域閾應該是個相關的預測變項。據此，有理由預測社交傾向與外在控制域閾應該和偏愛灰色幽默之間有正相關。

　　從理論觀點來看，社交傾向與外在控制域閾可能都代表一種往自我之外尋找意義的性向，前者是在社交上或人際關係中尋找意義，而後者尋找的是因果關聯。如前所述，對灰色幽默的愛好可能也反映一種相類似的性向。也就是說，愛好灰色幽默或許是個對付生命難關的機制，使用這種機制的人多半認為人生的試煉是不可控制的外在力量造成的結果。由此可見，理論也預測社交傾向與外在控制域閾將會和愛好灰色幽默有正相關。

方法

參與者

　　樣本　樣本是由90位來自中西部地區自願參與的成年人構成。有兩位合乎資格的成人拒絕參與。所以回答率是90/92。

　　母群　是中西部的成年人。

　　抽樣程序　參與者是自願參加的。唯一的資格變項是參與者的年齡必須至少18歲。

　　抽樣控制　參與者的性別在抽樣時便加以控制，使兩性的數目相等。性別抽樣程序屬於配額抽樣。

設備器材

　　問卷包括兩個部分。第一部分包括要參與者評審他們偏好的8個灰色笑話。這些笑話取自賀左格與布希（1994）表1中的8個笑話，並以隨機排列的方式安排這8個笑話出現的順序。問卷的第二部分包括18個問項，兩個自變項各有6個問項，還有6個補白問項，排列順序都是按照隨機的方式。全部的問項皆於附錄中列

出。每個問項後的符號標示出是哪個受測變項（S＝社交傾向，L＝控制域閾，F＝補白），以及該問項的陳述是正向（＋），還是負向（－）的（將於下文解釋）。不過，這些符號並沒有出現在問卷中讓評量者看到。

程序

概說 十五位研究者，每一位都根據上文所描述的抽樣技術抽到六位自願參與者。參與者根據5點量表，先就8個灰色笑話做出偏好評量，然後就6點量表，評量他們對其餘的問項的同意程度。關於量表將在下面有所描述。作答方式是以寫出置於問項左邊答項上的適當代號。完成後，謝過參與者，並提供給他們關於這個研究的一些回饋。

研究方法 使用問卷法的調查研究。

變項 依變項是對灰色幽默的喜好（PSH）。兩個自變項分別是社交傾向（S）與控制域閾（L）。

操弄 沒有操弄任何變項。

指派 由於不是實驗，所以沒有指派實驗狀況。

程序控制 研究者不可以回答問題或是解釋問卷上的問項。問卷中有關問項的方向、定義、與答案選項皆未加以更動，以保持不變。

正式假設

1.虛無假設是，母群中
  a. PSH與 S 的相關為 0。
  b. PSH與 L 的相關為 0。

c. S與 L 的相關為 0。

2.對立假設是，上述的每一個相關在母群中都不等於0。

分析

計分 關於灰色笑話，喜好被界定為「你有多喜歡這個笑話，不管你喜歡的理由是什麼。」答案的選擇有 1＝一點也不喜歡，2＝一點點喜歡，3＝有點喜歡，4＝很喜歡，以及5＝非常喜歡。接下來的問項是有關同意度的評量。答案的選擇是SA＝非常同意，A＝同意，MA＝稍微同意，MD＝稍微不同意，D＝不同意，SD＝非常不同意。問卷第一部分的8個笑話是計算依變項分數的問項。關於兩個自變項，附錄中帶有 S（代表社交傾向）與 L（代表控制閾域）符號的問項才是用來計算分數的問項。就自變項來說，測量同一個變項的問項有一半是用正面陳述（此時SA表示高分），另外一半則用反面陳述（此時的SA表示低分）。在附錄中帶有「＋」與「－」符號代表問項陳述的方向。正面陳述問項的計分方式為SD＝1 依序到SA＝6，反面陳述問項的計分方式正好相反，SA＝1 依序到SD＝6。

PSH的分數是8個笑話評量分數的總和。每個自變項的分數是六個相關問項分數的總和。就控制域閾這個變項來說，高分代表外在控制域閾。就PSH而言，分數的橫跨8分到40分。每個自變項的分數是6分到36分。

測量控制 兩個自變項分別有相等數量的正反面陳述的問項。這是為了要控制不花心思去讀每個問項的實際內容，便於全部選擇某一端答案（SA或SD）的參與者的分數。這種計分程序使這一類參與者的分數集中在所有可能出現的分數的中間，這樣它們對研究結果造成的扭曲會最小。

信度評估 每個變項的內在一致性信度都用係數 α 評量過。

灰色幽默 5

描述統計　每對變項的相關係數都已算出。

推論統計　每對變項的相關值是否達到顯著水準，都用標準的統計表檢定過。

結果

測量信度　PSH與 S 與 L 的信度係數分別是.75，.82，.79。由此可見，每個變項的測量信度都還算可以。

描述統計　變項間的相關值如下：r（PSH & S）=.46，r（PSH & L）=.41，r（S & L）=.39。

推論統計　PSH與 S 間的相關達顯著水準，r（88）=.46，p<.05。PSH與 L 的相關達顯著水準，r（88）=.41，p<.05。S 與 L 間的相關也達顯著水準，r(88)=.41, p<.05。 S與L間的相關也達顯著水準，r(88)=.39, p<.05。

討論

結論　每對變項間呈正相關。

理由　結論得自於統計推論檢定，同時這個研究也沒有任何重大的缺陷。

理論含義　誠如引言所指出者，S 與 L 或許代表一種往自我之外尋找意義的性向，前者是從社交上或人際關係中尋找意義，而後者尋找的是因果關聯。PSH反映的可能是一種類似的性向因為對灰色幽默的愛好或許是個對付生命難關的機制，主要用到這種機制的人多半認為人生的試煉是不可控制的外在力量造成

的結果。就此而言，發現這三個變項間呈正相關，便不足爲奇了。主張這三個變項全都代表往自我之外尋求意義的性向的理論，得到本研究結果的支持。

　　實用價值　這項研究結果使我們比較能夠了解何以會出現像針對挑戰者號災難之類的全國性悲劇而發展出的灰色幽默。諸如此類的理解可能會使我們對那些使用這種方法來克服悲劇的人，心存包容。

　　反省批判　執行問卷測量的時間與環境都未加以控制。如果能控制住這兩個變項，使之保持不變，那這個研究將更爲完善。

　　未來研究方向　如果幽默是基本的克服生命難題的機制，那麼人們應該會比較喜歡用幽默來處理生命中他們最爲關心的事物。那麼，如果性焦慮可以用問卷加以有效地測量的話，它應該與喜好黃色幽默成正相關。

灰色幽默　7

參考文獻

Flotsam, F.（1987）. *Sick coping mechanisms.* Elmsford, NY：Ill Press.

Frickem, J., & Frackem, Z.（1986）. Sick humor causes bookworms to regurgitate lunch. *Journal of Bulimia,* 14, 22－32.

Herzog, T. R. & Bush, B. A.（1994）. The prediction of preference for sick jokes. *Humor：International Journal of Humor Research, 7,* 323－340.

附錄

本研究使用的第二部分問卷

請從六個選項中圈選出一個做爲你對每個問項的答案。

選項：

SA＝非常同意

A＝同意

MA＝稍微同意

MD＝稍微不同意

D＝不同意

SD＝非常不同意

SA　A　MA　MD　D　SD　　1.我絕不錯過任何一個和陌生人談話的機會。（S＋）

SA　A　MA　MD　D　SD　　2.大多數的人是那些無法控制勢力的受害者。（L＋）

SA　A　MA　MD　D　SD　　3.人口過剩是人類所面對的最爲嚴重的問題。（F）

SA　A　MA　MD　D　SD　　4.不論你有多好，有些人就是不喜歡你。（L＋）

SA　A　MA　MD　D　SD　　5.在熱熱鬧鬧的聚會中，我好快活自在。（S＋）

灰色幽默 9

SA A MA MD D SD 　6.我相信我們的食物中添加有危險的化
　　　　　　　　　　　　學物質。（F）

SA A MA MD D SD 　7.我和一堆人聚在一起的時候，顯得比
　　　　　　　　　　　　較安靜。（S－）

SA A MA MD D SD 　8.我較喜歡淋浴而不喜歡盆浴。（F）

SA A MA MD D SD 　9.人的麻煩通常多是自己的錯誤造成
　　　　　　　　　　　　的。（L－）

SA A MA MD D SD 　10.我反對審查制度。（F）

SA A MA MD D SD 　11.如果想知道某些事物，我寧願查書而
　　　　　　　　　　　　不願隨便找人問。（S－）

SA A MA MD D SD 　12.政府應該採取嚴刑峻法來遏止犯罪。
　　　　　　　　　　　　（F）

SA A MA MD D SD 　13.凡事都是自己招來的（L－）

SA A MA MD D SD 　14.我喜歡吃煮過的紅蘿蔔而不喜歡生吃
　　　　　　　　　　　　紅蘿蔔。（F）

SA A MA MD D SD 　15.不論我怎麼做，該來的總是會來的。
　　　　　　　　　　　　（L＋）

SA A MA MD D SD 　16.我寧願看書而不喜歡去結識人。
　　　　　　　　　　　　（S－）

SA A MA MD D SD 　17.透過參與，你我都可以控制社會中發
　　　　　　　　　　　　生的事。（L－）

SA A MA MD D SD 　18.要是大部分的時間我不能和很多人在
　　　　　　　　　　　　一起，我就會不快樂。（S＋）

術語辭典

本術語辭典可以做學習指導手冊之用。你只要把每一頁的左半邊蓋住，然後研讀每個定義。定義後面括弧內的數字代表該定義所在之章節。留意你無法正確說出術語的那些定義。隨後，**複**習那些定義直到你能夠掌握它們為止。每個定義內加粗的那些字表示在本辭典中也可以找到它們的定義。

AB設計 AB design	屬單一受試者設計。在一段基本的控制時間內（A）先行測量受試者在**依變項**上的反應，然後在加入**實驗處理**之後，在這段**處理**時間內（B）再度測量受試者在依變項上的反應。（10）
ABA設計 ABA design	屬單一受試者設計，其中基本控制時間與**處理**時間交錯使用，以彰顯預期的行為變化可以照實驗者的意思或還原或重現。也稱爲「**逆向設計**」。（10）
絕對控制 Absolute control	一種**控制**形式，使外在變項不會隨意變化，故而隨時保持固定的**值**。（10）
抽象理論 Abstract theory	完全是用數學關係式所定義之概念來解釋現象的**理論**。例如：動機行爲之趨力降低理論。參見**理論**。（1）
增值 Accretion	隨時間的流逝而增長。廁所的鬼畫符或是垃圾可以是測量增值的基礎。（3）
累加性 Additively	用來描述**自變項**間沒有**互動**時，如何聯合發揮作用的概念。意指可以簡單地把自變項各自的**主效應**加起來的方式來決定自變項間的聯合作用。（12）
發表聲明 Advocacy	研究者對其研究結果的解釋與用途，公開發表說明。（14）
後果測量法 Aftereffect measure	得自於對先前發生行爲的結果或產出的測量。包括**事跡測量**與**內容分析**。（5）
阿爾發（α值） Alpha	特定的機率值，於統計檢定時事先陳述出來，用做下統計決策時判斷機率是大是小的決斷基準。（4）
複本信度 Alternate-forms reliability	從穩定**性**來評估信度的一種方法，使用不同的、卻等值的測量工具在兩個不同的時點下，對相同的一個**變項**展開測量。因此也被稱作「等本信度」。（6）
對立假設 Alternative hypothesis	所有在邏輯上不同於**虛無假設**的假設。也稱爲「研究假設」。最常見的對立假設是這兩個變項在**母群**中有關聯。（4）
類比理論 Analogical theory	是用和其他已知現象的相似性來解釋現象的**理論**。例如：以電腦處理程序來解釋大腦的運作形式。參見**理論**。（1）

共變分析 Analysis of covariance	分析自變項與依變項的關係時，排除受測外在變項的影響量的一種統計技術。可視之為多元回歸或是變異數分析的一個特例。（9，10）
變異數分析（ANOVA） Analysis of variance (ANOVA)	比較實驗中樣本處理均數的實際變異量與期望該變異量是來自隨機誤差估計值的統計技術。摘要這項比較的推論檢定，是一個稱為 F 值的統計值。（11）
匿名處理 Anonymity	是指研究者並不知道參與者身份的一種情形。（14）
應用研究 Applied research	研究主要目的是在實務上的應用。（1）
不對稱順序效果 Asymmetrical order effects	屬順序效果的一種，不過端視重複測量設計中呈現實驗狀況的先後順序而定。這類效果無法加以控制。（10）
權威法 Authority	一種得到知識的方法。知識主要是受到信任的來源傳下來的，並且受到信仰般的接受。（1）
平衡法 Balancing	一種控制形式，使外在變項的值在各實驗狀況下的分配狀況相同，如此在所有狀況下便會有相同的平均值。（10）
基本研究 Basic research	主要以發現自然現象背後的普遍原則為目的的研究。（1）
行為測量 Behavioral measure	對正在進行中的，肉眼可以觀察到的行為或是事物特徵，所做的測量。（5）
行為製圖 Behavioral mapping	觀察研究的一種，目的是在產生一個足以摘要出在某個特定的物理環境下發生的事件或行為的圖表或地圖。（3）
受試者間變項 Between-subjects variable	是指因素設計中，自變項的值是由隨機指派給不同參與者的方式產生的。（12）
偏誤的測量 Biased measurement	由於對各實驗狀況下依變項的測量出現系統性的差異，以致於創造了複合作用的來源。（10）
障眼法 Blinding	一種控制技術，操作實驗時，使參與者與實驗者對實驗狀況的執行作法都無法洞悉。（10）

隨意觀察
Casual observation

目的在為更為嚴謹的後續研究收集些點子的非正式觀察。（3）

因果關係
Causal relationship

一種指明某一變項為原因，另一變項為效果的關係。參見關係。（1）

原因
Cause

在一些我們相信某個變項的變化將會造成另一個變項變化的情形的用語，前一個變項就被稱為原因。（2）

方格次數
Cell frequencies

次數表中每個方格內的數字。（2）

集中趨勢
Central tendency

用指一個次數分配表的中心所在位置的用詞。（11）

卡方
Chi-square

用次數表的資料來檢定變項間沒有關係的這個虛無假設所用的統計值。（4）

封閉答項
Closed responses

調查研究時所採用的一種格式，把問項的答案給結構化，使回答者必須從研究者提供的答項中選出適當的答案。也稱為「多重選擇答項」。（7）

部落抽樣
Cluster sampling

是指一種抽樣程序，每個步驟皆選取帶有相同屬性的整個群體為樣本。（7）

粗略資料
Coarse data

是指資料的值，是小數量各自獨立的分數所構成的，不論這些分數之間是否有大小順序存在。（5）

登錄
Coding

針對研究中所產生的未結構化資料，建立客觀的計分類別的過程。（8）

阿爾發係數（α係數）
Coefficient alpha

屬於從內在一致性來評估信度的一種方法，得自於測量同一個變項的所有可能配成一對的問項、或測驗的相關的平均值。（6）

科恩的卡巴值
Cohen's kappa

一項關於觀察者交互一致性的測量值，該測量值將因隨機而產生的一致性比例一併考慮。（4）

比較評量表
Comparative rating scale

評估表的一種，提供應該比較些什麼的一個參考架構或比較標準。（5）

比較法則
Comparison rule

屬於演繹一推論法的一種，將推論一個關係存在所要符合的條件說明清楚。這個法則要求研究察看每一個變項在另一個變項各個值上的變化。（15）

隱身 Concealment	用來描述有心隱藏不讓被觀察者知道其身份的田野研究者的概念。（3）
概念複製 Conceptual replication	使用不同的方法（通常是用不同的操作型定義）來調查與早期研究相同的概念變項（建構）的一種研究。（13）
狀況 Conditions	指簡單實驗中自變項的值：若是**複雜實驗**則是指各個自變項的值所共同組合而成的情況。（2，9，12）
保密 Confidentiality	用指研究者知道研究參與者的身份，不過採取保護措施，使這些資料不至於曝光或落入未經授權的人士手中的一種情形。（14）
要求肯定的偏誤 Confirmation bias	是指採信與個人當時地位相符、不採信個人當時地位不相符的證據的一種傾向。（7）
複合變項 Confounding variable	一種可能會是原因，卻沒有被適當地排除掉的外在變項。這種變項會混淆研究結果的因果解釋。（2，9）
固定誤差 Constant error	這個用詞意指因有系統地偏愛變項的某些值遠甚於其他的值而犯的一種錯誤。（7，10）
建構 Construct	是以**理論概念**的形式出現的變項。（2）
建構效度 Construct validity	屬於**實證效度**的一種，證明某個測量工具有效度的方法，是透過分析接受該測量工具測量的**建構**，是否符合理論的預測來加以判斷。（6）
內容分析 Content analysis	一種分析的形式，用來分類某類媒體的內容與／或形式的方法。（3）
內容效度 Content validity	屬於**判斷效度**的一種，用來決定一個測量工具是否抽樣到想要測量的建構。這類判斷通常是用在內含多個問項的測量工具上。（6）
控制（a） Control（a）	目的在找出某一現象發生的原因之研究。（1）
控制（b） Control（b）	或是以絕對的方法、或是以平均值的方法，確保一個變項固定不變的過程。（2，9，10）
抽樣控制	是指一種抽樣方式，研究者決定並且清楚說明對某個

Control in sampling	變項的各個值所要抽取的比例。（7）
控制比較原則 Controlled comparison rule	屬**歸納推論法**的一種，用以說明**因果關係**存在所需滿足的條件。而且必須指出被研究者設定爲結果變項的值，只有在被設定爲原因的變項發生變化下才發生變化。（15）
控制序列設計 Control-series design	帶有一個控制組的間斷時間序列設計。比較這個經歷過潛在原因事件的團體和另外一個相似但卻沒有經歷那個潛在原因事件的團體的異同。（10）
趨同效度 Convergent validity	屬於**建構效度**的一個次類，處理的是是否從各種研究所收集到的證據，都證明某個建構的測量工具得到的是理論上正確的結果。（6）
相關係數（值） Correlation coefficient	一個描述統計值，摘要列出兩個精細測量變項間直線關係的類型（是正向還是負向）與程序，其符號以英文字母 r 來表示。這個統計值會因不同類型的資料而不同，本書所使用的是皮爾森積差相關係數。（6,8）
逆平衡法 Counterbalancing	平衡法的一種，將每一種呈現實驗狀況的先後順序，分別用在數目相同的參與者身上。是**重複測量設計**中**控制對稱順序效果**的一種方法。（10）
共變數 Covariate	共變分析中受到統計控制處理的**外在變項**。（10）
克萊美V值 Cramer's V	用以描述**次數表**中兩個變項的關係強度的統計值。（4）
校標效度 Criterion validity	屬於**實證效度**的一種，收集證據來證明一項新測量工具會與目前所使用的，而且效度已廣爲大眾肯定的測量工具，即校標，有關。（6）
好奇心 Curiosity	希望找出想要瞭解某個單現象或變項所應該知道的所有事物之研究動機。（1）
曲線關係 Curvilinear relationship	一種關係，其在**散布圖**上所顯示的函數要比直線函數複雜得多。也可稱爲非線性關係。（2）
資料 Data	指稱由研究所得到的資訊或產出，爲複數用語，單數爲一筆資料。（2）

執行報告
Debriefing

為參與者提供對整個研究全盤性解釋的作業程序，包括在研究完成之後對研究過程可能涉及的**壓力**或**欺騙**等，好讓研究倫理遭受質疑的活動有機會提出合理的說明，並且對傷害到參與者的結果做妥善的處理。（14）

欺騙
Deception

是指研究者為了誤導參與者對研究的目的或其他層面的看法而做的措施。（10，14）

演繹推理
Deductive reasoning

一種得到知識的方法，是指遵照演繹邏輯的規則，由前提得出結論的經過。（1）

自由度（df）
Degrees of freedom（df）

一組**資料**中，在對該資料加上某些限制處理之後，仍可以自由變動的觀察值或分數的數目。一般自由度的計算是把資料中所有分數的個數減去加諸在該筆資料上的限制數。（4）

依變項
Dependent variable

假定之效果，亦即理論上被認為是效果的**變項**。在實驗中，依變項是被測量的。（2，9）

想要特質
Demand characteristics

存在於調查研究中，任何暗示參與者受檢定的**理論**希望他們表現出某種行為的線索。（10）

描述
Description

目的在完整且清楚地說明某個現象的特性之研究。（1）

描述統計
Descriptive statistics

用來摘要**樣本**分數的統計。（4）

離差分數
Deviation score

一個**次數分配**表中，原始分數與均數的差。（11）

對角線錯誤
Diagonal error

是指一種推論錯誤，研究者只用**次數表**對角線方格中的資料來得出關於某種**關係**的結論。（15）

直接測量
Direct measure

是指**自我報告式的測量**，採用的格式是有明顯的刺激、或是問項，以及有限選擇的答項。也稱為「客觀測量法」。（5）

區別效度
Discriminant validity

建構效度的一個次類，處理的議題是有關於測量某個**建構**的工具所產生的結果是否不同於其他測量相類似的建構的工具所得的結果。（6）

雙面障眼實驗
Double-blind experiment

用指參與者與實驗者都不知道進行的是什麼實驗狀況的實驗。（10）

生態效度
Ecological validity

描述研究結果適用於眞實世界（即非實驗室）環境的用詞。（3，10，13）

實證效度
Empirical validity

評估測量效度的一個方法，是建立在實證證據的收集上。（6）

實證檢定
Empirical verification

一種得到知識的方法，當命題如果與觀察所得一致時，則被認爲是眞。這是科學方法最重要的一項特徵。（1，15）

環境來源
Environmental sources

指實驗所產生的複合作用，可歸因於執行研究的物理環境或操作時間的那些來源，例如，各實驗狀況在溫度、燈光、操作時間上的系統差異。（10）

等距
Equal intervals

數字的一種屬性，用指任兩對相鄰數字間的距離都相等。據此，可用數字來代表物體間的距離。（5）

耗損
Erosion

隨著時間的流逝而減少。不論是政府開闢的道路、或是其他自然耗損的指標都稱得上是耗損的測量值。（3）

誤差變異量
Error variance

一般用來描述針對實驗資料所做的變異數分析中 F 值分母的估計變異量，這個變異量完全是隨機誤差的副產物。（11）

推論錯誤
Errors of inference

進行統計推論檢定時，做出不正確決定所犯下的錯誤。（4）

倫理委員會
Ethics Committee

是一個制度性的委員會，執掌研究計劃是否符合可接受的專業道德綱領與法律條文的業務。也稱爲「評議會」。（14）

事件抽樣
Event sampling

選取符合事先設定條件的事件做爲觀察對象。（3）

精確複製
Exact replication

是指試圖拷貝一個與早前研究一模一樣的研究。（13）

期望次數
Expected frequencies

若變項間沒有關聯，次數表中將會出現的次數值。（4）

實驗法
Experiment

一種包含至少一個操弄變項的研究法。（2，9）

實驗設計
Experimental design

用以描述如何把參與者指派到實驗狀況或實驗處理的用詞。（9，10）

實驗實在
Experimental realism

是指一個研究是否會對參與者造成衝擊、使參與者不得不以認真的態度來看待這個研究的狀況。（13）

實驗者偏誤
Experimenter bias

用指各實驗狀況下出現在參與者行為上的系統差異，這種差異將對參與者的反應造成影響。**想要特質**的出現多半是拜實驗者所賜。（10）

實驗者效果
Experimenter effects

是指任何一項足以影響研究結果、限制研究發現通則性的研究者特徵。（13）

顯性配對設計
Explicit-matching design

屬**非獨立處理設計**，實驗者取得某項與**依變項**有關的參與者特質分數（即**配對變項**），並根據這個配對變項將參與者形成配對組，然後以隨機的方式把配對組的兩位成員分別指派到不同的實驗**狀況**之下。

（9，10）

剝削
Exploitation

利用他人來圖利自己。（14）

探索
Exploration

目的在發現某一現象是否存在的研究。（1）

外在效度
External validity

用指對研究結果的通則性所做之推論所具有的**效度**。（9，10，13）

外在變項
Extraneous variable

一種雖然不是**自變項**，但是被認為可能與**依變項**有關的變項。換句話說，可能是另一個原因。（2，9）

表面效度
Face validity

屬**判斷效度**的一種，如果測量工具看起來（從其外觀）像是可以測量想要測量的**建構**，就判定其具有效度。（6）

因素設計
Factorial design

是指一個具有一個以上**自變項**的**實驗設計**。每一個實驗狀況都是由所有的自變項各自出一個值所構成的。（12）

豐富性
Fertility

一項好的**理論**所應該具有的特性，是指其具有能夠產生引導研究進入原先未探索之領域並提出全新預測的潛力。（1）

田野實驗
Field experiment

指有一個受操弄的**自變項**的研究（即**實驗**），不過是在非實驗室的環境下進行的。（10）

田野筆記
Field notes

田野觀察所得的**資料**記錄。（3，4）

田野觀察
Field observation

對某個社會體系做深度觀察，目的在了解該體系運作的方式。（3）

最終結論
Final conclusion

研究者根據所有可以得到的證據，包括統計檢定以及信度方面的證據，而做出來的結論。通常有三種可能的結果：拒絕**虛無假設**、未能拒絕虛無假設、或是暫緩決定。（8）

精細資料
Fine data

是指構成**資料**的值，多是數量頗大的各自獨立的分數所構成的，這些分數之間的測量至少達到準**等距**尺度。（5）

作假
Fraud

對**資料**、方法、或是研究結果做不誠實的報告。（14）

次數分配表
Frequency distribution

是指一個表，該表中每一個可能的原始分數值按照順序大小排列，並相對列出該分數出現的次數。（11）

次數圖
Frequency polygon

次數分配表的圖形表示法，根據橫軸上原始分數值的順序大小，依序點出該分數的縱軸上的出現次數，由此描繪出該次數分配的形狀。（11）

次數表
Frequency table

是指一個表，該表顯示出某個**變項**的每一個值在另一變項的每一個值下發生的次數。也可稱為「事件表」。（2）

通則化
Generalization

將研究結果從**樣本**擴展到**母群**上的過程。參見**歸納推論**。（1，15）

圖形評估量表
Graphic rating scale

評量表的一種，要求回答者在一條兩端（有時甚至在直線的中央）帶有描繪形容詞的直線上圈出答案的所在位置。（5）

隨便抽樣 Haphazard sampling	抽樣的一種方式，抽取到的樣本多基於方便的理由。大略與**非隨機抽樣**互為同義詞。（7）
高次互動效應 Higher-order interaction	用指因素設計中，涉及兩個以上自變項間的互動。（12）
歷史效應 History	是指一種複合作用的來源，得自於一個團體、前測後測設計，研究者對**依變項**進行前後兩次測量時，在這段間隔時間內出現的任何一種不同於實驗處理的相關事件所產生的作用。（10）
誠實研究 Honest research	是指避免使用欺騙的一組研究策略，包括讓參與者在參與研究之前對研究的目的有十分淸楚的了解，或是從事眞正致力於改變行為的計劃，以及從事參與者渾然不覺正置身於研究當中的田野研究。（14）
假設 Hypothesis	一個關於**母群**之性質為何之相當明確的陳述或預測。（1，4）
本體 Identity	數字屬性的一種，用指每個數字單獨成形，與其他的數字有別。據此，可以用數字來表示相同一相異的訊息。（5）
融入觀察團體 Immersion	**田野研究**的典型標誌，指研究者極度融入某個社會體系之中。融入觀察團體意味著長時間的涉入、運用多種不同的測量程序、以及彈性的程序使用。（3）
隱性配對 Implicit matching	用指重複測量實驗設計中使各實驗狀況下的參與者自動與自己產生配對的用詞。（9）
不適當的比較 Inadequate comparision	用指**實驗**中的一種非常微妙複雜的複合作用來源，該作用會造成實驗的控制組無法提供支持實驗者想要發掘的因果關係的適當比較。（10）
獨立處理設計 Independent-treatments designs	用指在各實驗狀況下沒有針對參與者特質進行**配對**，而是以隨機指派為主要特色的**實驗設計**。（9，10，11）
自變項 Independent variable	假定之原因，亦即理論上被認為是原因的變項。在**實驗**中，自變項是被操作的。（2，9）
指標 Indicator	由操作型定義而來的變項。（2）

間接測量
Indirect measure

自我報告類測量的一種，採用的格式是含混不清的刺激，以及未結構化的，或是開放式的答項。也稱爲「主觀測量法」。（5）

歸納推論
Inductive inference

從特殊到普遍，或是從樣本到母群之推論過程。爲通則化的同義詞。（1，15）

推論統計
Inferential statistics

根據樣本對母群做歸納推論時，所用到的統計。（4）

知會同意
Informed consent

做研究所須遵守的一項倫理原則，必須在參與者同意參與研究之前，先確實告訴參與者他們可能會涉及到的風險，並且允許參與者在任何一個時點下，即使毫無受到任何負面影響的情況下，退出研究。（14）

說明式操弄
Instructional manipulation

是指一種操弄類型，自變項的值是由提供給參與者的書面或口頭資料所產生的。（9）

器材耗損
Instrument decay

屬於歷史效應所產生的一種複合作用，用指一個團體、前測後測設計中，測量儀器的某個部分在前後測量的時間間隔內，發生了有系統的變化。（10）

互動
Interaction

是指因素設計中，自變項與依變項的關係隨其他自變項值的不同而產生不同的變化。更廣義來說，互動是指任何兩個變項間的關係，因第三個變項值的不同而有所不同。（12）

內在一致性
Internal consistency

評估信度的一種方法，指在同一時點內測量相同的一組事物在同一個變項上的反應。這通常意味著測量工具內含有多個問項或測驗。（6）

內在效度
Internal validity

用指根據研究發現推論原因的效度。對實驗而言，是指沒有複合變項的存在。（9，10）

觀察者交互一致性
Inter-observer agreement

兩位觀察者對所觀察之事物彼此同意的程度，觀察研究用做測量信度的一項指標。（3）

間斷時間系列設計
Interrupted time-series design

屬準實驗設計的一種，是指進行一系列對研究設定爲效果的變項做測量時，未將某個潛在的原因事件隔離處理，即原因事件的出現時機不在研究者的控制之列。（10）

等距測量
Interval measurement

是指一種測量等級。這個測量等級所用的分數，不僅傳遞出關於本體與順序大小的有效資訊，而且具有等距的屬性。（5）

訪談
Interview

口頭執行的調查。（7）

侵犯隱私
Invasion of privacy

是指未經授權或是透過其他管道，便對研究參與者高度私人性或敏感的生活層面，展開觀察。（14）

問項平衡
Item balance

進行調查研究時，為製作測量態度或是意見量表而設計的問項屬性，這組問項包括了相等數量的贊同與不贊同的問項。（7）

判斷效度
Judgmental validity

根據研究者的經驗判斷來評估測量效度的一種方法。（6）

隱性內容
Latent content

指訪談時，回答者的行為與其回答不符的各種情況。包括說話的形態與身體語言。（8）

法則
Law

一個被認定可以應用於很多種情況下的研究發現。（1，13）

測量等級
Levels of measurement

根據分數提供的資訊類型而將測量程序分類的一種分類架構。也稱作「測量尺度」。（5）

李克特量表
Likert scale

評量表，針對研究的議題或話題選出一組明確地對這些話題表示贊同或不贊同意見的陳述句子，而且每一個陳述句子都附有相同數量的階梯量表來記錄答案。（5）

主效應
Main effect

是指因素設計中，自變項與依變項間的關係，不考慮其他自變項是否同時發揮作用。（12）

顯性內容
Manifest content

用指訪談中回答者所回答的談話內容。（8）

操弄
Manipulation

指一種過程，其中研究者或是產生變項之變值，或是將此值指派給研究物體。對自變項的操弄正是實驗法的特徵所在。（2，9）

操弄檢定
Manipulation check

是指實驗中直接測量自變項的工具，實驗者用來得到操弄是否成功的實證證據。（9）

邊格錯誤
Marginal error

推理時出現的一種錯誤，發生在研究者決定變項間是否有關係存在時，只用**次數表**中**邊格總和**分數來做結論。（15）

欄列總和
Marginal totals

在**次數表**中的欄總和與列總和。（2）

配對
Matching

平衡法的一種，被指派到**實驗狀況**的參與者，必須先具有某個或某些相同的穩定參與者特質才可，而這些特質被研究者認定爲與受測的**依變項**間有高度的關聯。（9，10）

成熟效應
Maturation

是指一個團體前測後測設計中，年紀增長的歷史效應會與實驗狀況產生複合作用的一種狀況。參見歷史效應。（10）

均數
Mean

集中趨勢的測量值，等於**次數分配表**中所有分數的算數平均數。（11）

均方
Mean square

進行**變異數分析**時，計算的**變異數**估計值。（11）

測量
Measurement

任何可以決定研究物體在研究**變項**上的值的過程。此一過程的產出經常被稱爲「分數」或「量值」。（2）

測量—操弄效度
Measurement–manipulation
validity

是指推論某個測量工具或操弄涉及的是什麼**建構**所具有的效度。（9）

中數
Median

集中趨勢的測量值，等於**次數分配表**中落在第百分之五十個的原始分數。（11）

後設分析
Meta–analysis

是指一組將研究同一個關係的數個研究結果合併評估的統計程序。（13）

隱喩理論
Metaphorical theory

解釋現象時，並未以比此現象本身更易了解的概念來加以解釋的理論。例如：以著了魔來解釋異常行爲。參見**理論**。（1）

衆數
Mode

集中趨勢的測量值，一組分數當中出現次數最多的那個原始分數值。（11）

多重基線設計 Multiple-baseline design	屬單一受試者設計，是指在各種不同的環境下設置實驗處理，目的在顯示只要有實驗處理，就會出現研究者希望見到的行為變化。（10）
多重測量 Multiple measurement	用指一個團體前測後測設計中，與前後兩次測量依變項相結合的任何一種複合作用。（10）
多元回歸 Multiple regression	一種資料分析的技術，用來找出一組自變項與一個依變項間的相關值。這種分析法，通常採用統計處理將其他自變項的影響量排除掉，所以也會列出每個自變項與依變項的淨相關值。（8）
多階段抽樣 Multi-stage sampling	一種聚落抽樣的方式，每一個抽樣階段都從前一階段抽到的聚落中抽取一小部分。（7）
多元特質多元方法矩陣法 Multitrait-multimethod matrix method	屬於建構效度的一種，指同一個研究中，至少使用兩種不同的方法來測量至少兩個不同的建構概念。據此所獲得的結果可以用來評估趨同與區別效度。（6）
多變數分析 Multivariate analysis of variance（MANOVA）	針對一個以上依變項分數所做的變異數分析。這項技術所具有的特點是用來檢定一個自變項與一組依變項分數間的關係。（12）
俗世實在 Mundane realism	用指研究處理的是與現實生活相類似的事件。（13）
自然實驗 Natural experiment	一種調查研究，是在比較在自變項上有差別的現有團體。大半在這個自變項上的差別是天生的。不是出於一個真正的實驗操弄。也稱為「天擇研究」。（10）
負向直線關係 Negative linear relationship	一種關係，其在散布圖上所顯示的函數為向右向下傾斜之直線函數（負斜率）。（2）
名目測量 Nominal measurement	一種測量等級，分數所傳達的有效資訊僅限於本體的資訊。（5）
非累加性 Nonadditively	描述有互動效應存在時，自變項之間如何聯合發揮作用。這意味著自變項間的聯合效應是無法單純地將它們的主效應加起來就可計算出來的。（12）

不相等團體設計 Nonequivalent-groups design	一種不好的實驗設計，特色在自變項至少有兩個值、依變項的測量是在做過實驗處理之後，每個實驗狀況下有不同的參與者，但是沒有採用隨機指派的方式。（10）
不相等團體前測後測設計 Nonequivalent-groups pre-post design	不相等團體設計的一種，特色是在做實驗處理之前與之後都對依變項有做測量的設計。用在做不到隨機指派的情況下，所以這個設計是介於好與不好之間，而不是一個不好的設計。（10）
非獨立處理設計 Nonindependent-treatments designs	實驗設計的一種，特色乃是根據一個或多個像智力一樣的穩定參與者特質，對各實驗狀況下的參與者進行配對。（9，10，11）
非機率抽樣 Nonprobability sampling	是指任何一種母群中各個單位被抽取的機率為未知的抽樣程序。也稱為「隨便抽樣」。（7）
虛無假設 Null hypothesis	是關於母群中的某個或某些變項的精確假設。最常見的虛無假設是這兩個變項在母群中沒有關聯。（4）
觀察研究 Observation study	非實驗的研究，經由觀察研究之物體所具有的特徵或是正在進行中的活動來收集資料。（2，3）
觀察測量 Observational measure	測量是得自於對正在進行中的行為、後果、或是事物特徵所做的觀察。（5）
觀察次數 Observed frequencies	次數表中的次數，是研究收集到的真實資料。（4）
亞美茄平方（ω^2） Omega squared	變異數分析時，關於變項關係強度的測量值。該值等於依變項在母群總變異量上可以被實驗處理解釋的比例。（11）
一個團體前測後測設計 One-group pre-post design	一種不好的實驗設計，先將所有參與者在依變項的分數測量出來，然後在施以實驗處理之後，再度測量他們在依變項上的分數。（10）
單純一組設計 One-shot design	一種不好的實驗設計，把所有的參與者都指派到唯一的實驗狀況，經過實驗處理之後，再測量依變項的分數。（10）

開放式答項 Open responses	一種調查問項的製作格式，**没有將答案給結構化**，回答者可以照自己的意思想回答什麼就回答什麼。也稱為「自由回答」。（7）
操作型定義 Operational definition	一種對於測量或操弄變項之程序的詳細描述。（2）
操作型定義法則 operational-definitions rule	屬於**歸納推理**的一種，強調用字用詞時定義的清楚、明確，同時指出達到明確度的好方法就是根據關鍵字適用與不適用時機，將關鍵字詞定義清楚。（15）
順序 Order	數字的一種屬性，用指數字間可以由小到大排出順序。因此，可以用數字來傳遞大小順序的有效訊息。（5）
順序效果 Order effects	出現在**重複測量設計**下的**複合作用**來源，是指由於研究者對各**實驗狀況**下的**依變項**進行重複測量，已致使不同於**自變項**的任何其他變項產生了變化。這包括像練習與疲勞等會因重複測量而累積的變項。（10）
順序測量 Ordinal measurement	**測量等級**的一種，分數傳遞的只限於**本體**與大小順序的有效資訊。（5）
淨相關(值) Partial correlation	用統計處理將第三個變項的影響力排除之後，所剩下來的兩個變項間的**相關**。（8）
參與者的耗減 Participant attrition	描述調查研究喪失合格參與者的用詞。（10）
參與（a） Participation（a）	描述田野研究者積極參與其研究之社會體系中的各種事物的用詞。（3）
參與（b） Participation（b）	是指一種把研究的「受試者」當成幫助研究者解決共同問題的同事的做法。（14）
生理測量法 Physiological measure	得到對正在進行、但是看不見的行為或事物特性的測量值方法。通常需要藉助一些複雜的測量設計才能使這些原本看不見的行為或特性變得看得見。（5）
試測研究 Pilot study	在正式執行研究計劃之前所做的小規模的調查，目的在於檢查是否存在當初未曾發現的問題，以便及時更正。（9）

安撫策略 Placebo	一種控制技術，使實驗所用的刺激或是其他物體看起來都是一模一樣的方式來操弄自變項，即使實際上它們在各實驗狀況並不相同。（10）
計劃比較 Planned comparisons	非常有力的、取代變異數分析的一種統計程序，用來評估研究者在實驗之前對自變項與依變項關係的預測是否達到統計顯著。（12）
母群 Population	某個類型中的所有可能物體。也用指樣本所代表的物體的一個較大的集合。（1，4，7）
正向直線關係 Positive linear relationship	一種關係，其在散布圖上所顯示的函數為向右向上傾斜的直線函數（正斜率）。（2）
事後比較 Post-hoc comparisons	屬於保守的統計檢定，用在變異數分析的 F 值達到統計顯著之後，目的在決定在每一組實驗狀況下依變項分數的均數之間是否出現相當大的差異。（12）
單純後測設計 Posttest-only design	屬獨立處理設計的一種，只在做過實驗處理之後才對依變項加以測量。（9，10）
功力（a） Power（a）	一項好的理論所應具有的特性，是指其具有能夠正確解釋各種現象或已知事實的能力。（1）
檢定力（b） Power（b）	廣義來說，是指調查研究偵測出任何一個確實存在之關係的能力。狹義而言，是指進行推論檢定時，正確地拒絕虛無假設的機率，即，等於 1—（型 II 錯誤的機率）。（10）
預測 Prediction	目的在發現與某一現象有關的事物為何之研究。（1）
機率抽樣 Probability sampling	是指所有潛在候選對象被抽取的機率為已知、但不是 0 或 1 的抽樣程序。（7）
程序控制 Procedural control	是指所有的控制技術，用以達到絕對控制或平衡法的程序。（10）
程序來源 Procedural sources	是指實驗所產生的複合作用是源自於實驗者或是參與者對這個研究的揣測。（10）
方案評估研究 Program evaluation research	是指研究的目的主要是在評估大型社會計劃或發明在執行之前、執行當中、與執行之後的效果。（13）

準實驗 Quasi-experiment	是指近似**實驗法**，但是研究者並未完全掌控對**自變項**的操弄的研究活動。（10）
問卷 Questionnaire	書面執行的調查研究。（7）
配額抽樣 Quota sampling	參見**分層隨便抽樣**。（7）
隨機化 Randomization	使變項任意或以一種不可預測的方式變化的過程。（2，9，10）
隨機指派 Random assignment	用指**實驗法**中以隨機的方式指派參與者到實驗狀況的所有程序。與**隨機抽樣**是完全不同的兩回事。（9，10）
隨機誤差 Random error	用指源自於機會因素對研究結果所產生的影響。（4，10）
亂數表 Random number table	是指一份數字表，該表中的數字出現的順序完全出於隨機，通常是由電腦產生的，用來執行各種隨機化程序。（7）
隨機抽樣 Random sampling	用指一種抽樣方式，在這個抽樣過程中，潛在的受選對象每一個都有相同的被選取的機會。（7，10）
全距 Range	測量變異性的一種量值，等於**次數分配表**中最大值與最小值的差。（11）
比例測量 Ratio measurement	是指一種測量等級，所有的分數除了具有**等距測量**的屬性之外，還加上一個**真正的零點**。（5）
反彈式的 Reactive	描述測量值受到受測物體覺察到他們被觀察此一事實影響的用詞。（3）
化約論 Reductionistic theory	解釋現象時，是以較此現象簡單的一些概念來解釋的**理論**。例如：以神經活動來解釋行為。參見**理論**。（1）
關係 Relationship	存在於兩個變項間的性質，是指此兩變項的值會系統性地一起變化，亦即某一變項的值會傾向於與另一變項的值伴隨發生。（1，2）

測量信度
Reliability of measurement

好測量工具的屬性之一，是指得到的觀察分數精準、正確、接近真值，以及內含雜音，亦即隨機誤差的程度。（6）

重複測量設計
Repeated-measures design

非獨立處理實驗設計的一種，是指每個參與者會經歷過所有的實驗狀況。（9，10）

研究計劃
Research proposal

在草擬研究計劃的階段，研究者針對想要進行的研究活動所提出的書面叙述，通常會發送給同事、或專家以求中肯的批評、建議。（9）

回答率
Response rate

經由抽樣程序選出的研究對象中，提供有用資料的比例。（7）

逆向設計
Reversal design

是指單一受試者實驗設計中，基線期與處理期交替使用的一種實驗設計。參見ABA設計。（10）

角色扮演
Role-playing

用來取代欺騙的一種作法，參與者假想置身於某種特殊狀況之中，然後想像在這個情況下，他們或是別人會如何反應。（14）

樣本
Sample

某種類型中所有可能物體的一個次集合。也用指實際上包括在一個研究中的物體。（1，4，7）

樣本偏誤
Sample bias

用指抽樣程序所產生的固定誤差。（7）

抽樣誤差
Sampling error

用指抽樣程序產生的隨機誤差。（7）

抽樣法則
Sampling rule

歸納推論的一種法則，用來界定好抽樣程序應具有的特性。針對母群所提出的任何一項安全可靠的通則化都必須建立在數量適當、而且沒有偏誤的樣本之上。（15）

散布圖
Scatterplot

一種可以顯示兩變項間關係的圖表，圖中的兩個座標軸分別代表其中一個變項可能的值的範圍，而每一物體在圖上的位置是根據這個物體在兩變項上的值所描繪出來的。（2）

自我報告測量法
Self-report measure

測量值是得自於研究事物的報告，而不是得自於研究者直接的觀察。（5）

語意差別量表
Semantic differential scale

評量表的一種，採用一系列七點刻度、且兩端帶有相反類似「好壞」、「強弱」等形容詞，來測量某些概念所具有的主觀意義的量表。（5）

敏感度
Sensitivity

是指研究活動能夠偵測出變項間雖然小但是實際存在的關係的能力。（10）

簡單隨便抽樣
Simple haphazard sampling

隨便抽樣的一種，抽樣時沒有任何變項受到控制。（7）

簡單隨機抽樣
Simple random sampling

屬隨機抽樣的一種，抽樣時沒有任何變項受到控制。（7）

簡單性
Simplicity

一項好的理論所應該具有的特性，指理論中所含的概念或關係是儘可能的精簡，也可以稱為精簡性或扼要性。（1）

模擬實驗
Simulation

一種模仿設計，使所有重要的功能特性都與真實生活中的事物近似。（13）

單面障眼實驗
Single-blind experiment

實驗設計的一種，其中只有參與者不清楚接受的是什麼實驗狀況。（10）

單格錯誤
Single-cell error

一種推理錯誤，發生在推理者做結論時，只根據次數表中某一個方格的資料。（15）

單列、單欄錯誤
Single-row／column error

一種推理錯誤，發生在推理者做結論時，只使用次數表中某一列或某一欄的資料。（15）

單一受試者設計
Single-subject designs

一個樣本只有一個參與者的實驗。（10）

偏態分布
Skewed distribution

是指根據某個次數分配表製作而成的次數圖，帶有一個偏向某一邊的長尾巴。（11）

所羅門四格設計
Solomon four-group design

根據某個自變項出現還是沒出現而製作的2×2因素設計。用來調查是否別的自變項產生的結果可以通則化到這個變項的各個值之上。（13）

折半信度
Split-half reliability

一種根據內在一致性來評估信度的方法。用來測量的問項或測驗，被分為數目相等的兩半，獨立計分，然後求取這兩個分數的相關。（6）

穩定性
Stability

評估信度的一種方法。通常的作法是，在兩個不同的時點下，分別測量同一組事物在同一個變項上的反應。（6）

穩定的參與者特質
Stable participant
characteristics

用指參與者在整個研究期間內保持不變的個人特性。（10）

舞臺式操弄
Staged manipulation

一種操弄形式，自變項的值是透過演出某個事件的方式來產生的。（9）

標準差
Standard deviation

一種測量變異性的量值，等於變異數的平方根。（11）

統計結論
Statistical conclusion

這種結論完全根據統計推論檢定的結果而來，所以只可能有兩種結果：拒絕或是不能拒絕虛無假設。（8）

統計結論的效度
Statistical-conclusion validity

是指一種推論的效度，而這個推論是得自於統計檢定的結果。（9）

統計控制
Statisitical control

一種控制技術，是指在操弄自變項之前，對外在變項先加以測量，然後在統計分析時，再把外在變項的影響力給排除。參見共變分析。（10）

統計回歸
Statistical regression

是指在第二次測量時的同一個變項，極端值群有朝向分配中央集中的趨勢，而造成測量程序不具信度的結果。對一個團體前測後測的設計而言，若使用前測選出某個極端值群作為進一步參與實驗的對象時，就會因此製造出多次測量而產生複合作用。也稱為「朝向均數回歸」。（10）

統計顯著
Statistically significant

描述統計檢定所得到的 p 值小於 α，結果造成拒絕虛無假設的情況。（4）

階梯量表
Step scale

一種評量表，要求回答者從一組有等級高低的答項中選出一個答案。（5）

分層隨便抽樣
Stratified haphazard sampling

分層抽樣之後，再從控制變項的值中，以隨便抽樣的方式抽取研究對象。又稱為「配額抽樣」。（7）

分層隨機抽樣
Stratified random sampling

分層抽樣之後，再從控制變項的值中以隨機抽樣的方式抽取研究對象。（7）

分層抽樣
Stratified sampling

一種抽樣程序，抽樣時，對某個變項加以控制，使這個變項在樣本中的分配狀況和在標的母群中分布狀況相符。（7）

壓力
Stress

用在研究方法上，壓力是指使用的研究程序在參與者的身體上或心理上，造成立即的、負面的結果。（14）

結構模型
Structural modeling

一種資料分析的技術，使研究者能夠把原因—結果模型與一組受測變項間的關係加以比配，然後比較各個原因結果模型的配合度。也稱為「原因模型」或是「潛在變項模型」。（8）

結構化的問項
Structured item

是指調查用的那些問項，其刺激與回答的格式都已經事前確定、安排妥當。（7）

充分機率原因
Sufficient probable cause

用來描述假定之原因是可信賴但是並不必然會有假定之效果跟隨的一種關係的用語。（2）

平方和
Sum of squares

次數分配表中各離差平方的總和。（11）

探索研究法
Survey research

一種非實驗研究法，且其中的資料是由參與者的自我報告而得到的。（2）

對稱順序效果
Symmetrical order effects

用指使用重複測量設計時，不管實驗狀況出現的先後，都會得到相同的順序效果。這類效果是可以加以控制處理的。（10）

系統觀察
Systematic observation

對仔細界定的特定變項所進行的觀察，目的在決定這些變項間是否有所關聯。（3）

系統變異量
Systematic variance

將實驗資料進行變異數分析時，影響 F 值分子大小的變異量。這個變異量包括隨機誤差加上自變項所產生的系統效果。（11）

可檢定性
Testability

一項好理論所應該具有的特性，是指其要能夠做出可以被研究發現反駁的明確預測。（1）

施測再測信度
Test-retest reliability

屬於根據穩定性來評估信度的一種方式，是指在兩個不同時點，使用同一個測量工具對同一組參與者進行施測。（6）

理論 Theory	對現象的一種解釋，能夠指明它的重要特性及其與其他現象間的關係，包括因果關係的解釋。（1）
普遍原理的理論 Theory by General Principle	以證明研究現象是某個已被建立之普遍原理的一個特例的方式，來對研究現象加以解釋。參見**理論**。（1）
中介機制的理論 Theory by Intermediate Mechanism	提出某個機制作爲連結有關係的兩變項的中介，來對這個關係加以解釋。參見**理論**。（1）
時間抽樣 Time sampling	選取會進行觀察的時間，在這些時間內將可得到一個包含典型行爲的**樣本**。（3）
時間序列設計 Time-series design	屬於準**實驗**設計的一種，指在一段時間內對某個預設結果進行一系列的測量。（10）
事跡測量法 Trace measures	根據發生在前的事件或行爲的後果而得的測量值。（3）
處理 Treatment	狀況的同義詞。（2，9，12）
眞正的零點 True zero	數字的一種屬性，意指數字體系中的零表示什麼都沒有的狀態。因此，數字零就代表對於某個變項什麼都沒有測量得到的結果。（5）
兩團體前測後測設計 Two-group pre-post design	是指有兩個實驗狀況的獨立處理設計，研究者在實驗**處理**進行之前與之後，都對**依變項**加以測量。（9，10）
型 Ⅰ 錯誤 Type Ⅰ error	當**虛無假設**是正確的，但是研究者卻把它拒絕掉而犯下的推論錯誤。也通稱爲「拉錯警報」。（4）
型 Ⅱ 錯誤 Type Ⅱ error	當**虛無假設**是不正確的，但是研究者卻無法拒絕時，所犯下的推論錯誤。也通成爲「錯失」，因爲就此錯失掉一個眞正的關係。（4）
無干擾實驗 Unobtrusive experiment	是指參與者對正置身於實驗中的情況毫無所覺的**實驗**。（10）
無干擾測量 Unobtrusive measurement	是指一種不會對測得結果產生影響的**測量**程序，故也稱爲「無反彈（nonreactive）」測量。（3）

不穩定參與者特質
Unstable participant
characteristics

是指參與者在實驗期間會隨時變化的個人特性。（10）

未結構化問項
Unstructured item

調查用的問項，不論是刺激或是回答格式，都沒有使用確定的格式。（7）

效度
Validity

通常用指推論的正確性而言。（9）

測量效度
Validity of measurement

好測量的一種屬性，用指測量工具實際測量到想要測量的建構的程度。或是更廣泛地指測量程序到底測量的是什麼建構的問題。（6）

變項值
Values

物體在某個變項上所具有的特性以表現出它們之間在這個變項上的差異。例如：紅色、藍色、……等。一些諸如「等級」、「數量」、「分數」等用語也經常被用來做為它的同義詞。（2）

變異性
Variability

用指各分數離開次數分配表中心的分散程度。也稱為「離勢」。（11）

變項
Variable

可以分別物體與物體之間差異的性質的通用名稱。例如：顏色。參見變項值。（2）

變異數
Variance

測量變異數的量值，等於次數分配表中離差分數平方的平均值。（11）

變異數估計值
Variance estimate

是指樣本資料平方後的總和除以自由度所得到的值。是母群原始分數變異量的不偏估計值。（11）

加權隨便抽樣
Weighted haphazard sampling

加權抽樣後，再從控制變項的值中以隨便抽樣的方式得到研究對象的方法。（7）

加權隨機抽樣
Weighted random sampling

加權抽樣後，再從控制變項的值中以隨機抽樣的方式得到研究對象的方法。（7）

加權抽樣
Weighted sampling

一種抽樣程序，抽樣時，對某個變項加以控制，使這個變項在樣本中的分配狀況和在標的母群中分布狀況有系統性的差異。（7）

受試者內變項
Within-subjects variable

是指因素設計時，自變項所有的值都是由指派的方式配給每一位參與者的。（12）

連坐
Yoking

一種控制技術，將參與者產生的事件的數量以及發生的時機，同時複製給所有**實驗狀況**下的配對組參與者。（10）

參考書目

Adler, P. A. (1985). *Wheeling and dealing: An ethnography of an upper-level drug dealing and smuggling community.* New York: Columbia University Press.

Aiken, L. S., & West, S. G. (1991). *Multiple regression: Testing and interpreting interactions.* Newbury Park, CA: Sage.

Alfred, R. (1976). The Church of Satan. In C. Glock, & R. Bellah (Eds.), *The new religious consciousness* (pp. 180–202). Berkeley, CA: University of California Press.

American Anthropological Association. (1983). *Professional ethics.* Washington, D. C.: American Anthropological Association.

American Psychological Association. (1986). Guidelines for ethical conduct in the care and use of animals. *Journal of the Experimental Analysis of Behavior, 45,* 127–132.

American Psychological Association. (1990). Ethical principles of psychologists. *American Psychologist, 45,* 390–395.

American Psychological Association. (1994). *Publication manual of the American Psychological Association* (4th ed.). Washington, D. C.: American Psychological Association.

American Sociological Association Committee on Professional Ethics. (1989). *Code of ethics.* Washington, D.C.: American Sociological Association.

Anderson, B. F. (1971). *The psychology experiment: An introduction to the scientific method* (2nd ed.). Monterey, CA: Brooks/Cole.

Anderson, B. F. (1980). *The complete thinker.* Englewood Cliffs, NJ: Prentice-Hall.

Armstrong, P. S., & Schulman, M. D. (1990). Financial strain and depression among farm operators: The role of perceived economic hardship and personal control. *Rural Sociology, 55,* 475–493.

Arnoult, M. D. (1976). *Fundamentals of scientific method in psychology* (2nd ed.). Dubuque, IA: William C. Brown.

Aronson, E., Brewer, M., & Carlsmith, J. M. (1985). Experimentation in social psychology. In G. Lindzey, & E. Aronson (Eds.), *Handbook of social psychology* (2nd ed., pp. 441–486). Hillsdale, NJ: Lawrence Erlbaum Associates.

Bakeman, R., & Gottman, J. M. (1989). *Observing interaction: An introduction to sequential analysis.* Cambridge: Cambridge University Press.

Banaka, W. (1971). *Training in depth interviewing.* New York: Harper & Row.

Barlow, D. H., & Hersen, M. (1984). *Single case experimental designs: Strategies for studying behavior change* (2nd ed.). New York: Pergamon Press.

Baron, R. A., & Bell, P. A. (1976). Aggression and heat: The influence of ambient temperature, negative affect, and a cooling drink on physical aggression. *Journal of Personality and Social Psychology, 33,* 245–255.

Bausell, R. B. (1986). *A practical guide to conducting empirical research.* New York: Harper & Row.

Beaman, A. (1991). An empirical comparison of meta-analytic and traditional reviews. *Personality and Social Psychology Bulletin, 17*, 252–257.

Beauchamp, T., Faden, R., Wallace, R. J., & Walters, L. (Eds.). (1982). *Ethical issues in social science research.* Baltimore: Johns Hopkins University Press.

Becker, H. S. (1953). Becoming a marijuana user. *American Journal of Sociology, 59*, 235–242.

Becker, H. S. (1986). *Writing for social scientists: How to start and finish your thesis, book, or article.* Chicago: University of Chicago Press.

Belyea, M. J., & Lobao, L. M. (1990). Psychosocial consequences of agricultural transformation: The farm crisis and depression. *Rural Sociology, 55*, 58–75.

Benbow, C. P., & Stanley, J. C. (1983). Sex differences in mathematical reasoning ability: More facts. *Science, 222*, 1029–1031.

Blumer, M. (Ed.). (1982). *Social research ethics.* London: Macmillan.

Bock, R. D. (1975). *Multivariate statistical methods in behavioral research.* New York: McGraw-Hill.

Bordens, K. S., & Abbott, B. B. (1991). *Research designs and methods: A process approach* (2nd ed.). Mountain View, CA: Mayfield.

Browne, J. (1973). *The used car game.* Lexington, MA: D. C. Heath.

Bruning, J. L., & Kintz, B. L. (1977). *Computational handbook of statistics* (2nd ed.). Glenview, IL: Scott Foresman.

Brunswik, E. (1956). *Perception and the representative design of psychological experiments.* Berkeley and Los Angeles: University of California Press.

Brush, S. G. (1989). Prediction and theory evaluation: The case of light bending. *Science, 246*, 1124–1129.

Burton, N. W. (1981). Estimating scorer agreement for nominal categorization systems. *Educational and Psychological Measurement, 41*, 953–962.

Byrne, D., Ervin, C. R., & Lamberth, J. (1970). Continuity between the experimental study of attraction and real-life computer dating. *Journal of Personality and Social Psychology, 16*, 157–165.

Camilli, G., & Hopkins, K. D. (1978). Applicability of chi-square to 2 × 2 contingency tables with small expected frequencies. *Psychological Bulletin, 85*, 163–167.

Campbell, D., & Fiske, D. (1959). Convergent and discriminant validation by the multitrait-multimethod matrix. *Psychological Bulletin, 54*, 81–105.

Cohen, J. (1960). A coefficient of agreement for nominal scales. *Educational and Psychological Measurement, 20*, 37–46.

Cohen, J. (1990). Things I have learned (so far). *American Psychologist, 45*, 1304–1312.

Cook, T. D., & Campbell, D. T. (1979). *Quasi-experimentation: Design and analysis issues for field settings.* Chicago: Rand McNally.

Cozby, P. C. (1989). *Methods in behavioral research* (4th ed.). Mountain View, CA: Mayfield.

Darley, J. M., & Batson, C. D. (1973). "From Jerusalem to Jericho": A study of situational and dispositional variables in helping behavior. *Journal of Personality and Social Psychology, 27*, 100–108.

Day, R. (1988). *How to write and publish a scientific paper* (3rd ed.). Philadelphia: ISI Press.

Department of Health and Human Services. (1981, January 26). Final regulations amending basic HHS policy for the protection of human research subjects. *Federal Register, 46*(16), 8366–8392.

Ellis, L. (1994). *Research Methods in the Social Sciences.* Madison, WI: Brown & Benchmark.

Estroff, S. E. (1978). Making it crazy: Some paradoxes of psychiatric patienthood in an American community and a research/dissertation process to encounter them. Paper presented at the annual meeting of the American Anthropological Association, Los Angeles, CA.

Ferris, G. R., & King, T. R. (1992). The politics of age discrimination in organizations. *Journal of Business Ethics, 11*, 341–350.

Friedman, S., & Steinberg, S. (1989). *Writing and thinking in the social sciences.* Englewood Cliffs, NJ: Prentice-Hall.

Gans, H. (1962). *Urban villagers.* New York: Free Press.

Glass, G. V., McGaw, B., & Smith, M. L. (1981). *Meta-analysis in social research.* Beverly Hills, CA: Sage.

Gordon, R. L. (1975). *Interviewing: Strategies, techniques, and tactics* (rev. ed.). Homewood, IL: Dorsey Press.

Graziano, A. M., & Raulin, M. L. (1989). *Research methods: A process of inquiry.* New York: Harper & Row.

Guilford, J. P. (1954). *Psychometric methods.* New York: McGraw-Hill.

Haney, C. (1976). The play's the thing: Methodological notes on social simulations. In M. P. Golden (Ed.), *The research experience* (pp. 177–190). Itaska, IL: F. E. Peacock.

Haney, C., Banks, W. C., & Zimbardo, P. G. (1973). Interpersonal dynamics in a simulated prison. *International Journal of Criminology and Penology, 1*, 69–97.

Harris, R. J. (1985). *A primer of multivariate statistics* (2nd ed.). Orlando, FL: Academic Press.

Hartmann, D. P. (Ed.). (1982). *Using observers to study behavior.* San Francisco: Jossey-Bass.

Hays, W. L. (1973). *Statistics for the Social Sciences* (2nd ed.). New York: Holt, Rinehart and Winston.

Hazlett, T. W. (1992). The legislative history of the Sherman Act re-examined. *Economic Inquiry, 30*, 263–276.

Hedges, L. V., & Olkin, I. (1985). *Statistical methods for meta-analysis.* Orlando, FL: Academic Press.

Henle, M., & Hubbell, M. B. (1938). "Egocentricity" in adult conversation. *Journal of Social Psychology, 9*, 227–234.

Hood, T. C., & Back, K. W. (1971). Self-disclosure and the volunteer: A source of bias in laboratory experiments. *Journal of Personality and Social Psychology, 17*, 130–136.

Huberty, C. J., & Morris, J. D. (1989). Multivariate analysis versus multiple univariate analyses. *Psychological Bulletin, 105*, 302–308.

Humphreys, L. (1970). *Tearoom trade: Impersonal sex in public places.* Chicago: Aldine.

Hunter, J. E., & Schmidt, F. L. (1990). *Methods of meta-analysis: Correcting error and bias in research findings.* Newbury Park, CA: Sage.

Ittelson, W. H., Rivlin, L. G., & Proshansky, H. M. (1976). The use of behavioral maps in environmental psychology. In H. M. Proshansky, W. H. Ittelson, & L. G. Rivlin (Eds.), *Environmental psychology* (2nd ed., pp. 340–350). New York: Holt, Rinehart and Winston.

Jaeger, R. (1984). *Sampling in education and the social sciences.* New York: Longman.

Jaroslovsky, R. (1988, July/August). What's on your mind, America? *Psychology Today,* pp. 54–59.

Jorgensen, D. L. (1989). *Participant observation.* Beverly Hills, CA: Sage.

Kachigan, S. K. (1991). *Multivariate statistical analysis: A conceptual introduction.* New York: Radius Press.

Kamin, L. G. (1974). *The science and politics of IQ.* New York: Wiley.

Kaplan, R., & Kaplan, S. (1989). *The experience of nature: A psychological perspective.* New York: Cambridge University Press.

Kaplan, S., & Kaplan, R. (1982). *Cognition and environment: Functioning in an uncertain world.* New York: Praeger. (Ann Arbor, MI: Ulrichs)

Keith-Spiegel, P., & Koocher, G. P. (1985). *Ethics in psychology: Professional standards and cases.* New York: Random House.

Kelman, H. C. (1967). Human use of human subjects: The problem of deception in social psychological experiments. *Psychological Bulletin, 67,* 1–11.

Keppel, G. (1991). *Design and analysis: A researcher's handbook* (3rd ed.). Englewood Cliffs, NJ: Prentice Hall.

Kerlinger, F. N. (1986). *Foundations of behavioral research* (3rd ed.). New York: Holt, Rinehart and Winston.

Kimmel, A. J. (1988). *Ethics and values in applied social research.* Newbury Park, CA: Sage.

Kintz, N. L., Delprato, D. J., Mettee, D. R., Persons, C. E., & Schappe, R. H. (1965). The experimenter effect. *Psychological Bulletin, 63,* 223–232.

Kirkham, G. L. (1976). *Signal zero.* Philadelphia: Lippincott.

Kish, L. (1965). *Survey sampling.* New York: Wiley.

Kuhn, T. S. (1970). *The structure of scientific revolutions* (2nd ed.). Chicago: University of Chicago Press.

Kurosu, S. (1991). Suicide in rural areas: The case of Japan 1960–1980. *Rural Sociology, 56,* 603–618.

Lazarus, R. S. (1966). *Psychological stress and the coping process.* New York: McGraw-Hill.

Liebow, E. (1967). *Talley's corner.* Boston: Little, Brown.

Likert, R. (1932). A technique for the measurement of attitudes. *Archives of Psychology, 140,* 1–55.

Loehlin, J. C. (1987). *Latent variable models: An introduction to factor, path, and structural analysis.* Hillsdale, NJ: Lawrence Erlbaum.

Lofland, J., & Lofland, L. (1984). *Analyzing social settings: A guide to qualitative observation and analysis* (3rd ed.). Belmont, CA: Wadsworth.

Love, A. M., & Deckers, L. H. (1989). Humor appreciation as a function of sexual, aggressive, and sexist content. *Sex Roles, 20,* 649–654.

Lunneborg, C. E. (1994). *Modeling experimental and observational data.* Belmont, CA: Duxbury.

Marlatt, G. A. (1983). The controlled-drinking controversy: A commentary. *American Psychologist, 38,* 1097–1110.

Marshall, E. (1993). Court orders "sharing" of data. *Science, 261,* 284–286.

Micceri, T. (1989). The unicorn, the normal curve, and other improbable creatures. *Psychological Bulletin, 105,* 156–166.

Middlemist, R. D., Knowles, E. S., & Matter, C. F. (1976). Personal space invasion in the lavatory: Suggestive evidence for arousal. *Journal of Personality and Social Psychology, 33,* 541–546.

Milgram, S. (1963). Behavioral study of obedience. *Journal of Abnormal and Social Psychology, 67,* 371–378.

Milgram, S. (1965). Some conditions of obedience and disobedience to authority. *Human Relations, 18,* 57–76.

Monette, D. R., Sullivan, T. J., & DeJong, C. R. (1990). *Applied social research: Tools for the human services* (2nd ed.). Fort Worth, TX: Holt, Rinehart and Winston.

Mundorf, N., Bhatia, A., Zillmann, D., Lester, P., & Robertson, S. (1988). Gender differences in humor appreciation. *Humor: International Journal of Humor Research, 1,* 231–243.

Nisbett, R., & Ross, L. (1980). *Human inference: Strategies and shortcomings of social judgment.* Englewood Cliffs, NJ: Prentice-Hall.

Nisbett, R. E., Fong, G. T., Lehman, D. R., & Cheng, P. W. (1987). Teaching reasoning. *Science, 238,* 625–631.

Nunnally, J. (1967). *Psychometric theory.* New York: McGraw-Hill.

Nunnally, J. (1978). *Psychometric theory* (2nd ed.). New York: McGraw-Hill.

Pedhazur, E. J., & Schmelkin, L. P. (1991). *Measurement, design, and analysis: An integrated approach.* Hillsdale, NJ: Lawrence Erlbaum Associates.

Putt, A. D., & Springer, J. F. (1989). *Policy research: Methods and applications.* Englewood Cliffs, NJ: Prentice-Hall.

Rathje, W. L., & McCarthy, M. (1977). Regularity and variability in contemporary garbage. In S. South (Ed.), *Research strategies in historical archeology.* New York: Academic Press.

Ring, K. (1967). Experimental social psychology: Some sober questions about frivolous values. *Journal of Experimental Social Psychology, 3,* 113–123.

Ring, K., Wallston, K., & Corey, M. (1970). Mode of debriefing as a factor affecting reaction to a Milgram-type obedience experiment: An ethical inquiry. *Representative Research in Social Psychology, 1,* 67–88.

Rosenhan, D. (1973). On being sane in insane places. *Science, 179,* 250–258.

Rosenthal, R. (1984). *Meta-analytic procedures for social research.* Beverly Hills, CA: Sage.

Rosenthal, R., & Rosnow, R. L. (1975). *The volunteer subject.* New York: Wiley.

Rosenthal, R., & Rubin, D. B. (1984). Multiple contrasts and ordered Bonferroni procedures. *Journal of Educational Psychology, 76,* 1028–1034.

Rossi, P., & Freeman, H. (1985). *Evaluation: A systematic approach* (3rd ed.). Beverly Hills, CA: Sage.

Rubin, Z. (1970). Measurement of romantic love. *Journal of Personality and Social Psychology, 16,* 265–273.

Rubin, Z. (1970, December). Jokers wild in the lab. *Psychology Today,* pp. 18,20,22–24.

Rubin, Z. (1973). Designing honest experiments. *American Psychologist, 28,* 445–448.

Schuman, H., & Scott, J. (1987). Problems in the use of survey questions to measure public opinion. *Science, 236,* 957–959.

Sears, D. O. (1986). College sophomores in the laboratory: Influence of a narrow data base on social psychology's view of human nature. *Journal of Personality and Social Psychology, 51,* 515–530.

Shertzer, M. (1986). *The elements of grammar.* New York: Macmillan.

Smith, H.W. (1991). *Strategies of social research* (3rd ed.). Orlando: FL: Holt, Rinehart and Winston.

Smith, S. S., & Richardson, D. (1983). Amelioration of deception and harm in psychological research: The important role of debriefing. *Journal of Personality and Social Psychology, 44,* 1075–1082.

Sociology Writing Group. (1991). *A guide to writing sociology papers* (2nd ed.). New York: St. Martin's Press.

Solomon, R. L. (1949). An extension of control group design. *Psychological Bulletin, 46,* 137–150.

Sommer, B., & Sommer, R. (1991). *A practical guide to behavioral research: Tools and techniques* (3rd ed.). New York: Oxford University Press.

Spradley, J. P., & Mann, B. J. (1975). *The cocktail waitress: Woman's work in a man's world.* New York: Wiley.

Stanovich, K. E. (1992). *How to think straight about psychology* (3rd ed.). New York: Harper-Collins.

Steininger, M., Newell, J. D., & Garcia, L. T. (1984). *Ethical issues in psychology.* Homewood, IL: Dorsey.

Sternberg, R.J. (1988). *The psychologist's companion: A guide to scientific writing for students and researchers.* Cambridge: Cambridge University Press.

Stevens, S. S. (1946). On the theory of scales of measurement. *Science, 103,* 677–680.

Stevenson, H. W., & Allen, S. (1964). Adult performance as a function of sex of experimenter and sex of subject. *Journal of Abnormal and Social Psychology, 68,* 214–216.

Strodtbeck, F. L. (1951). Husband-wife interaction over revealed differences. *American Sociological Review, 16,* 468–473.

Strunk, W., Jr., & White, E. B. (1979). *The elements of style* (3rd ed.). New York: Macmillan.

Sudman, S. (1976). *Applied sampling.* New York: Academic Press.

Sudman, S., & Bradburn, N. M. (1982). *Asking questions: A practical guide to questionnaire design.* San Francisco: Jossey-Bass.

Thorndike, R. M. (1978). *Correlational procedures for research.* New York: Gardner Press.

Torgerson, W. (1958). *Theory and methods of scaling.* New York: Wiley.

Tripodi, T. (1983). *Evaluation research for social workers.* Englewood Cliffs, NJ: Prentice-Hall.

Walster, E., Walster, G. W., Piliavin, J., & Schmidt, L. (1973). "Playing hard to get": Understanding an elusive phenomenon. *Journal of Personality and Social Psychology, 26,* 113–121.

Webb, E. J., Campbell, D. T., Schwartz, R. D., Sechrest, L., & Grove, J. B. (1981). *Nonreactive measures in the social sciences* (2nd ed.). Boston: Houghton Mifflin.

Whyte, W. F., & Whyte, K.K. (1984). *Learning from the field: A guide from experience.* Beverly Hills, CA: Sage.

Wike, E. L. (1985). *Numbers: A primer of data analysis.* Columbus, OH: Charles E. Merrill.

Williamson, J. B., Karp, D. A., Dalphin, J. R., & Gray, P. S. (1982). *The research craft: An introduction to social research methods* (2nd ed.). Boston: Little, Brown.

Winer, B. J. (1971). *Statistical principles in experimental design* (2nd ed.). New York: McGraw-Hill.

Wright, R. A., & Contrada, R. J. (1986). Dating selectivity and interpersonal attraction: Toward a better understanding of the 'elusive phenomenon.' *Journal of Social and Personal Relationships, 3,* 131–148.

主題索引

本書由 Addison Wesley Longman 授權發行國際中文版

Copyright © 1996 by Addison Wesley Longman

Chinese language published by arrangement with

Addison Wesley Longman Publishers Inc.

Chinese Language Copyright © 1996，Yang-Chih Book Co.,Ltd.

社會科學研究方法與資料分析

社會叢書 1

著　　者■Thomas Herzog

譯　　者■朱柔若

出 版 者■揚智文化事業股份有限公司

發 行 人■葉忠賢

總 編 輯■林新倫

副總編輯■賴筱彌

執行編輯■陶明潔　賴淑惠

文字編輯■趙美芳

地　　址■台北市新生南路三段 88 號 5 樓之 6

電　　話■(02)2366-0309

傳　　真■(02)2366-0310

登 記 證■局版北市業字第 1117 號

印　　刷■偉勵彩色印刷股份有限公司

法律顧問■北辰著作權事務所　蕭雄淋律師

初版五刷■2004 年 2 月

定　　價■NT.500 元

I S B N■957-9272-85-9

✉E-mail■service@ycrc.com.tw

網　　址■www.ycrc.com.tw

國家圖書館出版品預行編目資料

社會科學研究方法與資料分析／

Thomas Herzog 著；朱柔若譯. －初版.
－臺北市：揚智文化, 1996〔民85〕
面；公分. －(社會·社工叢書；A3201)
譯自：Research methods and data
analysis in the social sciences
參考書目：面
含索引
ISBN 957-9272-85-9(平裝)

1. 社會科學－研究方法 2. 社會科學－統計方法
501.2   85010843